8561 股票解套实战技术

刘金锁 著

地震出版社
Seismological Press

图书在版编目（CIP）数据

8561 股票解套实战技术 / 刘金锁著. —北京：地震出版社，2021.1
ISBN 978-7-5028-4939-9

Ⅰ.①8… Ⅱ.①刘… Ⅲ.①股票交易-基本知识 Ⅳ.①F830.91

中国版本图书馆 CIP 数据核字（2020）第 100036 号

地震版　XM4632/F（5642）

8561 股票解套实战技术

刘金锁　著
责任编辑：李肖寅
责任校对：凌　樱

出版发行：地震出版社	
北京市海淀区民族大学南路9号	邮编：100081
发行部：68423031　68467993	传真：88421706
门市部：68467991	传真：68467991
总编室：68462709　68423029	传真：68455221
证券图书事业部：68426052　68470332	
http：//seismologicalpress.com	
E-mail：zqbj68426052@163.com	

经销：全国各地新华书店
印刷：北京广达印刷有限公司

版（印）次：2021年1月第一版　2021年1月第一次印刷
开本：787×1092　1/16
字数：346 千字
印张：18
书号：ISBN 978-7-5028-4939-9
定价：68.00 元

版权所有　翻印必究
（图书出现印装问题，本社负责调换）

前　　言

　　如果您投资股票时没有被套过的经历，就体验不到股民投资生涯的酸甜苦辣，就算不上真正的股民。

　　我历经了中国股市20余年的发展，大部分时间都陪伴在众多普通投资者身边。由于我和投资者心对心地交流，很多投资者都会把账户给我截图，让我帮忙分析账户和个股情况，久而久之，我见过各式各样走势的个股，也见过各式各样的账户。那些账户有盈利的，但更多的是亏损的。

　　2007年到2009年A股经历了一轮牛熊转换，让我享受到了牛市的甘甜，也承受了熊市的痛苦。期间我一直在潜心研究属于自己的交易体系，因为没有自己的交易体系的股票投资者，不会获得理想的回报。不经过牛熊转换的验证，多数交易策略是不会成熟的。经过三年多的时间，历经无数次推理和验证，8561股票交易体系终于成型，之后就开始用于实战，帮助众多投资者树立正确的投资理念，不再盲目追涨杀跌，而是按照交易体系进行投资，并在之后的几年中取得了理想的投资效果。

　　2011年，我又在8561股票交易体系的基础上开始研究解套战法，因为我发现不管市场处于什么阶段，都会有投资者被套，即使在牛市里，选错了股票也照样被套，亏损严重。我深知普通投资者做不到买了就涨、卖了就跌，所以一旦买错被套，就得有应对策略，而不是持股死拿不动，最后结果就是被动深套。

　　大盘从2015年6月开始的下跌，让众多普通投资者在每次杀跌时都觉得到底了，但大盘总是反弹一下继续跌，个股更是没有最低只有更低，跌破净资产的个股也越来越多，低估的股票也越来越多，但还是"跌跌不休"。2018年下半年，大股东股票质押风险爆发，再次引起恐慌杀跌，很多个股已经跌到了历史底部区域，有的甚至跌破了998点的低点位置。

2019年1月底，商誉减值地雷频频引爆，一个雷比一个雷响，再次将市场拉入恐慌下跌中，很多个股再次创出新低，相信多数投资者的账户又经历了一波市值缩水。

2015年恐慌性杀跌之后，我潜心研究的股票解套策略便派上了用场，其中很多经典的降低成本的方法，如跌停板自救降低成本法、涨停板高抛T+0和反向T+0操作法、十字星加仓法、放量必震荡卖出法、挂单交易法，以及同样的盘口不一样的战术等集众多分析方法于一体，指导投资者进行自救，帮助投资者取得了理想的解套效果。

2017年以后，由于签约指导股票账户解套的客户越来越多，我显得力不从心，没办法再去指导每一位客户进行股票实盘解套交易，于是有几个朋友和投资者劝我写书，授人以渔，帮助更多的投资者树立正确的投资理念，让他们学会自己去自救被套股票。从那一刻起，我就萌生了写书的念头，但一直忙于研究和指导客户，没有腾出时间，直到近期我开始从业务上转型，渐渐腾出一些时间，本书才最终和大家见面。

在本书中我会用指导客户的真实成功解套案例来讲解，让投资者学会应该怎样面对亏损的账户和个股，了解哪类个股能买、哪类个股不能买，知晓仓位应该怎样分配，以及到底什么样的操作策略才是正确的等。在本书中您不但可以学习到如何解套个股，更能学习到日常交易当中经常用到的短线技术分析以及T+0技术等内容。

由于我用的都是实战案例，所以里面会有不同投资者所犯的错误、所走过的弯路。我希望通过这些真实的案例来告诉读者朋友，怎样可以绕过一些股市里的弯路，尽量少走别人走过的弯路，这样就会离成功更进一步，这也是我写这本书的目的所在。

这里我必须强调两点。第一，将没有经历实战的交易策略及没有经历两轮以上牛熊转换的交易体系公开推荐给投资者，是不负责任的做法。我之所以把我指导客户的实战经历写出来，是因为我的方法经过实战验证以后，被证明确实能帮助部分投资者真正解套出来。我觉得有这些实战经验，加上我近20年的从业经历，至少能给普通投资者带来一些启发，哪怕能帮到一小部分我也心满意足了，也算是实现了个人的一点社会价值。第二，股市里能盈利或者能回避风险的技术分析有千万种，但不是所有的指标或者方法你都能用好。即使再好的技术分析或者交易策略，也不可能穿越牛熊，更不能保证百分之百盈利。我认为适合自己的就是最好的，所以大家不要迷信一种交易策略或者技术分析方法，综合分析、客观看待和敬畏市场才是真谛，这也是股市生存法则。

当前中国的资本市场正在逐步对外开放，未来中国股市的投资逻辑也会发生变化，价值投资会渐渐被人们所接受，但技术分析理论永远不会缺失。我在电视节目当中一直在说2017年是中国股市价值投资的元年。这句话是我最先提出来的，因为在2017年一年的股市走势中大多数时间都是"一九行情"，只有少部分有良好业绩的白马股才涨了又涨，没有最高只有更高，这也把很多人的技术投资理论给消灭了，让很多技术分析派的拥护者开始怀疑人生。

作为中国的股民必须要提前有所准备，因为国外投资者进来以后，股市的生态就会发生变化，投资股市的逻辑也会发生变化，这就要求我们要逐步建立新的投资理念才能适应新的市场环境。否则最后人家国外投资者赚得盆满钵满，我们国内的普通投资者还是亏损状态，这不是我们想看到的结果。

最后再诚恳地奉劝各位投资者一句话：如果您现在还处在深套当中，只要个股没有退市风险，建议持股待涨为主，被套越多越要积极主动学习方法来自救，而不是简单割肉了之。不割肉就是浮亏，只要股票不退市，我们就应积极应对，等牛市的来临。

目前市场上系统讲解股票解套的书籍很少，都是一些战法之类的书籍，但目前中国散户投资者多数情况下都是被套或者亏损状态，再好的战法也没办法保证持续盈利，或者战法再好，但股民都是被套状态，也没钱去买股票，除非割肉换股。有鉴于此，我才决定把这些年指导客户进行实战解套操作的经历写出来，希望能真正帮到投资者。

本书也可以作为投资者教育的培训教材，用真实被套账户的案例分析，倡导股民理性投资，不盲目追涨杀跌，理性客观地投资股市，积极乐观地面对股票投资浮亏问题。

最后我要真诚地感谢为本书提供真实聊天记录、账户和交割单的投资者和客户朋友们，感谢所有20年来不离不弃的投资者和朋友们，感谢地震出版社证券图书事业部的编辑老师们，是你们给予我写作过程中的巨大动力，有了你们的建议与帮助，这本书才能成功出版。

目　录

第一章　被套的原因分析　1

第一节　为什么要分析股票被套的原因　2
第二节　投资股票容易被套的原因详解　3
第三节　思考部分　31

第二章　正确的投资心态　33

第一节　为什么要重视股票投资心态　34
第二节　什么样的心态才是正确的股市投资心态　37
第三节　思考部分　38

第三章　解套的重要性　41

第一节　我为什么要研究股票解套　42
第二节　为什么要进行股票解套操作　45
第三节　什么才是真正的解套　47
第四节　思考部分　48

第四章　解套常用的交易技术　51

第一节　何为高抛低吸　52
第二节　如何判断个股所处位置　56
第三节　如何判断支撑位和阻力位　63
第四节　如何进行波段操作　93
第五节　T+0 操作技巧详解　120

第六节　如何挂单交易 …………………………………… 147
第七节　如何正确对待止损止盈问题 …………………… 155
第八节　海陆空立体交易解套战法 ……………………… 164
第九节　思考部分 ………………………………………… 167

第五章　如何进行股票账户综合分析制订解套策略 …… 169

第一节　如何进行账户综合分析 ………………………… 170
第二节　如何制订解套交易策略 ………………………… 185
第三节　思考部分 ………………………………………… 186

第六章　解套计划实施过程中的操作纪律和原则 ……… 189

第一节　为何要制订操作纪律和原则 …………………… 190
第二节　解套策略实施过程中的纪律和原则 …………… 190
第三节　思考部分 ………………………………………… 195

第七章　8561股票交易体系简介 …………………………… 197

第一节　浅谈8561股票交易体系 ………………………… 198
第二节　8561股票交易体系适用投资者类型和不适用投资者
　　　　类型 ……………………………………………… 206
第三节　8561股票交易体系4个数字的含义详解以及能解决
　　　　的问题 …………………………………………… 208
第四节　8561股票交易法则选股条件 …………………… 209
第五节　思考部分 ………………………………………… 210

第八章　真实账户解套案例分析 …………………………… 211

第一节　实战解套账户案例分析 ………………………… 212
第二节　一个真实账户的解套全程剖析 ………………… 249
第三节　思考部分 ………………………………………… 280

第一章　被套的原因分析

> 股市行情瞬息变，
> 投资失败略常见；
> 身体若是病痛现，
> 大夫诊断问病原。

第一节
为什么要分析股票被套的原因

"股市有风险，入市需谨慎。"股市行情瞬息万变，股票浮亏的现象经常出现在投资者的投资生涯当中。

多数情况下当您选择股票进行交易的时候，会用技术分析或者基本面分析去选择个股。当您觉得各项基本面数据非常好，营业收入增长、净利润增长、低市盈率、股价跌破净资产、每股收益高、经营现金流充裕时；当您觉得技术指标开始走好，阳包阴、缩量十字星、5日均线上穿10日均线、KDJ金叉、MACD底背离、地量见地价时，便准备买入股票进行建仓。那时，您眼睛里看到的您所能理解的基本面数据、或技术分析里面各种指标都是完美的，于是您就开始信心满满的打开账户开始买入，但是买入后，这些看似完美的指标也许会在短期内全部失灵，股价开始调整，这就是一买就跌的现象。投资者买在山尖上、买在上影线的尖上的现象也并不罕见。

当您特别想卖出手中股票的时候也是一样的道理。从您所了解或者掌握的各项指标来看，都是符合卖出条件的，比如MACD顶背离、5日均线下穿10日均线、KDJ死叉、年线破位、跌破颈线位、主力成本区被跌穿等等，各种技术分析指标都出现走坏迹象，完全符合卖出条件，但是只要您一下单卖出成交以后，也许瞬间股价就会拉起来，一飞冲天，从此再也见不到您卖出的那个价位，这就是一卖就涨的现象。卖在地板上也是投资者经常遇到的实际情况。

以上两种情况是投资者在投资中经常遇到的，我坚信所有投资者都遇到过，而且是经常性的，长此以往有些投资者就会开始有怀疑人生的心理了，投资者经常想：点儿真够背的，一买就跌、一卖就涨，主力真就差我这点筹码吗，是主力在窥视我的账户吗？

这种情况下我们应该积极地寻找原因，而不是一味埋怨。这次做错了，下次继续错下去，终究是不会在股市中活得长的。

我们在生活当中，身体出现不适，就得去医院看病。见到大夫以后，大夫肯定要问，哪里不舒服，怎么不舒服，吃什么了等等，就是为了大概判断，您为什么会出现不适。而后就是进行验血、拍片子等各种身体检查，检查结果出来以后，大夫就会根据病症分析出真正的病因，开出相应的药方或治疗方案，只有对症下药对症治疗，身体不适症状才会消失。

同理，在做股票账户解套策略之前，必须要进行账户亏损或投资失败原因的分析，而投资失败的原因就好比人出现身体不适之前，身体中的致病原因。

先分析账户被套原因、个股深套的原因是格外重要的。就像大夫看病一样，您一进诊室，大夫看到您像是感冒了，连病因都不问，也不做检查，直接开一堆药让您回家吃。您说这病能治好吗？这堆药您敢吃吗？

其实不管做什么事情，只要出了问题，一定要先找到出现问题的原因在哪里，才能根据原因制订相应的应对策略。

做股票解套策略也是如此，首先找到亏损的原因，然后学会解决问题的方法，最后逐步完善交易策略。先逐渐减少亏损，慢慢走出被套的局面，最终能在股市长久生存下去，等到牛市来临，坐等投资股市的盈利预期就是了。

> 股市如人生，人在股市中；换位角度看，道理皆适用。

第二节
投资股票容易被套的原因详解

1. 股票容易被套的原因之——随意建仓买入股票

（1）说到建仓买股票，相信有很多投资者会认真对待，有的投资者还会分析基本面或者技术面，至少也会有个大概买卖股票的依据。

而在实际交易当中，更多的情况是众多投资者买卖股票时不知道为什么买，也不知道为什么卖；不知道什么股票能买，什么股票不能买。这些基本的知识都不知道，开了股票账户，连上银行三方，打开账户，转进钱来就开始买股票，真要是在牛市里面您买了大概率都会涨，但是在震荡市或者熊市里面，这种操作方法大概率是会惨败的。

新股民投资经验不足，对市场比较迷茫，容易随意建仓买入股票。随意建仓的行为可以分为两种：一种是谨慎建仓型，选定十几只股票，每只买

100 股；另一种是激进建仓型，满仓买入一只股票。上述这两种操作方式（不限于以上两种操作方式）都会容易导致重仓被套。

在这里有必要给大家普及一下基础知识，至少您要学会股票涨跌的原因，有个初步的认识再去逐步深入学习，最终才会在股市中生存下去。

（2）股票涨跌的原因分析。股票的涨跌，是由供需关系决定的，或者说是由庄家主力决定的。主力或者机构买的多卖的少就涨；反之，主力或者机构卖的多买的少就跌。

影响股票涨跌的因素有很多。例如，宏观经济情况、政策的利空利好（板块）、大盘环境的好坏、主力资金的进出、个股基本面的重大变化（业绩亏损、黑天鹅事件等）、个股的历史走势的涨跌情况（技术面，江恩曾说过："人性不变，所以历史继续重演。"）、个股所属板块整体的涨跌情况等，都是一般原因（间接原因）。

简单地说，股票涨跌最根本的因素是股票价值（理论上股价低于本身价值后期就会涨）和供求关系（都看好某只股票，买的多了股价就会涨；都不看好某只股票卖的多了股价就会跌），这两个根本的法则来起作用。

（3）股票涨幅=（现价-上一个交易日收盘价）/上一个交易日收盘价×100%。正常来说，中国股票涨跌是有一定限制的，即每个交易日采用涨停跌停制度。证券交易所规定 A 股的涨跌幅度±10%，在这个范围内，涨最高也就 10%，就是常说的涨停板；反之就是跌停板。

而 S/ST 的股票为±5%，新上市的股票第一天没有限制，这是我国独有的形式。但是计算当日涨跌停价均以上一交易日收盘价为基础。出现涨幅、跌幅有时为九点几，有时为十点几，是因为计算过程中采用了四舍五入制，从而造成差异。比如，000612 焦作万方在 2019 年 1 月 17 日收盘价为 4.06 元，则该股票在 2019 年 1 月 18 日理论涨停价应为 4.06×1.1=4.466 元，理论跌停价为 4.06×0.9=3.654 元，计算结果采用四舍五入法只保留小数点后两位，则其涨停价限制取 4.47 元，跌停价取 3.65 元，从而其实际涨停价限幅为+10.10%，跌停幅度为-10.10%。所以该股在 2019 年 1 月 18 日涨停价格高于实际股价上个交易日 10%，当日涨幅为 10.10% 高于交易规定的幅度，如图 1-1 所示。

造成股票涨停的原因有很多，比如：公司年报业绩超出预期、板块政策出现利好等。出现利好以后，市场上的投资者都一致看好这只个股，买的人多了，卖的人少了，就把股价慢慢买起来，最终直到涨停为止；封上涨停板，成交的就逐步减少，因为很多人看到涨停以后就舍不得卖出，造成想买入的买不进去，股价就会一直封涨停板至收盘，如图 1-2 所示。

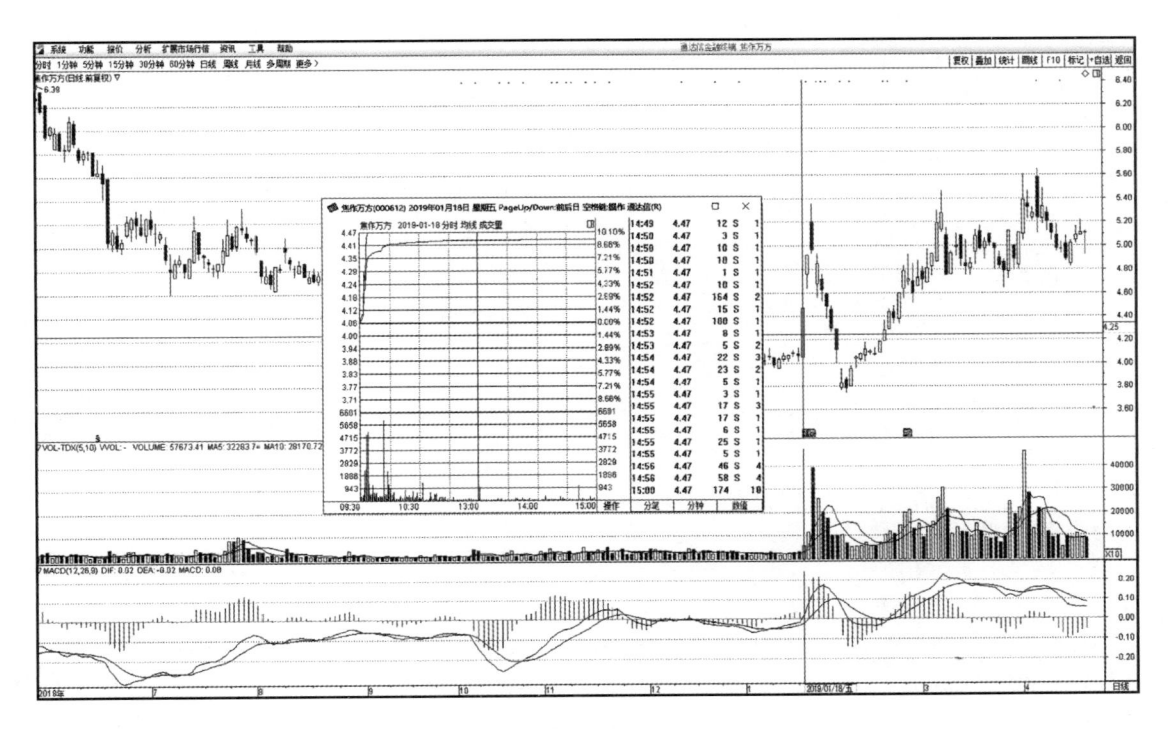

图 1-1

如果个股出现利空，比如业绩不及预期、年报亏损或黑天鹅事件，造成市场上多数持有某只股票的投资者持有意愿下降，甚至出现恐慌情绪，开始卖出手中股票，而其他投资者也不敢轻易买入，随后卖出的人增加，买入的人减少，就会造成股价逐步下跌，直到跌停为止，没人敢在跌停板上买股票，而想卖出的人挂单卖出较多，直到最终收盘，股价依然还是封在跌停板上，如图 1-3 所示。

以上是涨停和跌停两个极端情况，想要在平时实盘交易操作当中遇上涨停和跌停的概率还是偏少的，除非在极端上涨和下跌行情中才会出现大面积涨停或者大面积跌停的局面。

有时候投资者和我开玩笑，说刘老师你能给推荐一只明天能跌停的股票吗？我说不能，因为找一只明天能跌停的个股的概率和能找一只明天能涨停的个股的概率是差不多的。

在一般市场行情中，个股都会在涨停和跌停正常范围内波动，多数情况涨跌幅 -5%~+5% 上下一到两个点波动较多一些，如果弱势中股票跌幅均

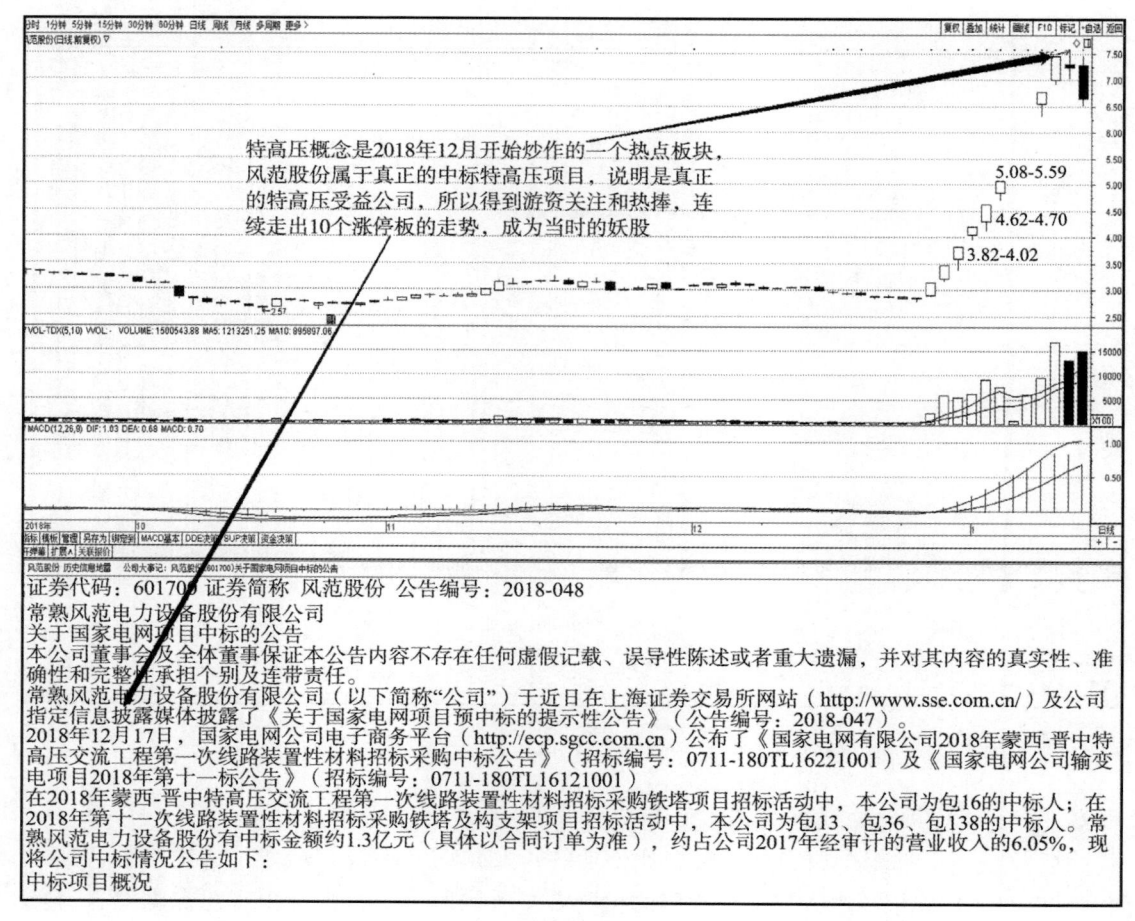

特高压概念是2018年12月开始炒作的一个热点板块，风范股份属于真正的中标特高压项目，说明是真正的特高压受益公司，所以得到游资关注和热捧，连续走出10个涨停板的走势，成为当时的妖股

证券代码：601700 证券简称：风范股份 公告编号：2018-048
常熟风范电力设备股份有限公司
关于国家电网项目中标的公告
本公司董事会及全体董事保证本公告内容不存在任何虚假记载、误导性陈述或者重大遗漏，并对其内容的真实性、准确性和完整性承担个别及连带责任。
常熟风范电力设备股份有限公司（以下简称"公司"）于近日在上海证券交易所网站（http://www.sse.com.cn/）及公司指定信息披露媒体披露了《关于国家电网项目预中标的提示性公告》（公告编号：2018-047）。
2018年12月17日，国家电网公司电子商务平台（http://ecp.sgcc.com.cn）公布了《国家电网有限公司2018年蒙西-晋中特高压交流工程第一次线路装置性材料招标采购中标公告》（招标编号：0711-180TL16221001）及《国家电网公司输变电项目2018年第十一次线路装置性材料招标公告》（招标编号：0711-180TL16121001）
在2018年蒙西-晋中特高压交流工程第一次线路装置性材料招标采购铁塔项目招标活动中，本公司为包16的中标人；在2018年第十一次线路装置性材料招标采购铁塔及构支架项目招标活动中，本公司为包13、包36、包138的中标人。常熟风范电力设备股份有中标金额约1.3亿元（具体以合同订单为准），约占公司2017年经审计的营业收入的6.05%，现将公司中标情况公告如下：
中标项目概况

图1-2

在-3%~-5%以下运行，稍微强势一点的行情多数个股在3%~5%以上运行，这是平时交易当中经常遇到的个股涨跌状态。

为什么要介绍涨跌幅？因为实战交易当中，很多投资者总是想着买了股票就能涨停，每天挣个10%，但理想是丰满的，现实是骨感的。

因追涨停而亏损的投资者，我见多了，最后结果多数都好不了。亏损或者买了股票跌了就止损是常态。在牛市里这个思路还有点成功概率，但熊市里面这样追涨停失败概率极大，因为熊市里个股上涨持续性很差，今天涨停，明天没准就来个跌停。当然也有追涨停成功盈利的，但占投资者的总数的比例少之又少。

所以，我不赞同追涨停的操作方式去参与个股。大家理性地想想，如果谁要是能做到买了就涨停、卖出就跌停，那不真成了股神了吗？每天挣10%，股市里的钱这样复利的方式滚着挣钱，那股市里的钱不就都成他家的了？我相

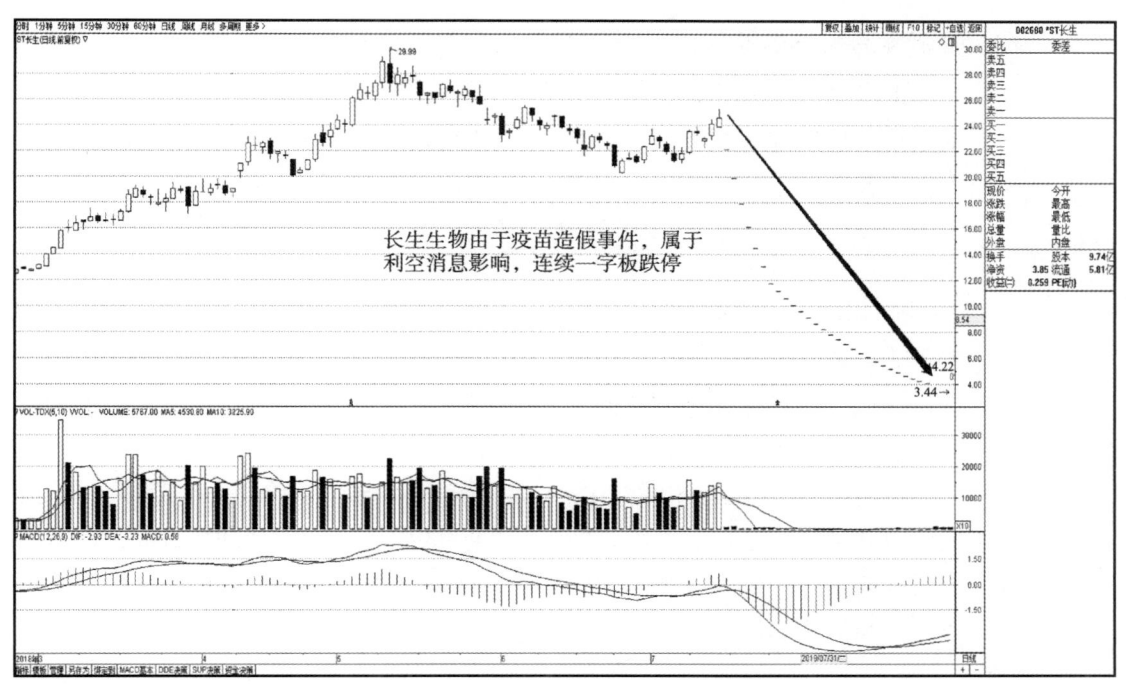

图 1-3

信谁也做不到这一点，反正我是做不到。我只是能做到研究成功的概率，我要是能做到买了就涨、卖了就跌，大家可能就见不到我写的书了。我的目的是想把这近20年来经历的或者看到的那些弯路告诉大家，让大家少走弯路、少犯错误，减少失败的概率，或者能用我教给大家的方法去把手里的个股做好解套的交易策略，从而能够减少亏损，这就是我写这本书的初衷。

大家以后再遇到那种说什么天天能买到涨停板的人，劝您离他远点儿。那些人大概率都是靠吹牛为生的；要么就是只说买了挣钱的，不说买了亏钱的。千万不要被这种人给带到沟里去。

当然买跌停更是要谨慎，因为没有特殊原因一般不会出现跌停。至于该怎样买卖个股的技术和方法，后边还会有介绍，请大家耐心往下看。

鉴于上述原因投资者在建仓阶段需要做到以下三点。第一，学会分析你买入股票的依据是什么，卖出股票的依据是什么；最起码基础的知识要学会，才不会随意建仓。第二，知道怎样建仓。第三，知道您建仓的仓位如何安排。具体内容后面章节中会进一步讲解。

> 随意买卖无依据，亏损时间多占去；基础知识要打牢，盈多亏少需长跑。

2. 股票容易被套的原因之———随意补仓

很多投资者买了股票亏损以后，马上就补仓，也知道补仓以后能降低成本。这种操作理念很好，懂得跌了就补仓，但是如果补仓时不关注市场趋势，不考虑个股状态，也不看大盘趋势；若市场尚未反转，处于调整状态中，补再多的仓位还是一样被套，越补仓套的越深，最终的结果是深度套牢，造成严重亏损。

那应该如何正确补仓或加仓呢？如果很不巧，您买在一个阻力位上，买完了股价就开始跌，下个目标大概率是调整到下个支撑位的，到了重要的支撑位区域，才是你补仓的位置。下边介绍的只是一种方法，其实不限于这一种方法，还有很多种方法。

如图1-4所示，图中标注的可以补仓的位置才是相对安全的补仓位置，这些位置虽然补了也有可能继续下跌，但是绝对不会补在相对高位，在这些位置补仓以后需要在反弹的时候卖出，而不能买了就持有不动了。这点必须强调，除非买在底部区域可以持股不动。

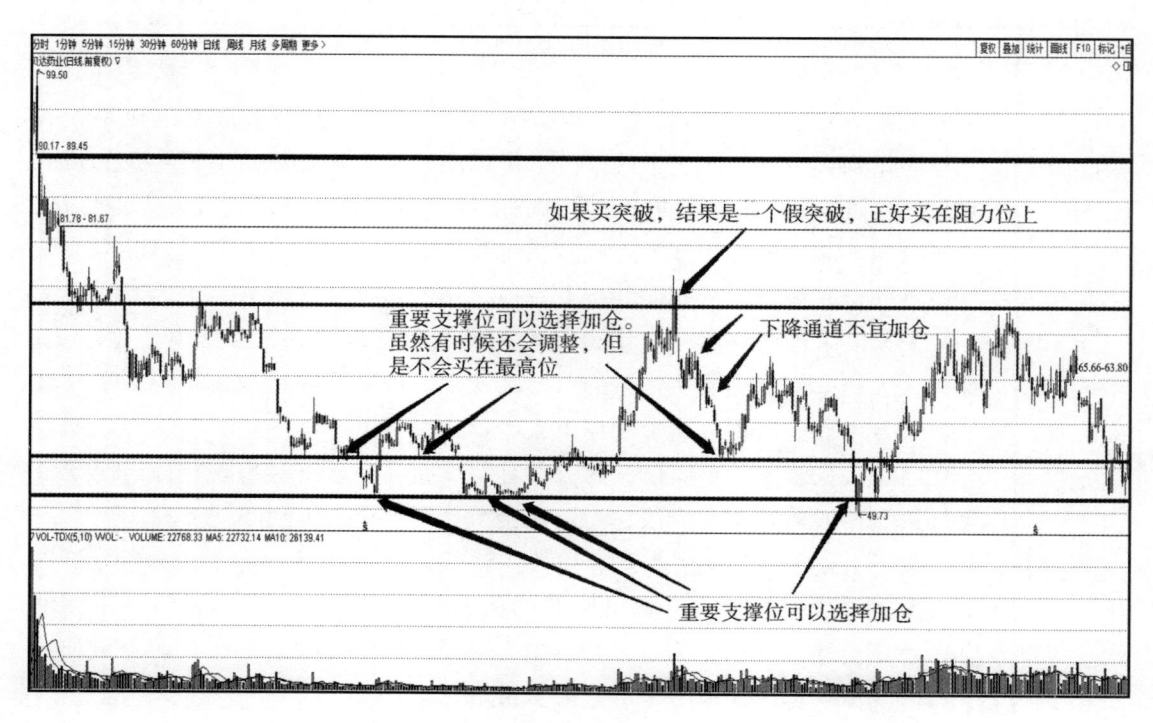

图1-4

如图1-5所示，图中标注支撑位的位置也是可以加仓、补仓的，这类的个股就可以加仓后持股待涨，但还是要根据您仓位的具体情况来定，不能一概而论到底持仓还是逢高卖出。这类个股属于底部区域,因为股价已经跌到相对低位,开始横盘筑底阶段,所以一定要分析清楚个股所处位置才可以进行交易策略的制订。本书后边还会讲这方面的知识点,大家可以继续往下看。

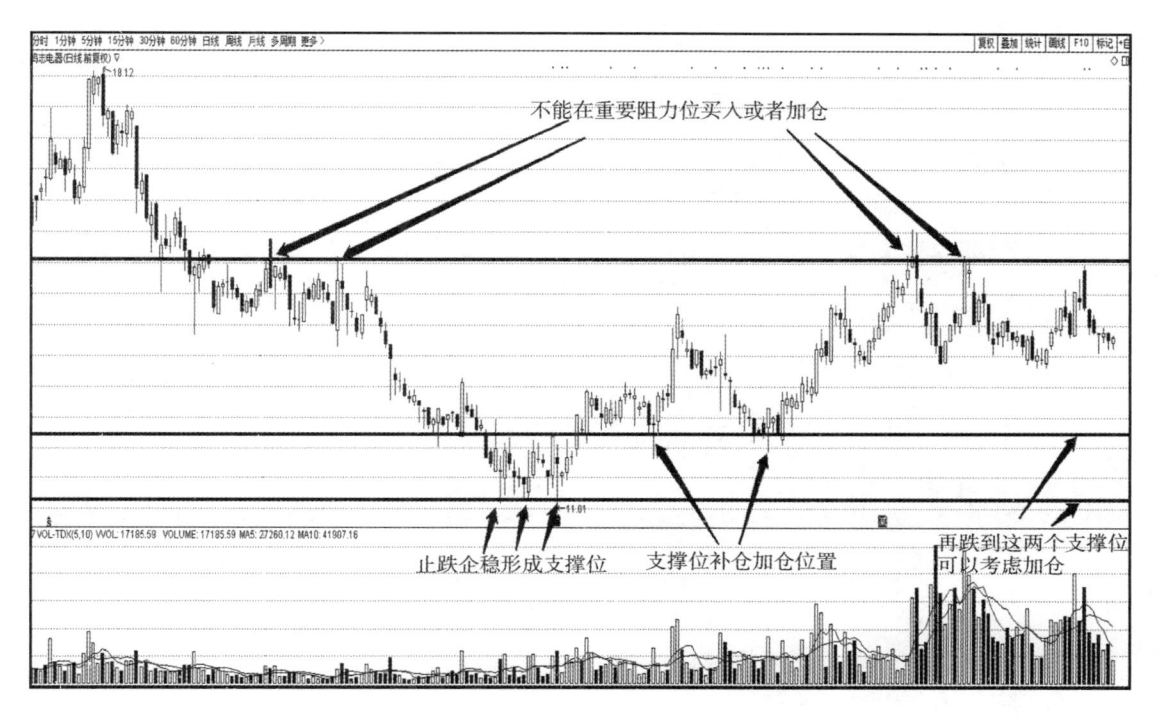

图 1-5

如图 1-6 所示,假如您想买在支撑位的位置,但是您买完以后,支撑位无效,股价直接破掉支撑位,开始破位下跌的时候,这个位置理论上是要及时止损出来的,如果您没舍得止损,那就要等待下个支撑位才能补仓,而不是刚破位就补仓。刚破位就补仓的风险非常大。

如图 1-7 所示,这只个股也是一样,假如股价跌破支撑位后,要么及时止损出局,要么就等下边到了支撑位去补仓做反弹。切记不能刚开始破位就去补仓。

以上只是说加仓和补仓的位置,在这里必须强调一点,一旦加仓、补仓后有反弹要及时卖出才行,不能买完就死拿着不动,否则最后会造成越套越多。

如果您不知道什么是支撑位,也不会判断,那就等一个止跌企稳的信号出来再动手补仓,这也是一个方法,如果不知道啥是止跌企稳,建议您仔细把这本书看完,下边还有篇章专门介绍什么是阻力位、什么是支撑位、什么是止跌企稳信号、怎样判断支撑位阻力位和止跌信号等相关知识点。

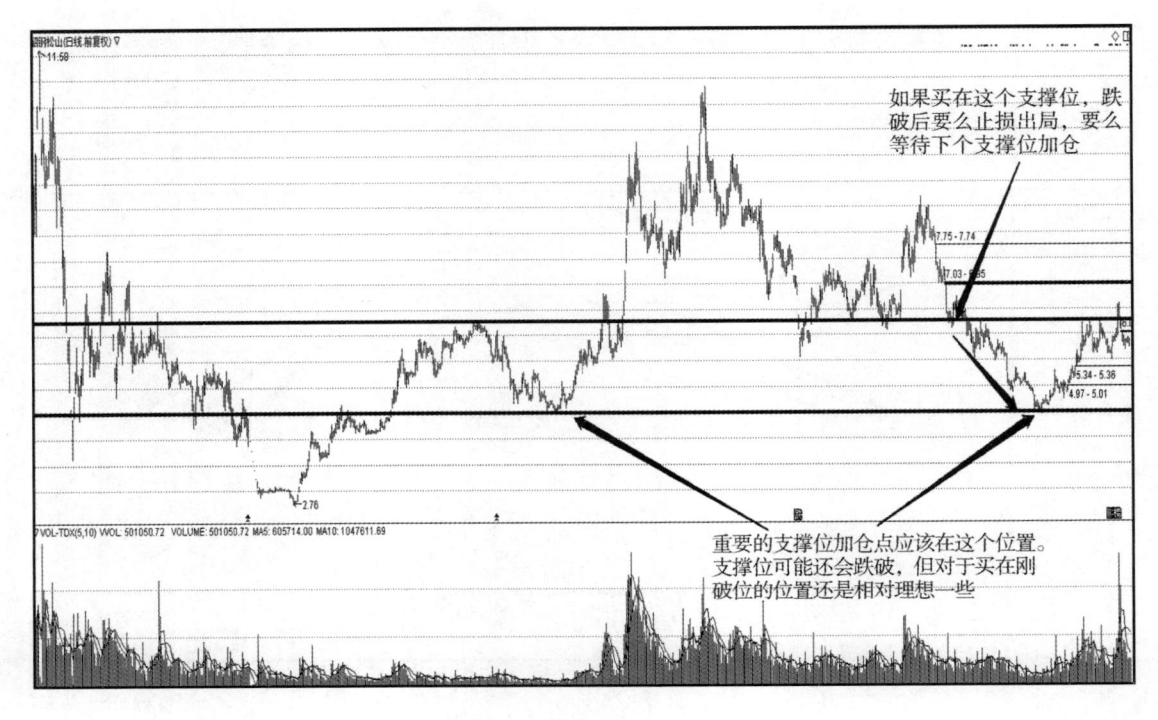

图 1-6

如果买在这个支撑位，跌破后要么止损出局，要么等待下个支撑位加仓

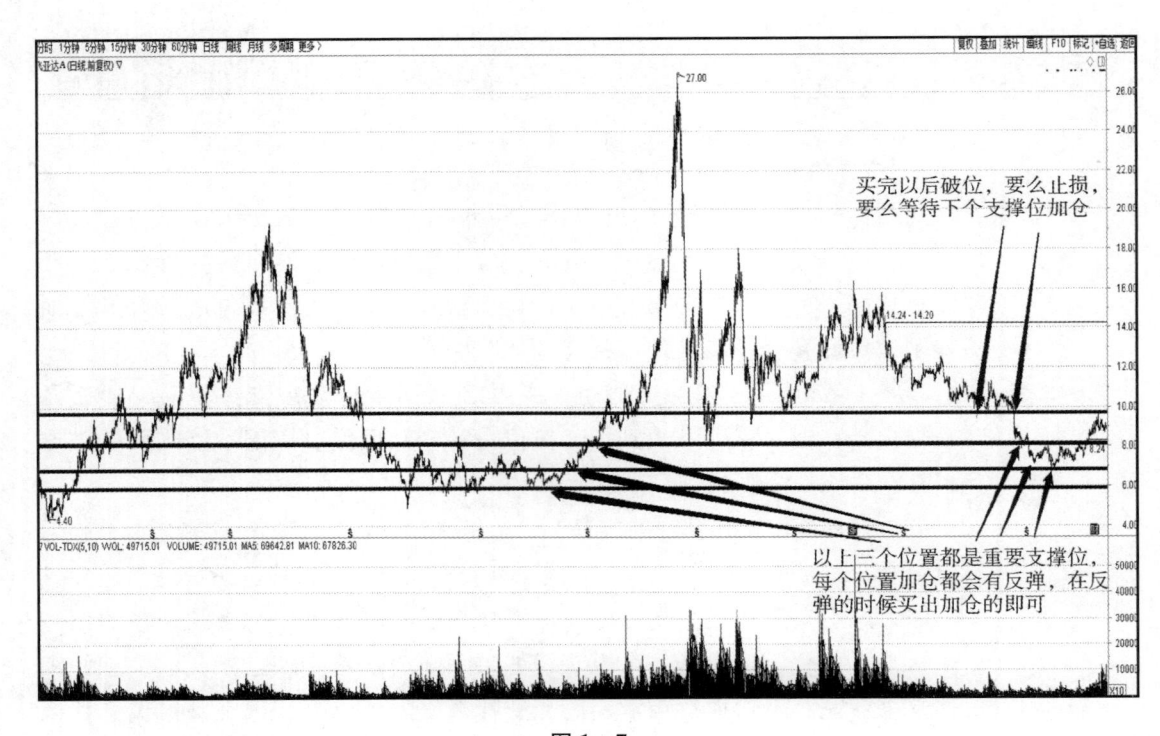

重要的支撑位加仓点应该在这个位置。支撑位可能还会跌破，但对于买在刚破位的位置还是相对理想一些

图 1-7

买完以后破位，要么止损，要么等待下个支撑位加仓

以上三个位置都是重要支撑位，每个位置加仓都会有反弹，在反弹的时候买出加仓的即可

> 随意补仓常犯错，看准支撑加仓做；反弹获利见好收，不能重仓任其由。

3. 股票容易被套的原因之——过于追求短线暴利

众所周知，投资股票就是为了赚钱，没有哪个人说，我为了亏点钱才来投资股票的，这是常理。

众多投资者都想买了就涨，经常追求短线暴利，殊不知股市里想挣快钱的最后都会以失败告终。"财不入急门"，相信大家都听说过这句名言。所谓欲速则不达，就是说性急求快反而不能达到目的，语出《论语·子路》："无欲速，无见小利。欲速则不达，见小利则大事不成。"

如果大家想明白下面这个道理，也许就不会再追求买的股票会每天都大涨了。

给大家做个比喻，如果您在实体经济中投资一个生意，不管是开个饭店，还是其他什么店铺，任何行业都是一个道理，收回投资成本都是有周期的。

有哪个老板投资一个生意以后，短期就能实现大幅盈利？有哪个行业能投入资金以后马上就可以赚到钱呢？现在又有哪个行业还会有暴利存在呢？有较真的人会说，肯定有生意投资后马上就能赚到钱，这我不否认，但咱们分析的是大概率。

其实做生意基本都是经过半年以上甚至更久才能收回成本，逐步实现盈利的，有的甚至直接半途而废，投资以失败亏损告终。

想投资一个生意，一定是要做大量前期调研工作，进行综合分析，而不是想起来一个行业，简单了解一下，马上举着钱就往里冲。这样能有好的投资结果吗？实体经济是这样，更何况变幻莫测的股市呢？要想实现盈利，也需要投资者不断学习，不断实践才有可能会赚钱。

我经常说一句话：股市如人生，股市不关门；快就是慢，慢就是快。但在实际生活或者投资当中，很多人追求短期实现大幅盈利，所以才会有买了就想涨停的想法。如果大家把投资股市看成是一门生意来做，用这个思路来分析股市，也许就会少吃很多亏，不再急于求成了。

再和大家聊聊股市里，机构投资者或者主力是如何投资一只股票的。前边已经说过，股票涨跌是由大资金说了算的，散户资金没办法影响股价，因为散户资金非常分散，假设每位散户投资者都有10万元资金，1000个散户投资者才有一亿元资金，况且在股市里面，很多投资者投入资金不足 10 万元，而一个机构投资者也许一个机构就有 N 个亿的资金，所以只有机构的大资金才是左右股价的重要力量。

再从投资股票的时间来分析，我曾经在 2012 年分析跟踪过一个主力，由于当时这只股票的技术走势符合 8561 股票交易体系的选股条件，所以当时也指导客户参与了这只个股 000910（大亚圣象），该股票主力于 2012 年~2014 年期间是建仓期间，从底部开始建仓和底部持股时间来看，底部震荡超过了 2 年，但最后股价翻了 5 倍多。但当时一起参与这只股票的投资者在里面持股 2 个月多一点就开始抱怨总是不涨，有的就坚持不住卖出了，但有投资者坚持到了最后挣了一倍后卖出，有的挣了两倍才卖出，最终能挣大钱的是一小部分投资者，如图 1-8 所示。

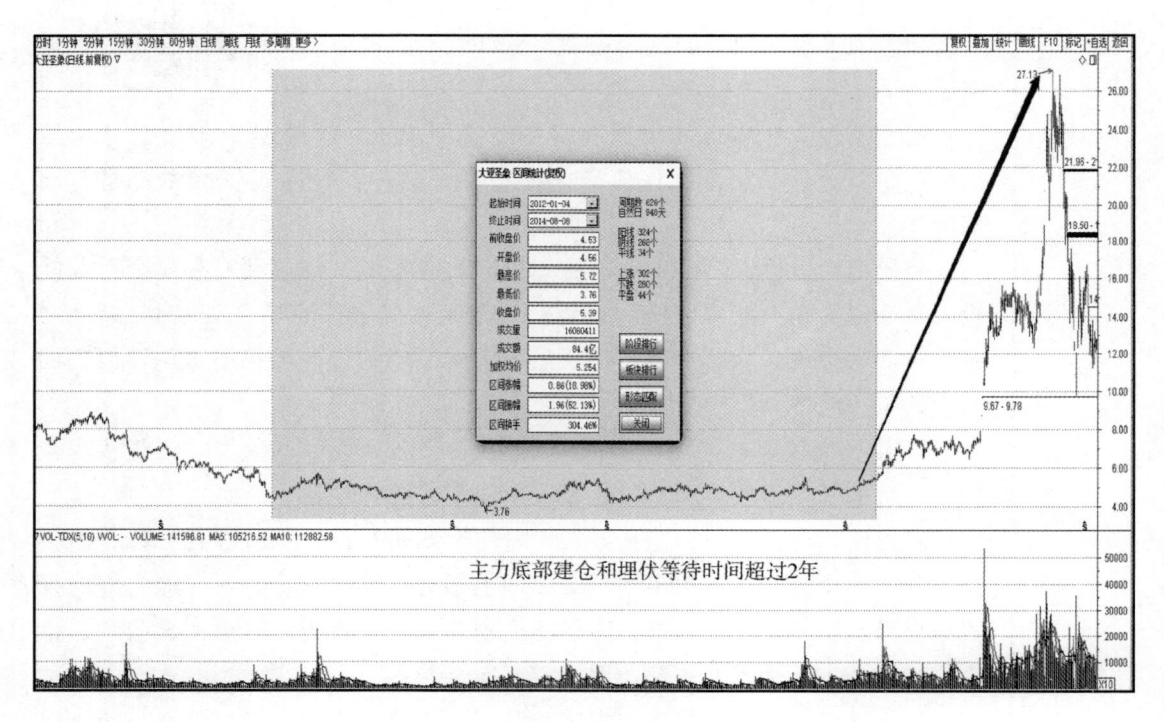

图 1-8

等这只股票涨起来以后，当时卖出的那些投资者就和我说："哎呀！当时还不如持有不动呢。"后悔有用吗？后悔没用，但是在股市里投资的参与者，广大投资者其实一直是在不断后悔当中度过的。这点相信每位投资者都经历过。

从这个案例当中说明一个问题，大主力是以年作为投资的时间单位，而多数普通投资者都是以天为投资单位,甚至有些投资者是以秒为单位看待股票涨跌的。这就是普通投资者和机构投资者的重要区别之一。

所以我们必须要学会主力的投资逻辑,跟上主力的步伐才有可能少吃亏,不能总想着买了就涨。主力会买完就拉升吗?多数情况下是不会的,因为主力资金量比较大,他们建仓是慢慢买,否则一下买进去几个亿,小盘股不是很快就翻倍了,那主力还怎么吃到更多的便宜筹码呢?

主力建仓的节奏基本是按照如下程序进行的。先是买入一部分,然后洗盘,再买一部分,再洗盘,再买,最后在拉升股价之前,有的主力会挖个坑,把想坐轿子的给洗出去,然后开始拉升走出主升浪,再到高位进行出货派发。即使股价到了高点,主力也不会把所有持股都卖在最高点,都是在接近高位的时候逐步卖出,因为主力持股多,他们一卖股价大概率会跌,如果卖得太狠太快,那股价就会跌停,所以主力一般会控制卖出的节奏,盯着盘中看有多少接盘的,再去逐步制订计划卖出手中持股。

由此可见,主力会买在最低点吗?答案是不会的。主力会卖到最高点吗?答案也是肯定不会的,都是一个相对的底部或者一个相对的高位而已。买在最低点或卖在最高点,基本就是幻想,正确的思路应该研究相对底部区域或者相对高位,才算是客观理性的。

> 股市投资风险高,短线追涨都说好;深学主力投资道,细水长流稳健妙!

4. 股票容易被套的原因之——盲目操作

也许是网购已经成为习惯了,盘中迅速买卖交易,秒杀、秒满,总怕买晚了股票涨停了少赚钱,这个现象也成了众多普通投资者的真实写照。

上一节已经介绍过,主力建仓至少是以周或月为单位进行的,而多数投资者会在盘中一分钟甚至几秒钟就能决定买入和卖出一只股票,可想而知最终的结果是什么了。

相信大家都熟悉《冲动的惩罚》这首歌,我特意改编了一下歌词,供读者娱乐,更重要的是想让读者也能从中找到自己的影子。也希望读者在娱乐中学习,这才是我的宗旨。

《冲动的惩罚》股民版

那天我打开账户秒杀一只股,胡乱的说话
只顾着自己心中涨停的想法,狂乱地买呀

我迷醉的眼睛已看不清你行情
忘记了你——技术，会有怎样的反应
我持有那只股放在账户中
我错误地感觉到，你也不会调整
所以我以为
你会明白我的良苦用心
直到你调头调整那一刻起，逐渐地清醒
才知道把我世界强加给你，还需要勇气
在你的内心里是怎样对待行情
直到现在你都没有对我提起
我自说自话，涨停的想法
在你看来这根本就是一个笑话
所以我后悔
尽管心中还想念着你的涨停
如果那天你不知我买了多少仓位
你就不会明白，你涨停有多美
我也不会相信，第一次看见你
就买你买的那么干脆
可是我相信我心中的感觉
我买的那么快买的那么直接
就算我心狂野
涨停的火熄灭
我依然相信是主力让你我相约
如果说没有看到你，涨的那么干脆
我绝对不会辗转反侧难以入睡
就想着涨停美
看着你的下跌
在冰与火的情欲中涨跌徘徊
如果说不是主力让行情把我捉弄
想到你我就不会那么心痛
就把你忘记吧
应该把你忘了
这是对冲动最好的惩罚
这是对冲动最好的惩罚

相信在实际操作当中,这也是投资者经常会有过的感受吧!在买的那一刻想的就是涨停,赶紧买进去,马上就会上涨了,赶紧秒杀买入,下边就是持股观望了。买完以后才会问自己,我为啥要买这只股票呢?不知道!多数情况下往往都是以亏损作为结局。

建议各位投资者,以后在想买股票之前要做好投资计划。先问问自己为什么要买这只股票?止盈位是多少?止损位是多少?买多少仓位?

理性的买入方法应该是在盘前就做好交易计划,而不是在盘中秒杀、秒满的自杀式的操作。这点大家一定要谨记!

> 交易机会随时有,盘前计划是重头;合理买入问缘由,止盈止损心中留。

5. 股票容易被套的原因之——追涨杀跌

分不清股价处于什么位置,这是很多投资者最容易犯的错误。很多投资者看到哪只股票连续上涨后马上就追入,一般这时候是庄出货的时机,结果被套。

即使有的投资者盘前做了很好的交易计划,但没有分析清楚个股目前的状态和位置,涨了就追着买,跌了就杀跌跟着卖。

那么问题就来了,什么样的个股能追涨,什么类型的个股不能追涨?什么样的个股追涨以后上涨概率大?什么样的个股追涨买入以后下跌概率大呢?

先给大家看几个不能追涨的个股技术形态。

如图1-9所示,该股从走势来看角度较为凌厉,说明这里面的主力非常凶悍,但已经涨到这种高位,换手率每天都非常高,并且已经出现高位滞涨做头迹象,像这类个股就不能再去追涨买入,因为随时都有可能买在山尖上,一旦接了最后一棒,就会在高岗上给主力站岗了。

如图1-10所示,该股大级别的主升浪已经走完,后边即使再有高点,也是5浪,而这个5浪能涨多高还是未知数,所以类似这种股票走势的,这个高位就不能再去参与,否则风险大于收益是肯定的。

而且该股已经涨到历史高位区域,这个位置明显有套牢盘抛压,估计会形成较大阻力,能否创新高也是未知数,所以这种位置也是需要回避的,而不是去关注追涨买入。

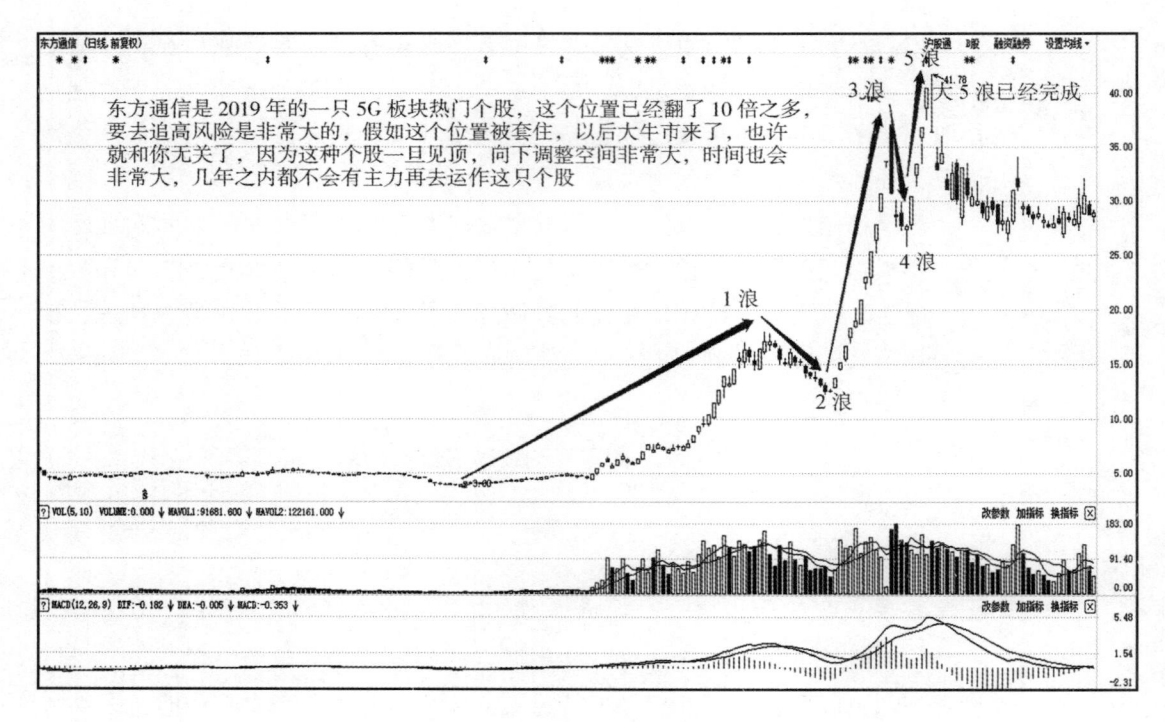

东方通信是2019年的一只5G板块热门个股，这个位置已经翻了10倍之多，要去追高风险是非常大的，假如这个位置被套住，以后大牛市来了，也许就和你无关了，因为这种个股一旦见顶，向下调整空间非常大，时间也会非常大，几年之内都不会有主力再去运作这只个股

图 1-9

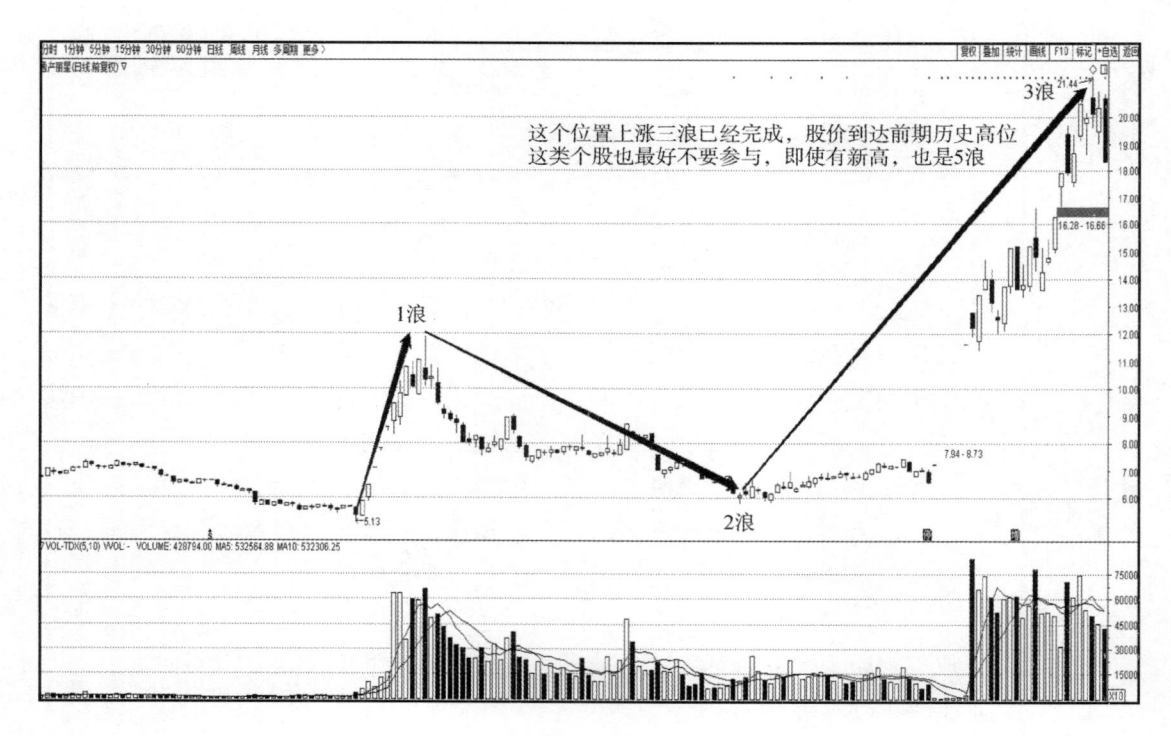

这个位置上涨三浪已经完成，股价到达前期历史高位，这类个股也最好不要参与，即使有新高，也是5浪

图 1-10

第一章
被套的原因分析

以上是两个上涨趋势中不易追涨的个股形态，下面再给大家看两个下跌通道中不能追涨的个股形态。

如图1-11所示，该股目前是一个标准的下降通道，一个波段低点比一个波段低点低，一个波段高点比一个波段高点低，这就是典型的下降趋势，在没有走出下降趋势之前，每次上涨都不可以去追涨买入，否则大概率会被套。

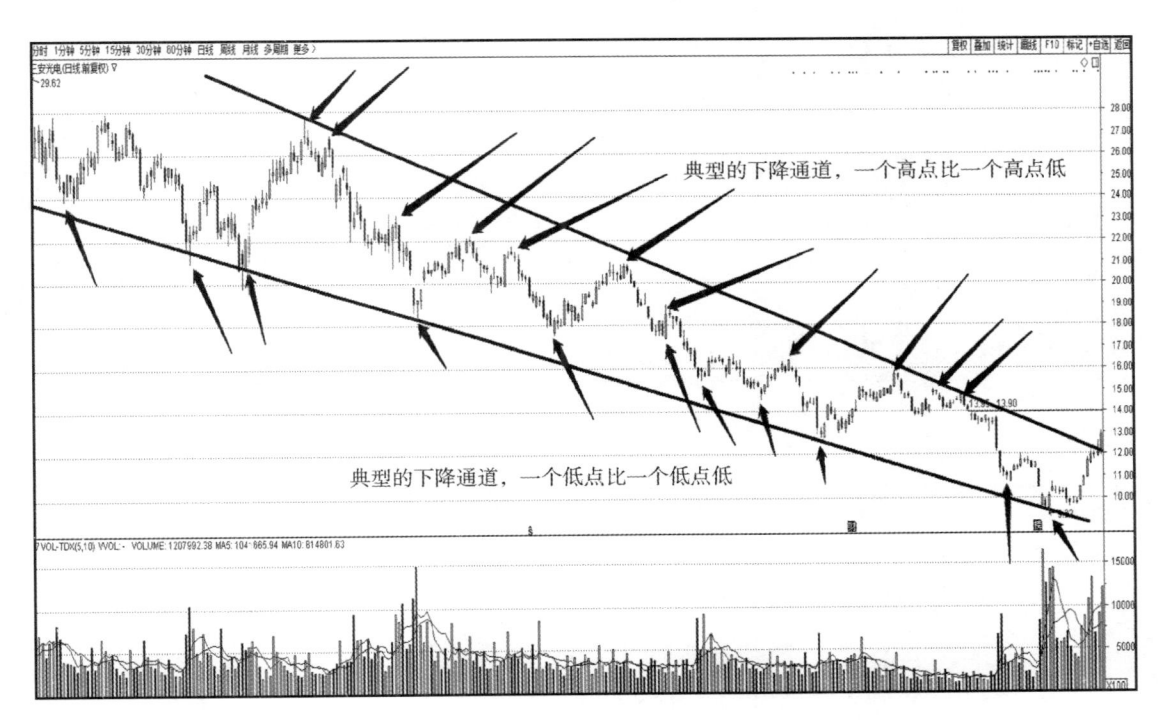

图1-11

如图1-12所示，该股也是一个明显的下降趋势，每一波的上涨都是卖出的好时机，追涨会风险极高。各位投资者一定要学会分析这种典型的下降趋势，不考虑大趋势，只看微观的几日K线走势，一旦买错将后患无穷。

下面再介绍两个可以追涨的形态。

如图1-13所示，该股在图中画圈位置放量突破，并走出下降通道，说明主力开始有操作，所以这类股票一旦带量突破后，可以考虑适当追高买入。而且从该股所处位置来看，也到了相对底部区域，所以这种形态出现以后，配合其他指标进行参考，这样成功的概率就会加大，而且风险相对较小。

典型的下降通道特征，一个高点比一个高点低

典型的下降通道特征，一个低点比一个低点低

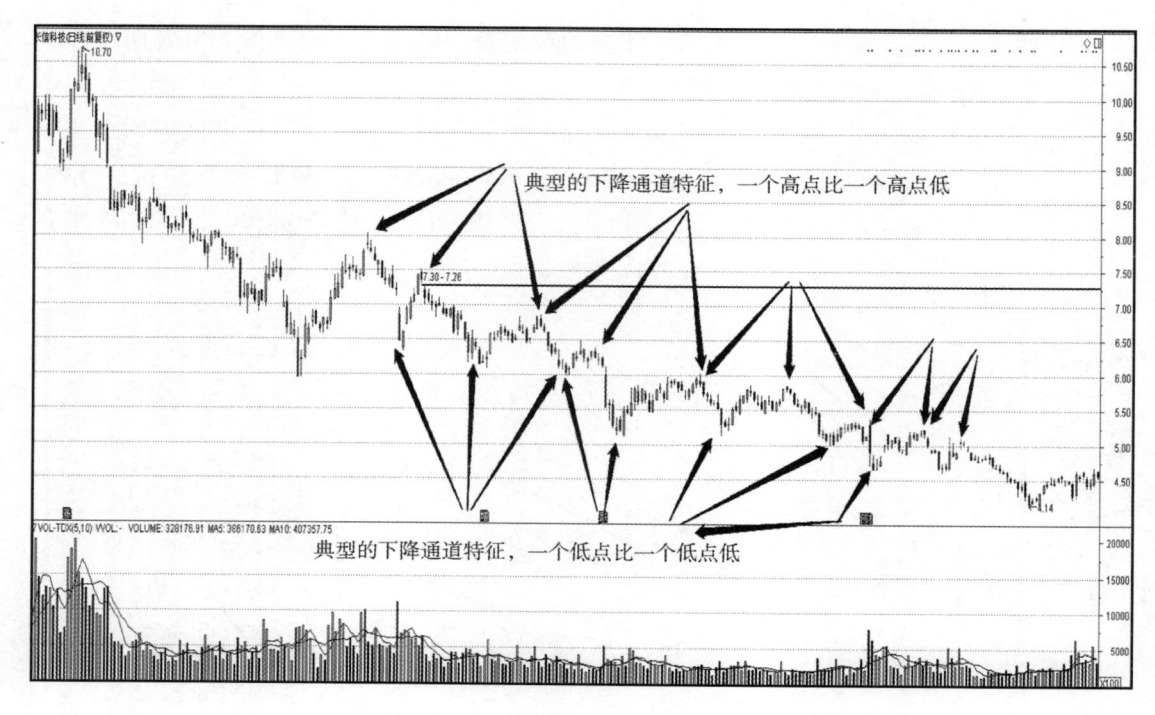

图 1-12

突破下降通道，这类可以考虑适当追涨

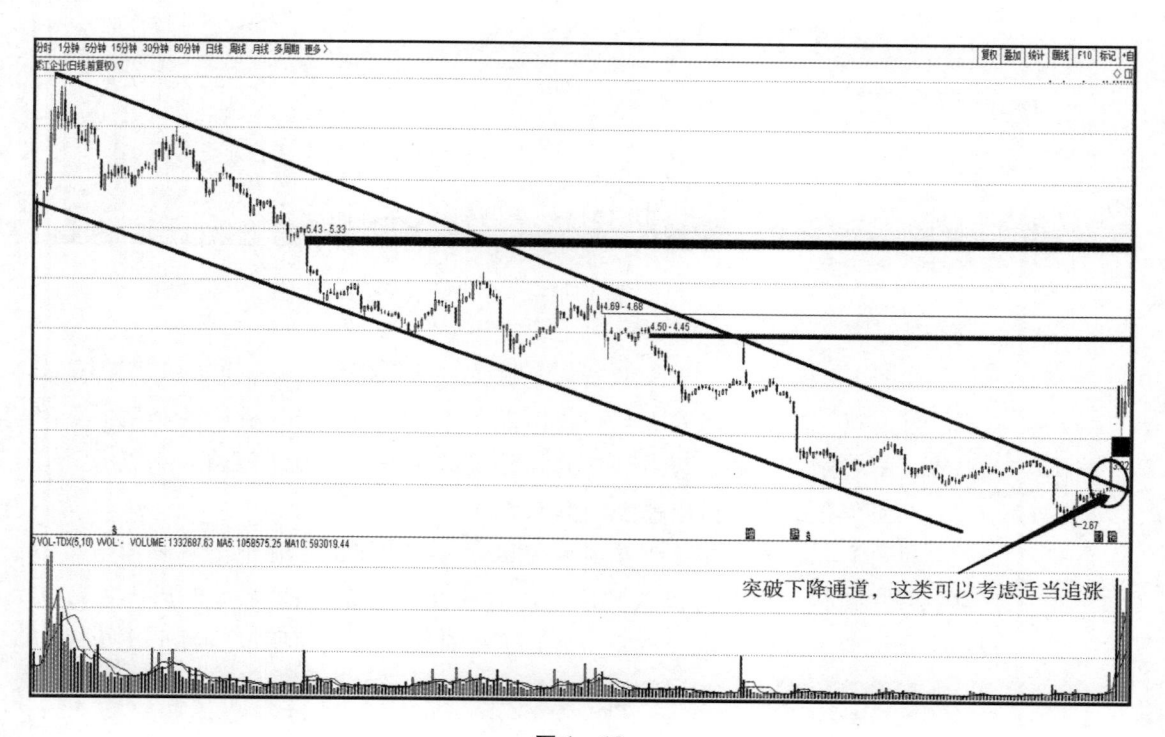

图 1-13

第一章 被套的原因分析

如图 1-14 所示，该股调整到底部区域以后，成交量开始出现明显放大，而且每次都是放量堆量上涨，连续缩量回调，虽然底部放出大量，但股价却没有大幅上涨，说明主力控盘度较高，也是为了能在底部区域吃到更多筹码，所以一直压盘，以便吃到更多的廉价筹码。这类个股后期一旦放量突破底部平台位置，是可以考虑适当追涨的，而且追涨即使短线被套，后期大概率也会走出主升浪，从而可以稳稳地坐轿子。

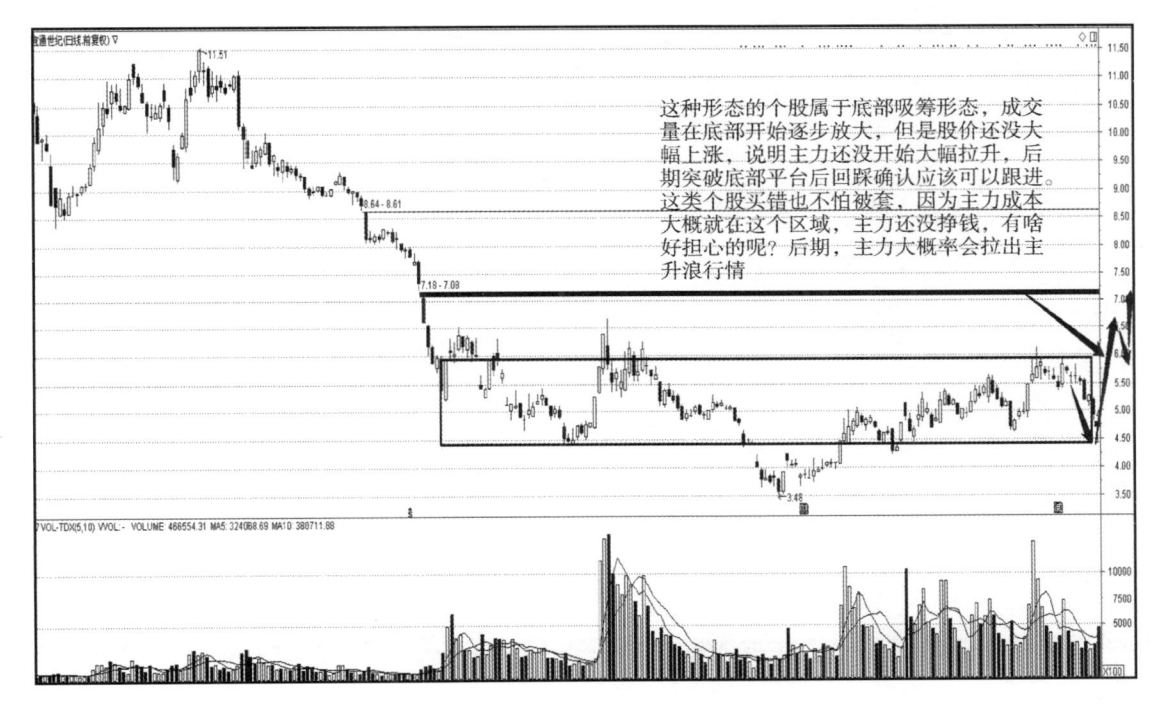

这种形态的个股属于底部吸筹形态，成交量在底部开始逐步放大，但是股价还没大幅上涨，说明主力还没开始大幅拉升，后期突破底部平台后回踩确认应该可以跟进。这类个股买错也不怕被套，因为主力成本大概就在这个区域，主力还没挣钱，有啥好担心的呢？后期，主力大概率会拉出主升浪行情

图 1-14

综合以上分析，追涨是要谨慎的。如果是在牛市或者个股上升趋势里可以考虑适当追涨，但熊市里或者个股正在走下降趋势中，每次的反弹都不要参与，因为战略方向正确与否，才是盈利与否的决定性因素。

在实体经济当中也是一样。假如您管理一个企业，作为高层管理者，您在制订未来三至五年的企业经营战略的时候，战略方向一旦出现错误，那这个企业还能盈利吗？企业战略方向错误，企业的经营就会出现问题，最终也是有倒闭的可能。这个道理放在股市里也是同样适用，希望大家能顺着我这个思路去分析股市，相信对您会形成实质性的帮助。

下面再介绍下在什么情况下个股不能杀跌，什么情况下个股必须杀跌。

如图 1-15 所示，先看图中该股第一个顶部位置，股价涨到高位以后，

出现一根放量阴包阳 K 线形态。这种形态一旦形成，假如手中持有该股的话，必须要卖出或回避，后边大概率会进行第一波杀跌。这是典型的主力开始出货的形态。第二个是双头形态，也是上升 5 浪结束确认的位置。这种形态也是要杀跌的形态，也是需要回避风险的位置。第三个必须杀跌的位置和第二个类似，属于破掉重要支撑位也是以回避风险为主，而不是去买入或者补仓。这种类型的股票在这种高位，当断不断反受其乱！

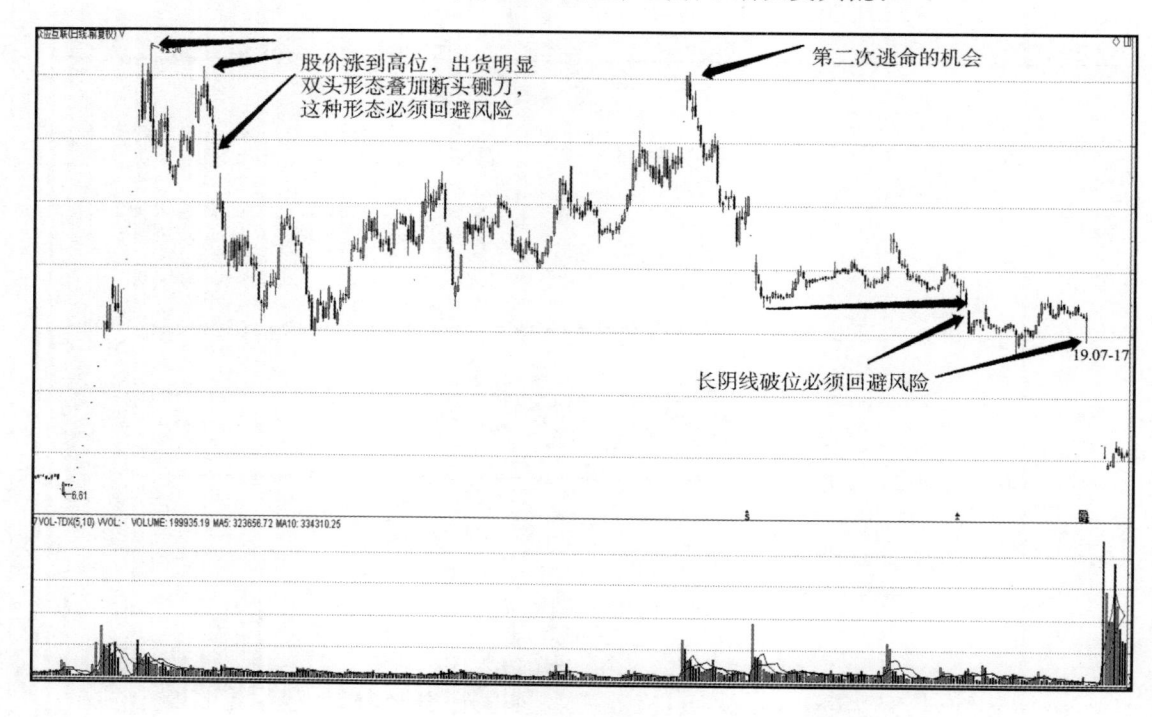

图 1-15

如图 1-16 所示，该股在跌破重要支撑位的时候是带量跌破，这种也是典型的跌破颈线位的形态，一旦遇到这类个股也是必须杀跌出局回避风险的，否则后边迎来的就是一波主跌浪。

下面再介绍一些不用杀跌的个股形态。

如图 1-17 所示，该股第一个破掉平台位置时必须要杀跌出局，因为是放量跌破支撑位，大概率会走下降通道。如果买在第二个箭头位置被套的话，就可以考虑不随意杀跌出局，毕竟前期从位置和成交量来看，有明显的主力建仓迹象，放量上涨缩量回调，也是主力洗盘形态。这类个股一旦买错被套，也无须太过担心，找机会加仓或者做 T+0 降低成本即可。

本小节总结：有些个股是可以追涨，有些个股是不能追涨，有些个股必须杀跌出局。

第一章 被套的原因分析

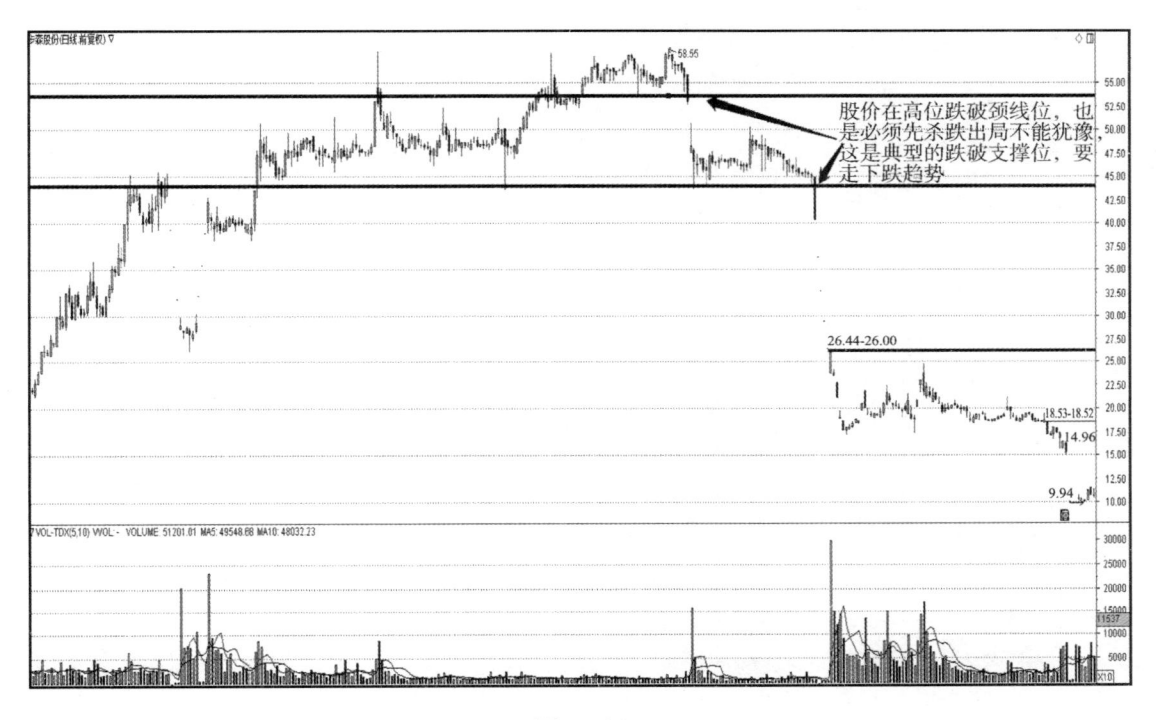

股价在高位跌破颈线位，也是必须先杀跌出局不能犹豫，这是典型的跌破支撑位，要走下跌趋势

图 1-16

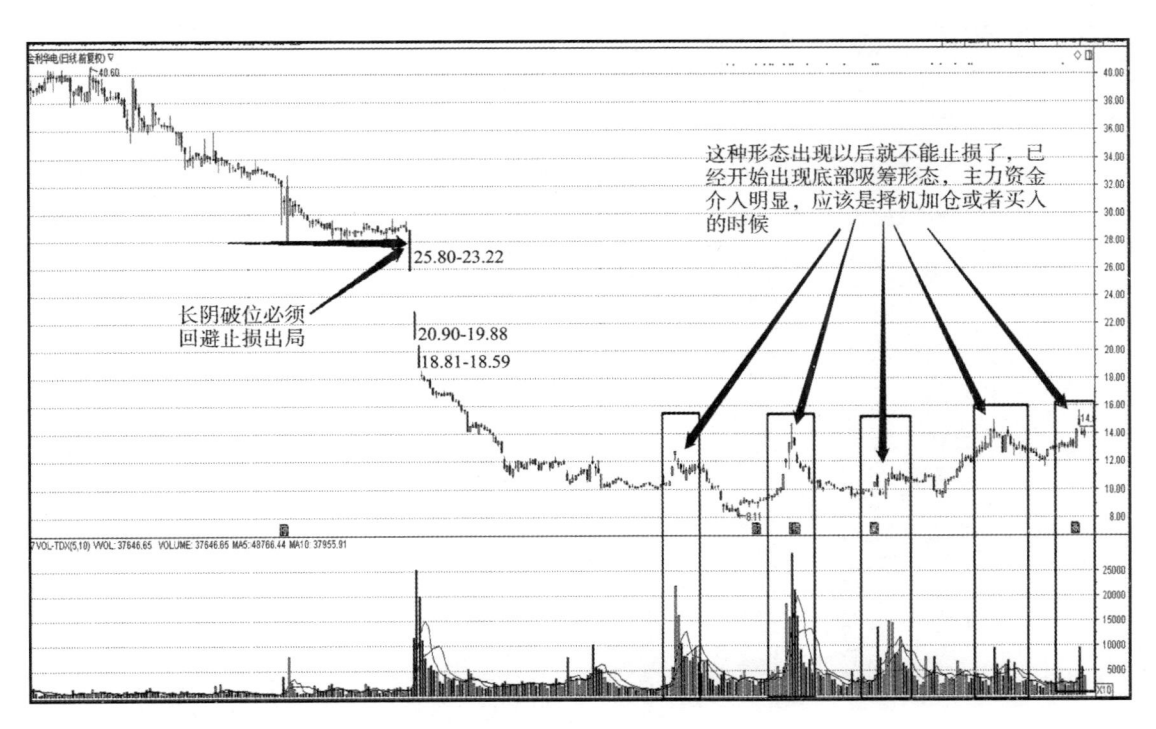

长阴破位必须回避止损出局

这种形态出现以后就不能止损了，已经开始出现底部吸筹形态，主力资金介入明显，应该是择机加仓或者买入的时候

图 1-17

· 21 ·

有些个股则不需要杀跌出局。只要看明白个股所处的趋势就可以做出相应的策略，而不是盲目地追涨杀跌，否则会造成追涨之后被套；被套之后恐慌割肉，割完肉个股马上反弹。盲目地杀跌之后股价也会反弹，造成实质性亏损。也就回到了前边所提的情况，一买就跌，一卖就涨。关于如何判断个股战略方向和所处哪个阶段，本书后边还会介绍如何判断个股位置，请大家耐心往后看即可。

> 追涨杀跌玩刺激，账户资金不由你；看清趋势理性做，游刃有余判对错。

6. 股票容易被套的原因之——频繁换手

各位投资者股票买卖交易的时候，应该都会有个感觉，就是交易的时候出错是大概率事件，因为股市的规律是"七亏一平二赚"，有的时候还达不到"二赚"，多数情况下都是操作次数越多，错的次数就越多，这也成了股市里不是规律的规律了。

牛市中频繁换股也未必能稳定盈利，更何况在熊市行情中频繁换手。在熊市行情多数投资者买入个股后，一买就跌，跌了就割，割完又涨，涨了又追，追完又跌，跌了又割，如此反复操作，是做到止损了，但是资金却越止损越少。

在 2016 年 8 月的时候，有个投资者找到我，和我说了他的经历。这位投资者也算是有点技术功底的，在 2013 年到 2015 年牛市期间，从本金 80 万元，最多的时候做到了 240 多万元资金。

当时他的操作方法就是追涨，今天买完了第二天只要一涨就获利卖出，买的股票不涨的话到了下午也会卖出，然后再买一只个股，第二天不管涨不涨都会卖出。如此反复操作，直到 2015 年 5178 点的牛市高位，他的资金已经到了峰值，到这个时候其实也算是高手了，资金虽然只翻了三倍，但对于多数投资者来说，这个盈利比例也是较为理想了。至少现在看看这个盈利水平还是让人向往的。

但 5178 点见顶之后，他还是这个操作方法，第二天不管涨不涨都会卖出换股，但经历过那波行情的都知道，第二天大概都是跌的，就这样，他开始了一轮恶性循环。第一天买完了，第二天大概率就会跌，只要一跌他就止损出局，到了 2016 年 8 月找到我的时候，他账户里剩下了 25 万元资金，而且是被深套状态，因为他后来不敢再轻易割肉了——他发现越割肉止损，资金越少，其实是他不舍得再割肉了。

后来这位投资者和我说："刘老师救救我吧，帮我把亏损捞回来吧。"看到当时的情形，我心里难免会有些替他感到难受，真诚地和他交流了半天时间，逐步把他的观念改变了一下。

所以这种频繁换手是不可取的，在股市里只有像猎人一样，在打猎的时候学会等待机会，看准机会再动手，尤其是做股指期货或者是商品期货，更要像猎人一样，大多数时间都是在等待中度过，瞅准了机会再动手，这样至少准确率会高一点，也会有效保存实力。

我在研究 8561 股票交易体系的时候就深刻认识到了这点，从而制订了一条原则：数字"1"的含义就是"做股票要专一"，为什么要专一？比如在生活当中，您交朋友，有几个知心的就可以了，如果您想把所有认识的人都当成知己当成朋友，最后相信也会事与愿违，因为人的精力总是有限的，而且每一个人的人生观和价值观都是有区别的。

股市如人生，选择股票也是一样的道理。假如您选择好了几只基本面不错，而且又已经跌到底部区域的个股，来回跟着主力就做这几只股票，时间长了您就会知道这个主力的操盘风格，或者说是股票的股性，那就如同交朋友一样，一见面就可以说："走，吃什么什么去。"因为您十分了解对方，知道对方喜欢吃什么。

跟踪一只股票时间长了，其实连分时都能判断出来主力怎么做，有的主力会比较懒，在盘中想买入的时候，会直接一把就把买单挂高了，把卖单通吃。

如图 1-18 所示，该股的主力就是属于比较懒的，每次吃货都是通吃的形式，吃完一口一天的工作任务就完成了，这一天就休息不干活了。这就是这个主力的操盘风格，所以在做这只股票的 T+0 或者波段的时候，想卖出一定是挂单操作，盘中很难能跟上主力的节奏。

还有的主力会不紧不慢的细嚼慢咽式的吸筹。

如图 1-19 所示，该股的主力在吸筹的时候，分时表现较为稳健，不急不躁、不紧不慢地一波一波往上走。比较有实力的主力才能做出这样的分时走势图出来。

像这类个股，在做 T+0 或者波段的时候就可以在盘中盯着分时做，是有机会跟上主力节奏的，不用提前挂单也可以，分时走出小分时顶或者小分时底部，然后再去交易买卖即可，因为节奏慢一点就可以跟上节奏。

如果是脉冲式的就跟不上主力节奏，就只能靠挂单来等着主力拉升，瞬间才能成交。所以读懂个股分时是做好 T+0 的关键所在，本书中后边会进行详细的介绍。

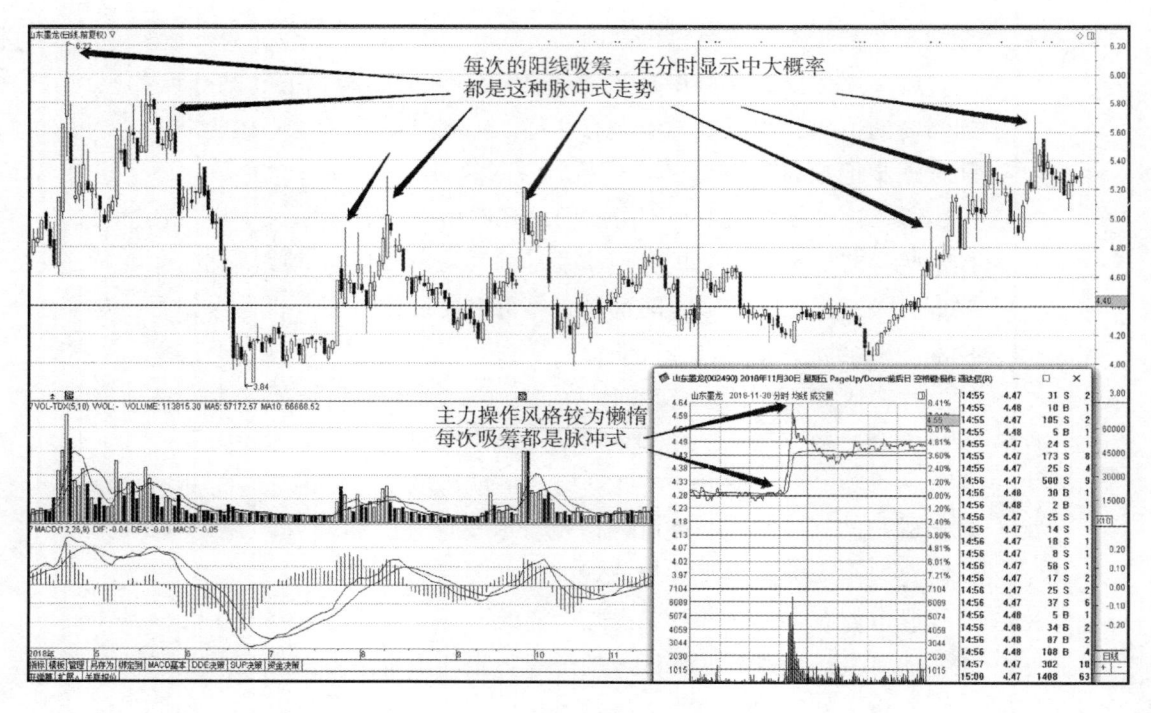

图 1-18

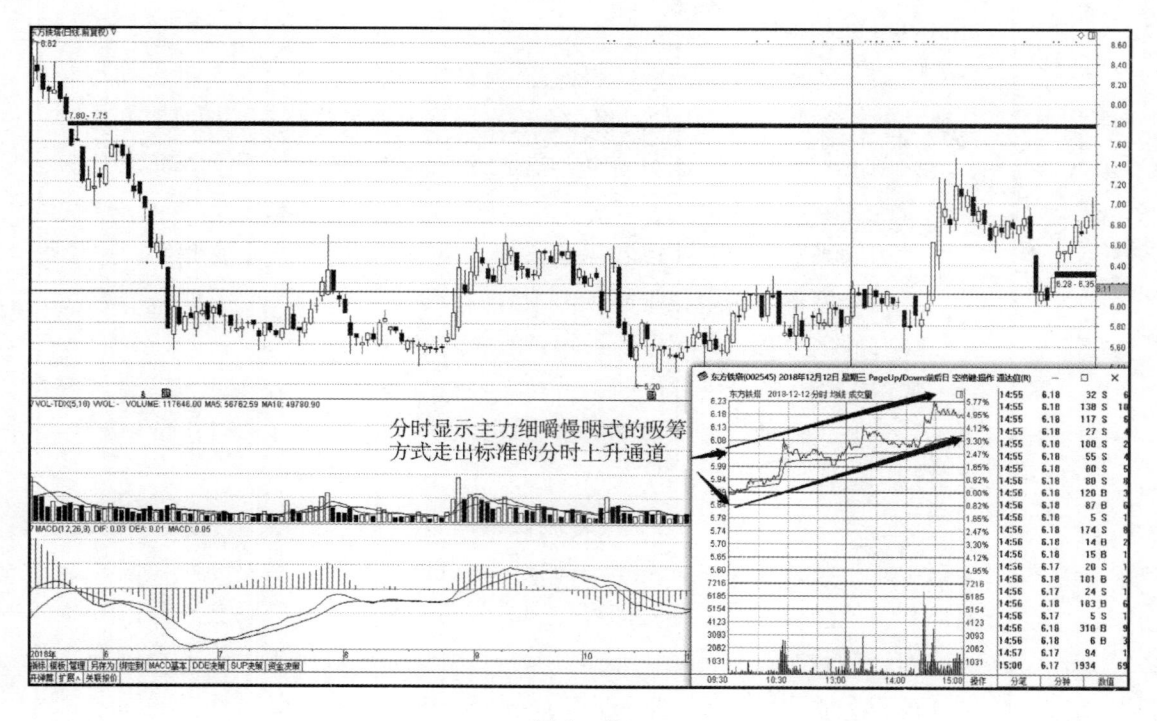

图 1-19

第一章
被套的原因分析

再给大家介绍主力以日线为主的操作实例。

如图1-20所示，该股的底部区域是开始建仓的节奏，主力操盘非常有规律，每次一个涨停后，第二天都是高开低走洗盘，连续出现了5次。我是在2018年12月24日指导客户开始关注这只股票的，让客户在12月25日挂单建的仓。25日挂单在4.71~4.73元区间，建仓10%~20%的仓位。由于当时行情还不稳定，所以只能控制仓位参与。12月25日当天，通达股份最低价是跌到了4.63元，收盘价是4.83元。盘中挂单成交以后又往下探了一下，收盘实现小幅盈利。2018年12月26日开盘后，震荡中封住涨停。本来是打算在12月27日冲高卖出的，但是没想到以低开开盘，当天收出缩量的一根小阴线，所以盘中指导客户卖出一半，没有完全卖出，因为我发现主力的操盘节奏变化了，觉得有启动的可能，所以才会卖出一半。剩余部分就踏实持股待涨，继续找机会做波段加仓了。

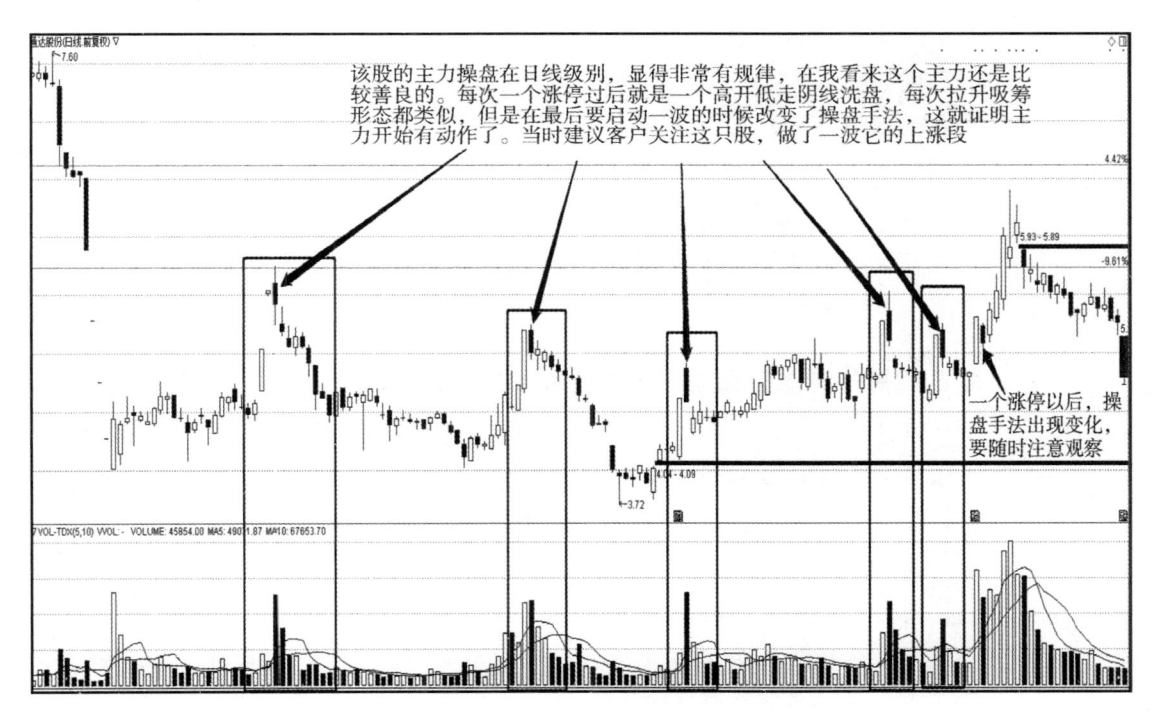

图1-20

这只股票突破以后回调这段其实也是可以逢低进行战略建仓的，因为主力压根没挣钱，也没有出过货，而是在里面做波段或者T+0降低成本。后期大概率还会有主升浪出现。我截图的时候是2019年1月20日星期日，可以用战略的思路看看该股以后还挖坑不挖坑、洗不洗盘，最后怎样拉出主升浪或者如何出货等技术走势。

　　由此可以看出，我平时跟踪个股时候的一个习惯就是先要了解一只个股的股性，从日线到分时都要去仔细研究分析，只有这样才能做好T+0或者波段，因为只有您了解了主力的操盘风格，才会有相应的策略来交易。

　　但是如果您每天换股操作，一年到头做了上百只股票，最后连每只股票是做什么的，甚至连股票代码名称都记不住，能赚钱才怪！

　　选好了几只股票长期跟踪操作，只要趋势不走坏就不要轻易换股操作，一旦大趋势破坏了，再想换股的问题。就像交朋友一样，只要没有原则性问题，朋友永远是朋友，但如果哪位朋友伤害到您了，或者价值观和您不再一致了，那就没必要再去做朋友了。这个时候您就需要重新找和自己价值观一样的朋友了。

　　我在指导客户解套的时候，第一步做的就是拿过账户来，先要把所有个股的历史走势看一遍，然后从分时到日线，仔细捋一遍，因为我要熟悉每只股票的股性以后，才能进行下一步的解套策略的制订。这个细节本书后边还有，在这里不做详细介绍。

> 频繁换股错误多，只有券商乐呵呵；选好个股专心做，主力举动尽掌握。

7. 股票容易被套的原因之——持有股票只数过多

　　不能把鸡蛋放在一个篮子里，这也许是很多投资者听到过最多的一个警告语。我不评价这句话的对与错，咱们且说您可以不把鸡蛋放在一个篮子里，但是要根据自己的实际情况来制订仓位和买入股票的数量才合理。

　　我曾经签约了一个石家庄的客户。他是一个老股民，其实还是有自己的投资思路的。当时签约解套产品的时候，我问他，您买了多少只股票？他想了半天才告诉我，买了不少，应该有二十几只吧！我告诉他您回去截图给我看一下，我看看账户整体情况。第二天截图给我吓了我一跳，一共31只股票，当时我就懵了。在本书后边实战案例分析章节的时候再给大家看这个账户状态吧。

　　2017年3月的某个交易日，8点40分左右，有一个投资者找到了我，让我给看看她买的股票，我说："可以，您说吧。"结果那位大姐就开始说，第一只是什么，我看完了给了她建议；然后又说了一只，我看完又给了她建议；等我给她分析完第 5 只股票的时候已经是 9 点 20 分了，这时我问她，大姐您一共买了多少只股票？她说："刘老师我买了 25 只股票。"我问她你有多少资金，她说只有 25 万元。后来我告诉她，我要看盘了，因为还得下交易指令，不能耽误操作。我说等有机会再给您看其他股票吧。

大家算一下时间，我从 8 点 40 分到 9 点 20 分，在 40 分钟时间里我给她分析了 5 只股票，每只股票相当于 8 分钟，因为我不能糊弄事，随便给人家分析股票，一定是从几个角度客观分析以后，然后给出初步的建议。所以大家算一下我要是把 25 只股票都分析完了，那得需要多长时间？

只是分析一下 25 只股票就需要这么久，那真要是实盘操作的时候，您操作哪一只合适？应该加仓哪只？应该卖出哪一只？这些需要的时间是很长的，等您分析完了也该做决定交易了，不好意思，卖出机会错过了，也许跌停了，也许就收盘了！

散户买股票多的原因就是想着分散投资的理念。大家都知道投资中不能把鸡蛋放在同一个篮子里，分散投资是为了规避风险。但是在股票投资中我发现一个问题：买了那么多股票有的涨有的跌，最后基本不赚钱。遇到像 2015 年 6 月以后至 2018 年 12 月的行情，大部分股票都在跌，即使您买 50 只股票，最后大概率都是下跌的。分散投资的思路是没有错的，但是买的过多就不好了，大资金分散投资可以降低风险，小资金分散投资就会稀释收益。

如果让我建议的话，假如您有 100 万元以下的资金，买两三只股票足矣，100 万元以上按照资金的大小，还有参与个股盘子大小等因素去适当安排即可，这事只能一事一议了，在此不多做阐述。

其实"不能把鸡蛋放在一个篮子里"，说的是家庭资产配置时不能把家里所有资金都做股票投资。您可以投资银行理财、固定存款、货币基金、保险等等，这就算是分散投资了。把家里所有的钱都买成股票的投资者是极其罕见的。

您还别说，其实这些年在和投资者交流的时候还真遇到过这类的客户，但是很不幸，在 2016 年的时候这位投资者倾家荡产、妻离子散了，因为他把家里的钱全部亏光了。这位投资者是 2015 年加杠杆进来的，最后爆仓还欠人家钱。

所以切记不能把家里的钱全部投资在股市当中，这是赌徒的行为，我是坚决反对的。即使在牛市里，这样做也不行。

本小节总结：投资股票时，集中资金关注最多 5 只股票来回做就可以了，这样做分散了风险也不会稀释收益。

当然也不能全部资金都买一只，这是另外一个极端，也是不可取的。一旦股票出现黑天鹅事件，或者停牌的话，会比较被动，还是建议像前边所说的，一般情况下保持二三只较为合理。

投资者在做股票时要有策略，不同的股票要有重仓和轻仓之分，涨幅过大的股票建议轻仓做短线，主力建仓期间没有走出主升浪的、预期看好的个股可以分批买入中长线重仓投资。不同的股票上的仓位可以相互调节，涨的多了到高位的股票就卖掉，加仓低位股票，这样就做到了分散风险的同时加大收益。投资者在操作股票过程中，既要分散风险也要有偏重点，集中大资金投资低位向好个股，分散小资金投资短线强势个股。这才是正确的投资思路。

> 股票数量不宜多，合理个股做洒脱；唯有专一精品做，账户方能盈利说。

8. 股票容易被套的原因之——听消息

听所谓的消息买股票的投资者众多，听朋友说哪只股票好，马上就跟着进，旁边朋友又说另一只也好，又跟着进了；或天天在查看哪只要停牌，哪只要出利好。这只进了后没停牌，亏本出来，哪只进了没利好，又亏本出来，最后的结果是炒了很多年的股票，没赚到钱还亏了不少。

其实我特别反对有些投资者到处打听个股消息，到处问这个老师买哪只股票，问那个老师买哪只股票。这是对自己不负责任的做法。试想一下，即使哪个老师给你一只股票，你能过一辈子吗？不可能的，知道为什么推荐给你吗？知道人家的止损位吗？知道人家的止盈位吗？多少钱加仓知道吗？哪个老师给你推荐完了，能实时跟踪你的账户情况？这些都是问号，用这些问号来做股票投资，最后不失败才怪呢！

从业这些年来，我听过太多的所谓消息股，也见过无数听消息做股票的投资者，最后的结果基本都是失败。

尤其是在2015年牛市过后，尤其是2016年的时候，见到太多被消息股干死的大户，甚至有的在说，这个上市公司董事长也买了，我买了肯定不会亏钱，因为董事长是在8元买的，现在都跌到6元了，他亏钱了，我6元买进去肯定能赚到钱等等，但最后股价却跌到了3元。在那种熊市行情下，连庄家、大主力、大资金都爆仓、平仓了，何况其他人呢！

其实在股市里面，从公开信息就可以判断出一部分机会和风险，包括从技术面也能看出端倪，因为主力资金操盘的痕迹是最真实可靠的消息来源。人们在股市中经常听说过这样一句话：二级市场技术面上的走势包涵了一切。技术走势可以表现出来一些信号，技术面是基本面或者消息面最真实的反应。

在股市里我认为还有一个听消息做股票的技巧，不是不可以听消息，而是看您怎么听、怎么理解。利空消息利用好了就可以找到牛股，利好消息用不好就会大亏特亏。这些留在以后有机会介绍8561股票交易法则的时候再去详细介绍。

> 高位利好是利空，低位利空是利好；消息辨别位置定，主力意图需读懂。

9. 股票容易被套的原因之——永远满仓状态

"永远不要满仓"，这话这些年我说得太多了，但多数投资者都是以满仓为荣、满仓为快，只有满仓了，心里才会踏实，因为满了就没得干了，也不惦记别的了，只惦记着什么时候涨停就可以了。

其实主力资金和普通投资者最大的区别就是仓位的风险控制。

我给大家算笔账，也许就会稍微明白一点我不让大家满仓的原因了。但是大家不要纠结其中太细节的部分，我只是让大家明白满仓的风险和解套的思路而已。

假设您投资股市100万元，满仓买入一只股票，很幸运这只股票从开盘价平开买进后，买完就涨停了。好了，涨停以后您的盈利是多少呢？100万元×10%＝10万元，本金100万元＋盈利10万元＝110万元，非常开心是吧？

但是很不幸，第二天又开始跌停了，这种情况在熊市很常见。110万元还是满仓状态，一个跌停是10%，110万元×10%＝11万元，110万元－11万元＝99万元，这个账算得没错吧？

继续假设，比如您满仓100万元买了一只股票，很不幸，当天从平价开盘之后当天跌停，100万元跌10%，损失10万元，本金还剩下90万元。如果再从90万元回到100万元本金需要涨幅多少呢？损失的10万元÷剩余本金90万元＝11.1%这个账算得也没错吧？

由此可以看出，其实买进股票以后，同样的涨跌幅度，但是跌的时候损失的资金要比涨的时候的资金要多一些。所以一旦满仓的话，您损失50%

的本金，在想回本的话，就得买一只涨幅 100% 翻倍的股票才能回本！

继续假设您用 100 万元本金买了一只 10 元成本的股票，当股价跌到 5 元的时候您每股亏损 5 元对吗？理论上本金跌去 50 万元，还剩下 50 万元本金在股票里面，那再要想回到 100 万元本金，是不是要等这只股票再涨到 10 元您才能解套回本呢？从 5 元涨到 10 元是不是翻倍才可以呢？从 10 元跌到 5 元是跌幅 50% 就可以跌到，但是从 5 元再回到 10 元价格就得翻倍涨 100% 才可以哦。

这个账要是算明白了，满仓的风险也就很明了了。

咱们继续算另外一笔账。假如 100 万元本金，以 10 元的成本半仓 50 万元买入一只股票。很不幸股价也开始下跌，股价跌到 5 元的时候见底了，不再跌了，主力开始买进建仓了，这个时候如果您把剩余的本金 50 万元买进去同样一只股票，您可以算一下您的成本会是多少？涨多少就能回本呢？我们算一下。

当时买入本金是 50 万元，股价跌去 50% 剩余本金 25 万元，损失 25 万元。您的个股持仓成本是 10 元没有变化，股价跌到了 5 元，我们把剩余的本金 50 万元买进去，这个时候您的持仓成本也许就会降到 7.5 元了，就不是 10 元了。那么股价涨到 7.5 元，这个时候就可以解套了。

再从另外一个角度来算一下，您当时本金 50 万元买进的，从股价 10 元跌到 5 元，您损失了 50%，也就是损失 25 万元本金。我们抄底买进以后，等于是新加仓的本金 50 万元 + 剩余股票市值 25 万元，合计是 75 万元。75 万元想回到 100 万元需要盈利 25 万元，25 万元 ÷ 75 万元 = 33.3%，也就是说理论上您加仓以后这只个股涨幅 33.3% 左右就可以回本解套了！这个账算得应该没错吧？如果没错的话，大家可以顺着我这个思路思考一下，满仓风险到底大不大？

综合以上分析，大家也许会知道满仓的害处了，所以建议大家尽量不要满仓操作，因为股市里风险和收益是不对等的，多数情况下风险大于收益，所以满仓就等于把主动权交给了市场，而自己只能被动挨打。试想一下把命运交给别人，是一件多么可怕的事情！

> 股票投资仓位控，合理安排不能重；行情位置定仓位，游刃有余不会醉。

第三节
思考部分

　　股市是一个风险极高的证券交易市场，在进入股市之前一定要做好功课，学习一些基本股市投资的知识，虽然这点很难有人做到，一般都是买完股票被套了亏损了，才会想到学习，但是已经晚了。甚至有的投资者压根就不想学习，也不知道怎么学习，或者有的学习完了也照样亏损等等，诸多因素都是造成A股市场参与者多数都是亏状态。就因为是这样，才希望大家能够多学习。学习不一定会盈利，但不学习肯定是亏损。

　　问题1. 经过本章节的阅读学习以后，如果再让您重新进入股市，您会按照怎样的步骤进入股市投资呢？

　　问题2. 假设您有10万元资金，试着选几只个股，您会用什么方法选股？然后自己做一个详细的投资建仓和持股计划。

> 　　满仓上涨必开心，重仓被套会气晕；合理安排仓位进，理性投资收益真。

第二章　正确的投资心态

> 学习技能是前提，
> 辨证分析客观理。
> 炒股盈亏看心态，
> 恐慌贪婪需放弃。

第一节
为什么要重视股票投资心态

之所以单独把投资心态拿出来写一章，主要是因为经过多年的从业经历让我发现，不少投资者在股市中铩羽而归，不是因为投资者买的股票不好，也不是因为投资者的技术不好，或者基本面分析功底不好，而是投资心态出现了问题。即使一个投资者专业知识再好，没有好的心态，最终还是会被市场淘汰。

这些年我见过太多亏损20%就哭爹喊娘的，也见过盈利翻几倍而无动于衷的。各种各样的投资者让我学会了，或者说总结出来什么才是正确的投资心态。

在我看来，心态要比技术更重要，也比基本面分析更重要，如果给个可以量化的公式那就是：心态 = 技术面 + 基本面。也就是说，好的心态等于高超的技术加基本面分析的总和，这就是心态在我心中的权重。

这些是我这么多年见过众多投资者的真实状态后的总结，建议大家一定要认真对待。如果您心态真的很好，其实不懂基本面和技术面也会赚到钱，如果您的心态不好，容易心浮气躁、容易恐慌，技术懂得再多、基本面分析再好，最后也会亏钱。

正确的股票投资心态到底是什么样的？

首先，要有个积极面对人生的好心态，因为我发现在生活当中怨天尤人的投资者，来到股市里面也是一样的状态，天天到处骂主力，说主力太坏，买完股票跌了就骂上市公司，说上市公司太不负责任等等，像这样的投资者在股市里面大概率都是失败者。

其次，要有一个全力以赴，专心致志，干什么吆喝什么的心态，因为不管做哪个行业，不学习、对这个行业不了解，是不可能挣到钱的。我给大家讲个真实的案例：我曾经见过一个投资者，投资非常成功，不管在牛市还是熊市都没有亏过大钱。有一次我去拜访他，一进他办公室，就看到了各种关于股票分析、基本面分析、经济方面的书籍堆成山，足有几百本之多，办公室里除了一台电脑和书，没有太多别的东西。我看到他面前有的书都被他翻烂了。当时我就恍然大悟，才知道他为什么这样理性，为什么他能投资能成功。和他交流的过程中，他说的最多的一句话就是：学无止境！

最后，我认为如果想在一个行业做到出色，或者做到成功，一定是要喜欢这个行业才有可能。俗话说干一行爱一行钻一行，但在平时我看到很多投资者压根不喜欢去钻研，还有的投资者对于股市抱有一种抵触和恐惧的态度，也许是亏钱亏怕了的原因吧，与其这样还不如不投资股市的好，免得天天担惊受怕，最后股票没挣到钱，还把身体搞坏了。这些年我也见过这类的投资者，因为股市投资失败，极度郁闷最后抑郁了。

所以只有你喜欢一个行业，认真去研究学习，找到其中的乐趣，才有可能把这个行业做到极致。

股票投资是个既普通又高深的事情，上亿投资者在市场中博弈，你要做得盈利或者做到比他们更好，凭的是什么？人家看盘学习看书学习每天10个小时，您只有在盘中4个小时看盘甚至更多的投资只是盘中看几眼就不看了，盘后不学习也不复盘，您有可能会比每天学习10个小时以上的投资者做得更好吗？真要是能做得好的话，那才是真正的不公平，除非您已经研究透彻，研究了一种买了就不用看盘，直接持股就能盈利的投资模式，这样的话您就不用再学习或者看盘了。

我能够在这个行业坚持近20年，是出于我对这个行业的热爱，因为我觉得坐在电脑前看着大盘分析着股票又能工作又能挣钱，多好的一个职业啊！其实我的工作是很多股民羡慕的，因为看盘就是上班。但很多股民是没有这个条件的，众多投资者都有自己的本职工作。所以喜欢股票就成了让我坚持到现在的一个原因，而且我也愿意花更多的时间来研究股市。

其实把炒股当成工作，是单调而辛苦的。在工作过程中我会遇到各种心态的客户，肯定有客户不喜欢我的投资风格，从而就会出现价值观不一样的情况。遇到类似情况我一般都是劝投资者重新选择别的老师进行指导，因为我知道如果价值观不一样，最后的结果也不会好。还是那句话，适合自己的就是最好的。

你如果每天都告诉自己，从炒股中能得到很多乐趣，心态就会变得比较积极。把工作当成享受，你会更专心。这点我深有感触，这么多年指导过的投资者记不清有多少了，当每次指导客户解套以后，客户那种千恩万谢的肺腑之言，让我感觉自己的工作对社会还是有价值的，这也是我这么多年一直坚持在基层的原因之一。

这个市场充斥着太多充满幻想但从不实践的人，也有很多从不幻想和浮躁，埋头苦干、日日夜夜研究股市的人。后一种人在股市中少之又少，他们有着正确投资股市的心态，而只有这些人才会是股市的成功者。他们每天都信心满满，为实现理想而不懈努力，他们把工作的乐趣当成最大的报酬，他们把 N 次的失败和挫折都当成前进路上躲不开的敌方阵地，然后研究战术对策一个一个攻克。从这一点来说，股票投资成功的条件远高于其他行业。

经常听到股民聊天说："你今天进了什么股票？我想跟你进点。"这样的话我听到的时候，一般都会感到不安，因为我知道，这位股民又得亏钱了。我深知一位真正懂股票的人通常不愿跟着别人买股票的，都是自己研究股票进行交易，至少我知道为什么要买某只股票。你都不知道我为啥买某只股票，我要卖的时候你也不知道，我是止盈卖出了还是止损卖出了，这些你都不知道，你会盈利才怪！

所以我劝大家，既然要投资股市，就要潜心研究股票的运动规律，学着选择买点和卖点。

股票波动瞬息万变，股票下跌的时候，总会不时给你个小反弹，给你一线希望，让你觉得股价已经开始反转，而后股票又重新下跌，你原来的希望破灭，准备割肉放弃时，它又来个小反弹，重新把你拴住。从很少的亏损，经过几个来回，变成严重亏损。

所以严格制订交易计划，制订好了止盈、止损，到了价位就做出相应的交易执行即可，不要幻想、不要期待、不要讲理由，只有这样才是客观理性的。

而从我见过解套的投资者来看，多数都是挣过钱的没有及时卖出造成亏损。买了股票挣了 10%，还想着挣 20%，挣到了 20% 还想着 50%，然后又想着翻倍。最后股价开始下跌了，心里想，当时翻倍我都没有卖出，现在挣 50% 我不卖，结果跌到剩下利润 20% 了，心里还在幻想，当初盈利 50% 我都没卖出，现在我可不卖了。当到了成本区的时候，又在幻想，当时我盈利都没有卖，不挣钱我为什么要卖出呢？接下来就是该亏损的阶段了，亏 10% 的时候心里会想，当时挣钱没卖出，亏钱更不能卖出了？结果股票继续下跌，跌了 20% 了，心里又想着当时亏 10% 都没卖出，现在亏了 20% 不舍得卖出，结果越套越深。

相信以上的经历也是很多股民真实的写照。我们在投资股市时，一定要摒弃不良的心态。

综合以上分析，但不仅限于以上这些投资股市的心理状态，大家还要在自己投资当中去探索一些正确的投资心态才能在股市中做到少吃大亏。

> 各行各业需钻研，烦恼恐慌少出现；专业知识需加强，涨跌自有心敞亮。

第二节
什么样的心态才是正确的股市投资心态

股市如人生，贪婪、恐惧、幻想堪称股市投资失败的三大因素，这些人性的弱点在股市中都会暴露无遗。所以说股票投资的过程其实就是锻炼人性的过程。当你变得稳重、冷静、专注的时候，你就具有了成功者的心境。无论行情分时如何波动，都不会因为心态紊乱而做出错误的决定。

有人说，做股票就是在做人。确实，人做得好，股票才能做得好。钓鱼爱好者也有句话叫"钓鱼如人生"，都是一样的道理。要用平和的心态去对待股市，才能战胜自己，战胜市场。

无论是盈利还是亏损的交易行为当中，我们都应该感悟这个市场，同时也感悟我们自身的优点和缺点，因为交易的主体是人，而每个人的特性在很大程度上决定了交易的结果。只有"一日三省吾身"才能克服一切弱点。

股市投资成功的因素有很多，但投资失败的根本原因只有一个，那就是人性本身的弱点。进入股市投资高手的行列，唯一的途径就是改变自身弱点，提高自身对于股市行情波动本质的认识。

在股票交易当中必须克服贪婪的心态。多数投资者看到股票上涨账户资金不断升值时总想着还能挣到更多，挣了10万元想100万元，挣了100万元想1000万元，总之人的欲望是无止境的。结果股市一调整，众多投资者都是被套牢，套牢的原因其实就是贪婪所致。见好就收，知足常乐是我经常和投资者说的一句话，尤其在熊市当中，能挣钱就很不错了，就别嫌挣得少了。

投资股市不能散漫过度。人的行为有很大的随意性、分散性、主观性。企业为什么要有规章制度？就是为了规范我们不能我行我素。在股市投资当中，因为买卖交易是由你自己来做出决定，你一散漫，无拘无束，这样就会随心所欲了，那么投资结果也就会和你的精神状态一样，风险也就随之而来了。所以要制订严格的交易计划，克服自己的惰性和散漫的心态。自觉学习、自觉执行交易纪律，特别对于止盈和止损边界做到自我监督，才会有好的投资结果。

正确对待亏损问题，不逢人就吹自己做股票多牛。跟打麻将的人一样，输了钱从来不说，赢了钱就到处炫耀。其实理性的人都明白，要是每次打麻将都赢钱，那就以此为职业了，还辛苦上班干吗呢？投资者也是一样，不要挣钱了就到处吹，亏钱了就不说话了，说成功的不说失败的，是典型的不能正视自己的弱点，这样的人大概率会投资失败。

股市千变万化，其乐无穷，如果你的投资业绩不菲，那你做人一定到位，肯定是一个稳重的人，果断、谦逊、自律、自信、乐观的人生品格，肯定是你的特质。

所以要想在股市中成功，就必须要做一个快乐的投资者，有理想、有毅力、有主见、遵守纪律，更重要的是要有耐心。

综上所述，投资者需要树立理性的投资意识，力争做到多看、多思、多练、善于学习，不急不躁，不贪婪，不恐慌。理性客观看待市场，积极乐观投资股市，这样才是正确的投资成功的法宝。

> 股市犹如人生绕，投资重视心态好；克服贪婪恐惧少，心浮气躁全扔掉。

第三节 思考部分

所有失败的投资者都容易犯三个通病，第一就是怨天尤人；第二就是贪婪和恐惧；第三是幻想。

众多投资者在股价上涨的时候想着还能涨得更高，无理由的贪婪，最终会造成亏损。股价杀跌的时候又恐惧，真的到了底部了才割肉出局，也是无理由的恐惧。简单理性地想一想，世界那么多投资大师，他们的年收益是多少呢？几乎都是在20%~30%这个区间，为什么我们要追求每天盈利10%，动不动就想着翻倍呢？真正明白了这个道理，从心态上也就会改变了，也就会回到理性的投资心态当中，也就会做到快乐炒股了。

问题1. 用少部分资金，买一只底部区域的股票，这只股票一定要基本面没有问题。试着持有一年在账户里不随便买卖交易，用世界投资大师的理念来让自己回归理性，看看一年以后这只股票的收益能否超过巴菲特的20%以上的盈利？

问题2. 仔细思考一下，经过本章节的学习以后，您心里的感触是什么？未来您会用什么样的心态来面对股市投资？

> 股市分析各不同，唯有理性心态灵；恐慌贪婪幻想扔；账户升级常态赢。

第三章　解套的重要性

> 买错股票易被套，
> 制订解套计划要。
> 早日降低成本做，
> 脱离亏损盈利多。

第一节
我为什么要研究股票解套

如果说到解套，我想我应该是最有发言权的，研究解套这些年，我见过被套的投资者已经记不清有多少了，每当有投资者找到我要了解股票解套的时候，那种特别渴望能早日解套的心情，让我觉得自己任务艰巨，这也是激励着我前进的重要动力。

本小节是在2019年1月21日星期一写的，就在写这段的时候，我听到电脑上行情软件发出一声响亮的预警声音——这代表着某位投资者的股票挂单成交了。后来一看才知道，是一位投资者的账户正式成功解套，马上通知这位投资者赶紧看一下账户给我截图，最后确认挂单已经成交，我又再次兴奋了一小会儿（因为我担心这位投资者没挂单，当时尔康制药瞬间突破了一下挂单价格就下来了，如果不挂单是成交不了的）。这位投资者的心情不用言表了，一定是非常开心的；当股票到达成本的那一刻其实我比客户还激动，因为我指导客户都是挂单的形式，成交解套以后那种快乐的感觉也只有我自己才能真的体会，也只有这样我觉得自己做的这件事情才是有意义的。本书后面篇章关于实战案例部分的时候我会把这位投资者的账户情况和解套经历写出来，供大家学习参考！

我的从业经历可能是很多人没有经历过的，多数从业者都是研究如何找出所谓的好股票，推荐给投资者；而我是每天研究每个投资者账户的被套个股的实际走势来制订解套应对策略。这是两个完全不同的概念。

在平时工作当中，我研究的是每位投资者的个股为什么会跌，每位投资者的账户为什么会亏损，这个和大家所知道的选股建仓是两个不同的思路。在我看来，知道哪些股票不能买，要比知道哪些股票能买更重要，也就是我要把风险放在首位，而不是把收益多少放在首位。

我复盘的时候有一个习惯，就是每次先看那些跌停的股票或者大跌的股票的状态是什么样子。这是我多年复盘的习惯，也是和多数投资者不一样的习惯，因为这样先看风险再看机会，和先看机会再看风险，你所理解的市场的涨跌本质是不一样的。

我认为投资股市首先要看到风险，因为每位投资者开户的时候都会看到一句话：股市有风险，入市需谨慎！其实这句话我理解是最深刻的，主要是接触的投资者多了，看到亏损的账户也多了，我心里只有怎么能防范股市的风险这个想法，久而久之也就形成了一种习惯，在看每只股票的时候，我先关注这只股票处于什么阶段：是主力建仓期，还是洗盘区域，还是出货区域，还是正在走下降通道。只有看清楚了个股当下走势处于哪个阶段，才能制订相应的解套策略。

如果投资者被套的时间长了，慢慢就会失去理性，心态不好的投资者看到在熊市里，自己账户越亏越多，甚至会感到恐惧，从而逐渐失去对股市的信心。更多的投资者会选择割肉出去不再投资股票了，但是牛市来了以后发现自己的股票又上涨了，后悔不已。诸多股市投资者的各种心理状态我看得实在是太多太多。

2007年6124点以后，A股开始走入熊市，到了2009年很多股票跌去50%以上，有太多的投资者亏损严重。

当时一个投资者找到我告诉了我他的真实经历。当时他自己本金80万元，加上他妹妹的50万元，再加上他女儿的30万元，一共凑了160万元，在2007年4500多点时进入股市，开始挣了一些钱，后来又继续加大投入，本金合计300万元。大盘涨到6124点后，转入熊市开始杀跌，到了2009年他找到我的时候给我看他的账户，我记得特别清楚，账户上还剩53万元多。在和我交流的两个多小时里，他一个大男人哭的像个孩子。

他的遭遇深深地触动了我，从那刻起我就开始琢磨有没有一种方法可以做解套呢？这位投资者当时给我的感觉是已经崩溃了。之后电话沟通过几次，我就经常劝他；后来两年多没有动静，QQ也没有再联系过。到了2011年初的时候，突然这位投资者在QQ又出现了，我问他您这两年干什么去了，怎么没动静了？他告诉我自己得脑瘤了，一直在住院，大夫说他压力太大，情绪总不稳定，时间长了就出问题了。当然也许有其他原因导致他大病一场，但是这个病一定和投资股票有不小的关系。

所以从那天起，我再次坚定了研究解套策略及减少亏损方法的决心。这些年来一直都在坚持研究着。

鉴于但不限于以上原因，我开始研究股票解套的方法。从2011年至今8年多的时间里，经过无数次实战的验证，我认为这个解套的方法还是可以帮助一部分投资者成功解套的。由于每个投资者的账户情况不一样，如总仓位、个股情况、市场整体状态、投资者的心态以及配合程度等，所以我才说能帮助一部分投资者成功解套，而不是一定可以帮助所有投资者解套。帮所有投资者解套是不现实的，也不是我所追求的目标，因为我知道我也做不到。

这些年在股市中摸爬滚打，让我越来越理性客观地看待一些事情。我从来都不会制订一些不可能达成的目标，那样对于我自己来说也是一种伤害，因为在生活和工作当中你再优秀也不可能解决掉遇到的所有问题。

所以我经常会告诉投资者一句话："只挣自己看得懂的钱，自己看不懂的钱不要去挣，因为那不属于你。"在实体经济当中不也是一样吗？您不了解一个行业，就去盲目投资，最后大概率也是会投资失败的。

其实在2011年，我就有解救散户于水火之中的想法，能帮助一个是一个。也许有人不会相信也不会理解我当初的心情，但我当时确实就只有这一个信念，也是这个信念让我这些年一直坚持着、研究着，一直没离开这个行业。这期间也有过想放弃的念头，因为我做不到给所有找到我的投资者都能解套出来，也就会出现那些没解套的投资者对我产生怀疑甚至言语的攻击。我知道他们不会完全理解我的所作所为，后来我经常说一句话：只救有缘人。

也有更多的投资者劝我想开点，不要跟少数人去计较。也是有了这些真正能理解我的投资者才使我能坚持到现在。后来我想明白了一个问题：如果每个找到我的投资者能完全理解我的理念或者解套的思路，我也就不会有价值了；因为多数投资者都是操作失败亏损的，说明他们的选股思路、投资思路、心态等都是不正确的。假如我能完全得到那部分投资者的认可，岂不是我自己的思路也会是错误的了？

所以一个人即使做人再不到位，也会有人说他好；一个人即使再优秀也不会所有认识他的人都说他好。这点也希望各位投资者能记住，这样在生活当中再遇到和您价值观、人生观、世界观不一的人，远离就是，没必要太过纠结。还是那句话：股市如人生。

我同样想通过写这本书把自己推到更高的一个境界。我觉得做这件事情还是可以帮助到一部分投资者的，所以我认为这本书出版发行以后，对于我个人来说将是人生当中的一个里程碑式的事情。至此也算是给了自己这些年研究股票解套方法初衷的一个交代。

> 人生百态各所求，唯我孤注解套由；纵观八载牛熊换，不忘初衷心态宽。

第二节
为什么要进行股票解套操作

接下来我们讲一下为什么要进行股票解套的操作。如果您买了股票处于被套状态，不做解套会是什么结果，做了解套操作又是什么结果。

必须把这方面讲清楚，否则投资者不理解解套策略的利弊，也就不会客观地看待股票解套这件事情的本质。

先给大家看一个真实的解套的案例，方正证券（601901）。

如图3-1所示，客户刘女士的成本是13.96元，在制订完解套交易策略，经过几次操作以后，成本降到了7.42元，该客户个交易的过程会在后边章节会详细介绍，现在先讲一下为什么要做解套操作。

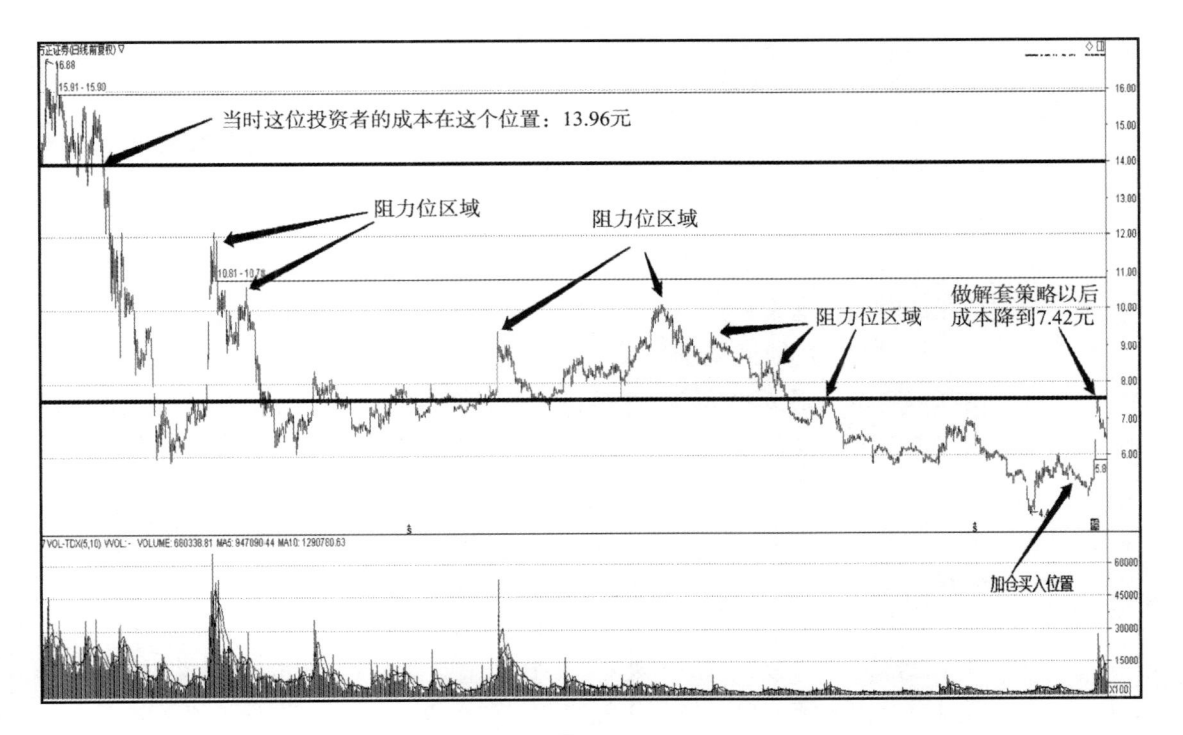

图3-1

我们看一下图中上边那条线就是方正证券最初成本 13.96 元的位置，也就是说刘女士在 2015 年那个相对高位 13.96 元买完以后就没有操作过，一直持有到签约解套的那天，当时的成本还是 13.96 元。我分析过后开始指导加仓操作把成本降低。

假设这只个股不主动进行加仓解套操作，理论上在没有涨到 13.96 元之前和刘女士没有任何的关系，因为没到成本也没办法卖出（除非割肉出局），并且在这个过程中客户也不敢再轻易加仓，事实证明不加仓是正确的，因为大方向是下行的走势。

再看图中标注阻力位的位置，每个波段的高点都是一个重要的阻力位，这种阻力位一般很难过去，按时间来说都是用周为单位计算突破时间的。

如果在下跌期间加仓的话，加仓后的成本要是低于图中那几个阻力位，理论上也是很难解套的，所以我根据刘女士的账户情况进行了很大仓位的加仓操作。最终把成本降到了 7.42 元，加仓过后虽然也有调整，但是大方向和预期基本一致，当时我判断证券还有一波行情，才敢大幅加仓，待股价涨到成本区后解套出局。

以上是加仓以后解套出局，这是做解套策略的结果，很快就可以解套出来了。

假如不做解套操作，从时间上来说，什么时候成本价能到 13.96 元这个是未知数，也许 1 年也许 3 年都不好说。因为当时刘女士签约的时候股价已经跌去了 60% 以上，要是再想回到那个 13.96 元的成本区，理论上股价得涨 1.5 倍才有机会解套出来。就当下这个行情来看，指着这只股票涨 1.5 倍这种可能性是很低的。

做解套操作能不能让客户成功解套出来咱先不讨论，理论上至少会减少持股的时间，这是肯定的。因为您加仓做解套大概率会降低成本，成本降低了，自然解套的时间就会减少，哪怕成本只降低了 10% 的空间，这 10% 要是涨起来也是很费劲的，尤其是在弱势行情当中更是有难度。

再做个假设，您做解套操作以后，提前一年解套出来了，如果来了牛市行情，是不是可以提前进入牛市中的盈利模式了呢？如果不是提前一年出来，即使牛市来了，您还在等待解套当中，别人在牛市中赚钱而您却在等着解套，这一正一反差距有多大呢？

如果您做主动解套操作的情况下，当前指数是 2600 点，一年以后指数可能会涨到 3500 点，在您做解套操作以后，也许在 2800 点或者 3000 点就可以解套出来了，后边还可以做 500 点的上涨空间，也还是会有盈利。

如果您没有做主动解套操作的情况下，当前指数还是从 2600 点，一年以后指数会涨到 3500 点，也许指数涨到 3500 点您还没有解套，依然是被套状态，依然是赚指数不赚钱。很不巧，您仍然没有做解套操作，指数从3500点又跌回到3000点甚至跌到3000点以下了，这不就是典型的过山车行情吗？您只能看热闹了，不但没有解套出来，而且更没有从这波上涨过程中挣钱，您的个股又再次跟随指数开始下跌，只赚指数没赚到钱。这不会把您的心态搞坏吗？除非您已经不看股市，破罐子破摔了，否则您大概率会心情不爽的。

还是用刘女士的账户做例子，当时方正证券解套出来以后，我们就可以重新安排仓位进行建仓了。在当前这个点位建仓买入股票，大多数股票的下跌空间已经不大，风险小了很多，上涨的概率加大了。如果本轮行情从2500点涨到3000点的话，理论上多少也是可以赚点钱的，也就是盈利的概率大于亏损的概率。

这就是做解套操作和不做解套操作的区别。所以主动做解套策略操作。至少还是强于不做解套策略的，但前提是要会操作才行，否则也许会起到负面的作用。至于怎样操作解套后边篇章再做讲解，大家通过学习本章以后懂得解套的重要性和解套的道理就算完成任务。

> 买错股票套高位，制订策略来折雷；提前回本出熊市，行情专牛盈利始。

第三节
什么才是真正的解套

从业这些年来，我听说过很多做解套的方法。因为要研究这方面内容，我到处打听解套的相关方法，结果了解到所谓的解套方法，大都让你割肉换股，因为他们认为你被套的股票都是不好的，让你割肉卖掉自己的股票跟着他们做所谓的强势票，到最后大多数都是又追高被套继续亏损状态，也就是刚从一个噩梦中醒来，又进入另外一个噩梦当中。这是多么可怕啊！

还有一些方法就是做波段或者T+0操作，这个也是我倡导的，但是具体怎么操作，都很少涉及，都是平常能见到的一些理论。

虽然也有一些能操作解套的方法，但是大多都是介绍一只股票怎样操作解套的方法，至于这个账户的解套思路或者对于整个账户的解套策略是没有更详细的介绍，成功的案例更是少见。

在我看来什么才是真正的解套呢？经过多年的研究和总结我认为正确的解套策略应该具备以下几个条件。

（1）对整个账户给出一个详细的诊断，然后制订整体解套方案，比如仓位、持股数量等。

（2）对账户中每只股票作出诊断给出诊断证明（基本面和技术面），然后根据个股情况，制订出个股可以做解套的交易计划和安排。

（3）要有具体的个股支撑位或者加仓位置，还要有个股的所处趋势是上升阶段、下跌阶段还是底部盘整阶段等等。因为个股所处的趋势决定了你要做正向波段还是做反向波段，也就是做先买后卖还是先卖后买。这就是说战略方向必须正确。

（4）要有加仓后卖出的价位区间，不能只知道加仓不知道把加仓的卖出去，否则本来您有10000股，又加了10000股，股价也涨了，但是没有到您的成本，您就是不卖出，结果股价又跌了，这样不就是20000股一起往下跌吗？还有就是如果您的成本太高，也不可能加仓后一口气就到您的成本区间，只能来回多次做波段才会逐步降低持股成本。倒着做差价也要制订好卖出以后买回来的位置，到了就及时买回来。

（5）必须要有成功的解套案例做出来才算是真正的解套，这也是为什么我在后边章节用的都是指导客户的实战案例，包括聊天记录、账户截图和交割单截图的原因，因为我觉得用事实说话才是王道。

所以在我看来符合以上几个条件，才算是真正意义上的解套，否则就是瞎忽悠，是偷换概念骗钱的把戏。

> 解套二字好写出，想要做好难自如；正派解套系统来，私人订制账户嗨。

第四节
思考部分

只要有正确的方法去应对股票的风险，投资股票被套就不可怕。多数人

第三章 解套的重要性

在股市中都是亏损的状态，为什么还有那么多人投资股票呢？当前中国有1.3亿股民，这个数据说明股市还是有很大吸引力的，否则不会有这么多的股民进入股市。既然都想在股市中挣钱，那一定是有人要亏钱的，我们只要学会如何应对个股的风险，学会少犯错误，就等于跑赢多数人了。只要能熬过熊市，坚持到牛市来临，我们就是胜利者。

问题1. 您怎么理解关于股票解套的概念？

问题2. 没有学习本章之前和学习完本章之后，您对投资股票亏损的看法有什么变化？

> 股市投资陷迷茫，解套策略出良方；估值看似高大上，技术指标来导航。

第四章　解套常用的交易技术

做股票解套策略，除了要有良好的心态，最关键的一个环节是技术分析，因为技术分析决定着您股票解套交易策略的制订，决定着您挂单的价格，决定着高点、低点分别在哪里。所以认真学好关于解套交易的相关技术分析是至关重要的。

希望读者在学习本章的时候，不要只看书中提到的一两个案例，自己按着书中案例寻找相似技术形态的个股多多分析、学习。举一反三才会达到预期的效果。

第一节
何为高抛低吸

为什么要把高抛低吸放在本章第一节？因为它是降低成本的核心，也是广大投资者耳熟能详的一个股市常用词语。

很多人都在说高抛低吸、低买高卖，非常简单的几个字，但是实际操作的时候就会非常难做到，主要是因为很多人不知道如何正确理解高抛低吸的"高"在哪里，"低"又在哪里。

高抛低吸说得简单点其实就是：卖在阻力位上，买在支撑位上。这样一般就会达到至少在分时表现中买完就涨，卖完就跌的效果。注意我说的是分时级别，因为当股价到了阻力位大概率会有调整，到了支撑位股价大概率会有反弹，支撑位和阻力位越强，分时表现越明显。第三节再为读者讲解如何判断支撑位和阻力位。

其实高抛低吸的"高"就是阻力位位置，"低"就是支撑位位置。因为在日常交易的时候，股票的价格没有绝对的高也没有绝对的低，如果这样理解高抛低吸就简单多了。

我在指导客户的时候，一般会给出一个阻力位和支撑位的价位区间，并不是没有依据的瞎给价位。这样较为精确的指导建议对于客户来说就会清晰很多，至少客户心里会有个目标价位，也不会再迷茫，我想这才是大多数股民想得到的指导效果吧。

作为证券从业者来说的我也有难言之隐。以前在证券公司接触到很多客户，深知大多数投资者是什么状态。他们专业知识相对匮乏，在买卖时机上的把控更是完全没有章法，既然找专业的老师，就是希望有一个清晰明了的指导，希望给出一个唯一的价格，比如说挂单5.41元卖出或者买入。接触这些客户时，以我的个性，真心想站在普通散户的角度去指导，绝不想模模糊糊地指导，更排斥给出模棱两可、让人没有方向的指导建议，但心里想却不能为之，因为此举无异于间接替客户操作账户，违反证券法律法规。后来指导建议一度也改为价格区间，但在盘面有突发情况超出预料时，客户也难免容易慌神，不知如何操作。

我就想"授人以鱼不如授人以渔"，让投资者自己学会分析，自己捕捉

第四章 解套常用的交易技术

支撑位和阻力位的买卖点，这样才是给他们最实际的指导，故而总结自己多年来的投资体系，几番雕琢，终成此书。在此倾囊相授，希望能给那些迷茫的投资者最真切、最实用的指导。

在做解套交易策略的时候，要想做正向交易就是低买高卖、先买后卖的交易；要想做反向交易就是高抛低吸、先卖再买的交易。

什么类型个股适合做低买高卖？什么类型个股适合做高抛低吸？这个必须要搞清楚，因为这决定着您做解套交易策略的成功与否。

先说正向交易低买高卖。在当前市场的状态中，大多数个股都已经到了相对底部区域，这个时候就尽量不要做高抛低吸式的倒波段了，尽量做正向交易低买高卖式的操作。因为当前市场环境下即使买错了跌了，向下的空间也相对有限，但是向上的概率还是很大的。

如图4-1所示，该股从战略角度来看，处于相对底部阶段，如果操作这只股票的解套策略，大概率是要做正向交易，也就是低买高卖的操作，或者叫正向操作。因为股价已经跌去近80%了，再向下的空间相对有限，从技术形态来看也是筑底阶段了，所以这类个股想做解套原则上要做正向操作，即使买错了加仓了还会跌，下跌空间也有限，往上的概率大，这笔加仓的交易盈利的概率就大。这就是所谓的低吸策略。

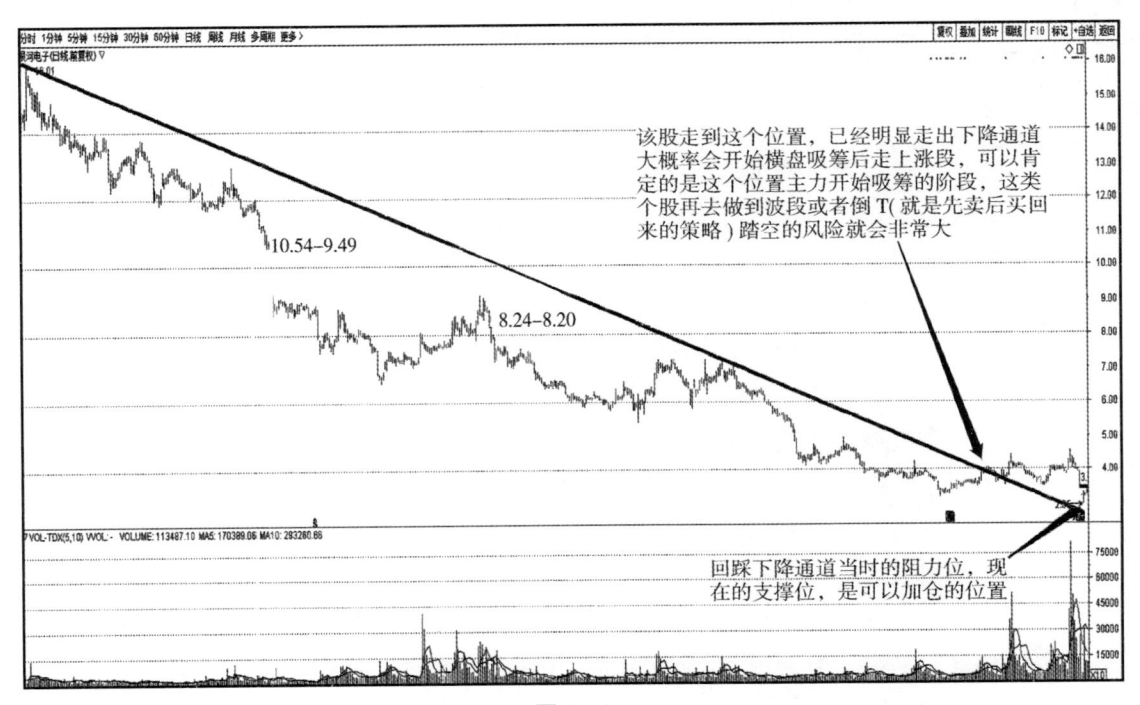

图4-1

如图 4-2 所示,该股从技术形态来看,日线级别已经走出明显的双底形态,股价大概率会反弹,在底部区域的时候您还做倒波段或者反向 T+0 是有踏空风险的。踏空就是卖出以后股价上涨,您再也买不回来了。

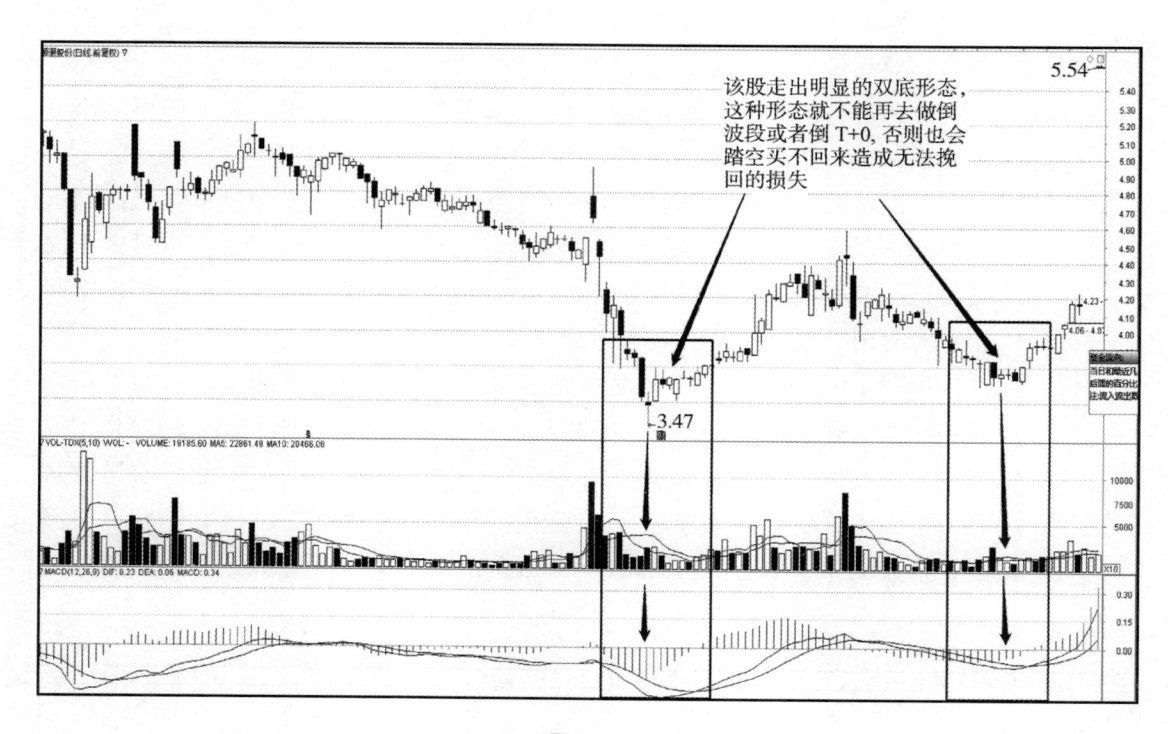

图 4-2

所以像这类个股是必须做低买高卖式的操作才合理,这也是低吸的个股类型。

说完了低买高卖,再说高抛低吸式的操作。什么类型的个股适合高抛低吸呢?

如图 4-3 所示,该股在高位震荡以后,开始破位下跌,并且跌破了上升趋势,这类个股在操作解套的时候是要以做倒波段先卖后买的操作,也就是以高抛低吸式的操作为主。因为大的趋势是向下的,战略看空,这个时候就不能轻易加仓做正向操作了,原因是加完仓大概率还得跌,损失会更大,所以每次反弹到阻力位就做高抛,回到支撑位就低吸,这样操作成功概率就会很大。

如图 4-4 所示,这是只次新股,很多人喜欢追次新股赌博式的操作,其实这类个股的风险是很高的,涨得快、跌的时候也快。一旦套在高位,这类个股就适合做反向操作,高抛低吸的操作为主。因为这类个股下跌的概率

第四章
解套常用的交易技术

这类高位刚破位的个股,适合做高抛低吸,每次反弹都是卖出做到T或者倒波段的好时机,因为大概率这类型的形态是要走下跌趋势的

图 4-3

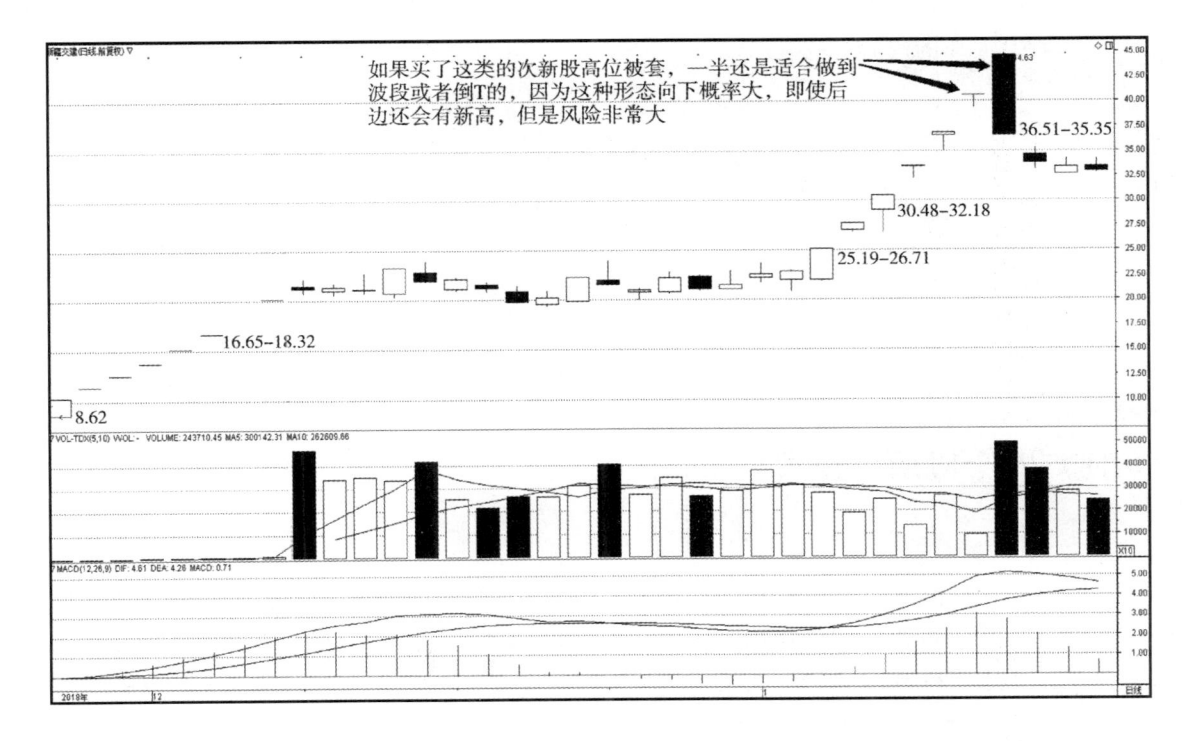

如果买了这类的次新股高位被套,一半还是适合做到波段或者倒T的,因为这种形态向下概率大,即使后边还会有新高,但是风险非常大

图 4-4

大，做反向操作先卖后买，成功做出差价的概率就大；做分时也是以反向T+0为主，成功的概率也大。

顺便提醒一下各位投资者，本人是不建议去买次新股的。从基本面估值角度来看，新股上市经过两轮炒作基本就是高估了，因为有时候用正常的技术分析很难判断其走势；况且次新股的炒作本身就是非理性的，由于多数新股上市经过炒作都是高估状态，一旦被主流炒作资金放弃，后期走势将是一地鸡毛，我见过太多因为炒作次新股一个月就亏损30%~50%的投资者。

有些资金稍大的投资者，甚至可能会买成次新股的股东，因为盘子相对小，有些个股过了活跃期后，在弱势当中很少的十几手都能影响股价，所以次新股才会被资金炒作。

也有因为炒作次新股挣钱的，我不否认，但还是少数。仁者见仁智者见智，我只是顺便提醒一下各位投资者。

如果您炒次新股被套，那就好好学习接下来的其解套方法吧，以便应对手中被套个股。次新股要是被套一定要去积极做解套操作，因为有的次新股炒作两拨之后，往下几乎是无底洞，不知道能跌到什么地方。再次强调一下，一定要谨慎参与次新股，还是那句话：只挣自己看得懂的钱。

关于如何进行波段买卖点的技术分析，请参考本章第四节如何进行波段操作的内容。

> 高抛低吸常见语，做到精准属不易；唯有实战做连续，支撑阻力定悲喜。

第二节
如何判断个股所处位置

前面说到过我复盘的第一个习惯性动作，就是看股票价格的位置，如果我觉得在低位，我就会多看几眼，如果觉得要走出底部区域了，就会看看基本面仔细研究。但如果第一眼就看到在高位，我就一扫而过，觉得没必要耽误时间去看了。这些年形成的这个习惯，因为我知道位置的重要性，个股的位置决定了股票的风险高低，明明知道风险高，就没必要花时间去研究它了。

很多人说买在高位了,何为高位呢?也有人说买在底部了,而又何为底部呢?

结合当前行情,我总结的关于个股位置的判断方法有以下几点。

1. 股票价格涨跌幅判断法,通过涨跌的幅度来判断个股处于什么位置

如图4-5所示,该股有两个高位和一个低位,从这个角度大家是不是一下就能看出来呢?其实不用我说大家也知道哪里是高位哪里是低位区域了。

图4-5

前面章节列举过该股作为案例,从上次截图以后今天又一个跌停,为什么会跌停呢?该股是属于老庄股,我在2018年11月28日盘前的金锁看盘中提示过风险(大家感兴趣可以在百度搜索"金锁看盘2018.11.28",看一下相关文章即可),这类老庄股一旦主力资金放弃炒作,将会是暴跌的格局,至少从我写这段的时间来看,还没跌完,所以图4-5上方那个长方形部分不就是高位吗?

而在股价没启动之前,图4-5下方那个长方形区域其实就是底部区域了。有人会说马后炮,走出来才知道,但是我们做技术分析的时候一定要客观看待，所有技术分析都是分析的概率，而不是绝对的。

先看第一波下跌后的幅度。股价从2010年12月跌到2013年7月，股价的最大跌幅在75%以上，这个位置开始横盘了，也就预示着相对底部区域就在这个位置了。因为股价已经跌了75%，这个幅度已经属于很大的了，所以基本可以初步判断这个位置就是一个相对底部区域。

从2014年6月启动的位置，最高涨到了2015年5月的12元附近，这个位置肯定算是高位了，然后开始回调，回调以后，开始了600多个交易日的高位大横盘，在2019年1月初拉了一波，当时我就提示远离这类老庄股，最后直接放量出货后开始一路下跌。在横盘的600多个交易日里，我只要看到这类型的个股就直接毙掉，连看都不看，因为这就是高位区域。

如图4-6所示，该股目前这个位置我认为是在半山腰上，还有下跌空间，因为从简单的缠论中枢来看，这个位置有可能会构筑一个中枢，通俗的理解就是做个平台，震荡一下继续走下一段杀跌。从物理的角度来看，这个位置也是不安全的，因为惯性也得往下继续跌一段才会结束，至少从大方向来看，也是需要回避风险的。

图4-6

再看跌幅，该股从2018年5月高位跌到2019年1月，跌幅只有50%，而多数个股这波杀跌幅度基本在 70% 以上，所以从这个角度来看也是没跌到位。而该股从 2015 年 9 月以后涨幅可是超过了 500% 的，所以一旦这个大的上涨趋势破掉以后，往下空间不会太小。从这个角度看也不属于底部区域。

2. 技术形态判断法

从个股的技术 K 线形态也可以判断个股的位置。

如图 4-7 所示，该股用缠论来解释是最简单的，不要去纠结标准的缠论中枢即可。因为我们判断的是大方向，或者是所处位置，用这个方法，就是一个简单地看技术形态，从高位一个日线级别下杀后开始横盘，而后又来一波杀跌，也是一个完美的结构（下跌+横盘+下跌），最下方的再次横盘的这个位置基本就是接近底部区域了，如果再给一次下跌背离段，那就是相对战略建仓位置了。但是还要结合基本面分析才行，不能只看技术面，要是基本面业绩不及预期也不能去参与。这是原则性问题。切记！

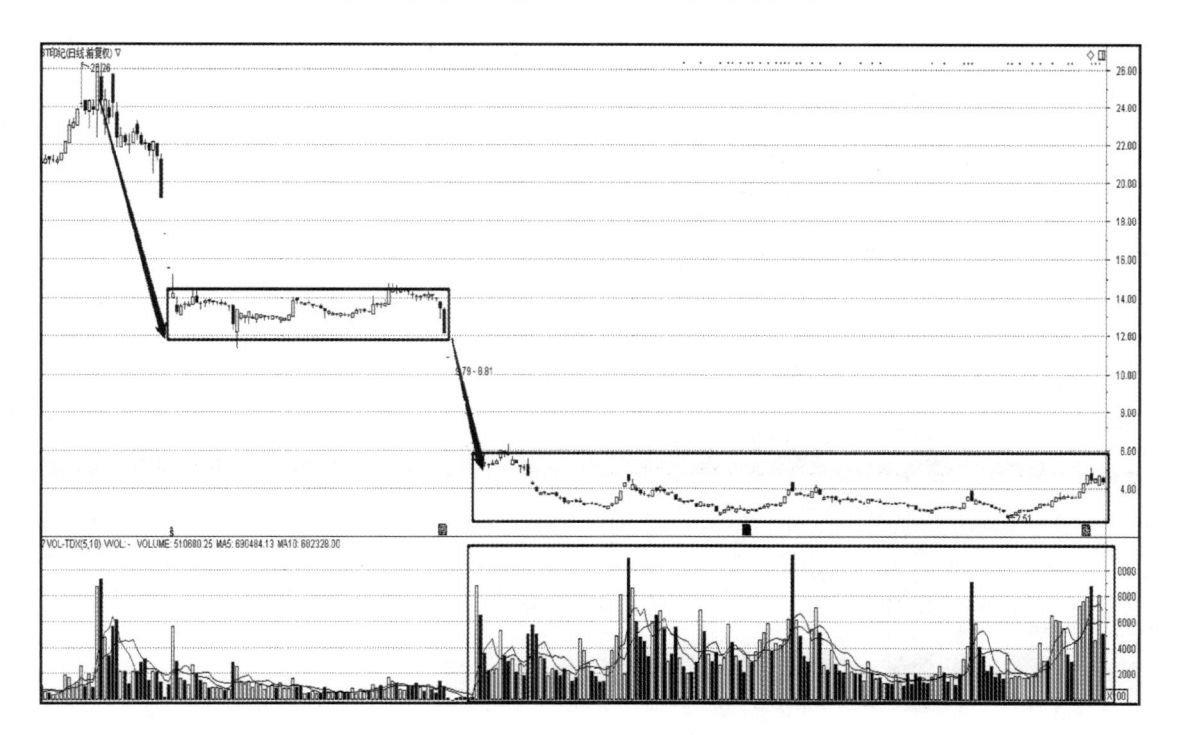

图 4-7

再叠加成交量来分析，底部区域开始连续放出堆量，股价还没大幅拉升，也可以证明主力在吸筹。底部区域换手率达到 400% 多，这个位置换手率如此之高，说明高位的已经开始割肉出局，而主力却在偷偷吸筹，这个位置不就是大概的底部区域吗?

　　结合上面几个技术面综合分析来看,该股大概就是处在一个相对底部区域,假如您持有这类型的个股,到目前这个位置深套的话就可以不用再去割肉止损了,积极找钱去做加仓波段或者T+0降低成本即可,因为这个形态向下的空间比向上的空间小多了。理论上收益大于风险。

　　如图4-8所示,该股目前是在高位区域横盘,目前为止还没选择出方向,但这种个股也是在顶部区域,如果我复盘看到基本也是直接毙掉,不去浪费时间关注这类个股,因为大概率也会下跌。

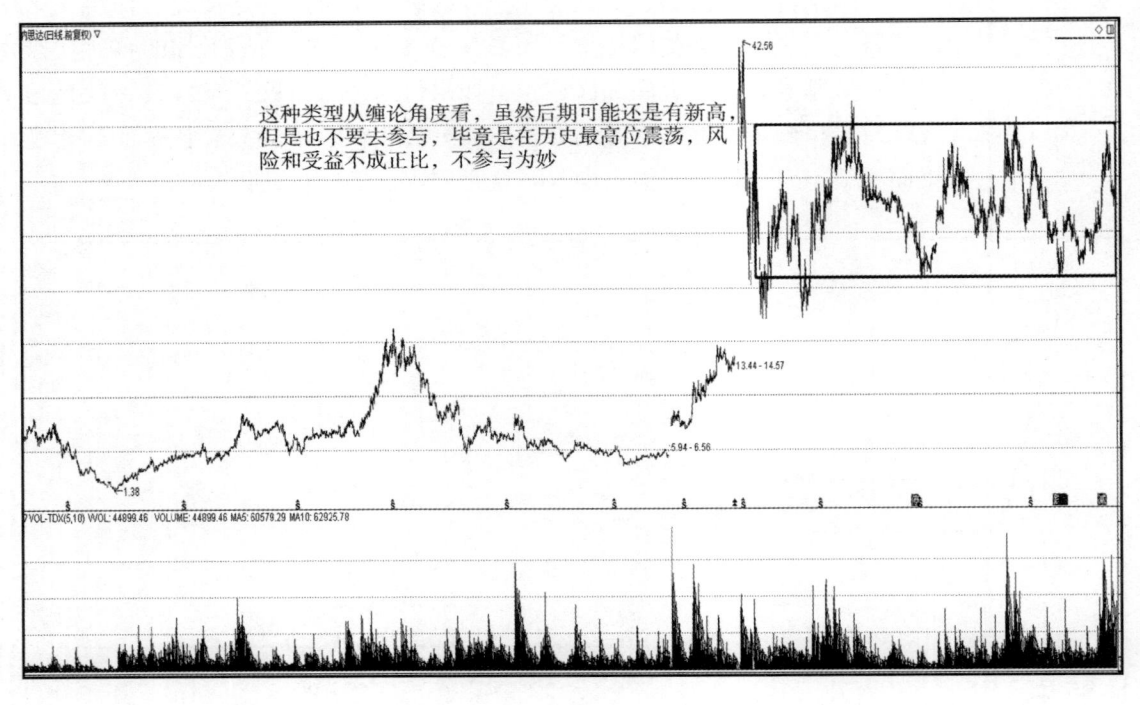

这种类型从缠论角度看,虽然后期可能还是有新高,但是也不要去参与,毕竟是在历史最高位震荡,风险和收益不成正比,不参与为妙

图4-8

3. 通过历史股价对比方法判断个股位置

　　通过对比历史股价区域也能更方便快捷地分辨股价所处的位置。

　　如图4-9所示,该股在2018年11月和2013年1月至6月,已经跌到底部区域。从战略角度来看,这个位置理论上就是相对的底部区域,是每次熊市结束区域和每次牛市起点位置,由此可以判断该股大概率在这个位置就是一个相对底部区域。有的人认为可能还会跌,是的,我不否认。我说的是相对的底部区域,绝对的顶部和底部谁也没办法预测,只有真正的主力才知道。

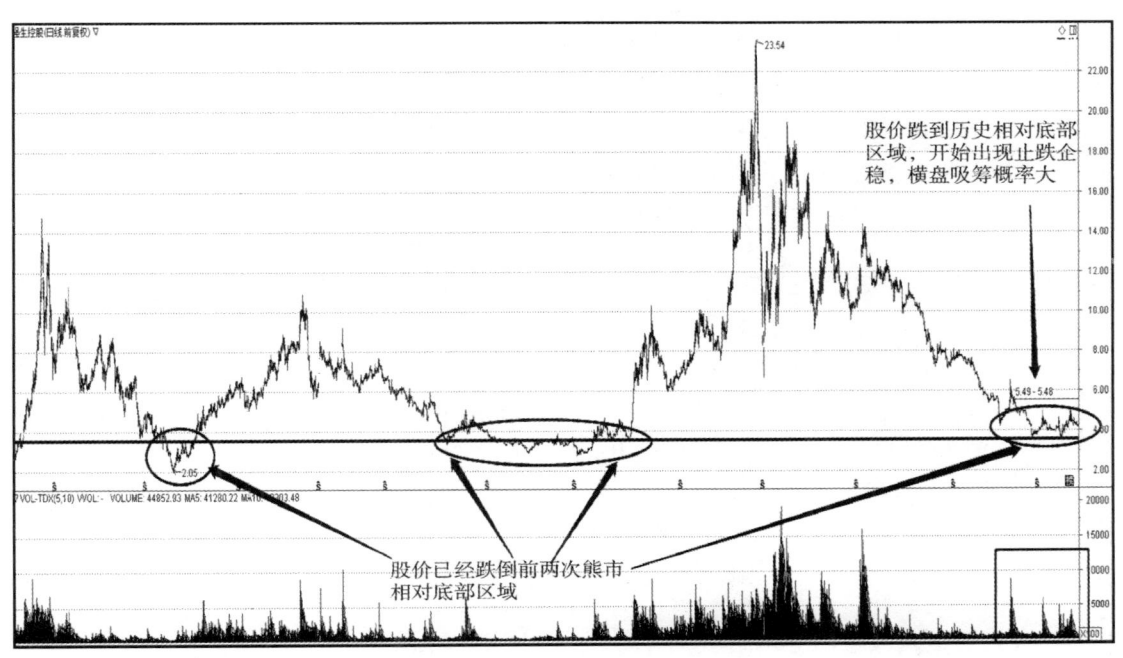

图 4-9

如图 4-10 所示，目前看，该股还没有跌到位。因为距离历史的大平台区域还有一段距离，并且从物理角度看，惯性杀跌还没完成，这只股算是半山腰的位置，如果做解套也是要注意以倒波段为主。

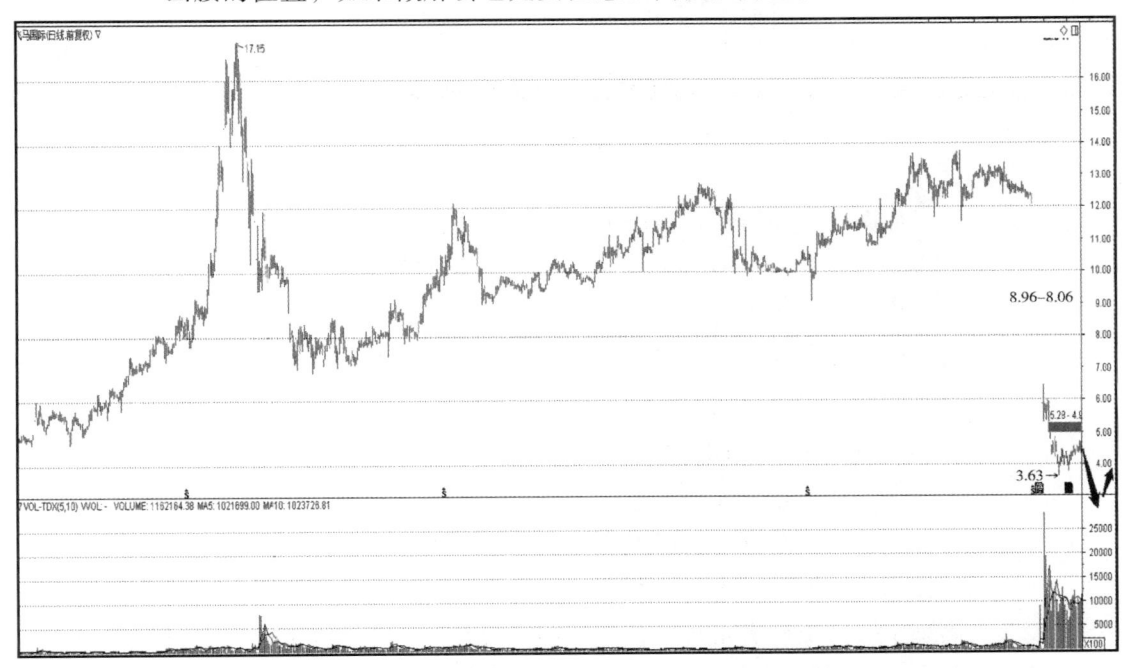

图 4-10

再来看两个顶部的判断案例。

如图 4-11 所示,该股从 2018 年 5 月涨到 2015 年 6 月以来的最高位置后,开始一路杀跌,至此也形成了第二个历史高位,所以这种类型个股也是不能去参与的。假如在高位被套,至少从当前走势来看,还会继续下跌。这种个股做解套也是以倒波段为主。

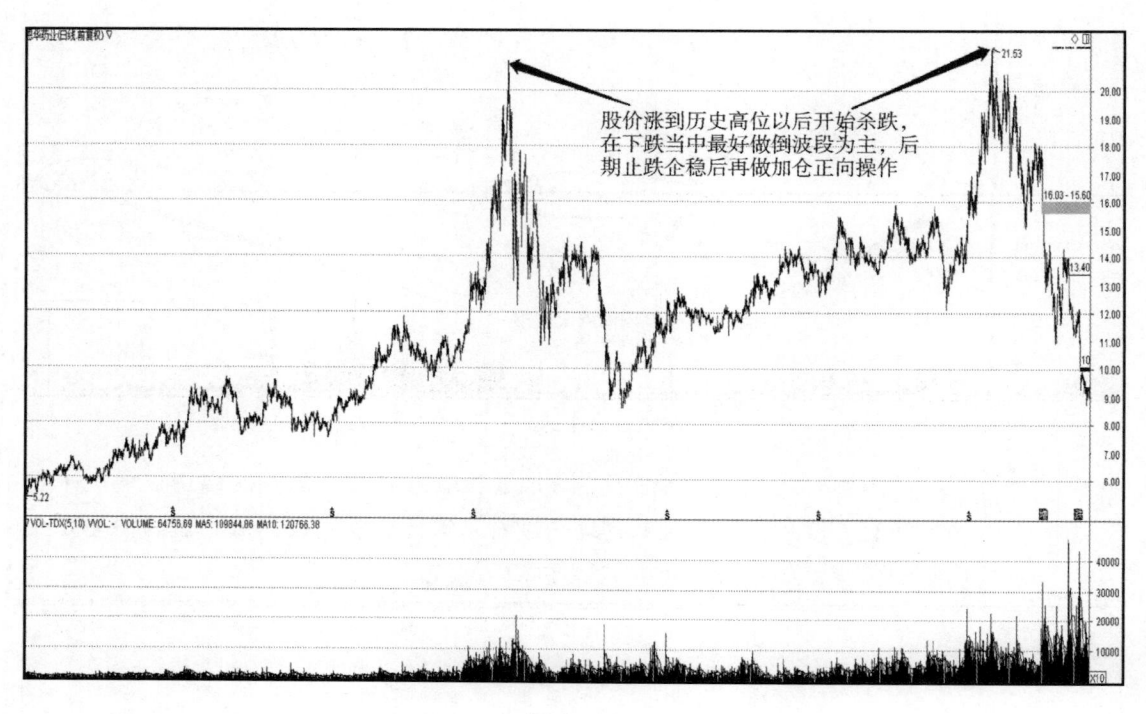

股价涨到历史高位以后开始杀跌,在下跌当中最好做倒波段为主,后期止跌企稳后再做加仓正向操作

图 4-11

如图 4-12 所示,该股上方三个箭头位置就是历史相对高位,而下方两个箭头所指位置是股价和成交量,成交量底部出现大量,说明开始有资金关注,而股价技术形态已经到了历史相对底部区域,如果此类个股被套,操作解套的交易,必须要以正向加仓做波段为主。否则这个位置要是做倒波段或者倒 T+0,理论上踏空的风险还是很高的。假如在选股复盘的时候这类个股形态我会多看几眼。但是不会重点关注,因为这类个股横盘时间还不够长,主力还没建仓完成。

通过以上案例,相信大家应该对于判断个股位置,已经有了大致了解。我提示一下各位投资者,在看个股位置的时候一定要把 K 线图尽量缩得能看出来个股历史所有走势,只有这样才会看着相对客观。否则您只看一两个月的走势就判断说高位还是低位,那一定是要吃大亏的,因为我见过很多这类

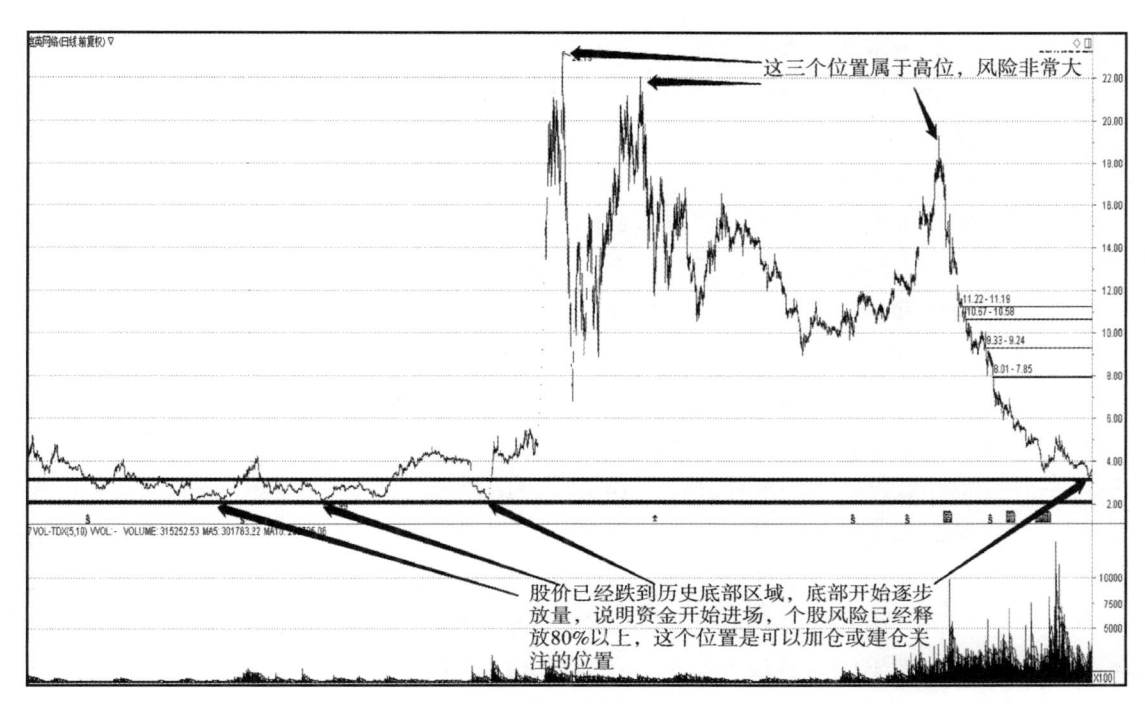

图 4-12

投资者，只看短线跌了几天就出到底了，这是多么危险的事情。

判断底部区域的方法还有很多种，在这不一一做介绍了，我觉得判断战略方向，以上几个典型的案例已经够用了。大家一定多去复牌，自己多找一些个股作为练习标的，学以致用即可。

> 风险高低位置定，追高类似赌徒命；综合分析高低位，正向反向战略赢。

第三节
如何判断支撑位和阻力位

判断阻力位的方法大概有以下几种。

一、波段高点低点判断法

说道波段，相信大家都不陌生，波段高低点大家听说过，也是众多股民一直追求的，因为掌握了波段的高低点，就掌握了波段的买卖点，从而在波段高低点区间进行套利交易。把波段搞清楚是投资者一直追求的目标，却很难达成。

波段高低点是怎么形成的？通俗一点说吧，就是股价运行中在 K 线形态上形成的一个一个的高点或者低点。

股价涨到一个位置以后卖出的比较多，股价在一个价位形成一个波段高点，然后开始回调；当股价回调到一个低位的时候，遇到支撑位，股价开始反弹，这时就会形成一个低点，这个低点就是波段低点。

如果从每只股票的上市第一天开始往后延伸着寻找波段的高低点，你会发现只用裸 K 线，什么指标都不用看，也能找到相应的支撑位或者阻力位。有了这些阻力位和支撑位，您就可以从左侧已经走出来的 K 线形态开始寻找波段高低点了。

注意：寻找波段高低点的时候，尽量从右侧往左侧开始寻找，也就是从最近往前找，一个一个高低点去分析，因为距离当下较近的才是相对有效的。而不能跨越最近的一个高低点直接往前找。如果距离当下最近的一个波段高低点不能形成支撑或者阻力，再往前找下一个高低点进行参考。

波段高低点重合的次数越多，说明这个位置支撑或者阻力位越强，这点大家要注意。

1. 用波段高低点来判断阻力位

如图 4-13 所示，该股的技术走势较为明显，图中每个标着波段高点和低点的位置其实都是阻力位。

股价在波段高点或者低点以下，在往上涨的时候碰到任何一个波段高点或者波段低点，都能形成阻力位，尤其在分时当中表现更为明显，几乎到了每个位置，盘中都会有表现。

从图 4-13 中不难发现，其实每一个波段高点或者低点，在前期都会有相应的阻力位或者支撑位，最后才会形成一个个高点或者低点。尤其是图中技术走势带上影线部分，更能说明问题。收出上影线的原因是这个价位区间阻力太大，多头拉升过程中走到这个位置，抛压盘太大，把股价给打压下来。所以图中的波段高低点都有可能会形成阻力位。

如图 4-14 中所示，该股在高位的时候，每次股价到达前期波段高点位置都会被空头给打压下来，说明这些波段高点就是典型的阻力位，一旦久攻不破，后期股价将是下跌趋势。

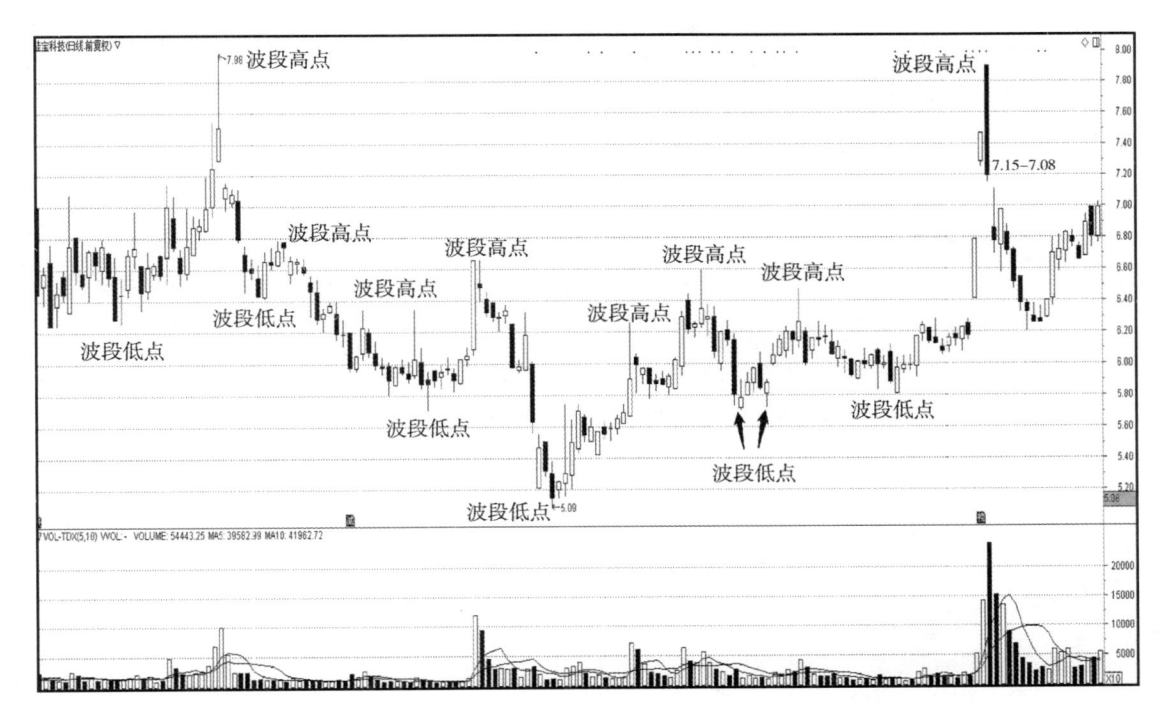

图 4-13

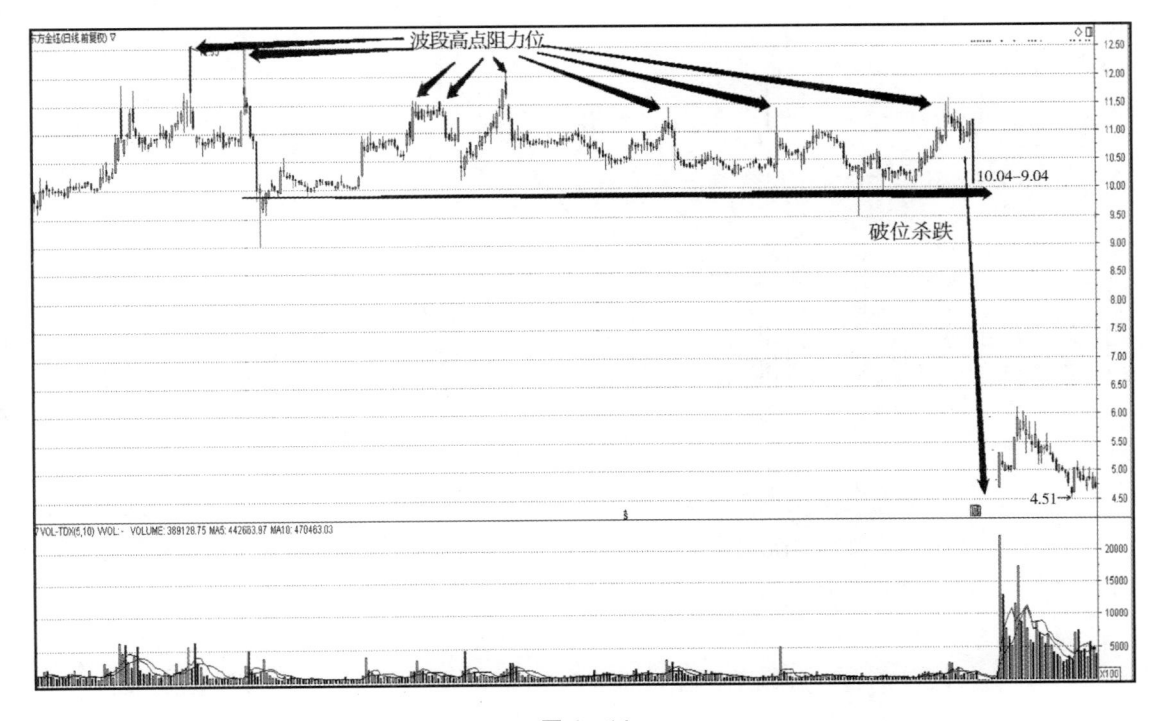

图 4-14

以上是典型的波段高点形成阻力位的案例，大家可以回去找找关于阻力位的案例个股。

2. 波段高低点判断支撑位

波段高低点既可以判断阻力位也可以判断支撑位，因为阻力位和支撑位本身就是可以角色互换的。

如图4-15所示，该股的底部区域，每个波段的低点位置，都会对股价形成一个支撑位，简单的理解就是，挂机在这些低点上方运行，回调过程中遇到这些低点位置，理论上都会在这些位置有所支撑。假如破掉这些支撑位，继续下跌的话，未来股价再反弹的时候，这些波段低点就会成为阻力位了。

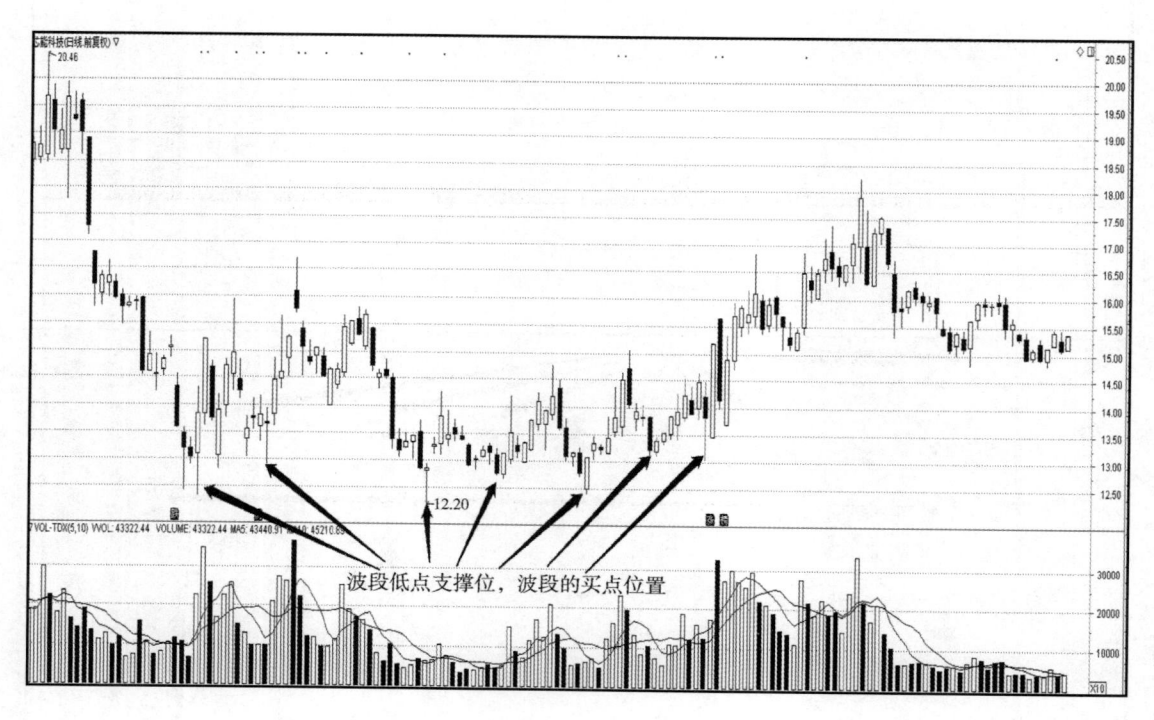

图4-15

以上案例使用波段高低点来判断个股的支撑位和阻力位，在实战当中非常实用。如果用好了这个技巧，对于低买高卖、高抛低吸的理解和技术操作成功率方面将会得到实质性的提高。

在平时我指导客户进行交易挂单的时候，用的就是这个技术分析。有的时候挂单会一分钱都不差，正好打到那些阻力位或者支撑位的位置股价就会有所反应。很多时候挂单成交了，从此那些成交的位置就会形成是一个波段的高低点，其实如果真能把这个波段高低点读懂用好，对于操作短线来说就够用了。

二、均线判断法

1. 均线判断阻力位

均线是众多投资者每天都要用的技术指标，简单实用，但是用精了确实不容易。下面看一个判断均线阻力位的案例。

如图4-16所示，该股从高位往下调整期间，在每次反弹的高点位置，股价遇到其中的均线就会遇阻回落。因为股价在往下调整期间，空头力量会比较强势，反弹的每个高点遇到均线就会有抛压盘出现，从而造成股价承压调整。

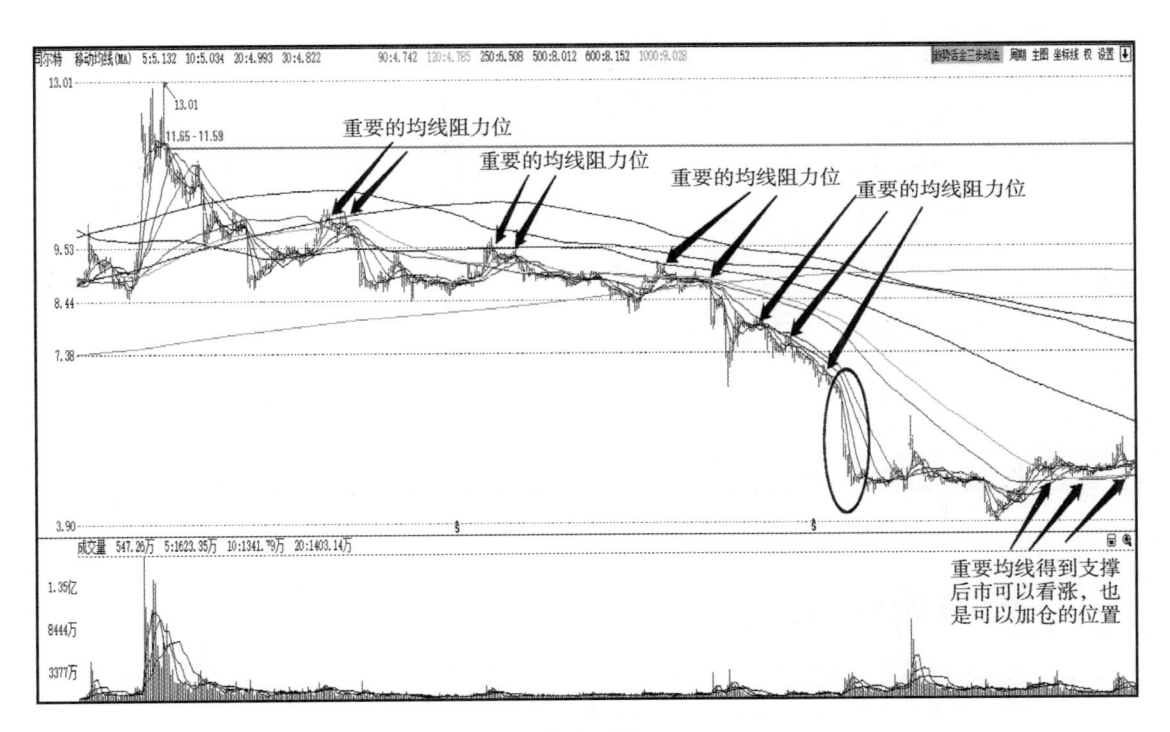

图 4-16

看图4-16，最下方的三个箭头所指的位置，这个位置横盘很久，每次下跌到均线附近都是支撑位，到了就上去，说明这条均线对于股价形成了有效的支撑位。

所以我当时在其中一个产品中提示客户关注的这只股票。这种形态也是典型的底部建仓洗筹形态，是战略布局的好标的。假如这类股票做解套操作，就可以放心加仓做正向交易，成功概率会很大。

这种类型个股要是做解套策略的时候，也千万不能做倒波段或者倒T+0，否则操作错了很容易造成踏空，卖出以后再也买不回来了。

如图4-17所示，该股在下跌期间每次遇到90日均线都会被空头打压下来，说明这条均线是这只股票空头紧盯的均线，每次只要反弹到这条均线附近就会遇阻回落，所以在下跌期间，想做倒差价，就可以盯着这些均线阻力卖出，然后找位置再接回来，反弹做倒差价降低成本。

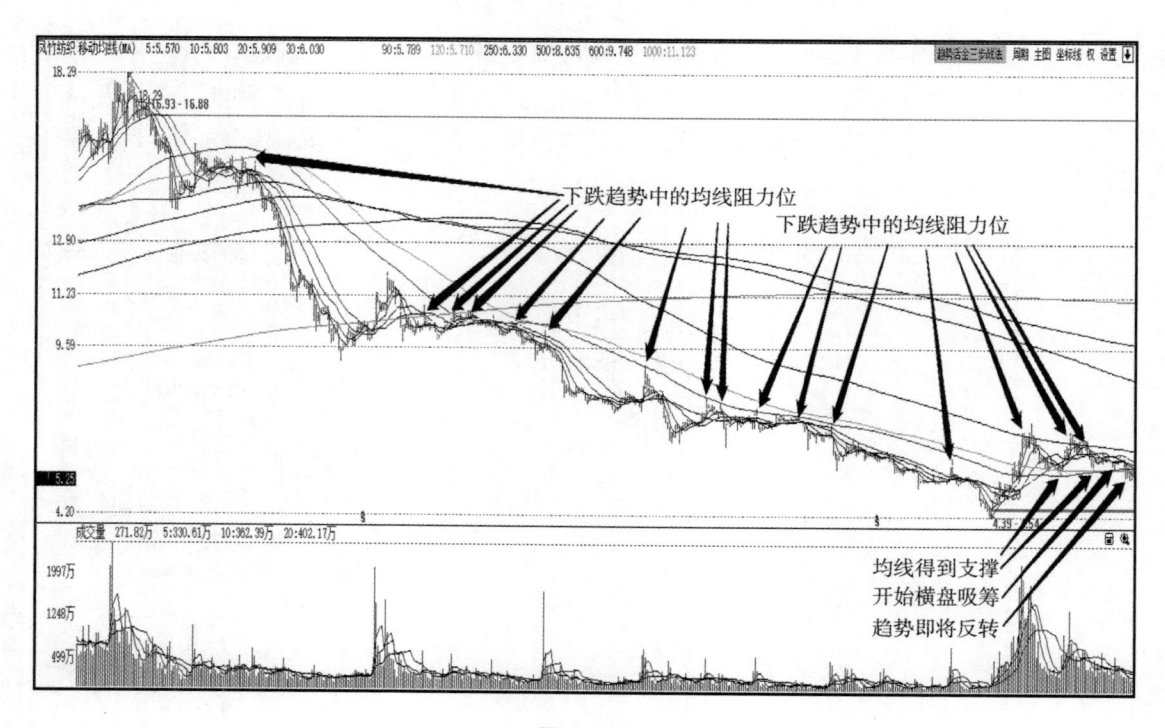

图4-17

2. 均线判断支撑位

如图4-18所示，该股在上涨期间，股价每次回调至重要均线位置多数会形成支撑位，然后就开始继续上涨。股价已经在多数短中期均线以上，所以对于这类个股来说，支撑位就会很多，在操作解套交易的时候，可以盯着均线挂单买入做正向差价即可。

如图4-19所示，该股在起涨之后，每次回调的时候遇到均线都会得到支撑，说明在上升趋势里面，多头会比较主动，空头却不敢轻易做空，所以两个方向一个下跌趋势一个上涨趋势，对于均线的应用是反方向的。

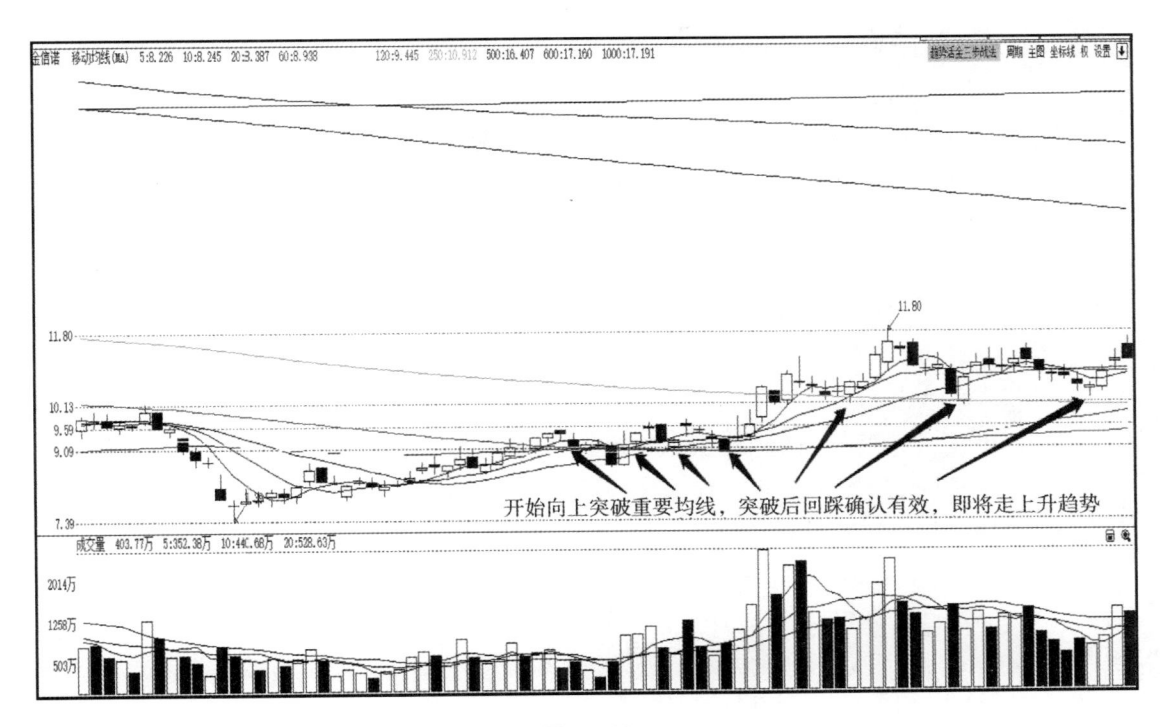

图 4-18

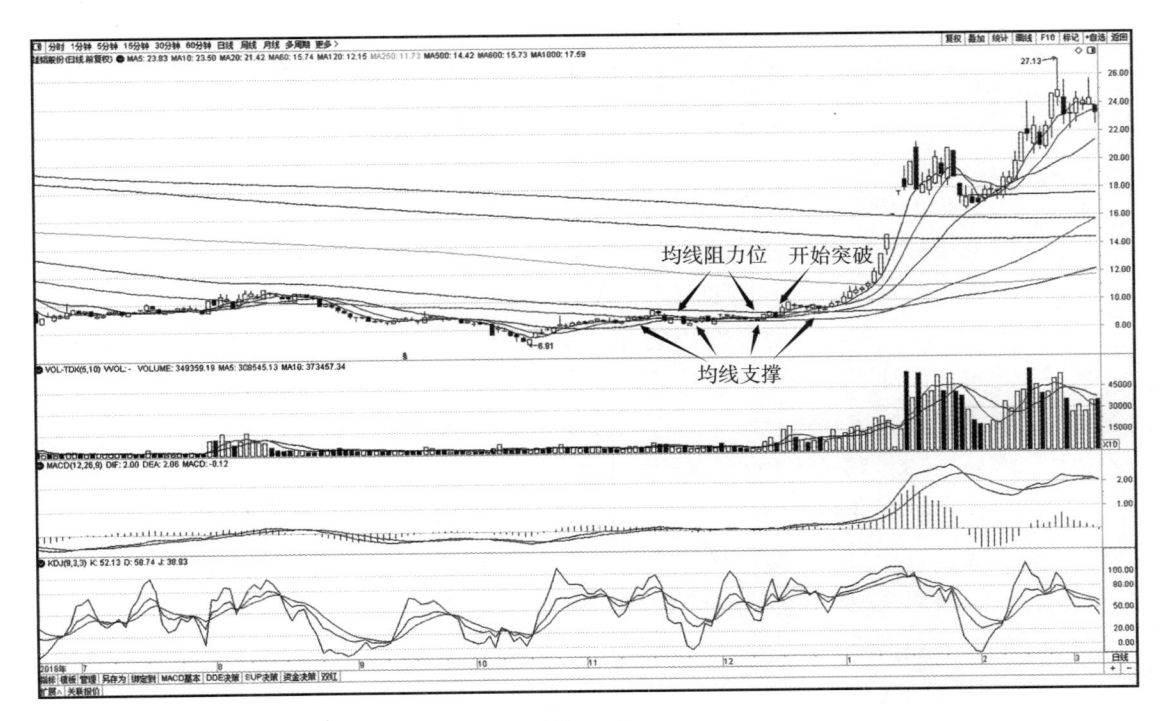

图 4-19

上涨趋势，均线起到支撑的概率大；下跌趋势，均线起到阻力位的概率大，这是两个重点，大家记住即可。

我在指导客户期间，均线也是经常用到的一个重要技术分析方法。曾经在做节目的时候，听到一个嘉宾说："均线有什么用啊，根本不好用。"我听到以后大不以为然。我心想，你是没学好，否则真不会这样评价均线。各位投资者也记住，不要随便否认一种技术分析方法，只有综合运用各种技术分析才会提高成功率。

8561股票操作交易体系中，均线是最为关键的一个参考因素，561三个数字便代表着三条均线，在后面章节会做详细讲解。

请大家务必重视均线的支撑位和阻力位的判断使用技巧，因为均线是8561股票操作交易体系的核心因素，也是经过这些年我指导客户挂单的重要因素，学好均线对大家以后操作一定会起到事半功倍的作用。

在这里我只是告诉大家，均线是技术分析里面相对客观的指标，虽然有滞后性，但是学好、用好照样可以做出差价来。

鉴于均线在解套策略当中的重要作用，所以有必要把均线的相关知识点给大家做个详细的讲解，以便大家以后在实战中应用。

3. 均线基本概念

（1）什么是均线？均线如何计算出来的？

某只股在过去N个交易日的收盘价相加然后除以对应的天数得到对应均线的一个数值，这个数值的价格点连线就成了对应的均线。

比如5日均线，是将过去5个交易日的收盘价相加然后除以5，就得到一个值；再以昨日向前倒推5个交易日，同样的方法计算出另外一个值，以此类推，将这些值连接起来，就形成了5日均线。

（2）均线的实战意义

均线的实战意义在于它反应的是一段时期内投资者买入股票的平均成本。实战当中长期均线比短期均线的支撑作用和阻力作用有效性要高。短期均线作为短线指标参考，中、长期均线作为中、长线指标参考。

（3）移动平均线的分类

根据时间长短的不同，移动平均线可分为短期、中期、长期移动平均线。一般而言，短期移动平均线指周期在10日以下的移动平均线；中期则指周期在10~30日间的移动平均线；长期则指周期在30日以上的移动平均线。

4. 均线的秘密

（1）均线的角度代表股价的上涨的速度，如果在大角度均线上升过程中，股价遇此均线止跌再次上升，则上升空间会比较大。

（2）股价在运行过程中，短期均线上下移动较快，中长期均线的上下移动速度较缓慢。

（3）均线的上升角度和流畅性可以体现主力的控盘程度，角度越凌厉的上升均线，主力的控盘程度越高。

（4）在长期均线支撑位起涨的股票，上涨空间比在小均线处起涨的股票大。在实战过程中加仓或者买入的位置尽量选择大周期均线，稳定性高一些。

（5）股价上涨过程中，所依据回调的均线支撑位周期越小，主力控盘程度就越高。一个沿着5日均线作为支撑上涨的股票，比沿着10日均线作为支撑上涨的股票控盘程度要高，说明主力比较强势。

（6）很多股票在走出主升浪之前，基本有个共同的特征就是，至少是中短期均线先是黏合，而后同时多头向上发散。

（7）在长短期均线方向不一致时，一定要以长期均线为战略指导，以短线均线为战术指导。也就是长期均线向下走，注意做短线为主；长期均线往上走，可以做中长线为主。

（8）多条均线的方向一致性，比均线的其他参考更重要。多条均线都向下，那就是看空为主；多条均线向上，主要是以看多为主。

（9）短、中、长期均线之间的距离可以作为支撑位和阻力位的做短差的空间来计算。如果两条均线较远，那就没有参考价值了。

（10）均线走平以后的支撑作用和阻力位作用要强于单方向上涨或者下跌的均线支撑和阻力作用。

5. 如何利用均线进行买入操作

（1）股价由下向上突破5日、10日移动平均线，且5日均线上穿10日均线形成交叉，显现多方力量增强，已有效突破空方的压力线，后市上涨的可能性很大，是买入时机。

（2）股价由下向上突破5日、10日、30日移动平均线，且三条移动平均线呈多头排列，显现说明多方力量强盛，后市上涨已成定局，此时是极佳的买入时机。

（3）在强势股的上升行情中，股价出现盘整，5日移动平均线与10日移动平均线纠缠在一起，当股价突破盘整区，5日、10日、30日移动平均线再次呈多头排列时为买入时机。

（4）在多头市场中，跌破10日移动平均线而未跌破30日移动平均线，且30日移动平均线仍向右上方运行，说明股价下跌是技术性回调，跌幅不会太大，此时为买入时机。

（5）在空头市场中，经过长期下跌，股价在 5 日、10 日移动平均线以下运行，恐慌性抛盘不断涌出导致股价大幅下跌，乖离率增大，此时为抢反弹的绝佳时机，应买进股票。（新股民不建议使用此方法！）

6. 如何利用均线进行卖出操作

（1）在上升行情中，股价由上向下跌破 5 日、10 日移动平均线，且 5 日均线下穿 10 日均线形成死亡交叉，30 日移动平均线上升趋势有走平迹象，说明空方占有优势，已突破多方两道防线，此时应卖出持有的股票，离场观望。

（2）股价在暴跌之后反弹，无力突破 10 日移动平均线的压力，说明股价将继续下跌，此时为卖出时机。

（3）股价先后跌破 5 日、10 日、30 日移动平均线，且 30 日移动平均线有向右下方移动的趋势，表示后市的跌幅将会很深，应迅速卖出股票。

（4）股价经过长时间盘局后，5 日、10 日移动平均线开始向下，说明空方力量增强，后市将会下跌，应卖出股票。

（5）当 60 日移动平均线由上升趋势转为平缓或向下方转折，预示后市将会有一段中级下跌行情，此时应卖出股票。

（6）股价下跌反弹时，股价向上逐次攻破 5 日、10 日、30 日均线，当股价在 10 日移动平均线上方运行，与 10 日移动平均线之间的距离突然拉大，且 K 线出现滞涨十字星，预示着多头力量转弱，空头力量增强，反弹将结束，此时应卖出股票。

7. 常用的均线使用方法

（1）平均线从下降逐渐转为走平状态，且有往上方抬头迹象，而价格从平均线的下方突破平均线时，可以作为买进参考。

（2）价格趋势走在平均线上，价格下跌并未跌破平均线且立刻反转上升，说明均线有支撑作用，也是买进信号。

（3）价格突然暴跌，跌破平均线，而且远离平均线，则有可能反弹上升，亦为买进信号。

（4）价格突然暴涨，突破平均线，且远离平均线，则有可能反弹回跌，为卖出时机。

（5）平均线从上升逐渐转为走平，而且价格向下跌破平均线，为卖出信号。

8. 简单就是美，如何利用 5 日均线进行简单操作

（1）股价在 5 日均线以上可以短线看多，股价在 5 日均线以下就要以看

空为主。

（2）股价回落，跌不破5日均线，再次启动的时候就可以买入。一般来说，慢牛股在上升途中，通常都是不破5日线或10日线。只要不破，就可以结合大势，结合个股基本面，继续持仓。如果是熊市，股价反弹，突破不了5日线，再次出现较大抛单，展开下跌的时候适宜卖出。

（3）股价如果跌破了5日线，反抽5日线过不去的话，就需要谨防追高被套，注意逢高卖出。如果是在熊市，股价如果升破5日线，反抽5日线的时候跌不破的话，或反抽5日线跌破但是又止住时，需要谨防杀跌踏空，注意逢低买回。

（4）股价如果有效跌破5日线，一般将跌向10日线或20日线。如果跌到了10日线、20日线企稳，股价再次启动，那高位卖出的筹码，就可以视情况短线回补，以免被轧空。如果是在熊市，股价如果有效升破5日线，向10日线或20日线方向上升。如果升到了10日线、20日线附近受到阻力，股价再次展开下跌，那在低位买的筹码，就可以看情况卖出了。

本小节重要知识点：均线的周期越长，支撑就会越强；均线周期越长，阻力位也就越强。也就是说120日均线的支撑位和阻力位强于60日均线的支撑和阻力位，60日均线的支撑位和阻力位强于20日均线的阻力位，20日均线的支撑位和阻力位要比5日均线的支撑位和阻力位要强。

如何理解呢？就是如果股价突破20日均线的阻力位用了两次才突破，理论上突破60日均线就得用三次才能突破，当然这只是相对的，不是绝对的。只是让大家明白这个道理。

在此奉劝各位投资者一句：在学习股票分析技术的时候，千万不要轻易否认一种技术分析，否则最后您什么都学不好。因为股市里所有的技术分析指标或者方法，都不会做到100%的准确率。

建议投资者要客观的看待技术分析，利用不同的分析方法综合分析，然后在逐步验证找到适合自己的技术分析方法，不断提高成功概率，这样时间长了就会有一套属于自己的盈利模式了。

三、趋势线判断法

趋势线是怎样形成的呢？很多投资者也都在用趋势线判断行情，其实趋势线是一个既简单又实用的技术分析方法，但是在画趋势线的时候要注意以下几点：

第一，画趋势线的时候要把所有价格包含在内，也就是说画趋势线的时候要把线条落在上影线尖的最高价格和下影线的尖的最低价格，只有这样才是客观的；

第二，在画趋势线的时候要随时注意趋势的变化，一旦趋势发生变化，趋势线就要进行相应的修正，变换画线的角度；

第三，要分清楚当前股价运行在什么趋势当中，是在下降趋势还是在上升趋势，是在高位横盘阶段，还是底部震荡阶段等，分析清楚这些因素，再去画趋势线，这样有利于顺势而为。

什么叫顺势？就是上段所说的股价运行在哪个阶段，处于哪个阶段就要用哪个阶段的交易策略。怎么分析趋势呢？下面教给大家一个画趋势线的方法。

在波段高低点的介绍中提到过什么是波段高低点，在这里就不重复了。大家打开个股K线图，从K线图中线找到波段高低点，然后开始画线。

上升趋势的判断方法是：从相对底部开始一个波段的低点比前一个波段的低点高；从相对底部开始一个波段的高点比前一个波段的高点高。然后可以把趋势线的连线点放在每个波段的低点上，至少有两个或两个以上的点相连接，这样划出来的就是一个上升通道的下轨，也就是上升趋势中的支撑位。再从两个或两个以上的高点连线形成一条趋势线，这就是上升趋势中的上升通道的上轨，也就是上升趋势中的阻力位。

下跌趋势的判断方法是：从相对顶部开始一个波段的低点比前一个波段的低点低，从相对顶部开始一个波段的高点比前一个波段的高点低；然后可以把趋势线的连线点放在每个波段的低点上，至少有两个或两个以上的点相连接，这样画出来的就是一个下降通道的下轨，也就是下跌趋势中的支撑位；再从两个或以上的高点连线形成一条趋势线，这就是下跌趋势中的下降通道的上轨，也就是上升趋势中的阻力位。

在制订解套策略的时候，必须先分析清楚，当前股价运行在什么趋势当中，这样才能客观的制订相应解套策略，否则会起到相反的作用。在高位横盘趋势和下跌趋势里多做倒波段先卖后买的交易，在底部震荡筑底趋势和在上升趋势当中要多做正向交易先买后卖，这就是顺势而为。

学会了画趋势线的方法，就再看一下面K线图中的阻力位和支撑位就会清晰很多了。

1. 如何利用趋势线判断阻力位

如图4-20所示，该股的下跌趋势较为明显，为典型的下降通道。在这种情况下，只要在下降通道当中股价遇到趋势位置就会形成阻力位，股价触碰到趋势线就会被空头打压回来，因为在下跌趋势当中多头一般很难和空头博弈，除非到了相对底部区域即多头主力开始建仓的区域，就会因为主力建仓买的多而走出下降通道，这样就走出了下跌趋势。

图 4-20

如图 4-21 所示，该股的下跌趋势也较为明显，为典型的下跌通道，每次反弹到趋势线位置就是阻力位，股价进行回调。注意看图中从底部开始每个波段低点都比上一个低点低，每个高点比每个高点低，不用画线也可以看出来这是典型的下降趋势。

在图中画圈的位置，说明有资金开始关注，股价大概率会走出下跌趋势，进入震荡吸筹筑底阶段。筑底的原因是有大资金开始积极进场买入。大资金是可以决定股价走势的关键力量，大资金开始买入就可以托住股价不再下跌从而走出下跌趋势。

以上两个是下降通道的个股案例，大家也可以自己多找找相关类似个股进行划趋势线分析。

2. 如何利用趋势线判断支撑位

如图 4-22 所示，该股处在一个大方向的上升趋势中，每个低点位置连线形成一个上升趋势线，股价每次回调的时候都会形成支撑位，这个位置支撑一旦破掉，后期将会趋势反转，开始走下跌趋势。所以这类个股在做解套加仓以后，止损位就可以盯着这个趋势线，一旦趋势破坏，理论上是要止损出来观望的。

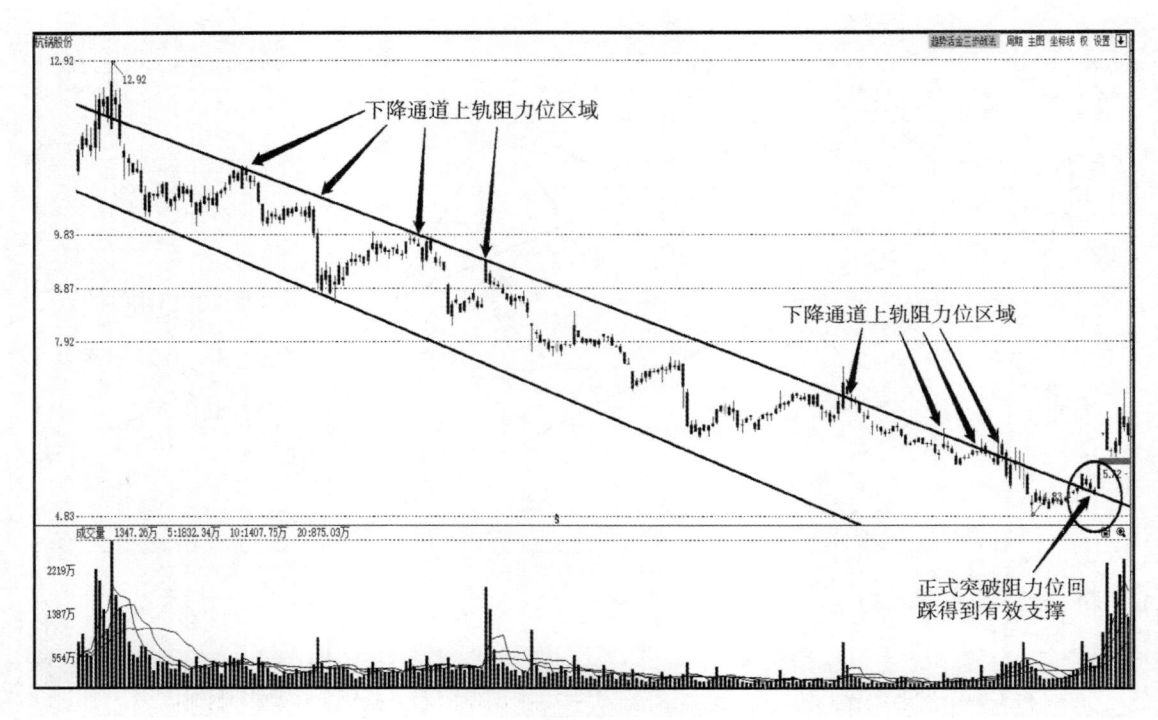

图 4-21

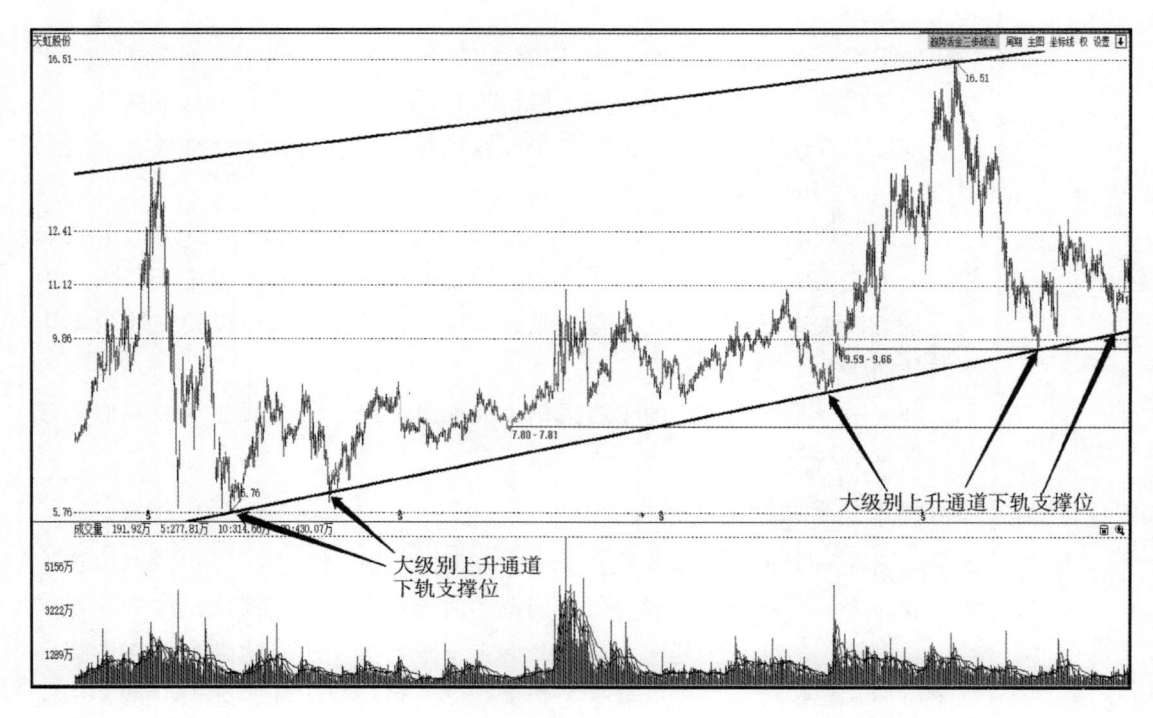

图 4-22

如图 4-23 所示，该股的波段走势非常明显，一个高点比一个高点高，一个低点比一个低点高，是典型的上升趋势。

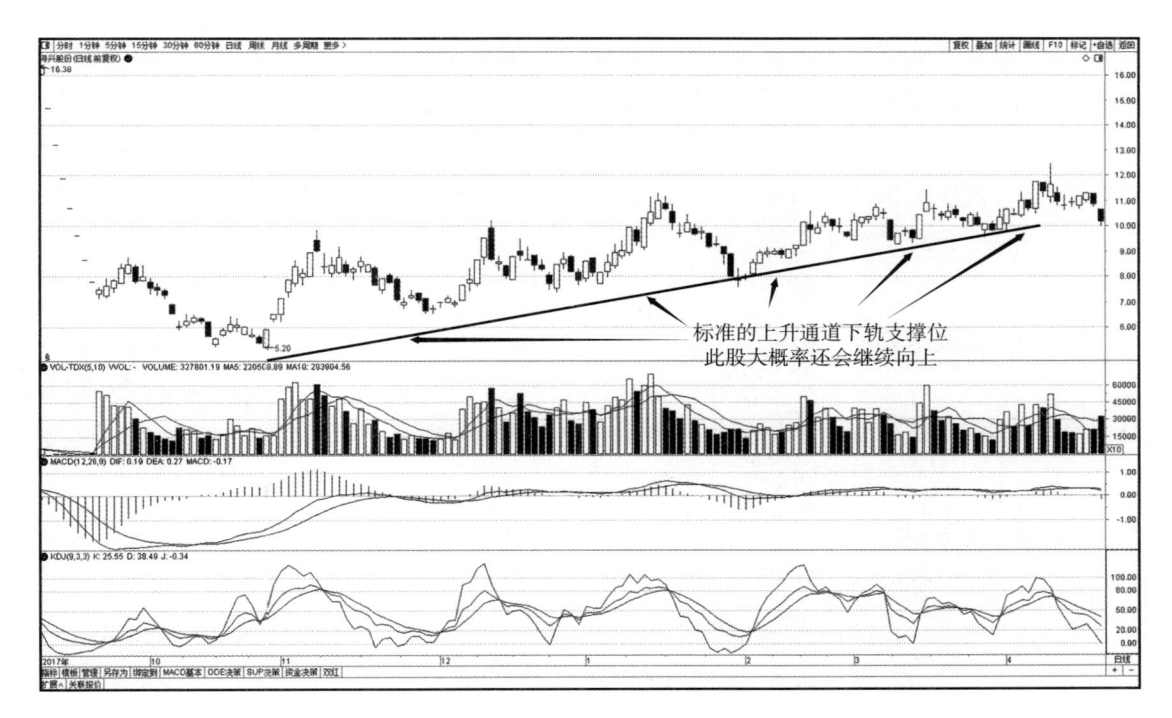

图 4-23

下边趋势线箭头所指的地方就是较强的支撑位，后期股价运行中，只要趋势不破掉这根趋势线，上升趋势就会延续下去。在股价回调的时候，下边这根趋势线还会对股价形成支撑，一旦破掉这根趋势线，就会宣告这个角度的上升趋势结束。

经过对本小节的学习，相信大家对趋势线的支撑位和阻力位应该有了重新的认识和了解。我在平时指导客户进行波段操作的时候也会参考趋势线的支撑位和阻力位。大家可以自己找些个股画一下趋势线，找找支撑位和阻力位。

四、缺口判断法

缺口，投资者应该不陌生。大家经常会听到高开、低开、跳空这类的说法，其实说的就是股价开盘的时候高于上个交易日最高价开盘或者低于上个交易日最低价开盘就会形成缺口。

如果高于上一个交易日开盘，而后全天交易时间没能补上跳空缺口的空白区域，这个缺口就成为跳空高开的缺口；相反如果股价低于上个交易日最低价开盘，全天走势未能把跳空低开空白价格区域补上，就成为跳空低开缺口。

缺口的形成和股票出现利好或者利空有关，或者参与这只个股的投资者多数都看好或者看空，在开盘的时候才会形成跳空高开或者低开。当缺口出现以后，行情往往会朝着某个方向快速发展，该缺口也成为日后较强的支撑或阻力区域。因此，利用缺口理论对行情大势进行研判是股票交易中常见的一种技术分析手段。

缺口分为以下几种。

1. 普通缺口

普通缺口是指没有特殊形态或特殊功能的缺口，它可以出现在任何走势形态之中，但大多数是出现在整理形态的行情中。它具有一个比较明显的特征，即缺口很快就会被回补。

2. 突破缺口

突破缺口是指行情向某一方向急速运动，脱离原有形态所形成的缺口。突破缺口的出现预示着后市将会出现一波爆发性的行情，因此针对突破缺口的分析，意义极大。突破缺口的出现有两种情况：一是向上的突破缺口，二是向下的突破缺口。

3. 持续性缺口

持续性缺口指上涨或下跌过程中出现的缺口，持续性缺口常在股价剧烈波动的开始与结束之间一段时间内形成。

4. 消耗性缺口

股价在大幅度波动过程中价格在奄奄一息中回光返照，作最后一次跳跃，然而，最后的挣扎好景不长，在随后的几天甚至一个星期里的价格马上开始下滑。当收盘价格低于这种最后的跳空后，表明衰竭跳空已经形成，所以消耗性缺口也称衰竭缺口。

上述情况非常典型，说明在上升趋势中，如果跳空被填回，则通常具有疲弱的意味，代表着短期头部已经形成，多头完成了最后一击。消耗性缺口的分析意义是能够说明维持原有变动趋势的力量已经减弱，股价即将进入整理或反转形态。

综合以上缺口理论来看，缺口一般会形成阻力位或者支撑位的作用，下面用案例继续讲解。

1. 如何利用缺口判断阻力位

如图 4-24 所示，该股在 2018 年 8 月 16 日跳空低开留下一个缺口。2018 年 8 月 28 日股价反弹遇到缺口以后马上掉头继续向下回调，说明这个位置压力还是比较大的，多头没能力突破。

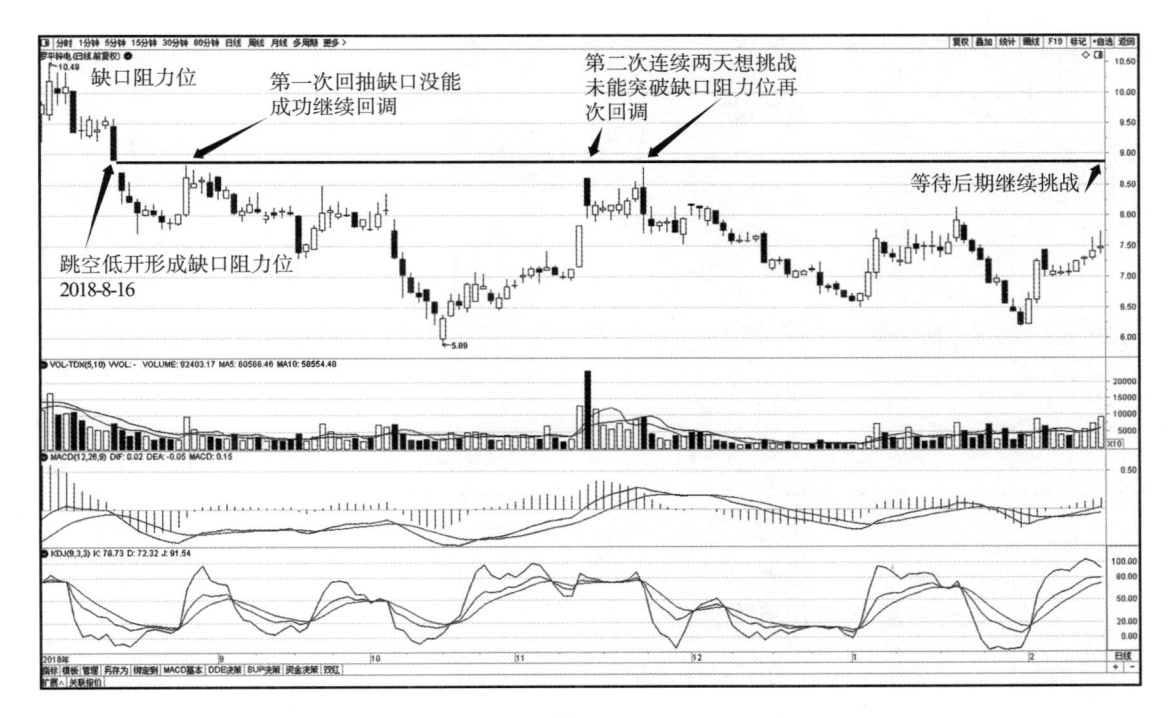

图 4-24

股价在 2018 年 11 月 23 日再次上冲接近缺口位置。股价再次出现反转，说明这个位置的阻力还没有被消化。后期股价再反弹到这个位置理论上还会有阻力，但是一旦把这个缺口补掉以后，理论上这个缺口的阻力就不存在了，没有回补之前都会对股价形成压制。

如图 4-25 所示，该股在 2018 年 6 月 19 日形成一个跳空低开的缺口，至此对股价形成压力。

股价在 2018 年 8 月 16 日反弹至缺口附近后开始第一次遇阻回调，在 2018 年 11 月 14 日最高点位置正好再次进入缺口区间，被空头又打压下来，开始了第二轮的调整趋势。接下来股价假如再次反弹到这个位置的时候还将会形成阻力位。如果能突破缺口位置，代表趋势可能反转，突破不了还会继续调整。

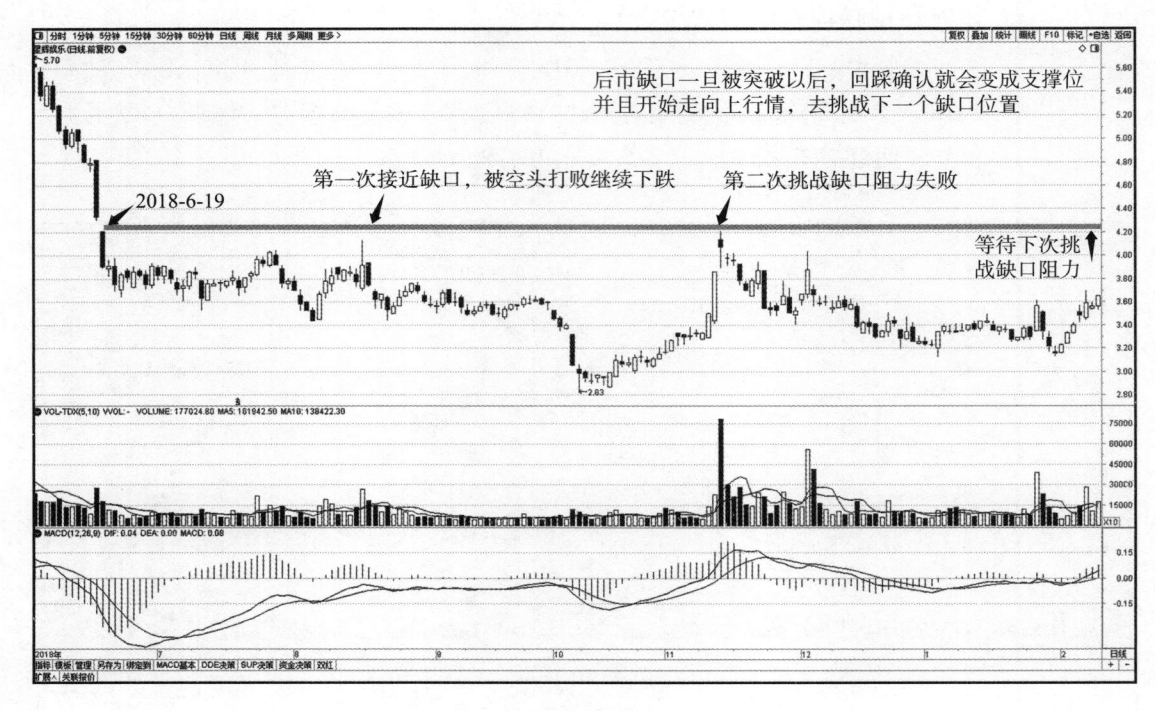

图 4 – 25

2. 如何利用缺口判断支撑位

缺口既可以当阻力位也可以当作支撑位。

如图 4 – 26 所示，该股在 2018 年 11 月 1 日跳空涨停留下一个向上跳空缺口，随后几天虽有调整，但缺口位置并未完全回补完毕，股价再次反弹，说明这个位置缺口支撑有效。随后又在 2018 年 11 月 30 日和 12 月 27 日两次接近缺口位置，都没有跌破，这个缺口支撑依然有效。

后期股价调整到缺口位置理论上还会形成支撑，一旦补掉缺口，这个支撑就不存在了，趋势随之也会反转。

如图 4 – 27 所示，该股在 2018 年 12 月 13 日留下一个跳空高开的缺口，之后再于 2018 年 12 月 25 日和 2019 年 1 月 4 日两次接近缺口位置，但未能完全回补缺口，再次形成支撑位，股价继续上涨。

由以上案例可以看出，缺口对于股价的支撑和阻力不容小视，虽然多数情况下普通投资者分不清楚什么是突破性缺口、什么是持续性缺口等，其实用简单的方法看就可以，不用太过纠结。

在指导解套期间，假如客户持有个股有缺口的情况，我也会根据缺口进行参考，制订卖出或者买入交易策略。

第四章 解套常用的交易技术

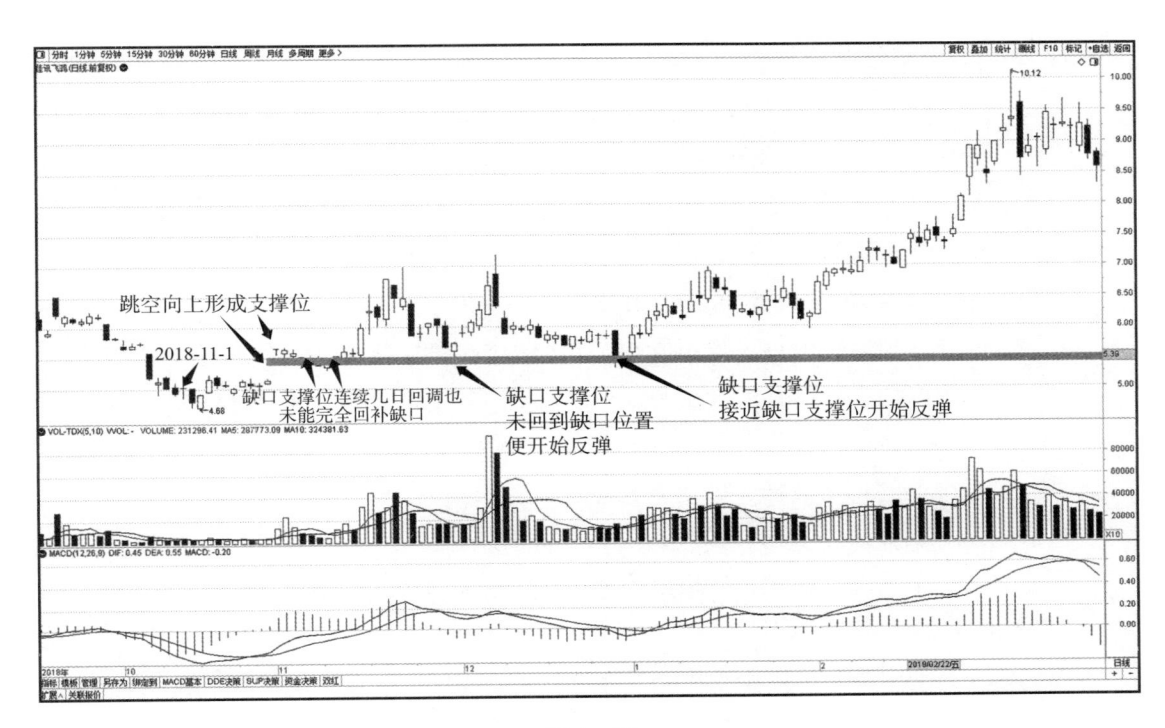

图 4－26

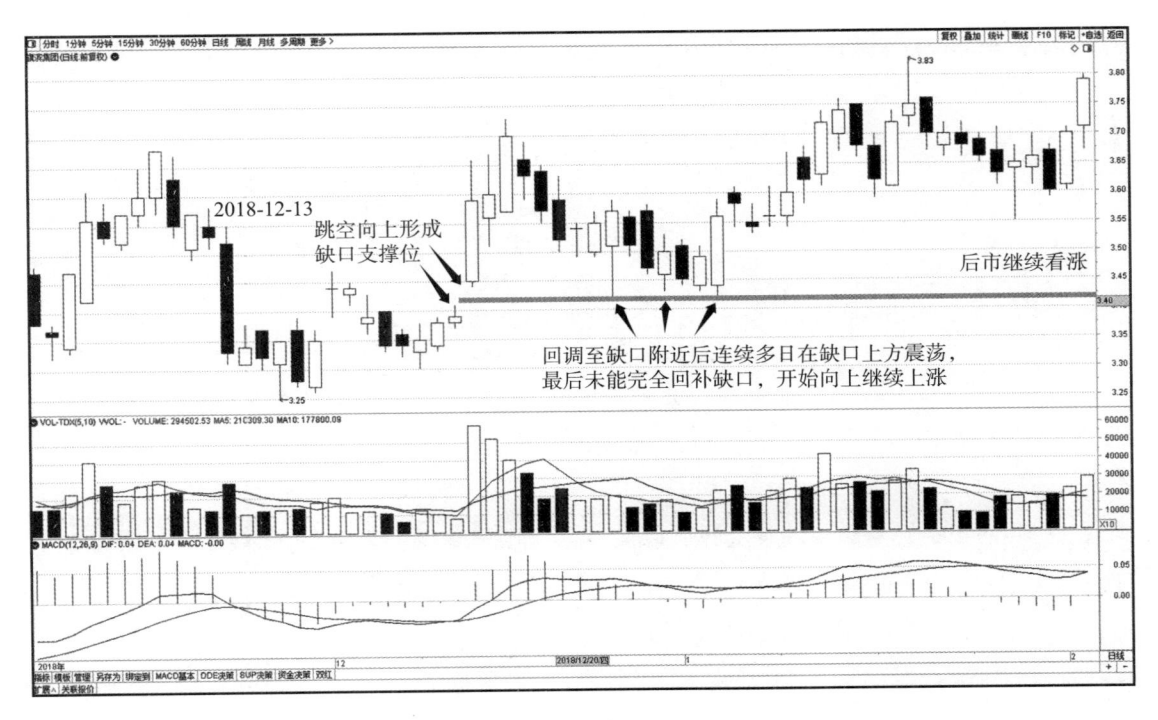

图 4－27

5. 单根K线判断法

单根K线对于做短线或者T+0来说是简单有效的一种方法，也是我指导客户期间经常用到的一种技术分析方法。经过多年的实战我认为理论上这种方法在做分时T+0的时候用得多一些，但是对于短线来说也是相对简单的一种技术分析方法。

1. 如何利用单根K线判断阻力位

单根K线判断支撑位和阻力位的方法可能很少有人研究过，经过多年的实战验证，单根K线的阻力位和支撑位，在做精准挂单的时候是非常实用的。

有时候把握好了会一分钱都不带差的，多数情况会相差几分钱，当然要看个股的价格高低，即使差几分钱，对于一般投资者来说也是很神奇了。在挂单成交的那一刻，客户心里感触特别深。

至于怎么挂单，后边章节还会详细讲解，我们现在先讲怎么用单根K线判断支撑位和阻力位。

如图4-28所示，该股在2018年12月13日形成一个日线级别的高点，当日上影线较长，说明是遇阻回落的，而后在三个交易日的高点几乎都是在上影线区间遇阻回落，三个交易日后多头开始退守，股价连续调整几日。

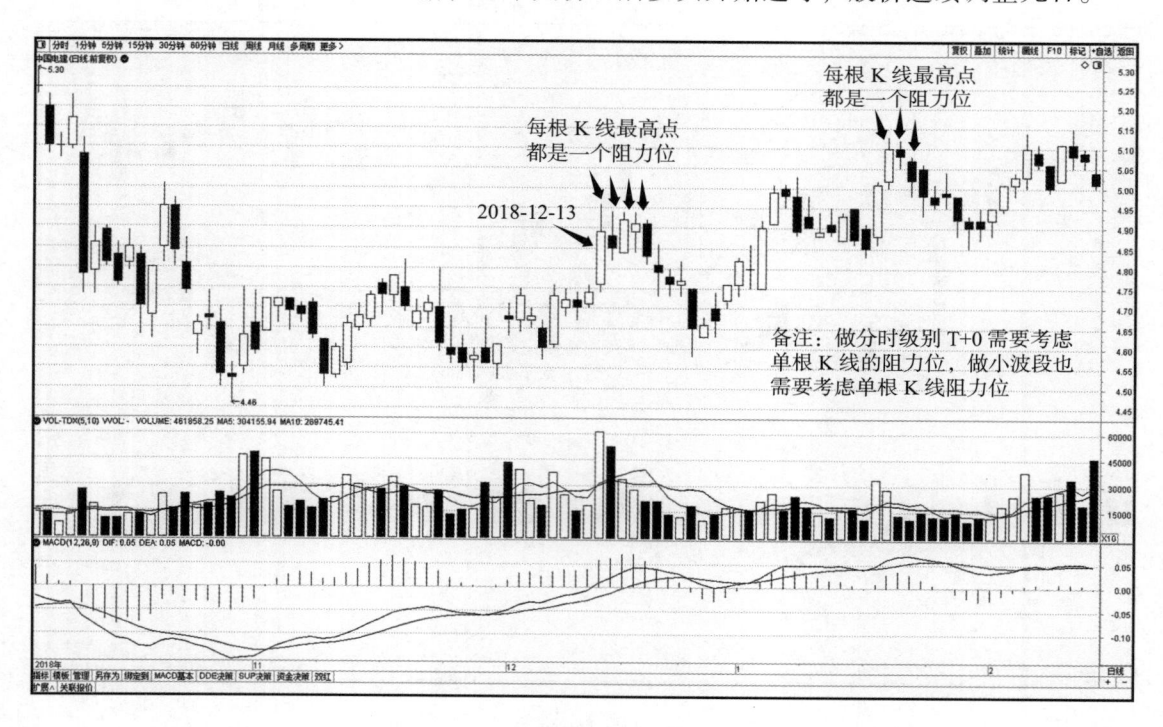

图4-28

在 2019 年 1 月 7 日当天突破前期 2018 年 12 月 13 日形成的高点以后，又遇阻回落，形成一个高点 K 线阻力，股价两天后开始回调，这说明单根 K 线的阻力是可以参考的。

如图 4-29 所示，该股在 2019 年 1 月 8 日形成一个日线级别高点，收出一根上影线较长的 K 线，此之后连续近 10 个交易日都在这个高位区间形成阻力位，股价开始横盘震荡。这种算是强势整理的形态，否则股价早就被空头打压下来了，所以虽然是阻力位，但是这种形态大概率会突破，只要把握好了其中的 K 线做 T+0 即可。

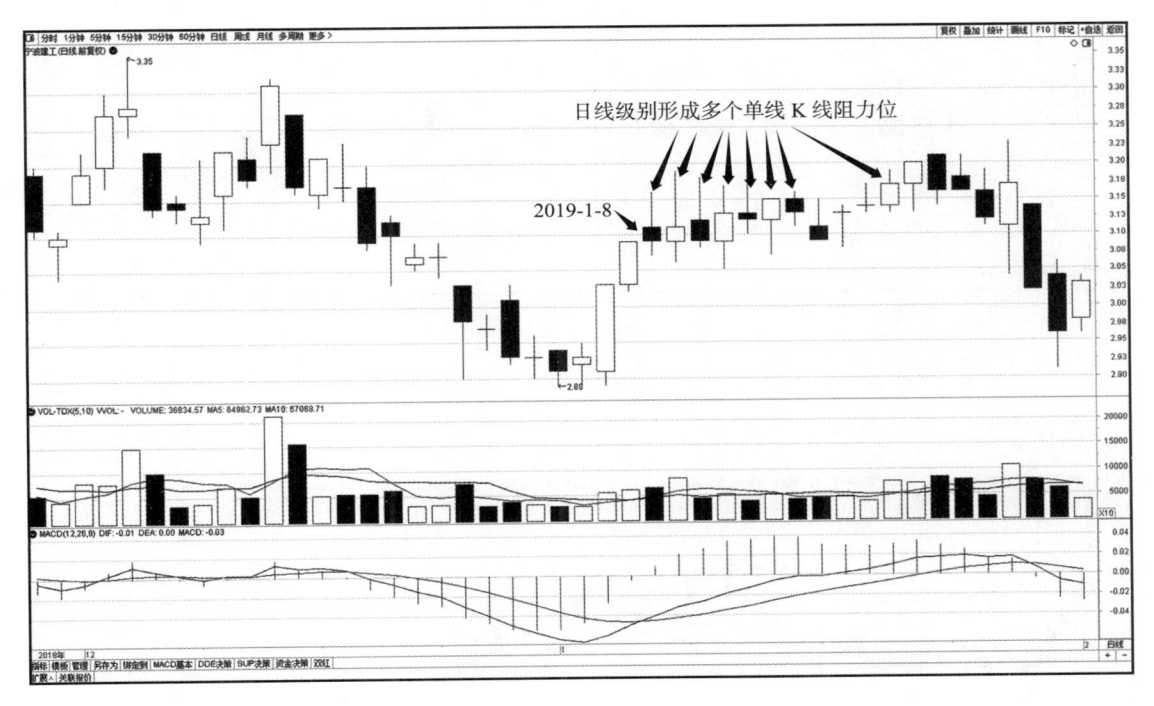

图 4-29

2. 如何利用单根 K 线判断支撑位

如图 4-30 所示，该股在 2018 年 12 月 25 日形成一个低点后开始反抽，日 K 线收出一根下影线，这根下影线区域就成了接下来 5 个交易日的支撑位，第 6 个交易日开始往上突破。

在 2019 年 1 月 7 日冲高回落然后反抽，又形成一个日线级别下影线 K 线，这根下影线再次成为接下来日线级别横盘震荡的支撑位，连续 10 个交易日股价最低价都在这个区域震荡调整，在第 11 个交易日开始向上突破。

如图 4-31 所示，该股在 2018 年 12 月 25 日收出一根探底回升的下影线

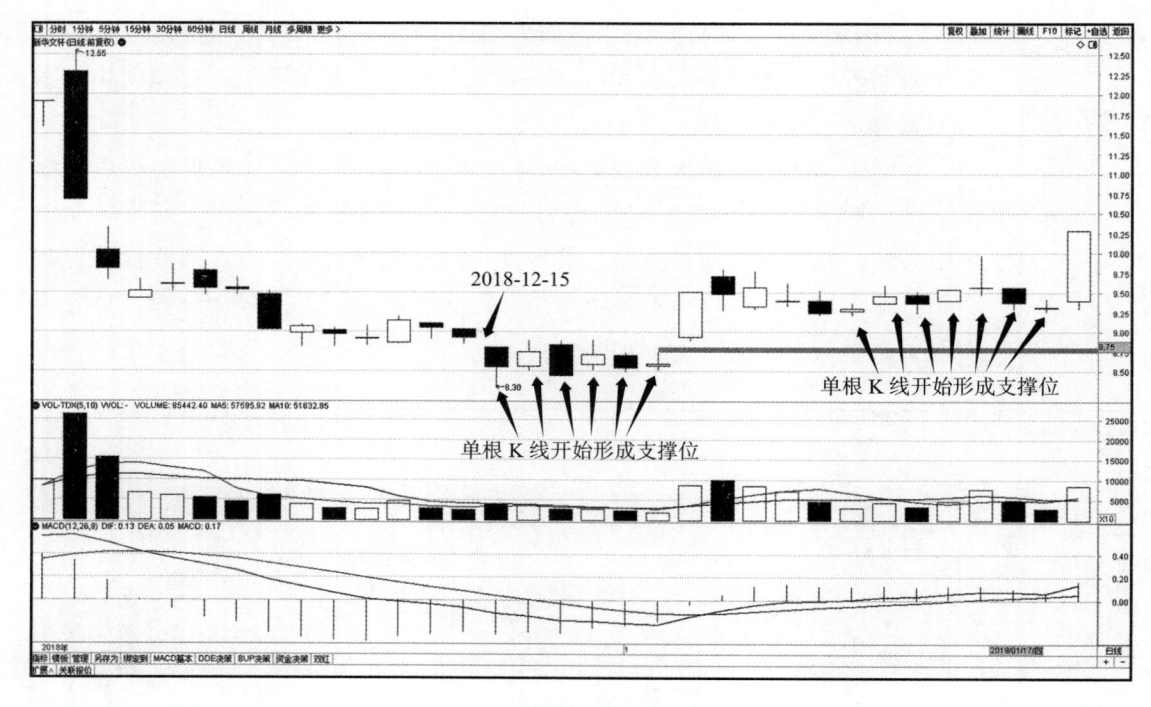

图 4-30

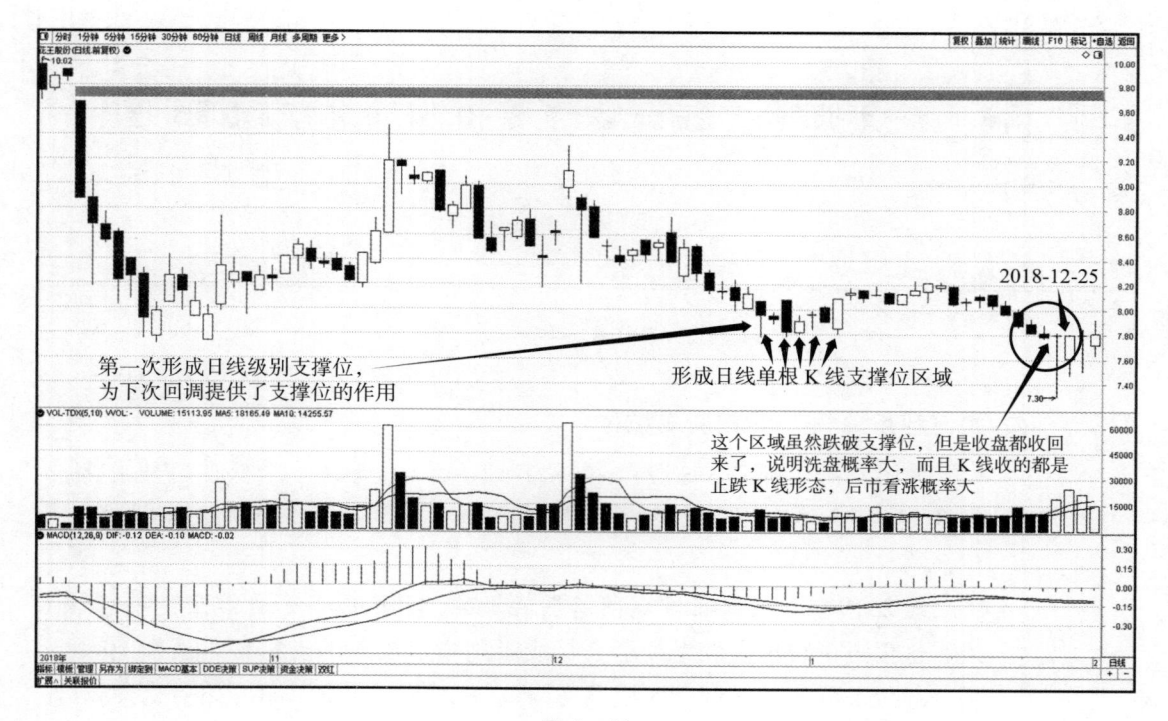

图 4-31

较长的锤子线，单根 K 线形成一个支撑位，随后在 2018 年 12 月 27 日、28 日和 2019 年 1 月 4 日三个交易日的最低点位置，几乎都是在 2018 年 12 月 25 日那根 K 线最低点附近得到支撑，之后开始反弹。

之后的行情走势中，这个位置只要不破掉，理论上都会形成一个支撑位，也许这个位置就会成为一波行情的起点。

通过以上几个案例可以看出，单根 K 线对于支撑位和阻力位来说也是可以参考的。单根 K 线分析支撑位和阻力位，属于微观层面的，而像趋势线和缺口等属于宏观战略层面的，这是有区别的。

单根 K 线适合参考较为精准的阻力位和支撑位挂单操作，因为这些位置在盘中一般都是瞬间即逝，盘中跟踪很难买到或者卖出最高点的价格和对低点的价格，只有挂单才会有机会成交。

六、布林轨道线判断法

布林轨道线指标也是股票市场最实用的技术分析参考指标。具体布林轨道线的介绍在网上有很多相关介绍，在这里咱们就不多做介绍，简单地讲一下大概如何使用即可。

布林线有三条线，称为上轨、中轨和下轨。布林线通常有四种状态：开口（三线分开、上轨向上运行、下轨向下运行）、收口（上轨和下轨同时向中轨靠拢）、三轨同方向运行（上轨、下轨和中轨向一个方向运行）、三线走平（三条轨道线走平）四种状态。

开口状态，预示着股价大幅波动开始，股价将突破下轨或上轨。收口状态，预示着股价进入调整尾声，股价在高位要谨防变盘向下调整，股价在底部区域预示着将大概率上涨。走平预示着多空双方处于僵持阶段，也就是横盘阶段。三轨同方向运行，表示股价将朝着一个方向运行（上涨或下跌）。

大家简单了解一下如何使用布林轨道线即可，其实我认为不要再去纠结到底是怎么算出来的，因为很少有人能研究透彻。就跟拿着枪射击一样的道理，您只要枪法准确，其实没必要纠结这枪到底是怎么研究制造出来的。把时间用在练习瞄准上，这样就会达到事半功倍的效果。当然这是个人的建议，我也不反对大家去研究透彻任何的技术指标。那样会效果更好，但对于多数普通投资者来说我认为学会如何使用就可以了。

下面开始用案例来讲解如何用布林轨道线判断支撑位和阻力位，这种方法较为适合短线判断支撑位或者阻力位。

1. 如何利用布林轨道线判断阻力位

如图 4-32 所示，该股在 2018 年 8 月 1 日开始股价运行到上轨附近，随后的阻力位一般都是到上轨就遇阻回落，非常有规律，说明上轨对股价的阻力还是较为明显的。如果在做解套操作就可以盯着上轨位置进行卖出做 T+0，或者在中轨支撑位附近买入到上轨位置卖出做 T+0 操作，有些个股这个状态特别明显，有的个股不是很明显，大家找到相关个股进行分析研究即可。

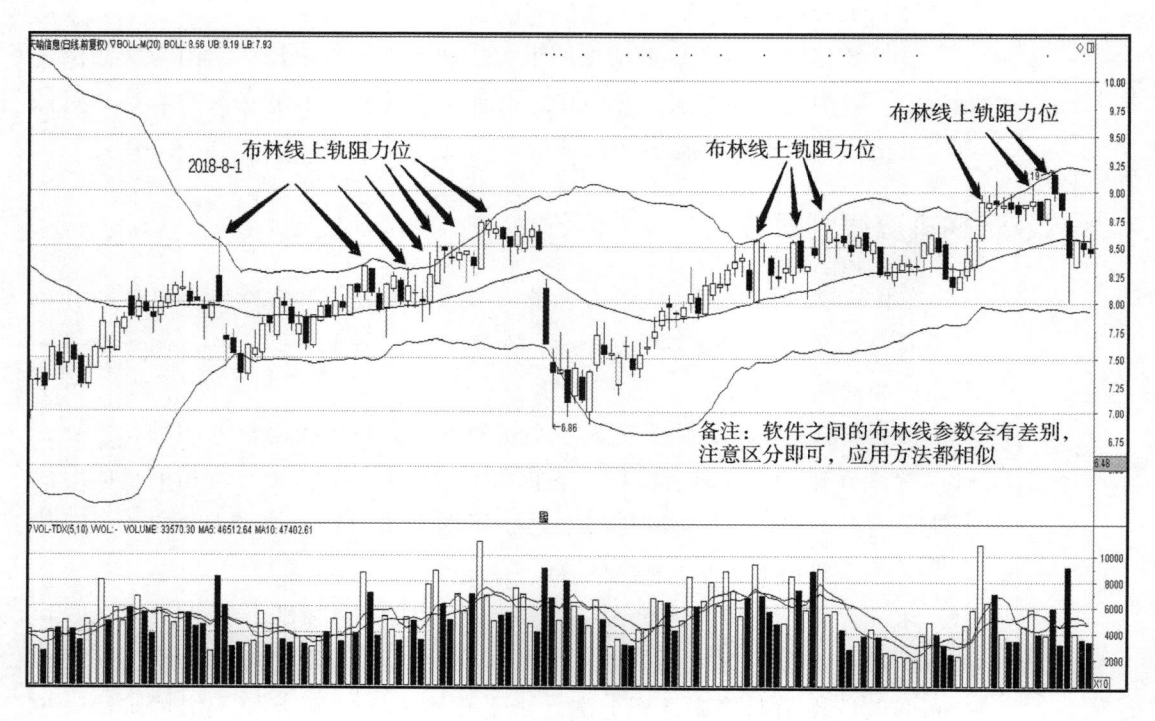

图 4-32

如图 4-33 所示，该股从 2018 年 1 月 29 日开始了一轮的调整，之后每次的反弹到布林线中轨位置便遇阻回落。如果是做解套策略，在中轨附近既是较好的小波段卖点或者 T+0 卖点。虽然不会精确到分，但是就卖出区间准确率来说已经超过很多技术分析了。

2. 如何利用布林轨道判断支撑位

如图 4-34 所示，该股票在图中可以看出，在没有突破布林轨道线中轨之前，布林轨道线下轨成为这只股票的重要支撑位，布林轨道线中轨成为阻力位；而在突破布林轨道线中轨之后，布林轨道线中轨就成为这只股票的重要支撑位，布林轨道线上轨成为阻力位。

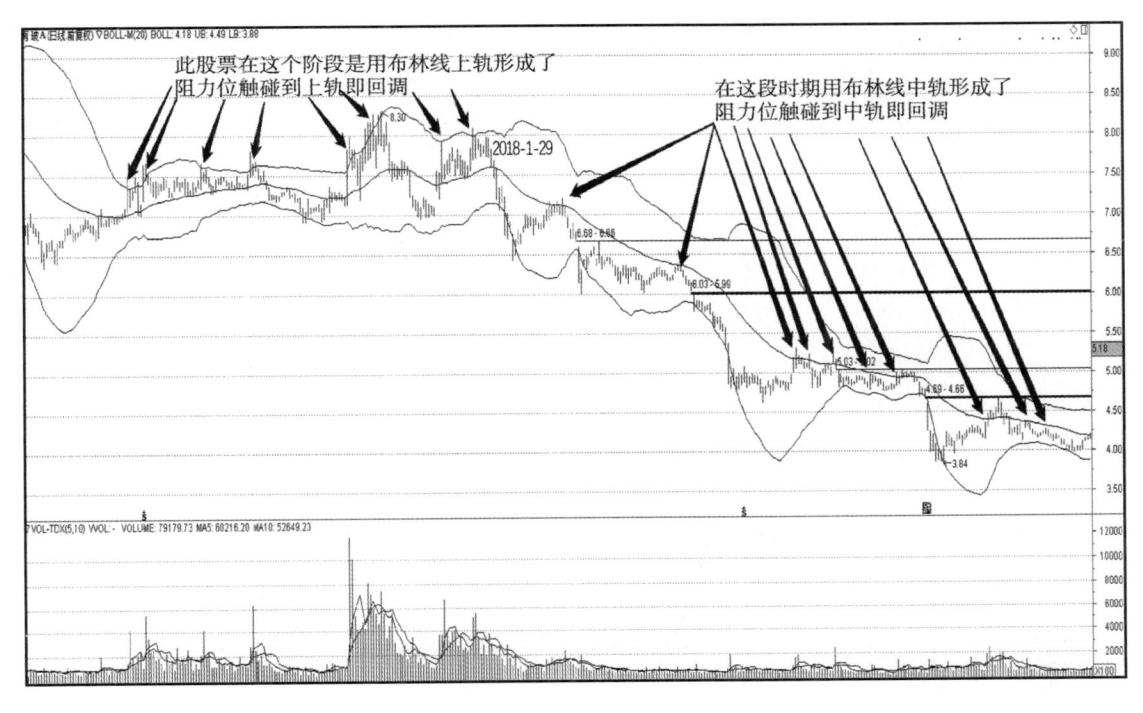

图 4－33

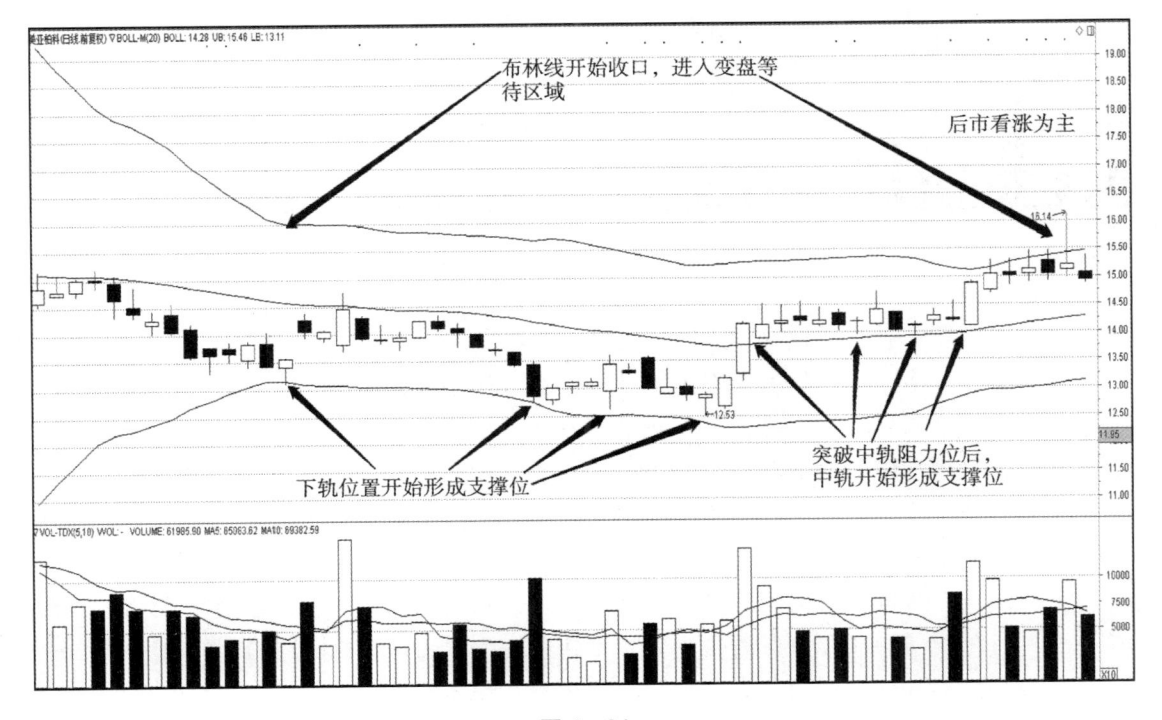

图 4－34

如图4-35所示，该股在图中走势有两个典型的布林轨道线支撑位，一段是股价在2018年11月13日突破中轨阻力位以后，在2018年11月23日布林线的中轨位置形成较强支撑位；另一段是在2018年12月17日破掉中轨支撑位以后，股价运行到下轨位置，找到下轨支撑位，之后一直在中轨和下轨之间运行，最后再次选择突破，一旦破中轨阻力位，中轨位置便会继续形成一个支撑位。

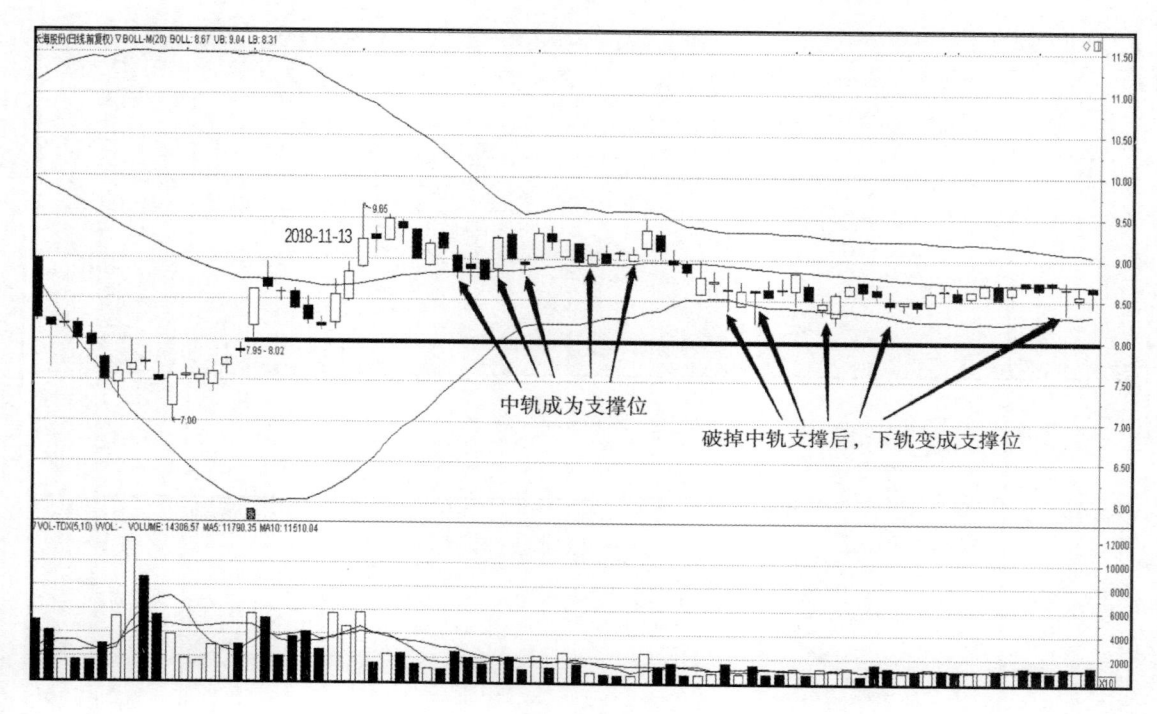

图4-35

布林轨道线的使用有以下注意事项。

由于布林轨道线在上涨或者下跌过程中，处于股价波动较大的区域，所以在股价大幅上涨或者下跌的时候，建议把布林轨道线的支撑位和阻力位的参考权重稍微放低一点。不是说不能参考，而是在股价大幅波动期间，布林线的支撑或者阻力会跟随股价加速波动，这个时候再去参考支撑或者阻力位就会有失偏颇。

股价在上涨阶段可以着重参考三条轨道线的支撑位，准确率会高点；股价在下跌阶段可以着重参考三条轨道线的阻力位，准确率会稍微高点；横盘整理期间，阻力位和支撑位准确率都会相对客观一些。

布林轨道线在具体参考的时候，上轨参考阻力位多一些，下轨参考支撑位多一些，而中轨会时常在支撑位和阻力位两个角色当中来回转换。

所以在此提醒一下各位投资者，布林轨道线的支撑位和阻力位在股价相对平稳运行期间或者说在做高位和低位平台整理区间的判断准确率会相对稳定一些。

以上这些细节需要注意一下，各位投资者可以找相关个股案例多分析一下便知。

七、分时判断法

1. 如何利用分时判断阻力位

对于经常做期货的投资者或者短线高手来说，日线级别以上的技术分析显得有点滞后，因为操作T+0是做期货和做短线常有的操作，所以期货和擅长短线操作的投资者一般都喜欢看分时来判断行情。

这些年在指导客户过程中，我也经常用到分时作为支撑位和阻力位来挂单操作。因为做短差要是看日线级别以上的分析，稍微滞后一些，其实利用分时看支撑位简单有效。

分时的走势其实和日K线级别都是类似的，只不过分时在看的时候，速度会快一些，假如投资者反应慢了就会跟不上节奏。分时当中的每个高点和低点，在走过的交易日中都能找到相应的支撑点位和阻力点位。

先看一下用分时判断阻力位的实例。

图4-36是2019年1月21日、2019年1月22日、2019年1月23日、2019年1月24日四个交易日某个股的分时图。从分时图中很清晰地可以看到，在1月21日的盘中分时低点位置形成的支撑位，但到了1月22日盘中就变成了阻力位，全天没有成功突破1月21日那个分时平台。而在1月23日的分时高点阻力位是来自于1月22日的分时低点位置。1月24日开盘后稍微一冲高就遇到1月23日分时高点位置的阻力位，开始一路下跌。

从图中可以看出，分时形成的高点和低点位置也会对股价形成阻力位的作用，在一个价位确认的次数越多，说明这个价位的阻力位就会越强，阻力就会越有效。

图4-37是2019年1月21日、2019年1月22日、2019年1月23日、2019年1月24日四个交易日某个股的分时图，从图中可以看出，分时的高低点对股价形成阻力位的情况。

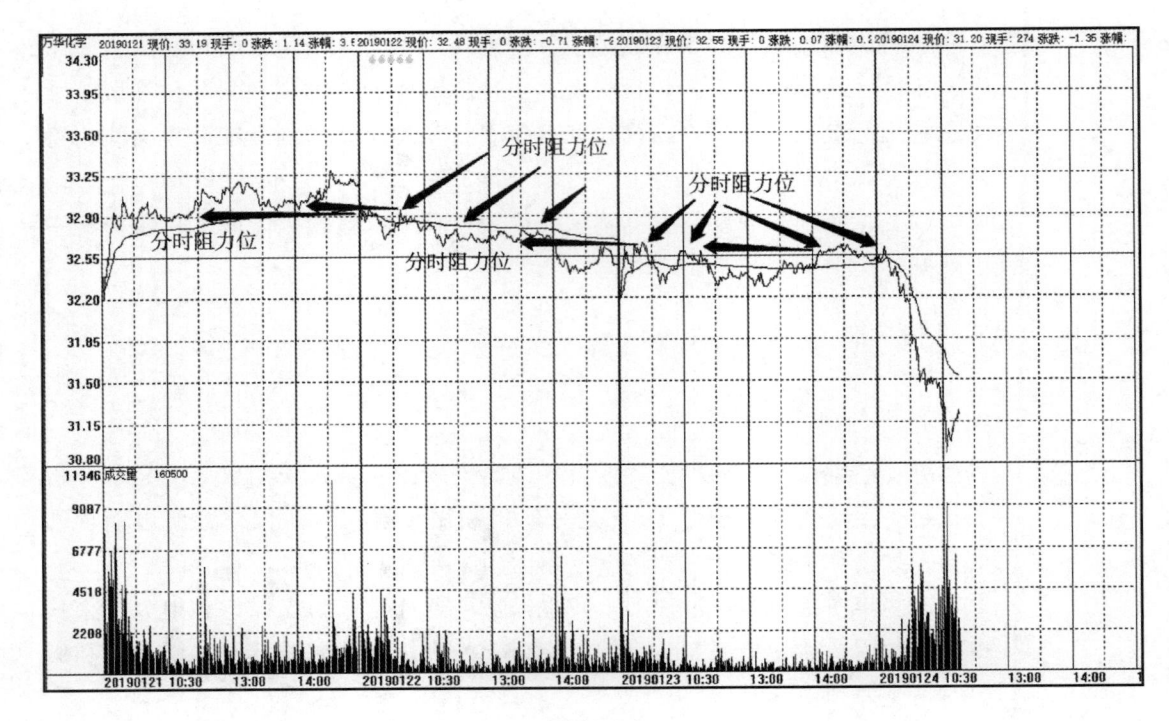

图 4-36

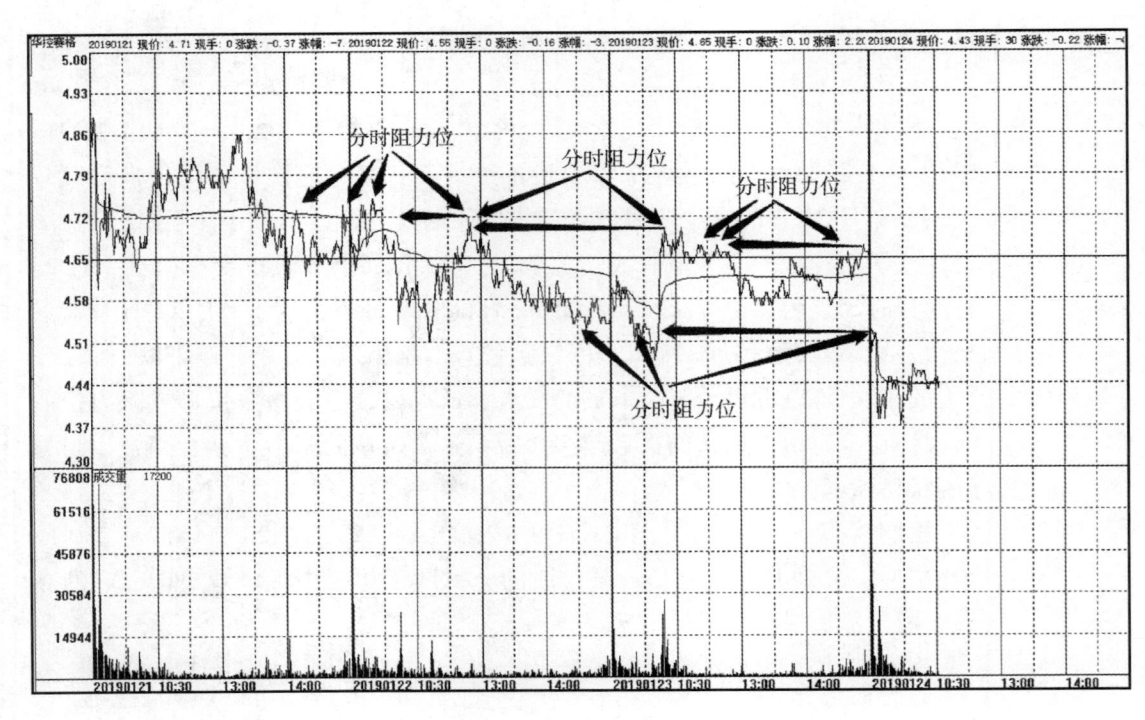

图 4-37

1月21日14点10分的高点和14点53分的高点,对1月22日的分时形成明显的阻力位的作用,股价连续三次触碰到那个价位就开始回调。1月23日的分时高点的阻力位是来自于1月22日的分时高点位置的阻力。1月24日上午的分时高点阻力位是来自于1月22日和1月23日的分时低点位置的阻力位,这个阻力位一直压制着股价在上午没能上涨,说明这个阻力位还是有效的,一旦盘中分时突破此价位,反过来就会形成支撑位。

2. 如何利用分时判断支撑位

继续介绍怎么看分时的支撑位,其实和判断分时阻力位没什么太大区别,道理是一样的。

图4-38是某个股6个交易日的分时图。该股的分时支撑位非常标准,每次股价调整到2019年1月17日分时低点附近,都会形成支撑位,股价止跌企稳。直到1月22日盘中分时突破前三个交易日分时形成的阻力位以后,在1月23日分时回踩再次确认前期三个交易日的分时支撑位有效后,股价于2019年1月24日上午开始上攻,截至2019年1月24日11点09分,股价涨幅达6.4%。这就是利用分时判断支撑有效后的走势。

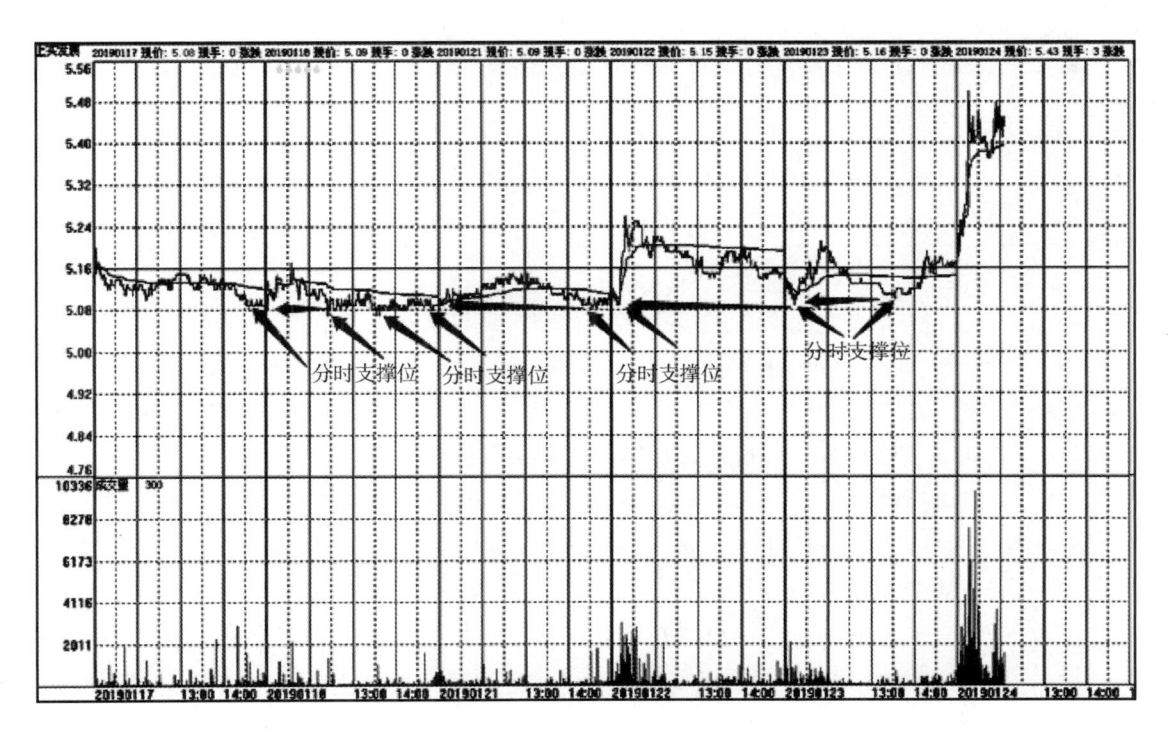

图4-38

图4-39是某个股5个交易日的分时走势图。通过图中的箭头可以清晰

地看到，分时的高点和低点也对股价形成较为明显的支撑作用。

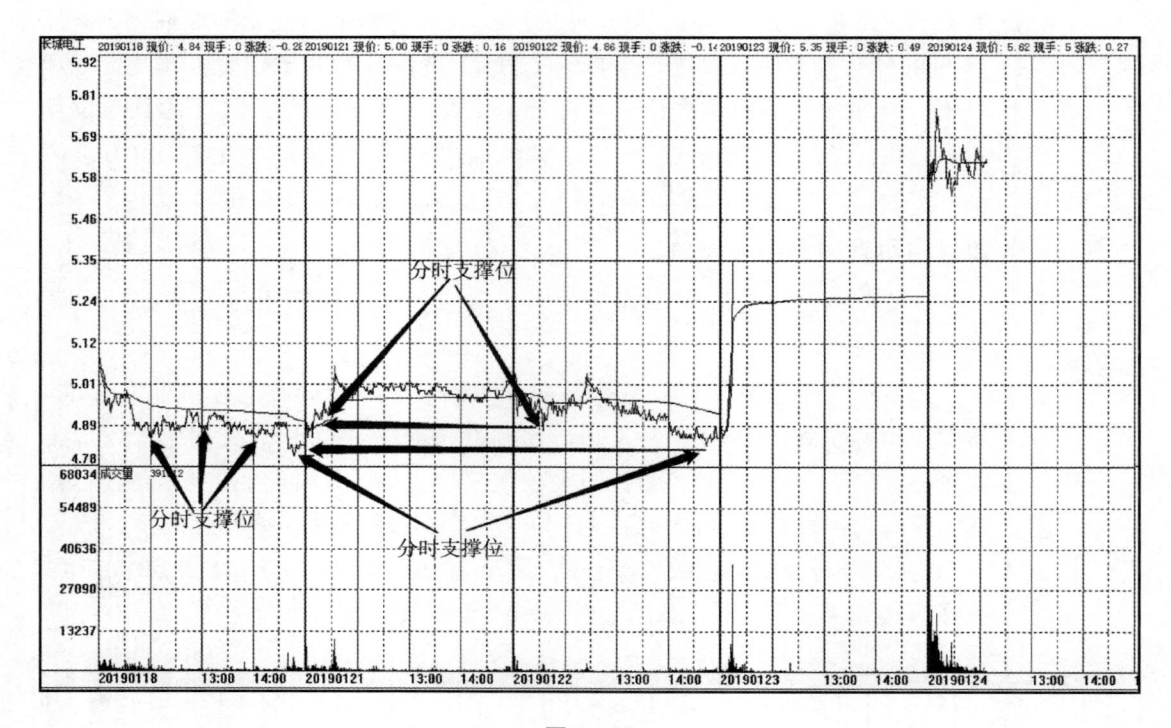

图 4－39

该股在 2019 年 1 月 18 日盘中分时形成两个停顿过的价格区域：一个是 10 点 30 分至 14 点 18 分形成的一个分时底部，另外一个是 14 点 45 分左右形成的一个分时低点。

以上两个低点在 1 月 22 日分时中也形成两个价位区间的支撑位，分时表现明显，最后在 1 月 22 日尾盘再次确认 1 月 21 日的分时支撑位有效后，在 1 月 23 日开盘股价迅速涨停，1 月 24 日继续高开，截至 2019 年 1 月 24 日 11 点 19 分，股价冲高回落后涨幅 2.43%。

经过几个案例的学习，相信大家对分时判断支撑位和阻力位的方法有了一个较为初步的认识。希望大家可以多找一些此方法的案例进行观察，应该会从中有所感悟。

本节主要介绍了如何利用各种技术分析来判断支撑位和阻力位。能判断正确支撑位和阻力位对于股票投资来说无疑是重中之重，因为学会了判断阻力位和支撑位，让你尽量避免买了就跌、卖了就涨，而目前很多投资者买了就跌、卖了就涨，主要就是分不清楚哪里是阻力位哪里是支撑位，从而买在阻力位价位、卖在支撑位。

建议各位投资者仔细学习本节，多加练习，熟练掌握以上判断股价支撑和阻力位的方法，综合对股价进行判断分析，切忌单独使用一种就妄下断论，因为没有哪种技术分析可以百分之百的准确，只有综合分析才能提高准确率。我再三提示这一点，请大家重视一定要综合分析。

> 阻力变支撑，加仓往上攻；支撑变阻力，反弹要放弃。

给各位投资者稍微解释一下这首诗的含义：所有的阻力位都会变成支撑位，所有的支撑位也会变成阻力位，阻力和支撑是可以变换角色的。

在股价没有突破阻力位之前，这个阻力位就是阻力位，一旦股价突破这个阻力位，这个阻力位就会变成支撑位了；同理，一个支撑位没有跌破之前是个支撑位，一旦股价跌破这个支撑位，那这个支撑位就会变成阻力位了。虽然有点绕口，但是必须要搞清楚这个道理。

在股价突破阻力位以后，股价回踩确认之前的阻力位变成支撑位的有效性以后就可以加仓买入；在股价跌破支撑位以后，股价反弹至之前的支撑位、现在的阻力位位置的时候是要考虑卖出或减仓手中的股票的。

建议各位投资者把上边那首打油诗记住，以后在操作交易的时候用作参考。

第四节
如何进行波段操作

波段操作也是众多投资者想要达到的最高境界。我们都知道股市涨涨跌跌，没有只跌不涨的股市，也没有只涨不跌的股市，即使在熊市里面股价也会有波动，也会有波段走出来。

投资者肯定听说过山车行情、坐电梯这类的说法，意思就是股价涨高了没有卖出，而后股价又跌了，导致亏损甚至被套。

在之前的三个小节里面讲到了何为高抛低吸、如何判断个股所处位置、如何判断支撑位和阻力位的内容。把前三节学好了，本节就容易多了，最起码理解起来不会那么费劲。

在全世界所有的股票市场或者期货市场，波段操作其实都是相对有效的操作方式。因为这个操作思路是盈利比较高的一种思路，不是一直从底部持有到顶，事实证明没有人能从底部持股一直到顶部，多数都是卖在底部或者涨幅不高的地方就下车了。

从价值投资角度来看，理论上是不提倡所谓的波段操作，因为波段操作在价值投资者眼中是投机行为。但是实际在中国目前的股市当中，波段操作才是最有效的盈利模式，持股不动几年不挣钱甚至亏钱，这样的案例我见得多了。

波段操作其实比找到一只牛股都重要。找到一只牛股未必能挣到大钱，原因是您不知道哪里是底部，即使底部买了您也拿不住，即使拿住了您也许不会卖在高位，甚至最后都有可能亏钱。这些年我见过太多这样的投资者。

所以充分理解波段操作，对于投资股市而言是相当重要的。在这里提示一下各位投资者，进行波段操作一定要先从选股开始，因为选错了股票即使您再对波段操作理解透彻，最后也是亏损。试想一下，假如您选择了一只在高位的股票，这类股票大多处于主力操作出货尾声，即使有波段也多是向下波动，向上波动的可能性很小。这个时候选股错误就如同于战略方向错误，即使您战术再厉害，最终结果未必能胜利。所以，学习波段操作要先从选股说起。

下面给大家做具体选股方法的简单介绍——如何选择底部主力建仓的股票、主力成本区间的股票，及没经过大幅上涨的股票。只有这几类股票未来才有可能上涨。

一、主力建仓区域的股票具体选股条件（8561股票交易体系部分选股条件）

1. 先看形态

参考第二节内容，选择底部区域的个股。如图4-40所示，首先看这只个股的跌幅从最高点21元跌到最低4.77元，股价跌幅超过70%以上，说明股价已经属于超跌。从大的形态来看，符合缠论当中简单理解的完美结构（下跌+盘整+下跌，并且在2017年9月21日至2018年2月7日期间又走出一个更小级别的下跌+盘整+下跌的完美结构），至此可以判断这只股票大概率进入主力建仓阶段了。

2. 看成交量

底部区域及主力建仓区域的成交量状态是否红肥绿瘦，放量上涨缩量回调。如图4-41所示，该股从2018年2月5日见底以后，成交量开始发生变

第四章 解套常用的交易技术

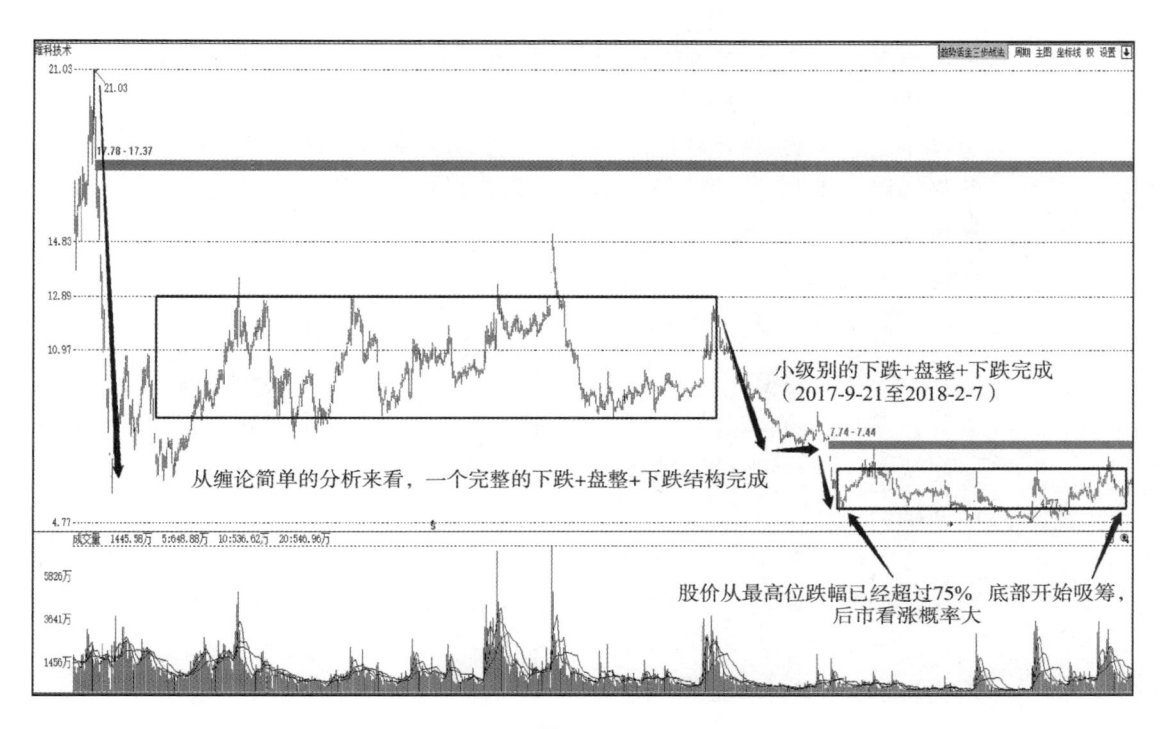

图 4-40

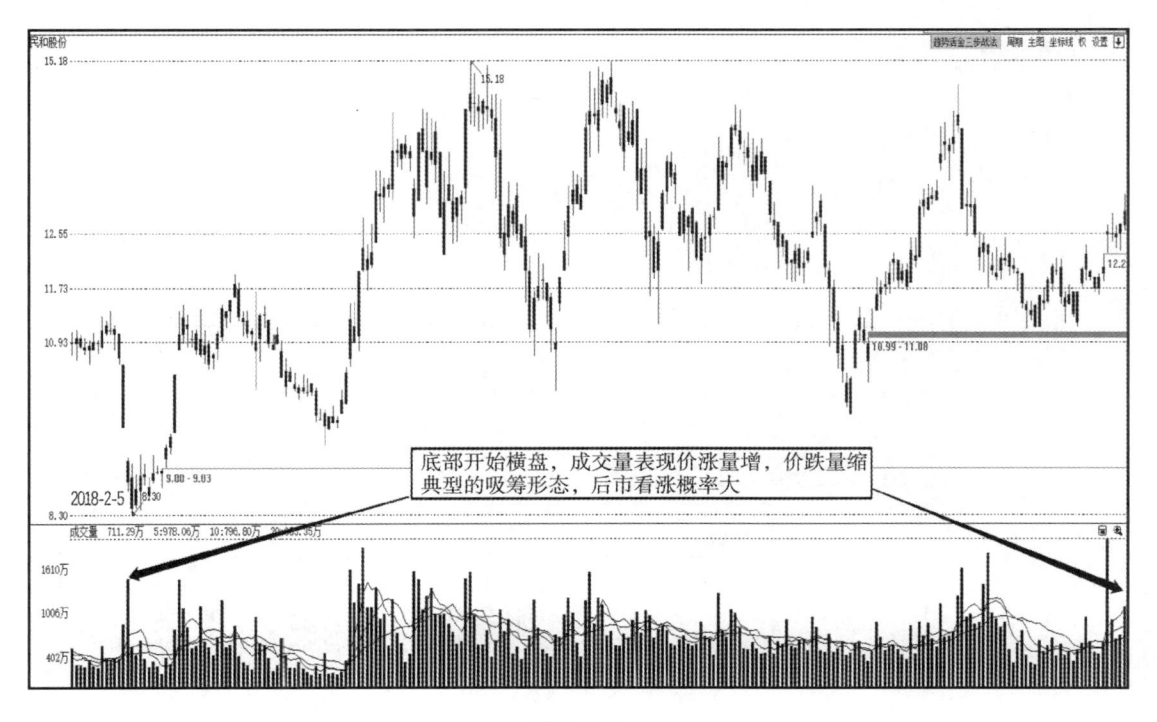

图中标注：
- 从缠论简单的分析来看，一个完整的下跌+盘整+下跌结构完成
- 小级别的下跌+盘整+下跌完成（2017-9-21至2018-2-7）
- 股价从最高位跌幅已经超过75%，底部开始吸筹，后市看涨概率大

图 4-41

图中标注：
- 底部开始横盘，成交量表现价涨量增，价跌量缩典型的吸筹形态，后市看涨概率大

化，一直是上涨带量、回调缩量，这种底部成交量的状态就是主力吸筹的典型走势。这只个股的主力在利用波段的方式进行建仓—洗盘—吸筹这样的节奏操作，一看就是一个仁慈的主力。其实多数情况下主力会利用波段操作不断降低持股成本，这点大家可能不太理解，以后有机会再详细介绍。投资者记住这个成交量的技术形态是主力吸筹的形态即可。

3. 看横盘时间

主力建仓一般不会在短期内完成，尤其是主力想做翻几倍行情的个股，建仓时间和底部盘整时间会更长。之前和大家介绍过，我曾经跟踪过一个主力，建仓时间和底部盘整洗盘时间超过了2年，最后股价翻了5倍多。横盘时间从8561股票交易体系的角度来说一般最少要6个月以上才合理，当然时间越长越好。

如图4－42所示，该股从2018年6月19日见底以后，截至2019年1月24日底部横盘时间已经达到150个交易日，时间上符合超过6个月以上。理论上主力建仓已接近尾声，除非主力还没吃够筹码继续震荡吸筹，否则距离启动就不远了。

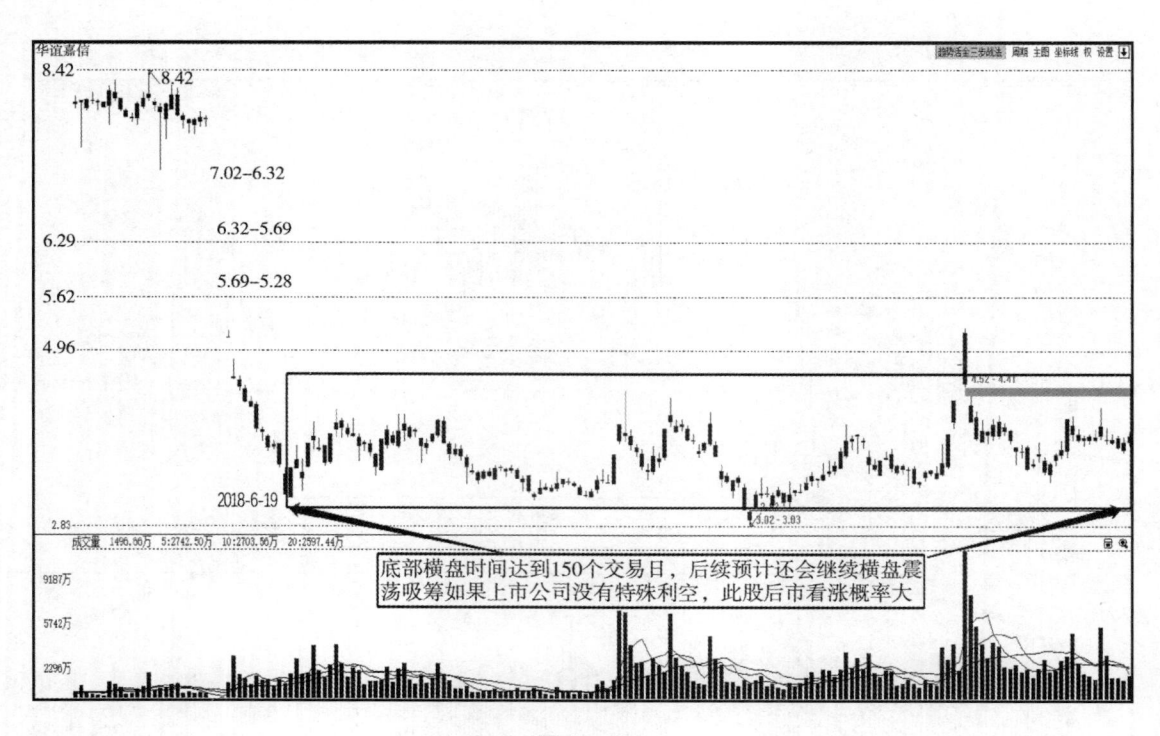

图4－42

4. 看 BOLL 布林轨道线

如果一只股票在底部区域出现收口形态，预示这只股票在底部要启动了，若此时买入，您就会买在启动点之前，持股时间不至于过长。您可以选择在布林线收口时，并且股价在布林线下轨位置得到支撑后进行买入。

如图 4-43 所示，该股在起涨之前有一个连续的收口动作，布林线从 2018 年 11 月中旬开始进入连续收口状态，一直到起涨之前 2019 年 1 月 18 日涨停那天开始，布林线才开始开口，这就是典型的底部收口以后上涨形成的开口形态。这种形态各位投资一定要记住，之前讲过收口会预示着要选择方向，而在底部区域收口选择向上的概率会大一些；在高位收口以后预示向下的概率会大一些。各位投资者一定要记住这个细节。

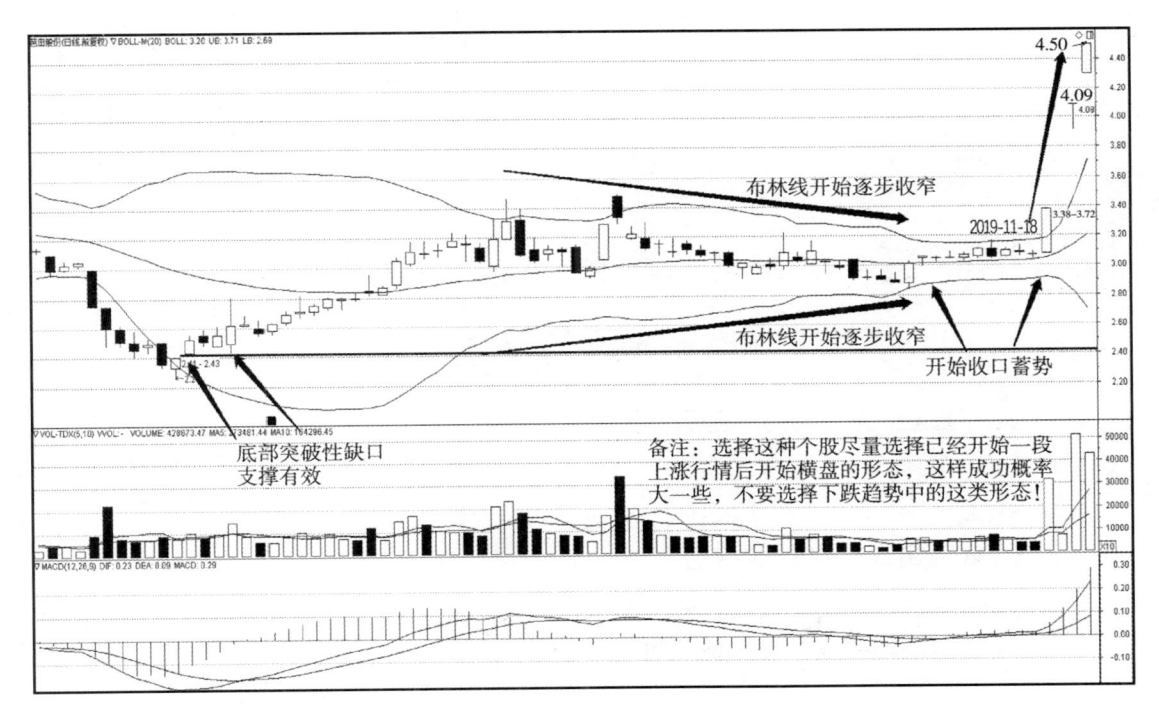

图 4-43

5. 看周线形态

一般做中线最好参考周线，因为日线级别 K 线形态或者其他技术指标容易作假，但是周线级别以上就很少出现这种情况了，不是没有可能作假，而是概率较小。周线收出双底形态，并且 MACD 底背离，符合这两个条件，理论上是底部的概率较大。

如图 4-44 所示，该股的周线级别在 2018 年 10 月 19 日当周创出一个新低，而后在 2019 年 1 月 4 日当周形成一个缩量周阳线十字星周 K 线，并且周线级别 MACD 在 1 月 4 日当周和 1 月 11 日当周的绿柱小于 2018 年 10 月 19 日之后五周的 MACD 的绿柱，说明这是典型的周线级别背离。之后股价进行了一波凌厉的拉升走势。

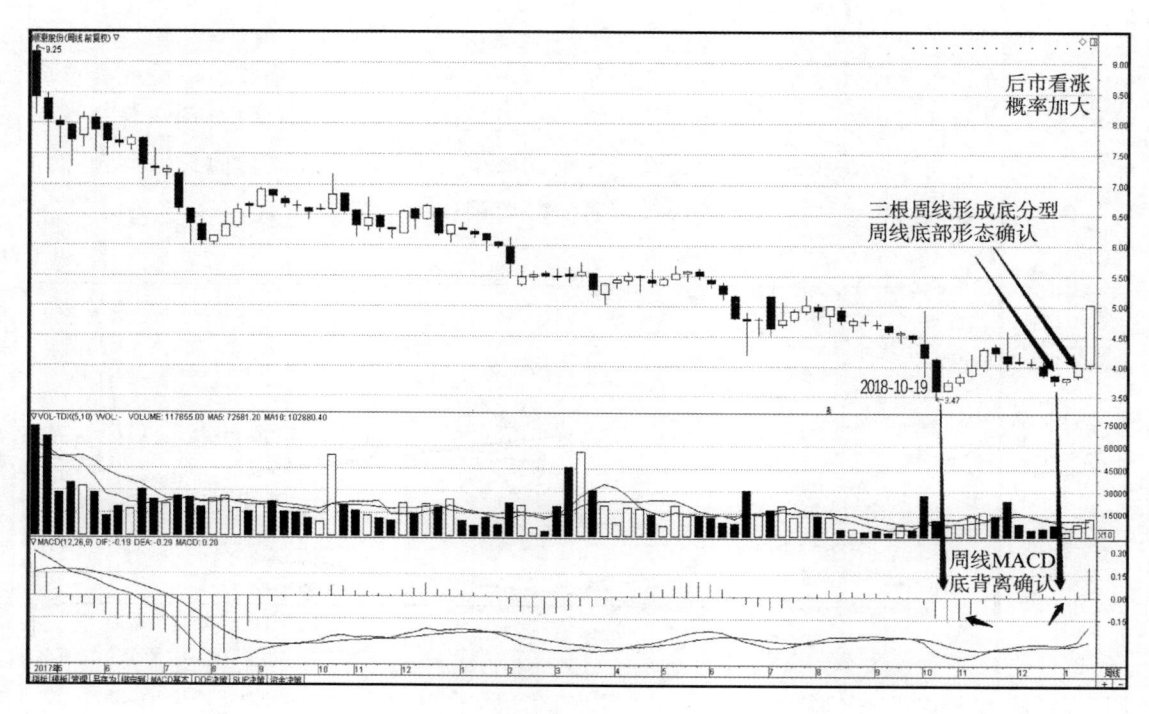

图 4-44

6. 底部出现数次涨停

在底部出现数次涨停，而股价并没有走出主升浪，这个选股技巧，我在北京电视台《天下财经股市侦查团》节目中也提到过（涨停基因选股条件的重要性）。

如图 4-45 所示，从图中可以看出，这只个股在底部区域的时候出现过 5 此涨停，在第 6 次涨停以后走出一波行情突破之前的横盘状态，之后有所回落确认底部上沿支撑位。理论上主力并没有挣到太多钱，因为启动后的高点距离底部很近。这类个股后期做波段操作会有理想的收益，而且属于底部刚启动，至少再出现大幅杀跌的可能性较小，假如后期能把底部盘整期间最低价格跌破，理论上就是进入主力挖坑阶段了。主力主动买套，洗盘的概率会很大，所以这种选股方法也相对简单有效。

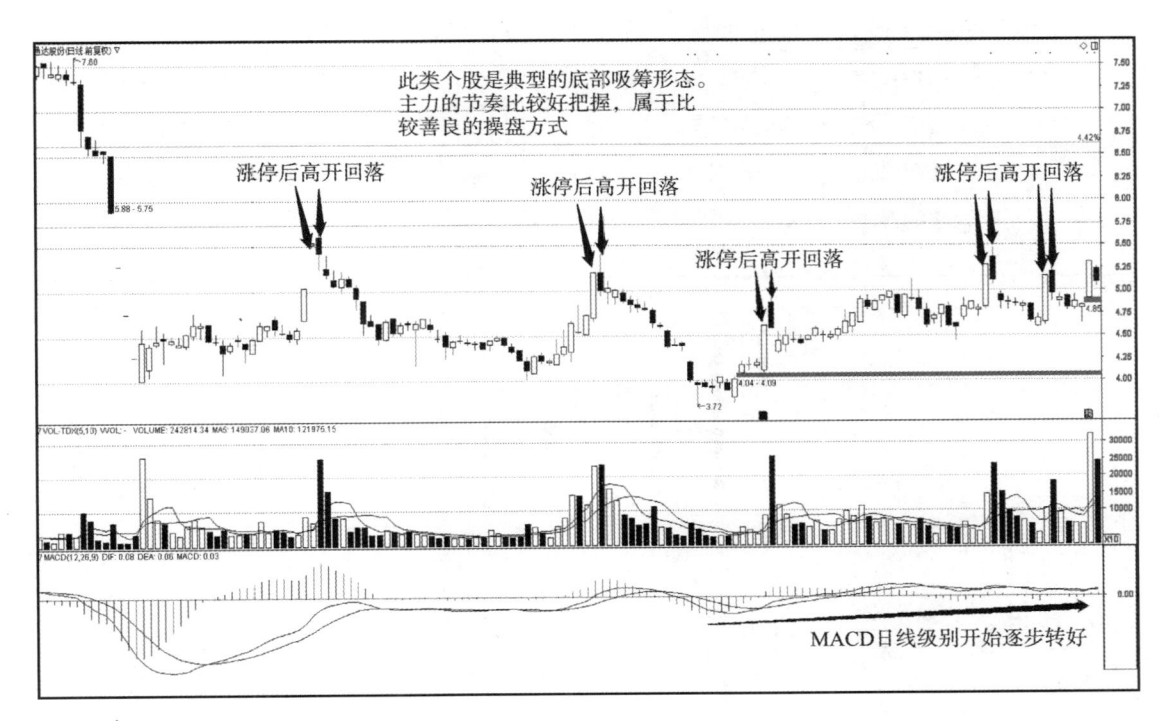

图 4-45

涨停基因对于选股来说，尤其是选择底部的股票来说，非常关键，因为底部出现过涨停次数越多，说明主力的实力越强，后期上涨的概率就越大，这是 8561 股票交易体系中选股条件里最重要的一环。

如果一只股票符合以上几个条件，大概率会是底部区域的个股，这类个股可以进行分批建仓，然后做波段操作，盈利的概率很大。

强调一下，大家一定多去找些案例，不能利用一种方法重仓投入一只个股的操作，一定要综合分析才能做到客观理性。其实股市中还是有规律可循的：历史会重演，只是不会简单地重演。理解透彻这句话即可。

二、波段买入技巧

波段买入法，一般的理解是波段买入肯定要买在波段的谷底区域，但是在日常交易当中往往是很难做到的。"理想是丰满的，现实是骨感的"，这句话说得有点俗，但确实反映出股市里参与者的众生态。

在买入的时候，各位投资者可以先参考第三节中判断支撑位和阻力位的技巧和方法，再结合本节的几个买入方法，这样成功率又会提高一些。

下面介绍几种在平时指导客户时候的常用买入方法。

1. 缩量（最好是相对地量）阴线买入方法（左侧交易）

如图 4-46 所示，该股在股价震荡期间，于 2018 年 11 月 26 日和 11 月 29 日两个交易日收出连续小阴线，在 12 月 19 日又收出一根缩量小阴线，尤其是在 2019 年 1 月 23 日更是收出一根地量的缩量小阴线，洗盘动作明显，也是短线或者波段操作的买点位置。

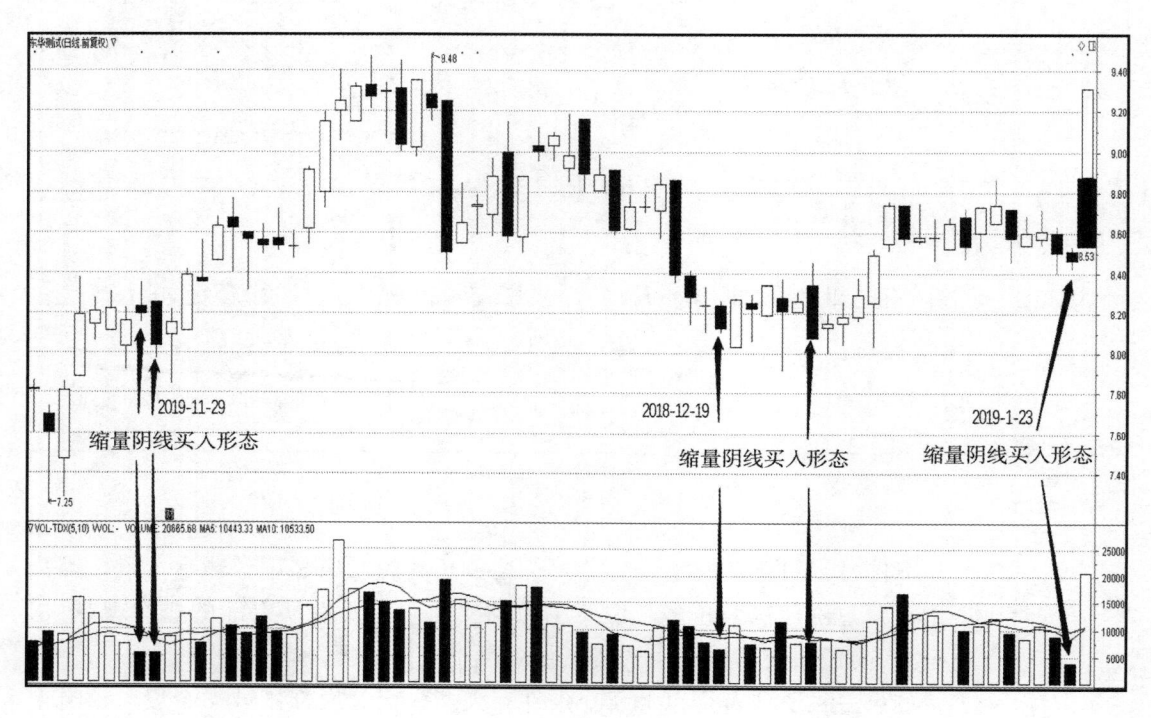

图 4-46

如图 4-47 所示，该股在 2018 年 11 月 19 日至 2018 年 11 月 28 日下跌调整期间，成交量一直是萎缩状态，说明主力并没有大幅卖出，洗盘概率较大。在 11 月 28 日收出一根探底十字星，而 11 月 29 日又收出一根地量缩量的小阴线，这个位置理论上就是最好的短线或者波段操作买入位置。

> 上涨回调缩量买，地量加大资金来。

缩量阴线买入法需要注意的事项：

（1）在股价下跌通道当中，尽量不要用这个方法，因为有的时候下降通道中缩量是假象。

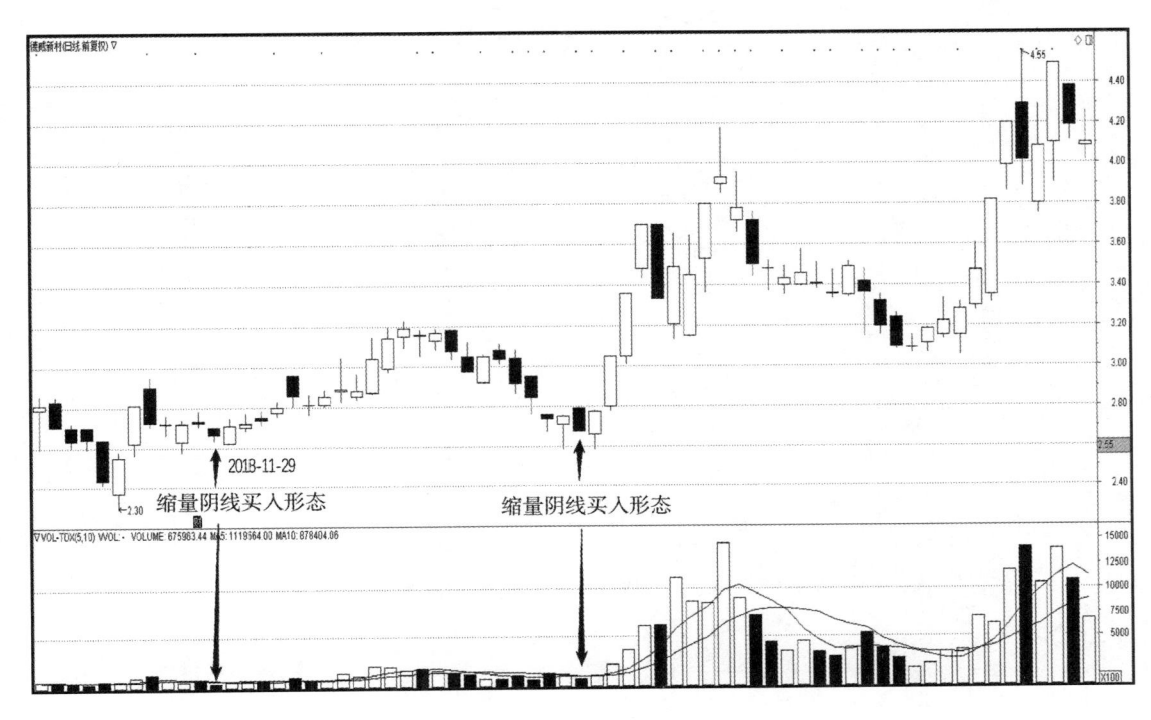

图 4-47

（2）最好买在底部信号出来以后，股价反弹中的缩量回调，可以参考缩量阴线买入法，这样成功率会高一些。

（3）股价在高位的时候尽量不要使用这个方法。

（4）不要追求买在波段最底部，那样容易买在假的缩量信号上面，待底部确认信号出来以后再动手，安全系数高一点。

（5）底部横盘期间、股票起涨的位置和上升通道中，缩量阴线买入法成功概率大。

2. 阳包阴买入方法（右侧交易）

如图 4-48 所示，该股在 2018 年 10 月 19 日收出一根阳线，把 10 月 18 日的阴线反包吃掉；2018 年 10 月 30 日收出一根阳线，把 10 月 29 日的阴线反包吃掉；2018 年 11 月 12 日收出一根阳线，把 11 月 9 日的阴线反包吃掉。这三个位置是典型的阳包阴的形态，对于短线或者波段操作都是很好的买入机会。

如图 4-49 所示，该股在 2018 年 10 月 19 日收出一根阳线，把 10 月 18 日阴线反包吃掉；2018 年 10 月 24 日收出一根阳线，把 10 月 23 日阴线反包吃掉；2018 年 11 月 12 日收出一根阳线，把 11 月 9 日阴线反包吃掉；2019 年 1 月 4 日收出一根阳线，把 1 月 3 日阴线反包吃掉；2019 年 1 月 29 日收出一根阳线，把 1 月 28 日阴线反包吃掉。

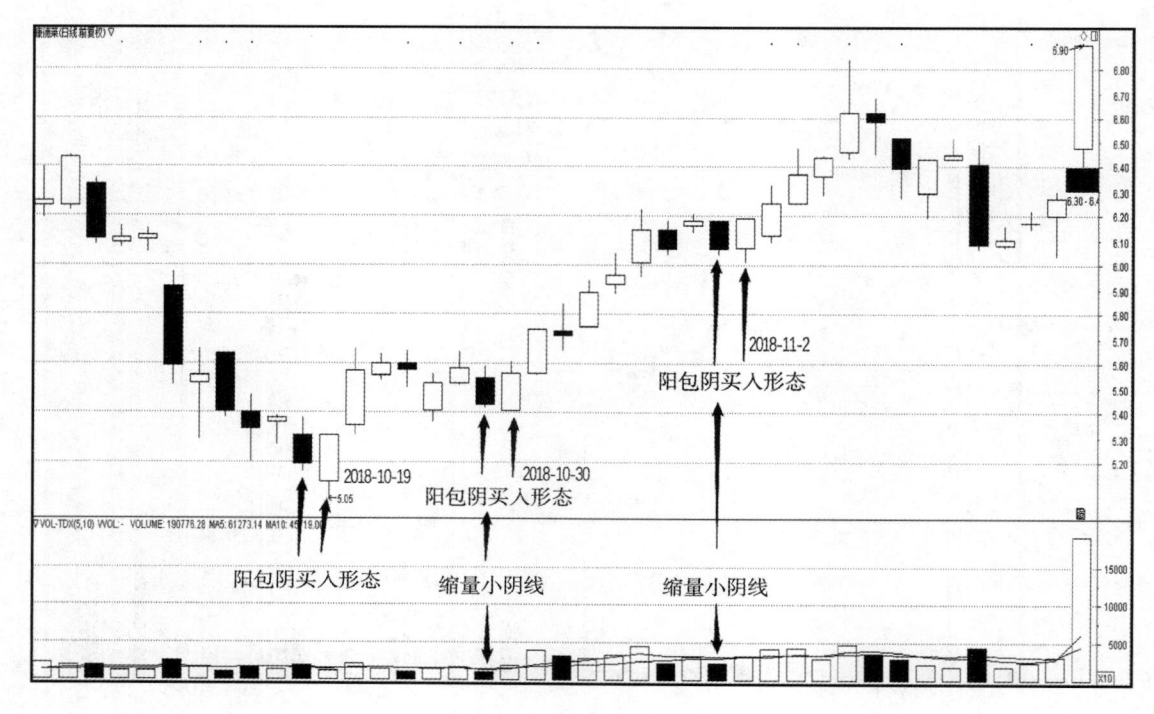

图 4-48

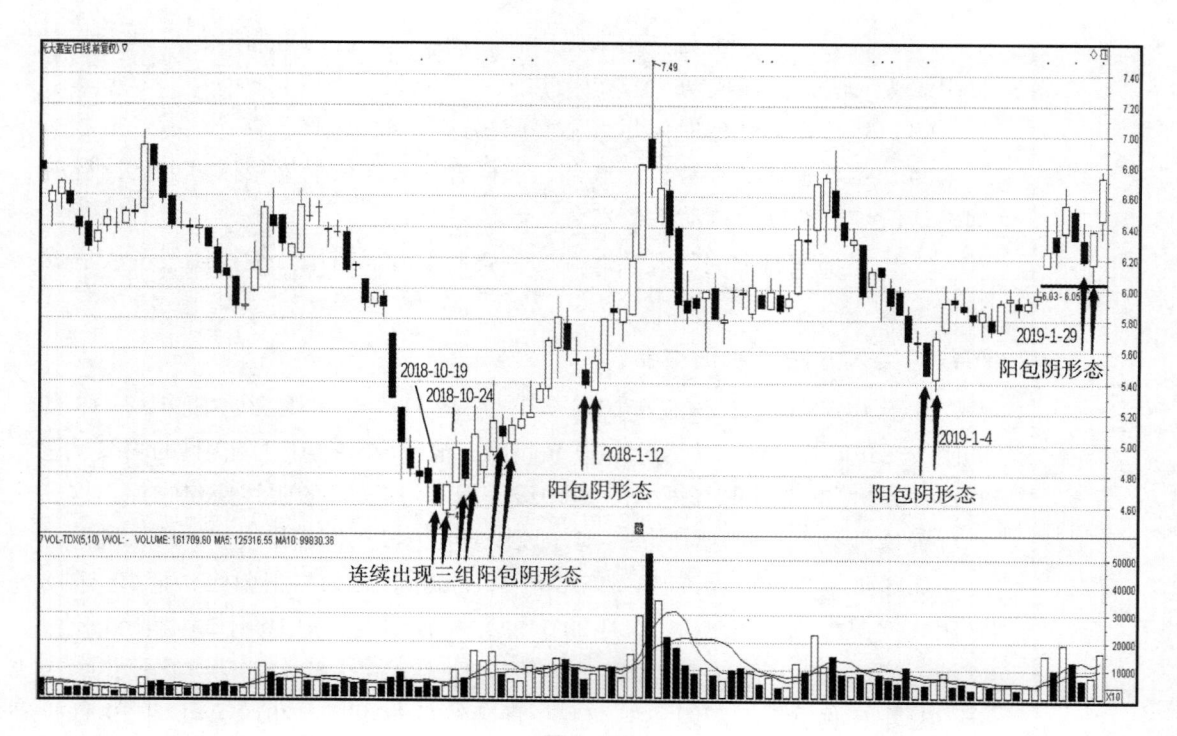

图 4-49

通过图中的阳包阴形态来看，多数都是上涨状态，说明阳包阴形态多数情况下可以形成波段低点，短线可以参考进行买入。

> 阳包阴要开心，多头喊你来跟进。

3. 探底十字星买入法

如图4-50所示，该股在2018年10月25日、10月26日、10月29日、10月30日四个交易日中连续收出四个十字星K线，说明这个位置支撑较强，多头买入较为明显，而10月25日和10月30日两个交易日收的属于双针探底K线形态，这种形态买入后上涨概率稍微大一些，也是相对明确的底部形态。总之这个形态个股一旦发现，就可以进行积极关注。

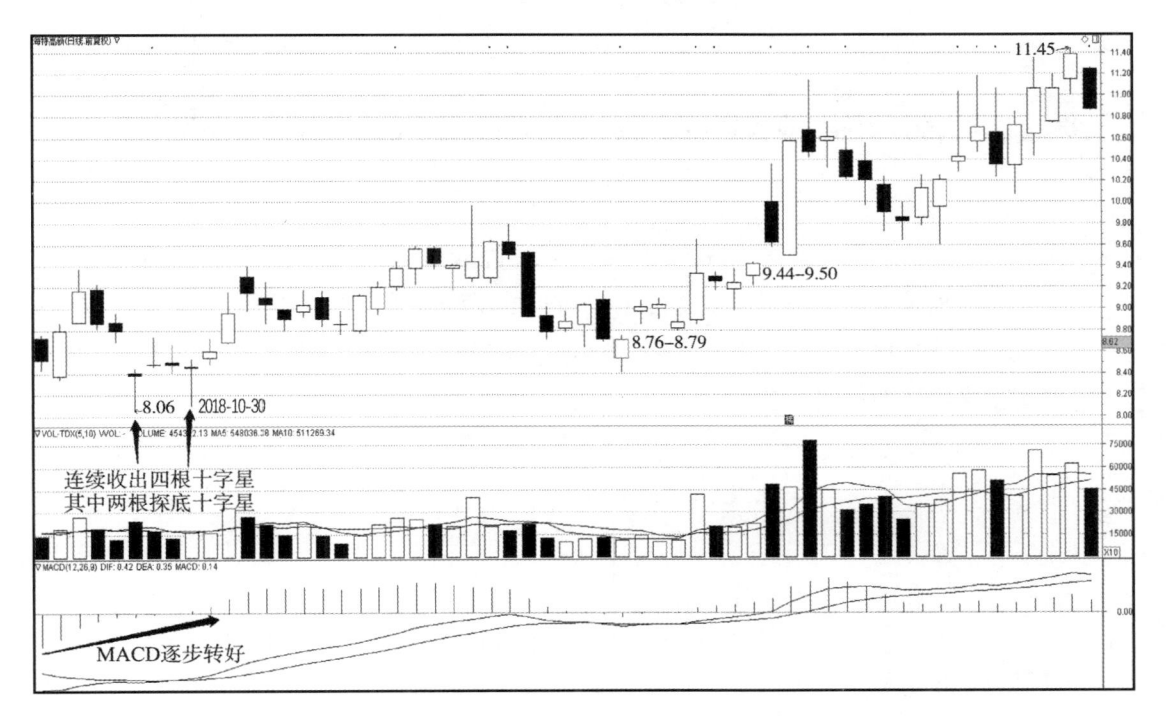

图 4-50

如图4-51所示，该股在2018年10月12日至10月18日5个交易日中连续收出四根止跌企稳的K线形态，其中10月12日收出一根单针探底长下影线的十字星止跌信号，这个位置连续四个交易日的止跌不再出现大的调整，说明资金认可这个位置的股价是属于相对底部，波段低点出现，而后该股走出一波涨幅近30%的行情，出现完美的波段。

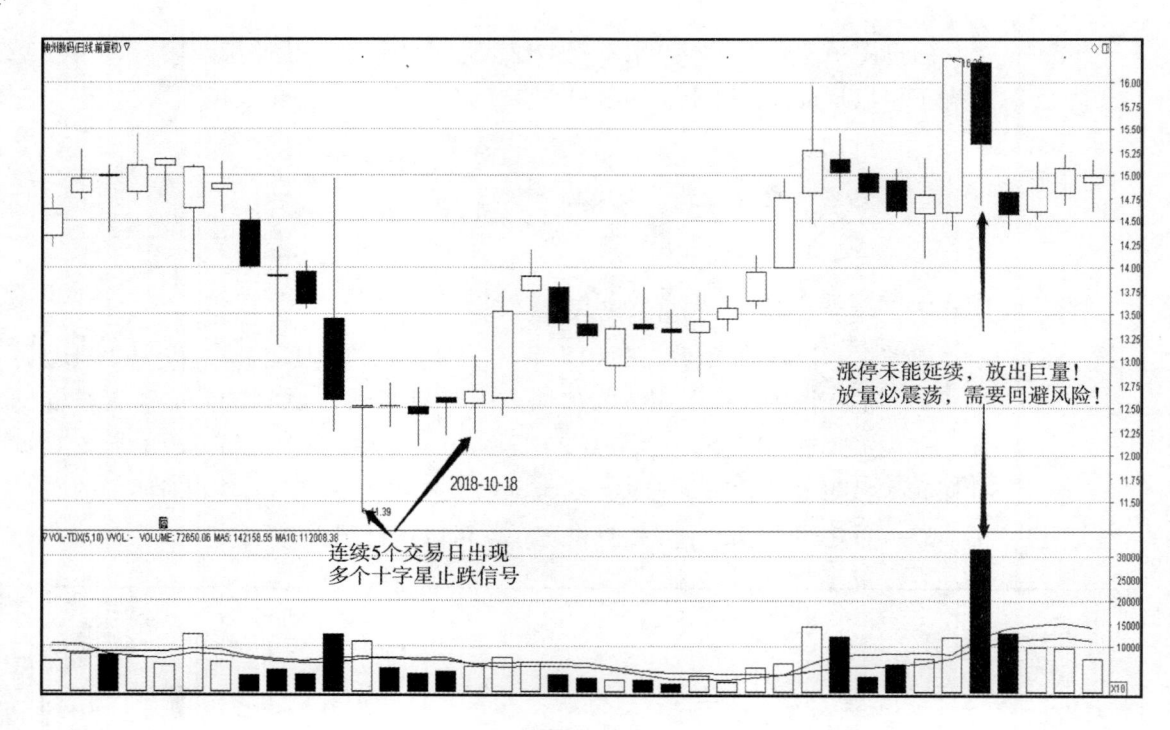

图 4-51

至于上涨之后为什么会下跌，请继续看后边关于卖出的技术分析方法。这也是为什么要做波段的原因，股价涨了吗？涨了！卖了吗？没卖！又回到起涨点位置。如果没有及时卖出，就是坐了一波刺激的过山车行情。可见波段操作的重要性有多大。

> 十字星出现，方向要分辨。

利用十字星参考买入的时候需要注意的事项：
（1）尽量参考同时出现多根 K 线形成十字星形态，这样确定性大一些；
（2）一定是在相对底部区域，也就是股价经过一轮大幅调整之后可以使用十字星买入法；
（3）尽量选择阳线十字星的时候买入，因为下跌途中收出阳线十字星的止跌概率更大。

4. 底分型形态买入法

底分型组合的 K 线形态，就是快到底部的时候一根阴线＋一根探底十字星或者见底 K 线信号＋一根阳线。是常见的底分型形态如图 4-52 所示。

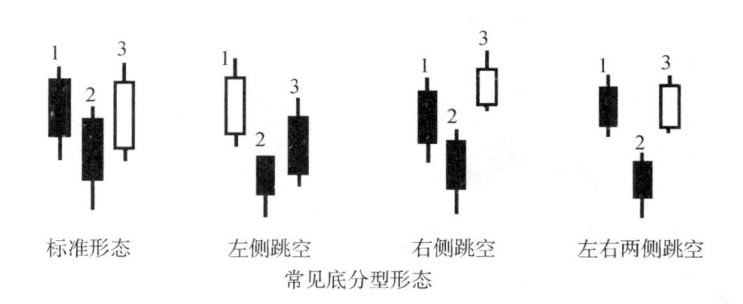

标准形态　　左侧跳空　　右侧跳空　　左右两侧跳空

常见底分型形态

图 4－52

我们举例分析。如图 4－53 所示，该股在 2018 年 10 月 18 日收出一根中阴线，在 10 月 19 日收出一根探底的小阳线，在 10 月 22 日又收出一根中阳线，至此完美的底分型形态构筑完毕，波段低点出现，随后开启了一波上涨行情，期间走出了一波完整的"上涨＋盘整＋上涨"行情。截至 2019 年 1 月 24 日，涨幅最高达到了 110%。

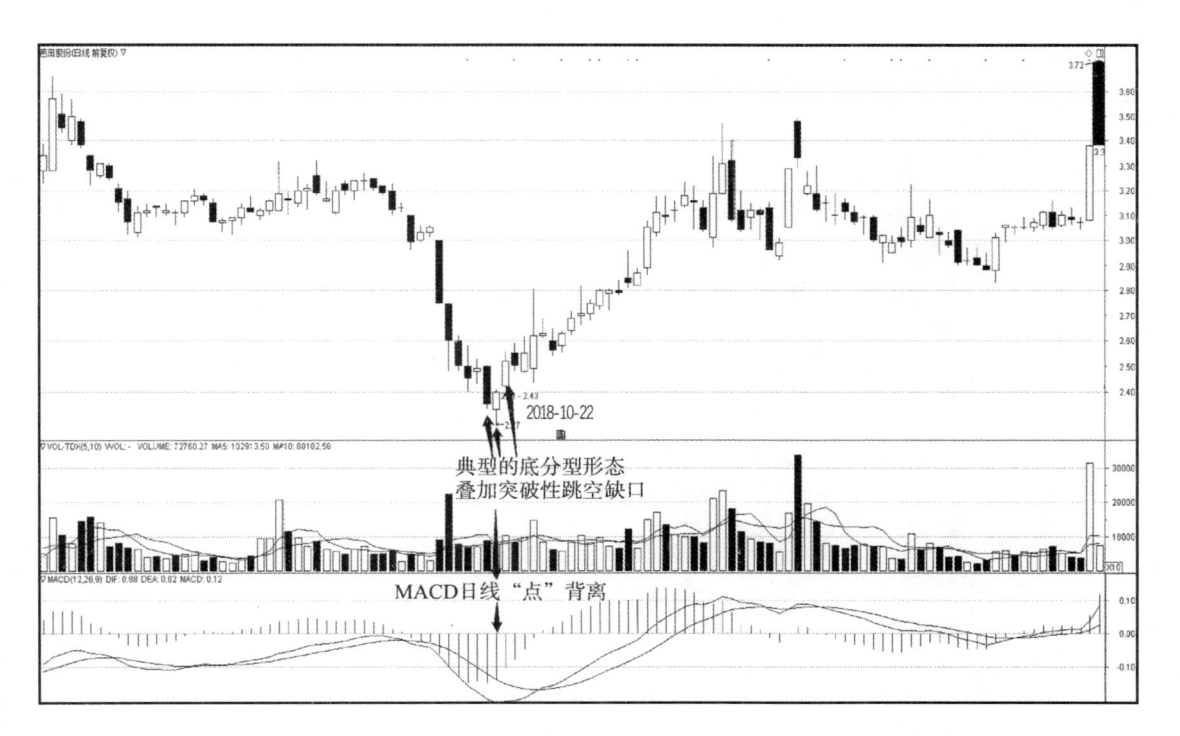

图 4－53

如图 4－54 所示，该股在 2019 年 1 月 3 日收出一根中阴线，1 月 4 日收出一根止跌企稳的阳线，1 月 7 日收出一根小阳线，这三根 K 线组合不是太标准的底分型，但还说得过去，意思都差不多。

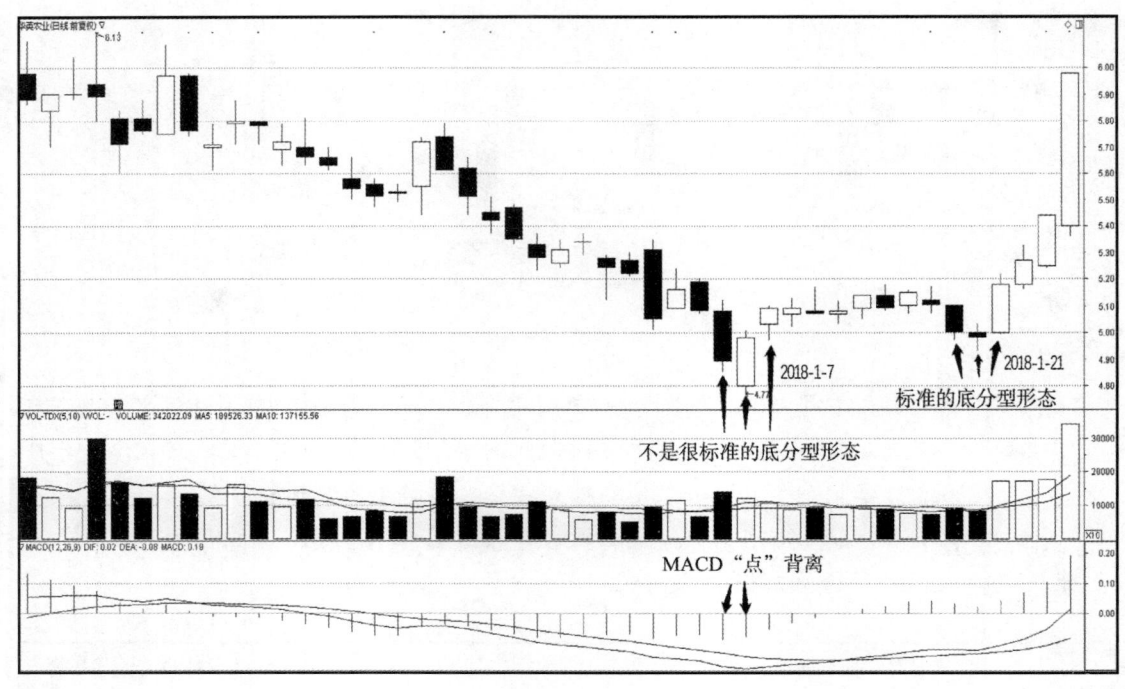

图 4-54

第二个底分型组合是在 1 月 17 日、1 月 18 日和 1 月 21 日这三根 K 线组合形成的，这次做的底分型相对来说标准一些，所以这次的走势比上次强势一些，再加上本次和上次底部形成双底形态，MACD 又是底背离状态，几个条件叠加在一起，波段低点出现，带来股价大幅上涨。

所以大家在选择股票的时候，一定要综合分析，不能只用一种技术分析方法。只有综合分析，成功率才会高。

> 形态底分型，个股好行情。

5. 双底形态买入法

如图 4-55 所示，该股在 2019 年 1 月 4 日收出一根探底十字星，之后在 1 月 22 日、23 日、24 日三个交易日又收出一个底分型组合，双底大概率确认完毕，波段低点出现，后期将有机会上涨。

备注：如果买了这类个股，止损位就要设置在双底最低位置往下一两个点左右较为合理（既要合理止损又要防止假跌破的可能）。

如图 4-56 所示，该股在 2018 年 10 月 15 日收出一根探底阳线，而后在 10 月 19 日又收出一根探底回升的阳线，19 日的最低点没有跌破 15 日的

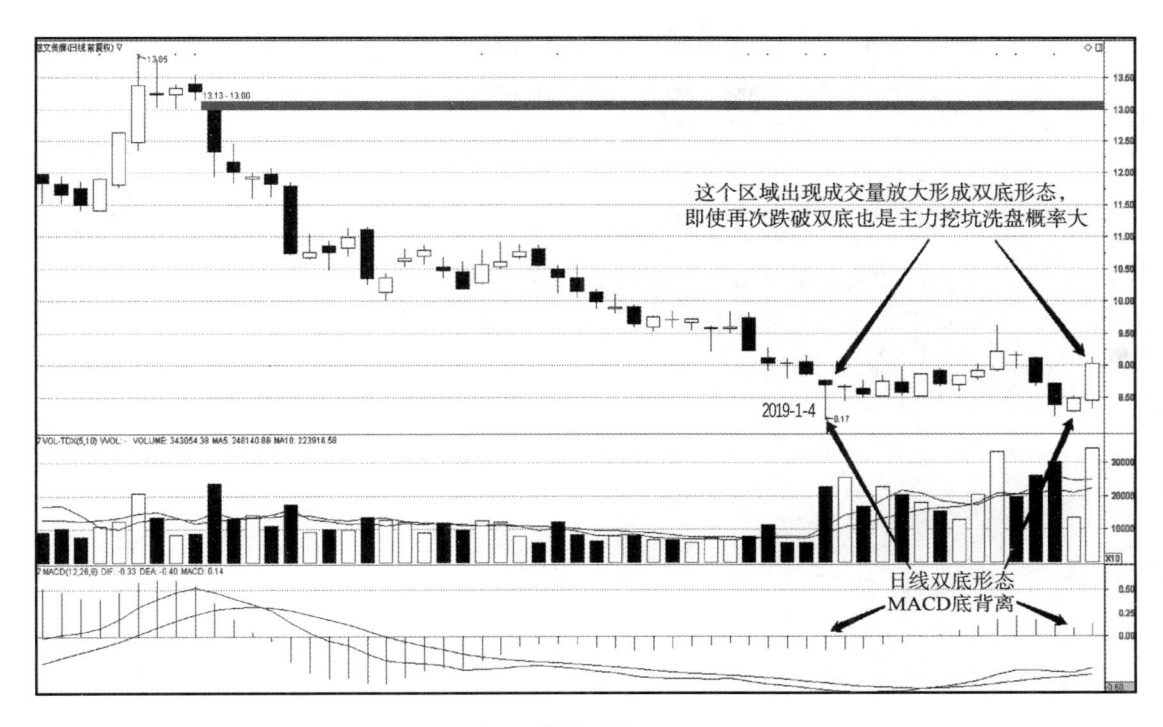

图 4-55

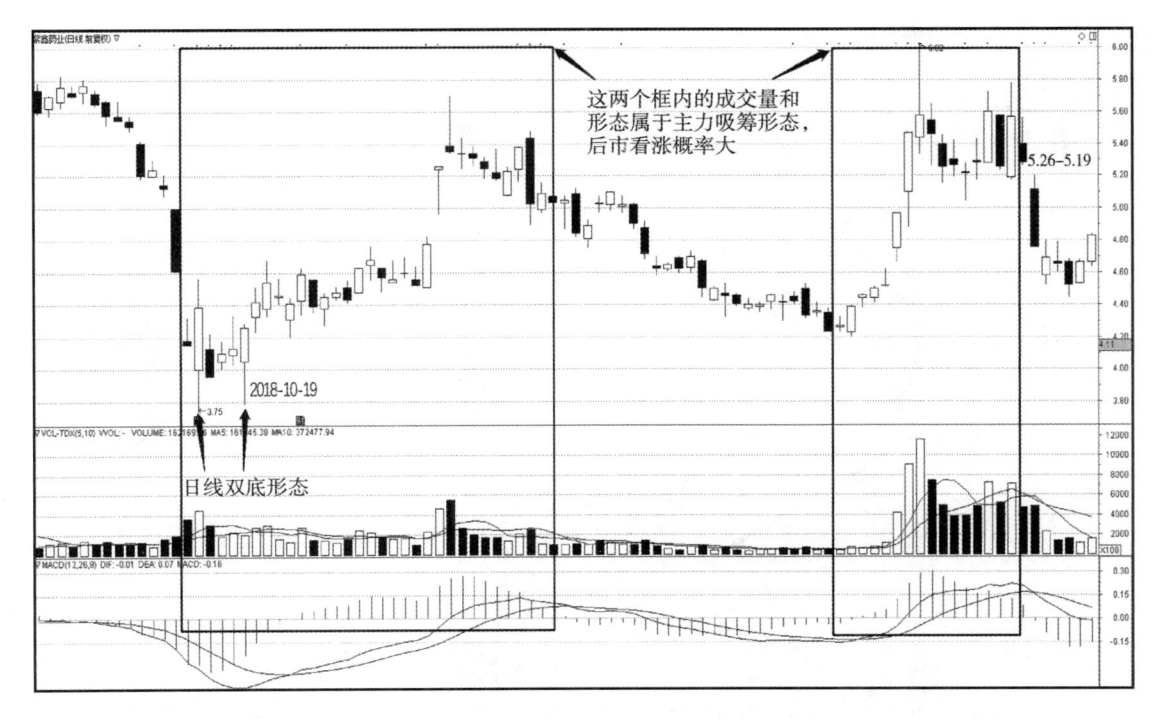

图 4-56

低点，形成一个日线双底形态，而 MACD 也形成点背离状态。两个条件同时符合，波段低点出现，短线走出一波上涨行情。

后期一波大的 2 浪回调也没有再回到 19 日低点附近，再次上冲展开 3 浪主升浪的行情。

本小结最重要的是介绍了一些大家都常用的买点技术分析，在这里面有些指标或者技术分析可能和部分投资者惯用的方法有所不同。您不用纠结，如果跟着我学，就按我的方法做；不按我的方法做也没关系，如果您有更好更有效的方法也可以去按着您原来的思路继续投资股市即可。

> 个股双底现，加仓做短线。

三、波段卖出技巧

1. 阴包阳卖出法

如图 4-57 所示，该股在 2018 年 11 月 7 日冲高收出一根大阳线，11 月 8 日收出一根乌云盖顶的大阴线，把 11 月 7 日的阳线被反包吃掉，从而形成一个典型的阴包阳 K 线组合形态。

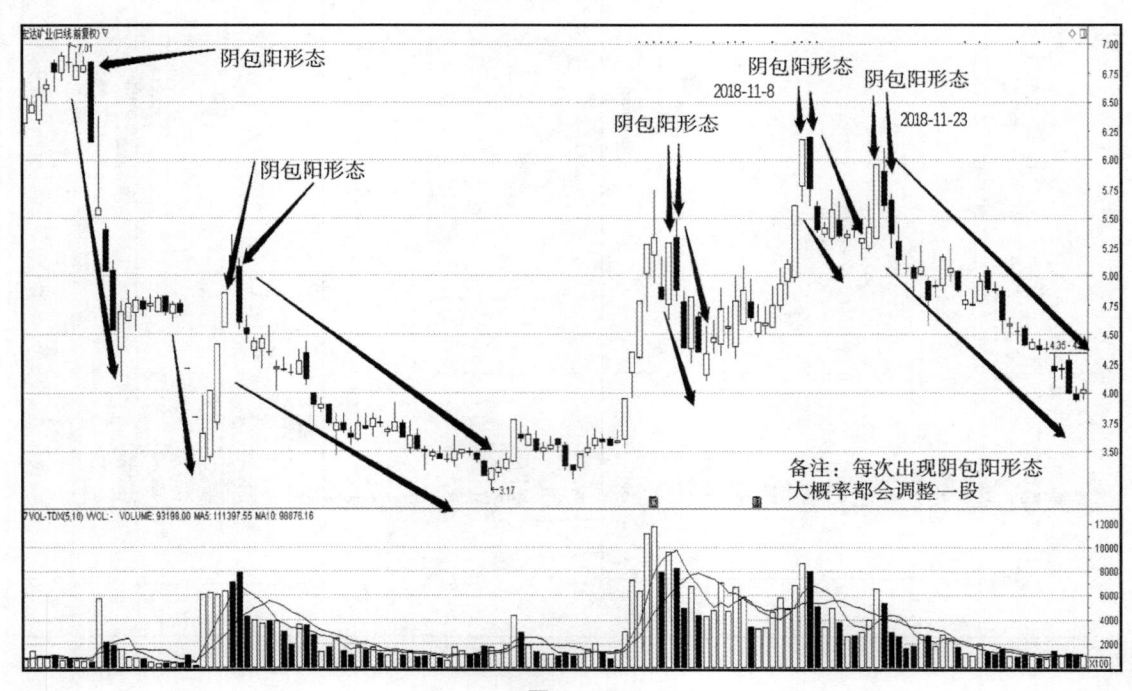

图 4-57

2018年11月21日，该股又收出一根放量涨停的大阳线，在11月22日和23日连续两天收出两根大阴线，把11月21日的阳线部分全部吃掉，说明空头力量较强，主力做高抛动作明显，之后股价开始一波下跌。

在11月21日这个高点和11月8日的高点，在两个阴包阳的K线组合走出来以后，又形成一个典型的双顶形态，这个时候看空的概率还是很大的，形成波段高点的概率也较大。

为什么说该股属于高抛而不属于主力出货呢？这个高抛和出货是两个概念。因为这只股票主力就是在吸筹阶段做大波段的高抛低吸，每次都是上涨的时候堆量上涨，回调的时候是缩量回调，这也是典型的主力吸筹形态，所以理论上这只股票后期还应该有高点出现才对。截图日期是2019年1月24日，能否创出新高，以后回看一下即可。

如图4-58所示，该股在2018年11月13日收出一根带上影线的大阳线，11月14日收出一根阴线，几乎把11月13日的阳线全部吃掉，这个时候就预示着波段高点形成，股价即将见顶了。随后两日该股均收出大阳线，然后又是两日大阴线见顶，股价从此一直处于下跌中。

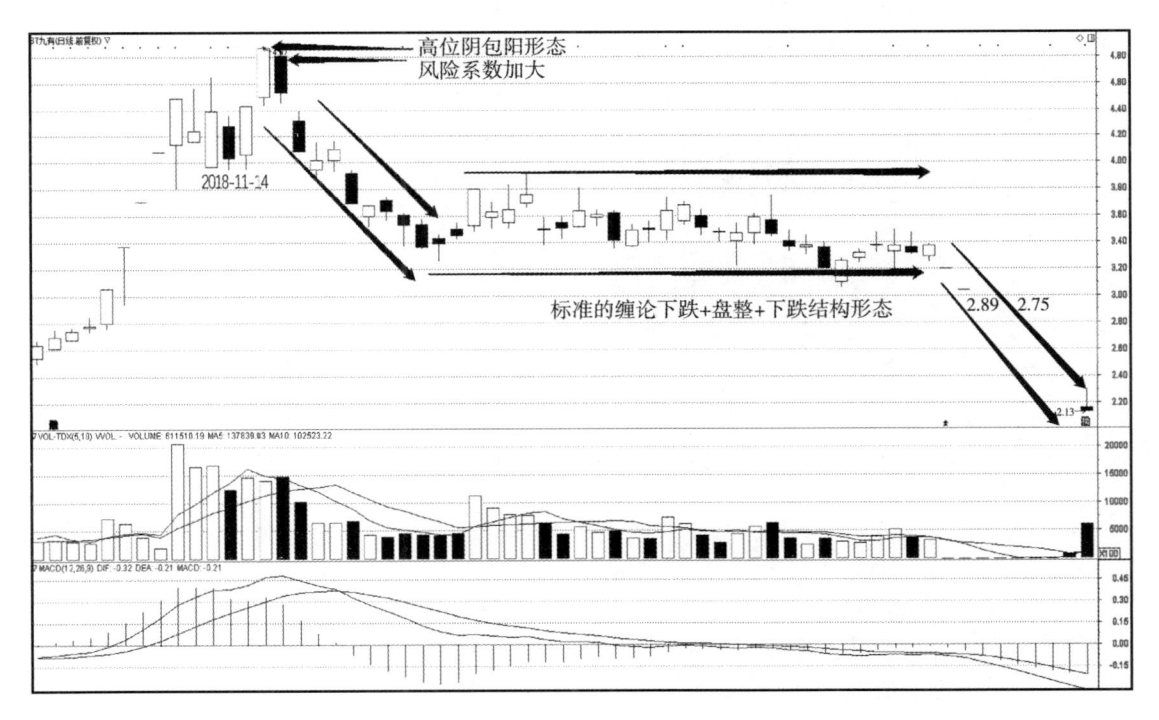

图4-58

该股后来又在11月15日和11月16日两天两个涨停板，这个时候肯定有人说了，你看阴包阳出来以后要是卖掉了，股价还继续涨了20%。再看11月19日周一那天又来一根大阴线，把11月16日的阳线全部吃掉，形成一个阴包阳组合，随后11月20日又来一个跌停，至此完成一个完美的诱多动作，成功把追高者都套在了山顶上。

那么11月19日和11月16日这个阴包阳的K线组合确认顶部波段高点以后，和之前在11月12日、13日那两天的两个上影线高点也形成一个短期的双顶形态，虽然不是很标准，但也算是一个双顶形态了，只不过这个双顶距离时间有点近而已。另外，11月19日和11月16日两天的MACD也与11月12日、13日那两天的两个上影线高点位置形成点背离。所以综合利用各种方法和指标分析，成功率会提高，请各位投资者谨记。

> 阴包阳防遭殃，高位出现要出场！

2. 顶分型卖出法

下面再利用顶分型的方法分析，判断阶段性波段的顶部。

左侧一根冲高的阳线，中间一根K线（高开低走的阴线、十字星、低开高走的阳线都可以，但原则上这根K线的高点要高于左右两侧两根K线的高点价格，而低点也要高于左右两侧两根K线的低点价格），右侧一根阴线，这三根K线的组合，就是顶分型。如图4-59所示。

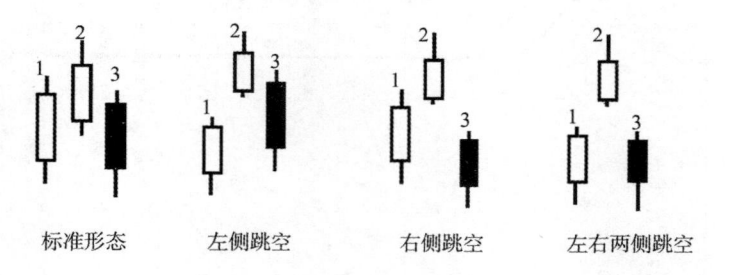

标准形态　　左侧跳空　　右侧跳空　　左右两侧跳空

常见顶分型形态

图4-59

如图4-60所示，该股在2019年1月10日收出一根类似上吊线的K线阳线，在1月11日又收出一根冲高十字星K线，而后在1月16日又收出一根跌停的阴线，至此三根K线组合成一个典型的顶分型组合，出现波段高点，随后股价一路下跌。虽然这只股票有利好，可能会摘帽，但是主力的操盘方式还是改变了，继续洗盘。

第四章 解套常用的交易技术

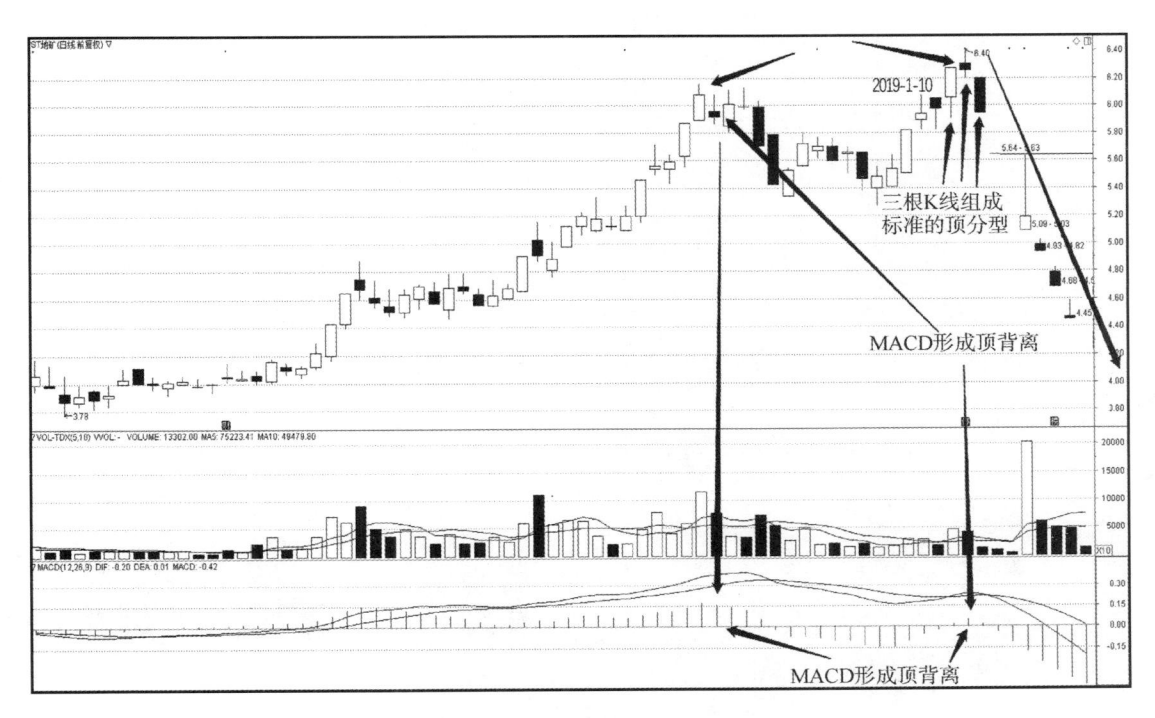

图 4-60

2019年1月10日、11日以及16日这三根K线顶分型的组合同2018年12月14日至12月19日那波的高点也是形成一个典型的双顶形态，2019年1月11日的波段高点虽然创出新高，但是与2018年12月14日那个波段高点位置的MACD形成顶背离，也预示着股价即将出现反转。

前边为什么又是说洗盘呢？各位投资者可以看一下这只股票的筹码分布情况。虽然股价拉升，但是底部筹码一直没有出货，而且在下跌过程中2019年1月21日当天又放出一个巨量，这理论上还是主力在借机抄底；就算不是抄底，至少也是主力的一个自救动作，虽然股价还是一路杀跌当中，但是这里面主力很可能没有走完整个操盘的过程，后期大概率还是会有机会，只是经过这波杀跌之后，再次拉升的时间会很久，因为主力要等待下个机会出现才会动手。

以上都是利用了综合分析的思路，大家要记住。

如图4-61所示，该股是2019年1月的一只特高压概念龙头股，这只个股在2019年1月10日收出一根涨停阳线，而后在1月11日收出一根多空难分胜负的十字星，在1月14日收出一根大阴线，这根阴线就确立了顶分型的K线正式形成，也预示着波段高点即将出现。之后几天虽然有小幅反弹，但是截至 2019 年 1 月 25 日，这只个股一直处在下跌状态。

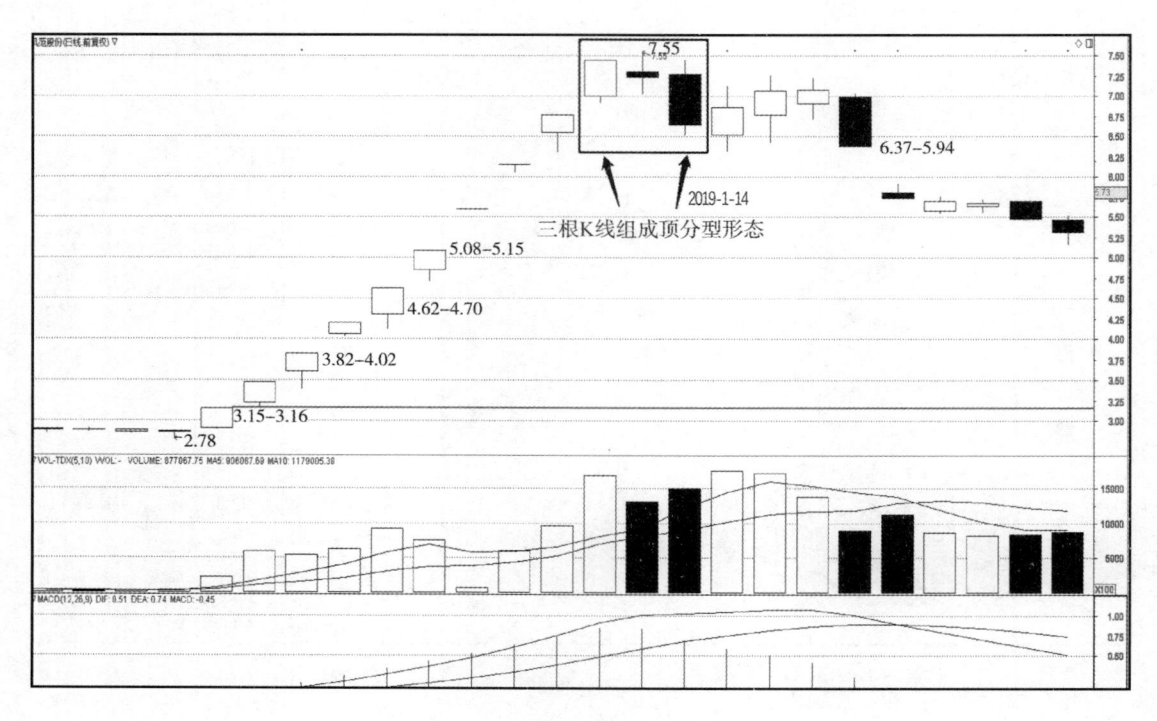

图 4-61

在 2019 年 1 月 11 日见顶的位置，是该股 2017 年 10 月至 2018 年 3 月构筑的一个平台位置，这个位置的套牢盘是要往外跑的，对股价造成一定压力。要是按照长线思路来说，主力敢把这个平台位置套牢盘给解套出去，后期应该还会有机会往高做，只不过需要时间而已。

以上依然是综合分析的思路，所以投资者在分析股票的时候，要尽量采用多种技术分析并相互验证。只用一种技术分析就盲目定论一笔交易，是不科学的。

再给大家补充一个关于顶分型和底分型的小知识。顶分型和底分型的技术理论是源于"缠中说禅的 108 课"当中所讲的理论，但一般人学习缠论是很难理解的，所以经过几轮学习后，我把缠论当中讲到的一些知识给做了简化，用于平时分析当中。这样容易理解，也便于我自己使用。

缠论就跟波浪理论一样，波浪理论是千人千浪，缠论也是一个道理，千人千缠，尤其是对中枢的理解，很多人的理解都是不一样的，这就告诉我们学习知识活学活用即可，只要有效就不要纠结太多，否则就会走入误区。过于纠结是很多人学习缠论以后半途而废的原因之一。

3. 滞涨十字星卖出法

如图4-62所示，该股在2019年1月14日收出一根放巨量的上影线十字星，说明当日主力在拉升股价后进行大幅逢高减持，换手率达到7.02%，而股价在底部上涨之前的换手率最低的时候（2018年12月26日）只有0.08%。从这个比例来看，1月14日的时候换手率是7.03%算是很高了。1月14日那根十字星也成为这只股票的一个波段高点。

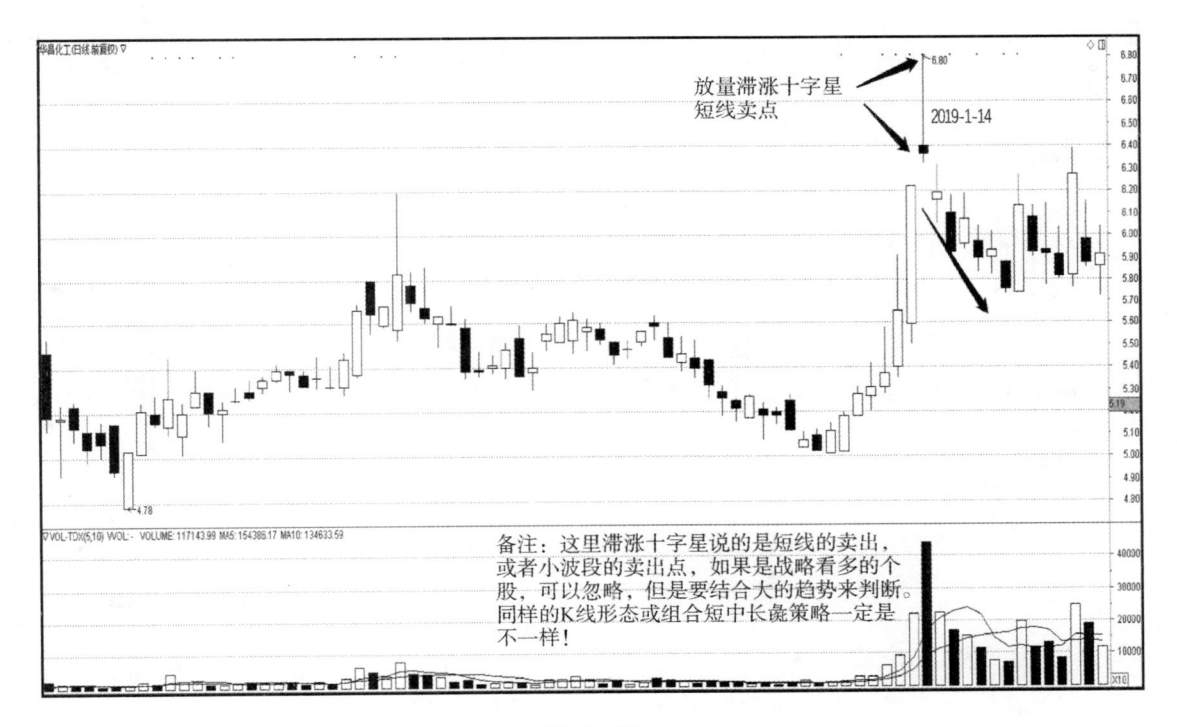

图4-62

所以在分析换手率高低的时候，一定要将同一只股票的不同阶段进行对比，千万不要与其他股票对比换手率。我见过一些投资者对比不同股票的换手率，这样的分析没有意义。

简单来说，低位出现高换手率说明主力在吸筹阶段；高位出现高换手率说明主力出货概率大。

如图4-63所示，该股在2018年11月14日收出一根巨量阳线十字星，说明主力已经不想再大幅拉升股价，短线开始抛盘准备出来，之后3天股价虽然也是有反抽，但最终也没能超过11月4日的十字星高点，股价就开始了一波下跌行情。11月14日也成为一个波段的高点位置。

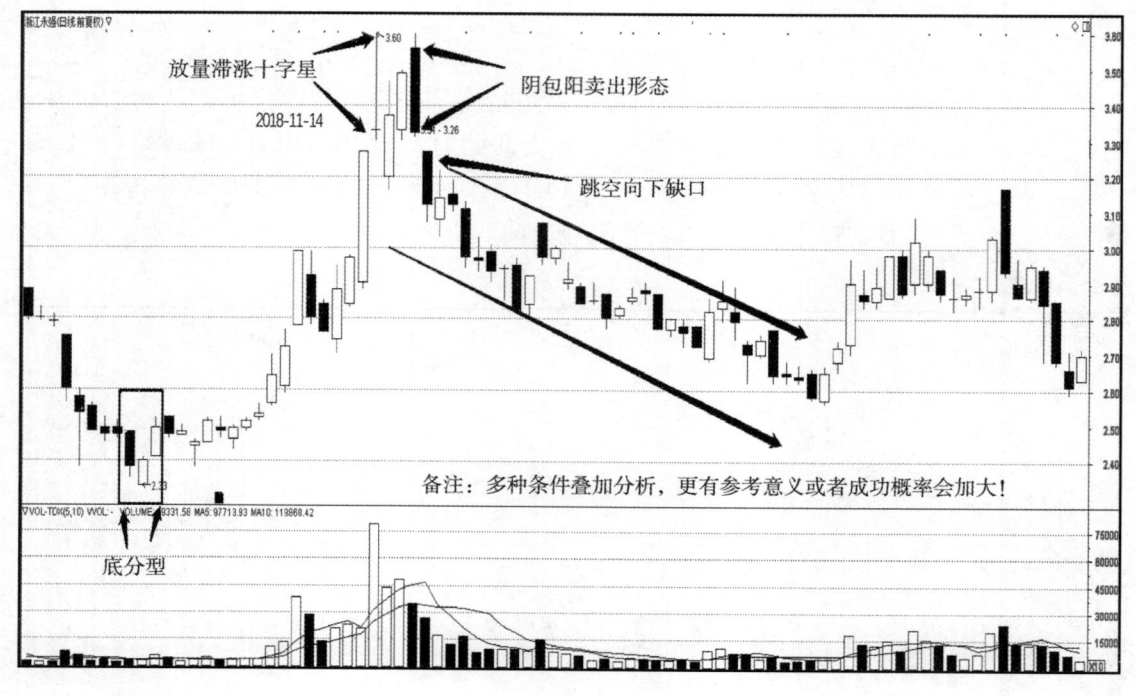

图 4-63

> 滞涨十字星，谨慎看空赢！

4. 双顶形态卖出法

在前边小节里曾简单讲过双顶的形态，接下来详细讲解一下双顶形态。

如图 4-64 所示，该股在 2018 年 11 月 3 日出现过一个小顶部，出现一个波段高点；而后在 2018 年 12 月 26 日再次出现一个高点，并在 12 月 25 日至 12 月 28 日四个交易日中形成一个合并 K 线后的顶分型形态，走出一个波段高点，随后股价开始下跌。

2018 年 11 月 26 日的股价虽然创出 11 月 13 日以来的新高，但日线级别 MACD 却没有创出新高，说明指标出现正式背离，也预示着股价将会形成反转，从而形成一个波段高点。

综合以上分析，如果出现 K 线双顶 + MACD 背离，要注意风险，择机卖出，而不是去追高买入。

如图 4-65 所示，该股在 11 月 7 日创出一个新高，收出一根放量阳线十字星，股价已经出现滞涨，即将形成波段高点，随后股价反转走出一个下

第四章 解套常用的交易技术

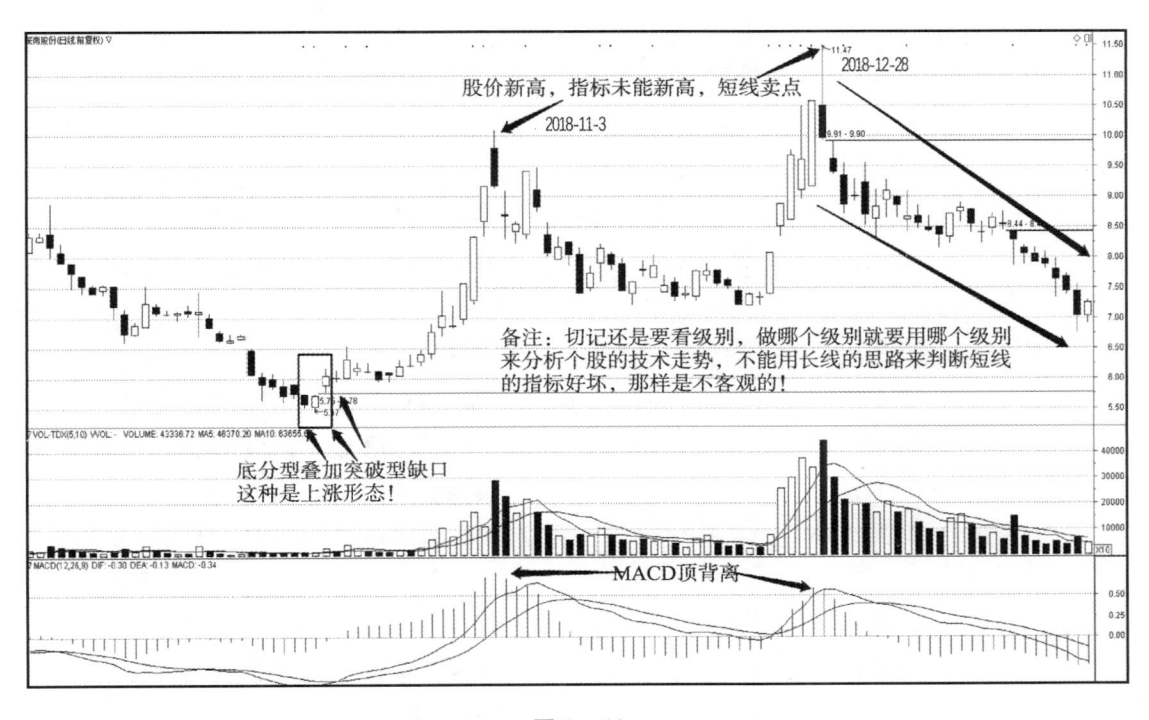

图 4-64

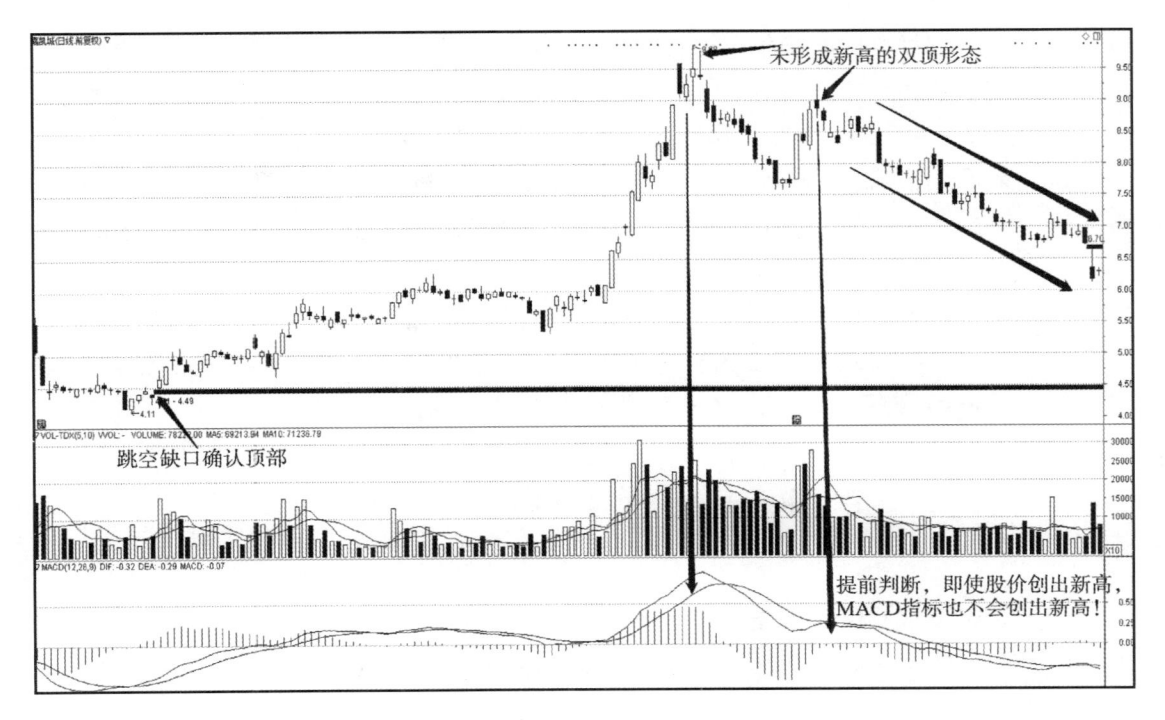

图 4-65

跌行情；在 11 月 30 日至 12 月 6 日期间，形成一个小顶部，股价有反转趋势，这个时候要提前用 MACD 来判断是否还有可能大幅上涨。

怎么才能预判 MACD 是否会出现背离呢？先看一下在 2018 年 11 月 7 日 MACD 红柱高度的状态，再看一下 2018 年 12 月 6 日 MACD 红柱状态，按 MACD 上冲力度来看，即使股价能在短期内突破 11 月 7 日那个高点，理论上 MACD 也会出现新高的背离状态，股价涨不高就会出现回调。这就是提前预判指标是否能背离，以便提前做出交易计划的例子。

知识点补充：双顶的三个状态。

第一，两个顶部价格相同或相近且 MACD 指标背离成双顶形态。

第二，第 2 个顶部价格高于第 1 个顶部价格且 MACD 指标背离成双顶形态。

第三，第 2 个顶部价格低于第 1 个顶部价格且 MACD 指标背离成双顶形态。

以上三种情况都可以看作是双顶形态，作为波段高点来判断。

看任何指标的背离一定要打出提前量，来提前预判指标是否会出现背离，而不是等指标走出来了再去做判断、进行交易，这样就会错失一些机会。

很多投资者会有一个疑问，都说金叉买、死叉卖，为什么金叉买完了就下跌，死叉卖完了就反弹呢？其实技术指标都有滞后性，不管是均线、MACD、KDJ 等等，这些指标都是等股价走出来才会反映到指标上的。所以既然指标有滞后性，那我们就要做到提前进行分析，提前做出到底是否能出现背离，是否能出现死叉或者金叉的判断，这样做出的交易才会相对准确率高一些。

当然我也能理解，普通投资者看指标时很难理解什么是背离，再让他们去提前预判，那就更难了。但是既然想学习，就要尽量把关键点学习透彻。

> 高位出现双顶态，卖出保住利润在！

2. 非正常放量卖出法

这是 8561 股票交易体系中的一个波段操作技巧。

如图 4-66 所示，该股在 2018 年 8 月 20 日至 2019 年 1 月 25 日这段走势当中，出现过数次非正常放量，分别在 9 月 4 日、9 月 13 日、10 月 22

日、11月2日、11月16日和12月4日。这些交易日中都出现了非正常放量的走势,随后股价都进行了几天的消化调整,即使没有出现下跌调整,也是横盘震荡的调整走势。

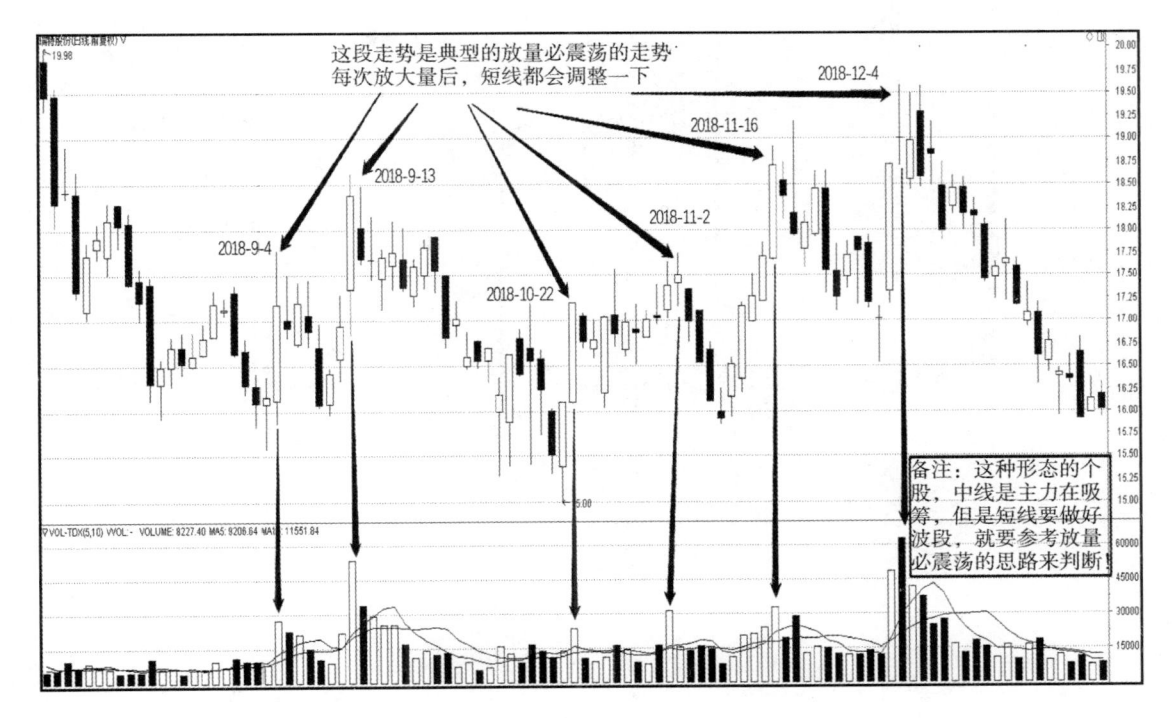

图 4-66

可以试想一下,多数投资者的持股天数只要超过3天不涨,他们心里就会着急,何况一个非正常放量出现以后会进行一轮半个月甚至更长时间的调整呢!所以掌握了这个非正常放量的技巧,对于做短线的投资者来说,是一个很好的操作技巧,尤其是在震荡筑底主力吸筹阶段,这个波段操作卖出方法有效性更高一些。

如图4-67所示,该股在2018年7月初至2019年1月25日期间的走势,可以看出也出现过几次非正常放量的走势,其中在2018年7月25日、8月15日、8月16日、11月4日、12月27日及2019年1月9日,都出现了非正常放量的走势,同样在出现非正常放量以后出现了股价回调走势。所以,透彻理解非正常放量后,在实战交易中很有可能会卖在相对高点的位置。

知识点补充:当日成交量大于前一个交易日或者前一段时间N个交易日

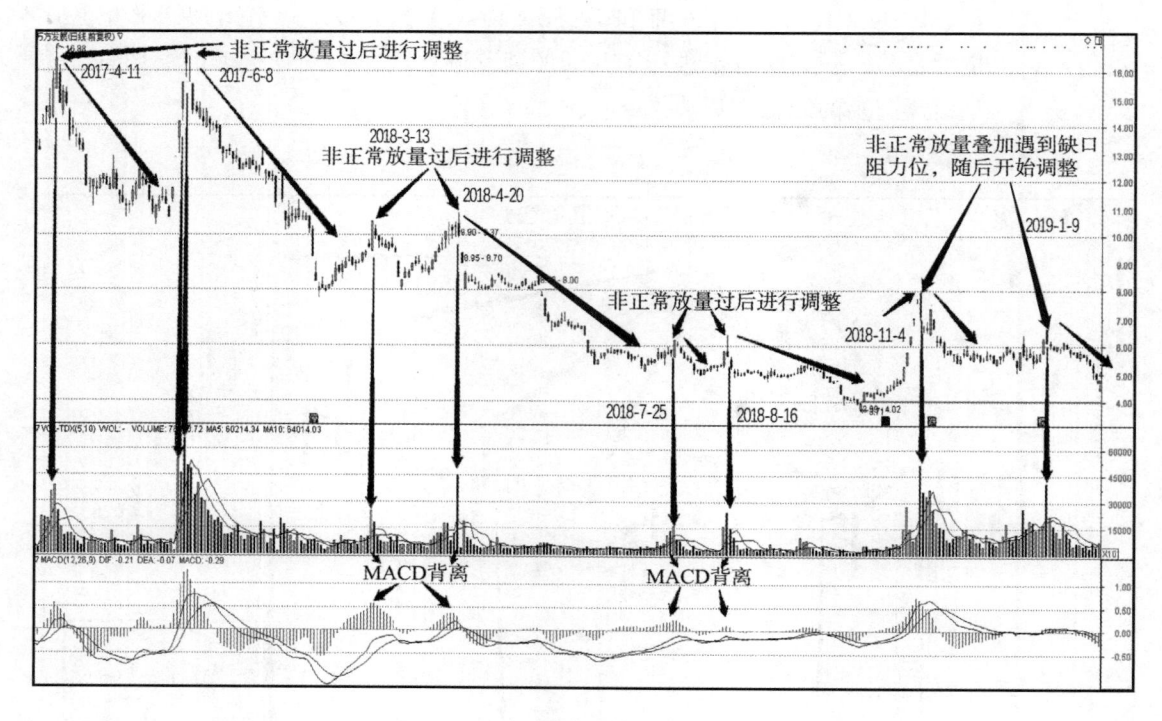

图 4-67

成交量的 2 倍及以上，就属于非正常放量。其实多数情况下简单看成交量的高度就能判断出当日是否属于非正常放量。

非正常放量卖出方法，是 8561 股票交易体系当中一个较为有效和较为常用的技术分析方法，是我的一个秘诀。

很多人都说放量是好事，不放量不会涨，量价齐升等，对于这类说法大家需要客观地理解。

如果在突破阻力位的时候必须要放量才算有效突破。就像图 4-67 案例中，在 2018 年 11 月 8 日那天也是一个非正常放量，但那天是涨停而且算是有效突破前期一个小平台，所以这个时候就可以考虑持股或者减半持有，假如要是突破回调放出大量，那就要考虑卖出持股了。

还有两个细节需要注意。第一，在使用非正常放量卖出的时候，建议在放量当天进行卖出交易，因为一般情况下，非正常放量的第二个交易日低开的概率较大。第二，非正常放量当天多数情况会是大阳线的 K 线，这个时候要短线卖出。阳线主力就不会做波段卖出吗？一定会的，大家去看看个股的历史走势，大阳线出现在波段高位的概率是非常大的，这也是很多投资者疑惑的地方，为什么大阳线主力也能出货？大家听说过拉高出货吗？明白了拉高出货以后，再去理解大阳线出货就很简单了。

还有很多投资者会有疑问，我怎么知道当天是非正常放量呢？其实在下午 14:50 分的时候已经可以判断到底是否是非正常放量了，10 分钟的时间足够进行交易了。

投资者对于非正常放量的使用技巧要客观去看待，因为在股市里每种技术或者分析方法都不是绝对的，是相对的，希望投资者能够理解我这句话的意思。

我看到过太多讲各种战法的，都说自己的分析方法非常好，很少有说不好的，我认为那是不客观的。不管对错，一定要给投资者一个客观的理念：在股市里谁也不会有万能盈利法则，没有绝对保证盈利的方法，这是肯定的。

谁要是说他有一个能保证盈利的方法，也许咱们也见不到这个人。能见到给您讲投资理论的都是做不到百分之百盈利的人，包括我在内都是一样。我一直强调我讲的是一个大概率能解套的方法或者整体的解套方案，而不会说用这个方法就能百分之百解套所有股票。

投资者们一定要理性看待技术分析，不要迷信。

> 放量必震荡，短线减仓忙；看清位置做，高位必解脱。

对于波段操作来说，最重要的就是把握买卖点，通过本节的学习，相信大家对于波段操作有了更深的了解。波段操作是众多投资者梦寐以求的操作最高境界，但是很少有人能做到，说明波段操作是有难度的，只有通过反复学习、练习、模拟、实战，最后才有可能达到理想的效果。

从我对普通投资者这么多年的了解来看，他们中的很多人做不好波段，未必是因为他们不懂这些技术吗，主要问题还是出在心态和学习态度上。很多投资者即使知道某种技术方法，在下单的一刹那也会忘到脑后去了，所以建议各位投资者要做到知行合一，才会达到事半功倍的效果。其实说到底，做不好波段多数情况下还是贪念和恐惧在作怪。

> 买点卖点难把握，技术分析选时多；知行合一做概率，轻易放弃难成器。

第五节
T+0 操作技巧详解

一、T+0 操作优劣势分析

在没讲 T+0 操作技巧之前先讲一下关于操作 T+0 的优势劣势，便于投资者客观地看待 T+0 的操作方式。

1. T+0 操作优势

（1）看好一只股票的中线走势，可以在持股的同时不断地做 T+0 操作，以便增加利润。

（2）投资者被深套而又不想割肉，可以经常做 T+0 操作，降低成本而又不丢票，加快解套，减轻心理压力。

（3）有时候股市处于可上可下的位置，而一些人不想完全踏空或者被套，所以留一些小仓位应对，这时候可以结合 T+0 操作，更为主动。

（4）长时间操作 T+0 会养成舍得卖股票的好习惯。

（5）对于技术较好的投资者来说，T+0 交易策略胜过满仓持股及中长线简单持股不动，因为成功地做了 T+0 操作，账户里股票数量没变，但是现金却增加了。由此可见，操作 T+0 比不做要好，前提是操作成功才行。

（6）可以不断提高自己的技术操作水平。

（7）随着中国资本市场不断完善，未来真正的 T+0 操作也会实现，早做准备，从而适应未来中国股市的发展趋势。

2. T+0 操作劣势

（1）T+0 操作对于投资者技术要求较高，一般投资者无法短期内掌握。

（2）当前我国股票市场实行的是 T+1 交易，其实没有真正意义上的 T+0 交易，所以要想做成 T+0 短差，必须手里要有股票底仓才能做成。

（3）操作失误会起到反作用，也就是操作失误了股价持股成本会上升。

二、T+0 操作注意事项

1. T+0 交易当日盈利空间不要贪多

一定要适可而止，一般以 2%~3% 左右较为合理，尤其是在弱势当中，交易空间不易放得太大，否则很难做成。

2. 一定要顺势而为

第一个顺势是从战略角度看：假如大趋势处于下跌通道当中，尽量以反向 T+0 操作为主；在上升趋势当中，尽量要以正向 T+0 交易为主。不要逆势而为，这样成功概率才会大，而且做错了也不怕，因为战略方向没问题，战术稍微出点差错可以改正，但是战略方向要是错了，战术再怎么精细，最后也是失败。

第二个顺势的理解是日线级别：假如判断某个交易日日线上涨概率大，在操作 T+0 的时候就要选择正向操作先买后卖；假如判断某个交易日大概率会收阴，那就要操作反向 T+0 交易，这是提高成功率的一个关键因素。

如何判断日线收阴还是收阳呢？可以用一个简单的思路来分析，比如前一个交易日一根大阴线，理论上下个交易日大概率还是收阴线；再假设上个交易日收出一根温和放量的阳线，第二天大概率也是一根阳线。

3. 必须要考虑股票交易成本

如果您操作的股票数量少，比如您操作 500 股，股价 3 元一股，一笔交易买入或者卖出单向合计成交金额就是 1500 元，目前最基础的佣金是一笔不满 5 元收取最少 5 元的手续费，这样算下来，佣金是 0.33% 左右，您再卖出一笔，佣金就是 $0.33\% \times 2 = 0.66\%$，再加上印花税，盈利空间小的话，最后不够手续费，这样就得不偿失了。如果佣金率低而且操作数量多一些，这方面可以忽略不计。这是我这些年指导客户的时候经常提示客户注意的事项。

4. 要严格止盈止损

既然是 T+0 交易，如果做错了，哪怕不盈利也尽量当天解决，除非您这笔交易不是真正想做 T+0 操作，有的时候要分清做波段和做 T+0 的区别。

5. 注意 T+0 操作买卖数量要和持仓股数对等

做解套交易策略的 T+0，买入数量不要超过手里持有的股票数量，比如您账户中持有 1 万股某只股票，您今天操作的最大数量就不能超过 10000 股这只股票，因为您每天最大操作卖出的数量只是您账户中持有某只股票的持股数量。假如买多了导致当天卖不出去，就没法做相对等的 T+0 交易了。

6. 操作 T+0 一定要结合当日大盘表现

如果当日大盘表现较为弱势，尽量以反向 T+0 操作为主；如果当日大盘表现较为强势，尽量以正向 T+0 操作为主。切记不要逆势操作，顺势而为才能提高成功概率。

三、T+0 操作交易策略分析

T+0 交易策略有两种：一种是持有底仓情况下，先买后卖来完成 T+0 交易（所谓的正向 T+0，可以理解为低买高卖）；另外一种是先卖后买来完成 T+0 交易（所谓的反向 T+0，可以理解为高抛低吸）。

四、T+0 交易技巧详解（重要知识点）

说到股票解套交易策略，最重要的就是 T+0 交易降低成本的方法了，所以本小节主要介绍如何使用常用技术分析进行 T+0 操作。

由于 T+0 操作属于超短线交易，所以在技术分析的时候主要用分时线也就是 1 分钟 K 线，再结合 5 分钟 K 线和 30 分钟 K 线就可以了，如果用级别太大的 K 线分析做 T+0 会相对滞后，也不太合理。所以常用的 T+0 分析方法主要是看分时线的走势形态和各种技术指标。

一般情况下分时走势是有规律的，尤其有的个股主力操盘风格会相对稳定，跟踪一只个股时间长了您就会熟悉主力操盘手法，从而制订相应策略进行 T+0 交易。复盘每只想操作 T+0 个股的日线和分时技术走势，对于操作 T+0 是关键性因素，因为只有熟悉一只股票的主力操盘手法，成功概率才会高。

我在日常指导客户的时候经常用到的 T+0 分析方法主要有以下几种。

1. 分时 + MACD 指标背离 T+0 分析法

分时 + 背离是常用的 T+0 技术分析方法，主要是分时线 + MACD 两个参考条件。

MACD 指标背离有两种情况：一种是顶背离，一种是底背离。

顶背离是指股价创出新高，MACD 红柱没有创出新高；底背离是指股价创出新低，MACD 绿柱没有创出新低。

具体技术形态请看一下面第一个分时 + MACD 指标底背离买点案例分析，如图 4-68 所示。

第四章
解套常用的交易技术

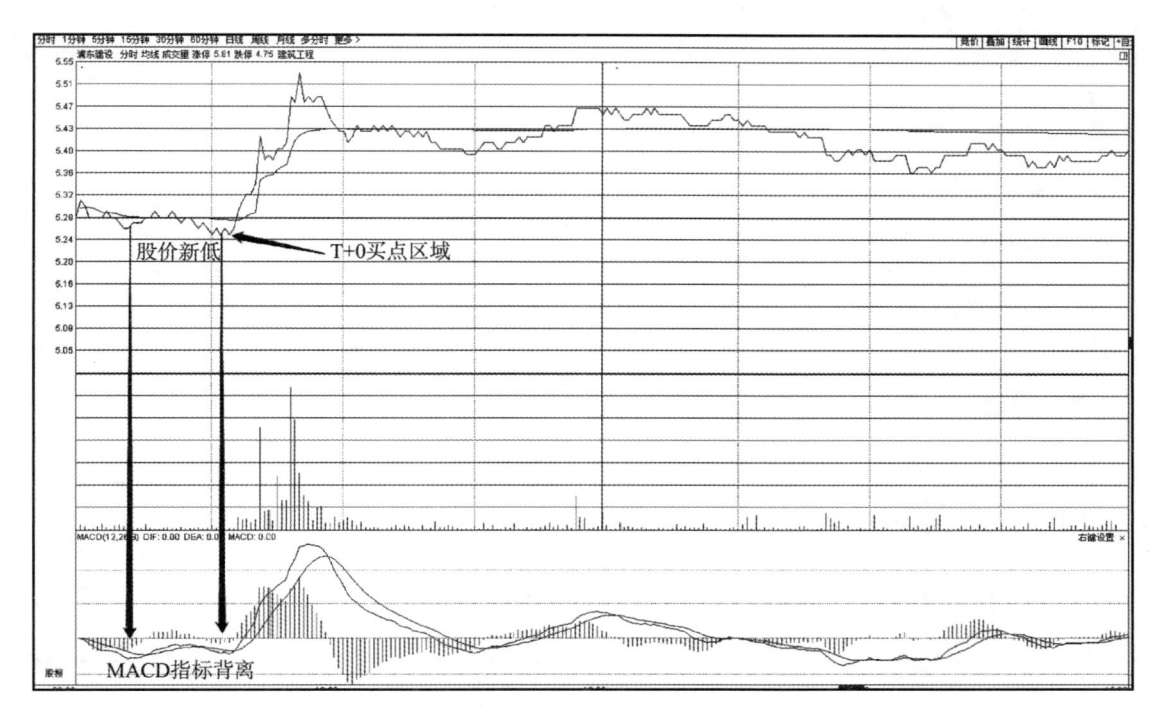

图 4-68

图 4-68 是这只股 2019 年 1 月 25 日的分时走势图。从图中可以看到在当日分时 9 点 40 分至 9 点 42 分有一个分时低点，之后在 10 点 01 分至 10 点 04 分又出现一个低点。在这个低点出现以后，MACD 指标较 9 点 42 分那个低点位置，明显出现背离走势。这个位置是最佳的 T+0 买入位置。

如图 4-69 所示，是该股 2019 年 1 月 25 日的分时走势图，在 9 点 54 分左右走出一个新低，而后在 10 点 10 分前后又走出一个接近新低的价格，并且 MACD 指标没有创出新低，走出底背离形态。这个位置是一个很好的 T+0 买入位置。

下面详细讲解分时 + MACD 指标顶背离卖点的案例分析。

如图 4-70 所示，是人民网 2019 年 1 月 25 日的分时走势图，分时在 9 点 43 分走出一个高点，而后在 10 点 10 分左右又出现一个高点，但是本次接近新高的时候 MACD 出现第一次 T+0 卖点，接着在 10 点 24 分左右分时再次创出 10 点 10 分左右那个高点的新高，MACD 指标再次出现一个分时顶背离，这是第二次 T+0 的卖点。

下午虽然再出新高，但是对于做 T+0 来说不要想着把一天的振幅全部吃掉，那样会吃大亏，只挣属于自己的就可以了。

· 123 ·

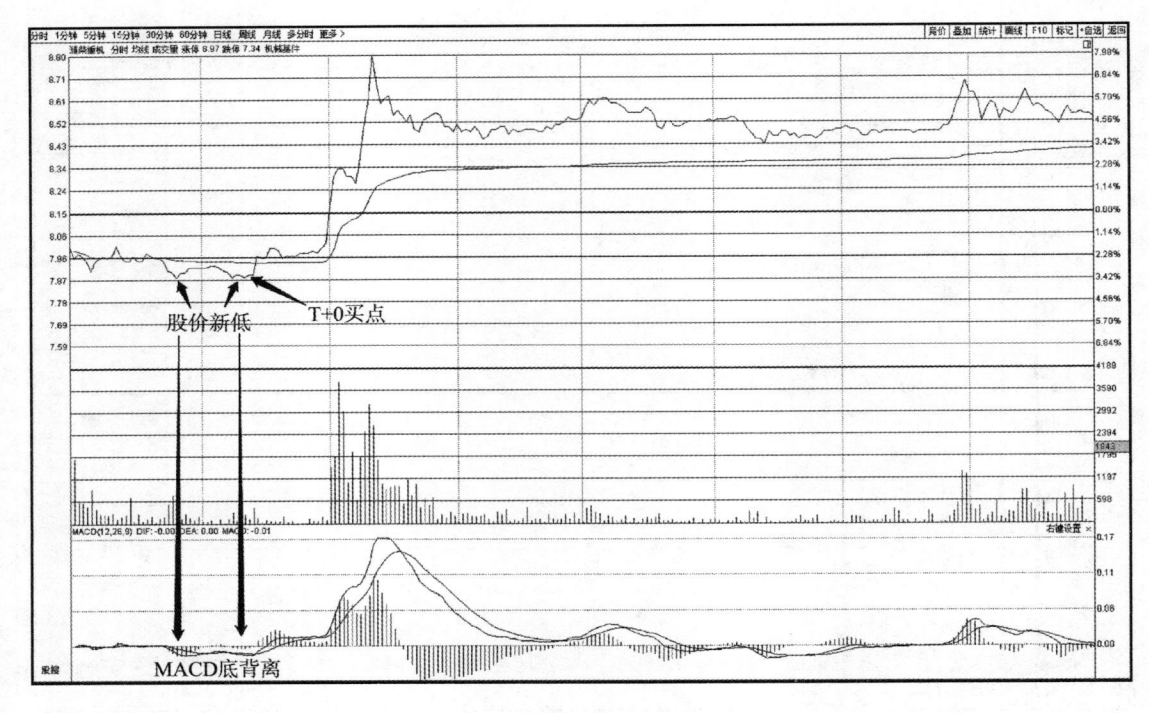

图 4-69

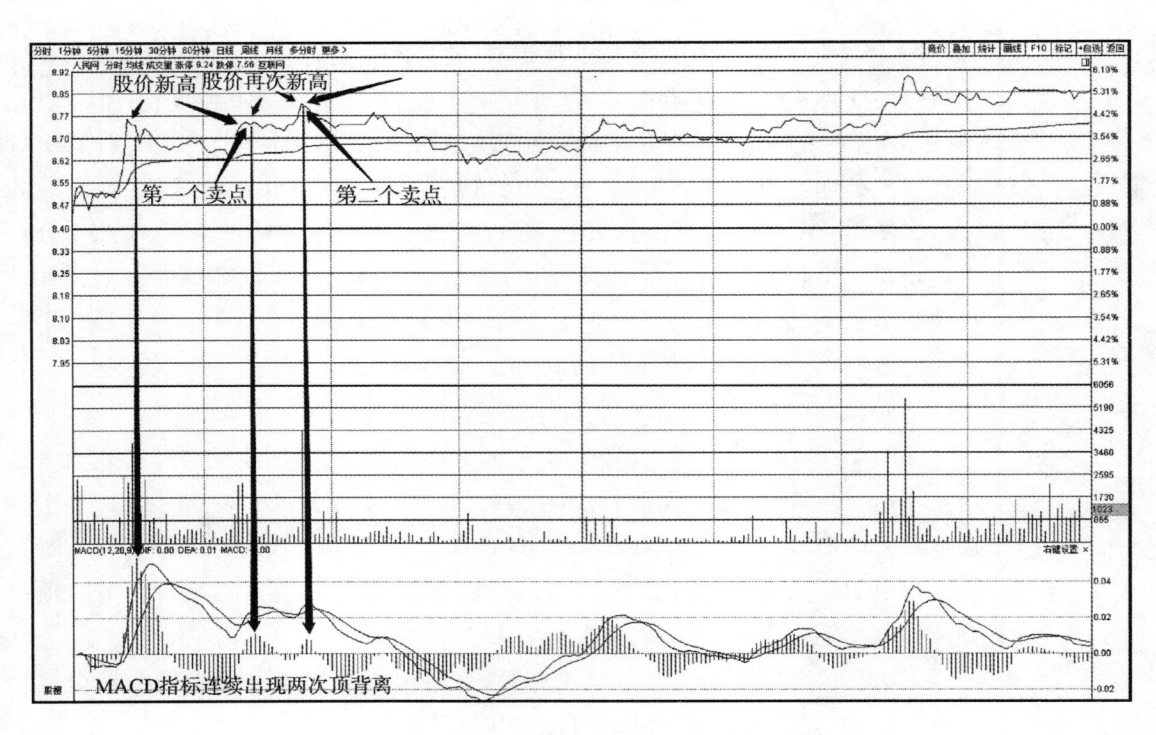

图 4-70

如图 4-71 所示，是易见股份 2019 年 1 月 25 日的分时走势图。可以看到在 10 点 22 分的时候出现第一个分时高点，而后在 10 点 53 分出现第二个新高，在第二个新高时 MACD 出现第一次顶背离，这是第一次 T+0 卖点机会；而后在 11 点 07 分再次出现第三个新高，而这个新高比 10 点 53 分时候的新高时又出现 MACD 指标顶背离，这个是第二次 T+0 卖出机会。

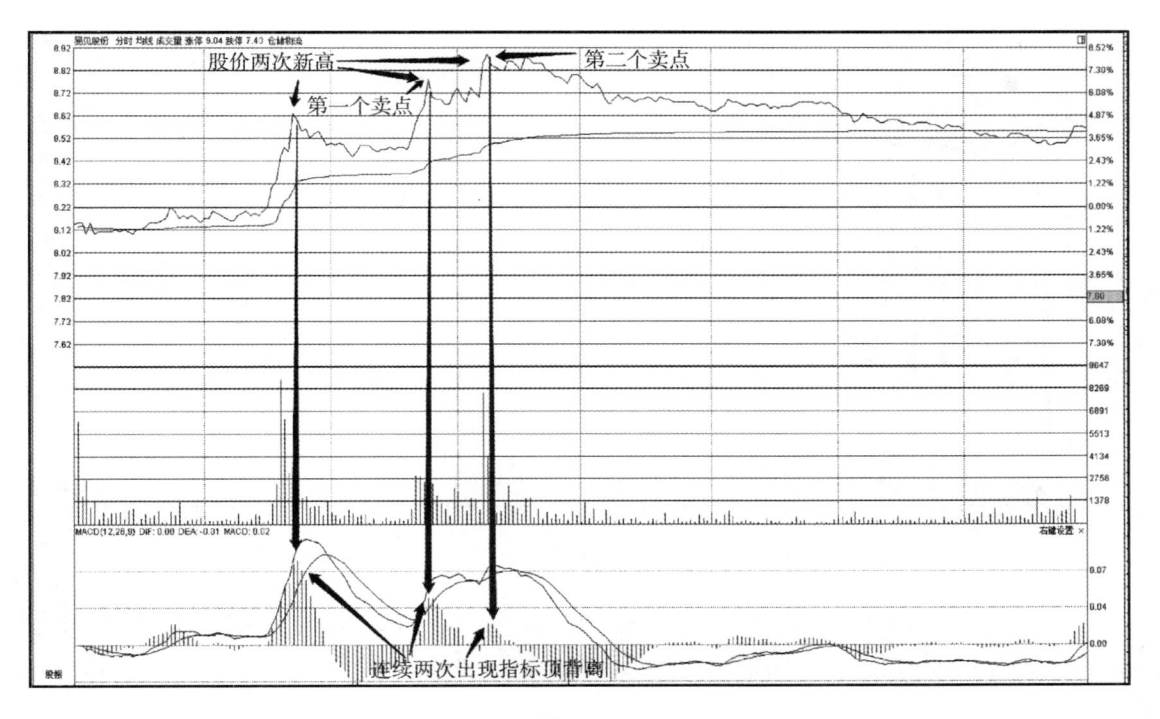

图 4-71

其实这两个案例个股的主力还是比较仁义的，给了两次分时 T+0 卖出的机会，因为一般情况下个股分时都是一次 T+0 卖出机会。

2. 分时+成交量缩量背离 T+0 分析法

分时+成交量背离分析法，主要是研究分时线和成交量的关系。具体技巧是股价创新低，成交量出现缩量，形成底背离，这个时候是 T+0 的一个买点；而股价创新高，成交量缩量，这个时候是一个 T+0 卖点。具体技术形态继续看图说话。

如图 4-72 所示，是杭氧股份 2019 年 1 月 25 日的分时走势图，图中 9 点 34 分和 9 点 35 分第一波杀跌的时候，成交量略有放大；第二次新低 10 点 01 分股价下跌的时候成交量稍微有点萎缩；而在 10 点 07 分和 10 点 08 分杀跌的时候，成交量比前两次杀跌时候的成交量都是萎缩的，这个时候就形成一个成交量背离，出现 T+0 分时买点。

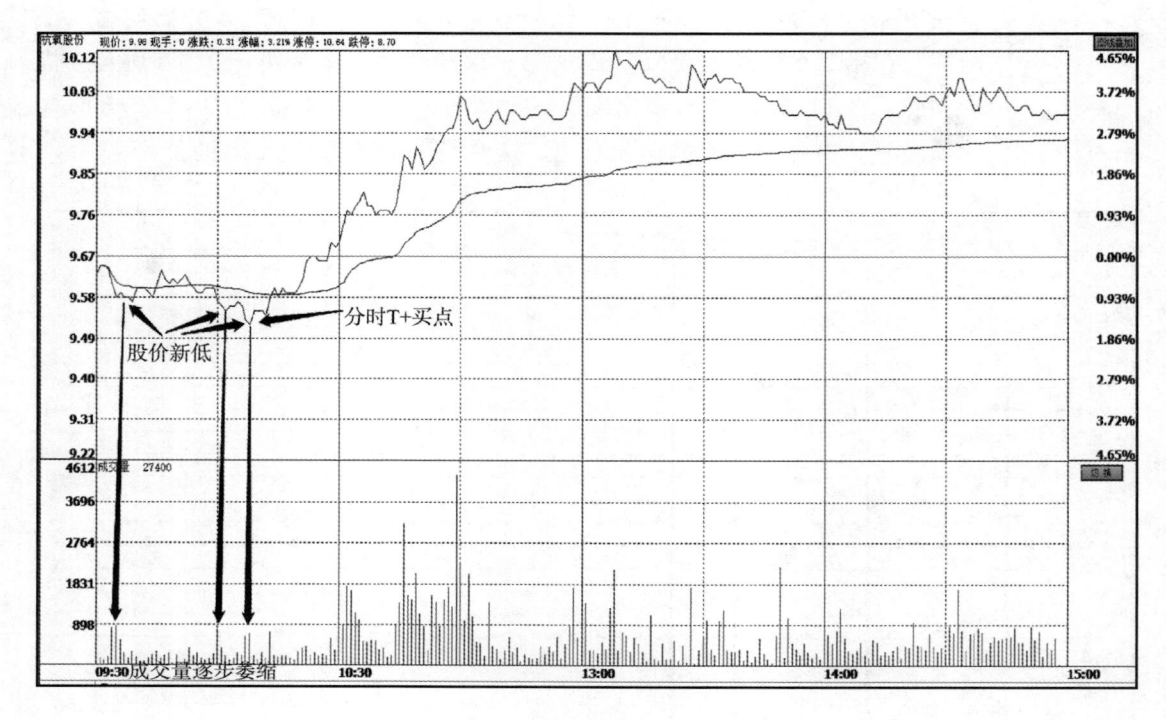

图 4-72

如图 4-73 所示，是恒丰纸业 2019 年 1 月 25 日的分时走势图。当日分时 9 点 37 分之前走出一波分时杀跌行情，成交量呈放大状态；而后上午持续震荡横盘调整，在下午开盘 13 点 01 分再次出现一个新低，但是成交量却明显萎缩，说明主力开始惜售，随后形成一个成交量萎缩后的背离，形成一个 T+0 分时的买点。

再来看一个案例，如图 4-74 所示，是潍柴重机 2019 年 1 月 25 日的分时走势图。图中可以看到在 10 点 34 分左右，分时形成一个高点，而后又在 10 点 42 分左右再次出现一个新高，但本次新高的成交量比前一个新高的成交量出现萎缩，说明多头力量在减弱，发现分时量跟不上分时开始掉头走弱的时候，尽快挂低了卖出去 T+0 买入的部分。挂低了卖的原因是现价卖一般是卖不出去的，这是细节问题，大家一定记住！

如图 4-75 所示，是欣旺达 2019 年 1 月 25 日分时走势图。从图中可以看到分时在 13 点 03 分出现一个高点，本次和上午那波上涨成交量没有缩量，

第四章
——解套常用的交易技术

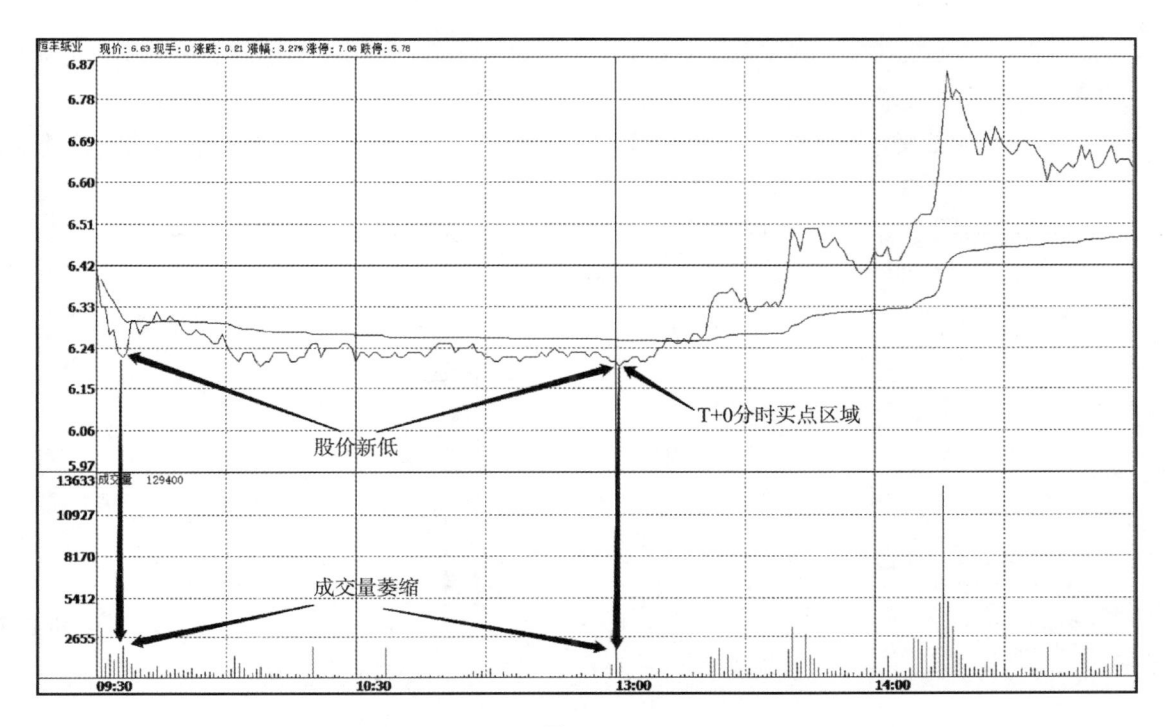

图 4-73

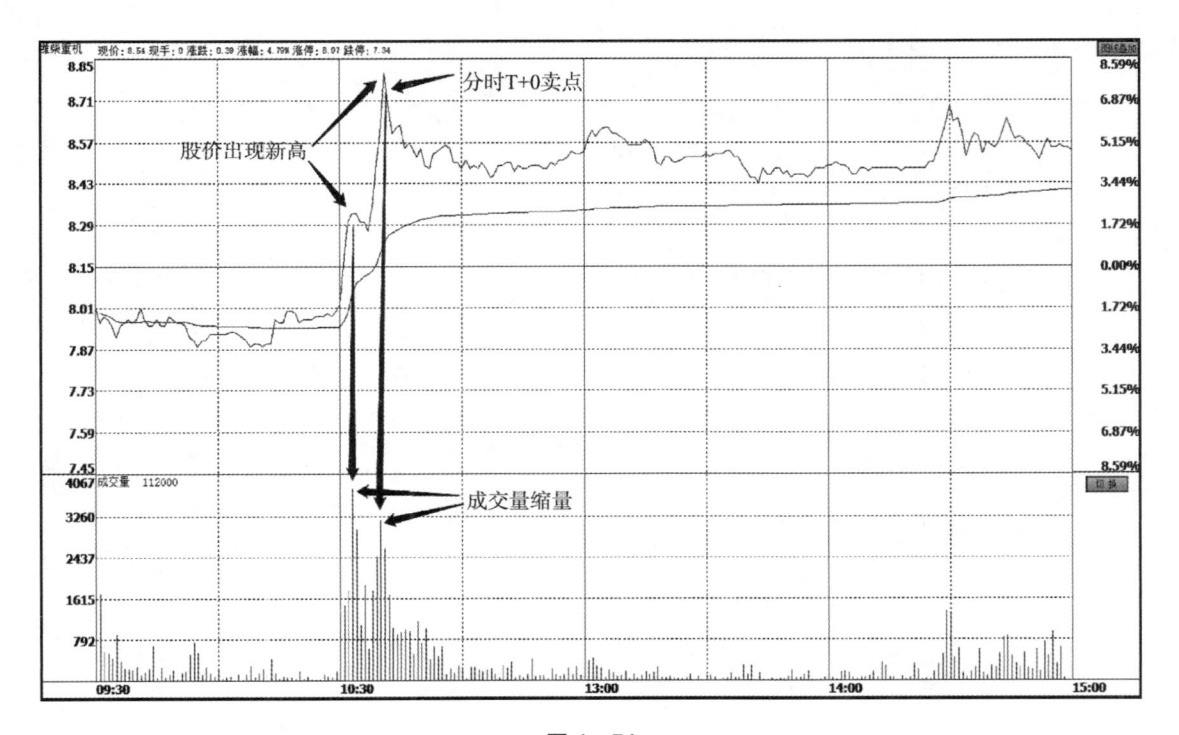

图 4-74

是放量状态，还算健康。但在13点24分新高的时候成交量比13点03分那个高点成交量开始缩量，说明多头力量衰竭，形成一个分时成交量缩量背离的第一个分时T+0卖点；而后在13点33分再次出现一个新高，这次新高比13点24分那个新高成交量还要小，这是第二次分时T+0的卖点。

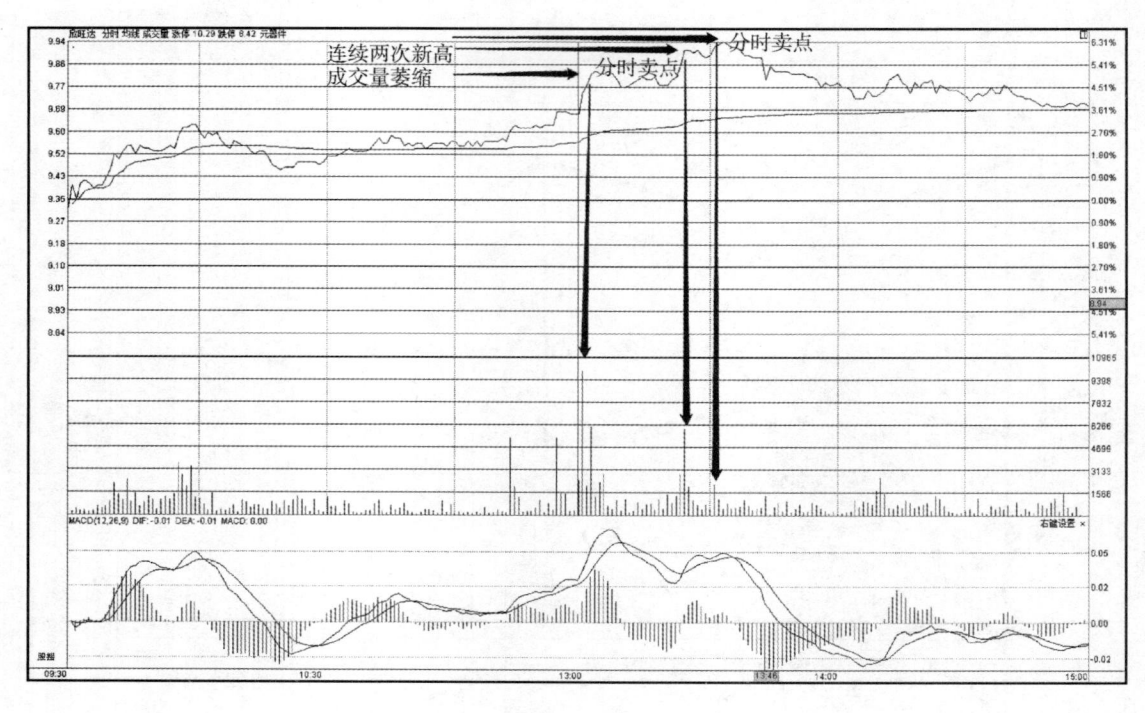

图 4-75

这个主力也是比较仁义的，给出两个分时卖点。

3. T+0挂单操作买卖方法分析

对于技术不算太好或者对于分时把握不好的投资者来说，挂单是一个很好的做T+0的方法，只要你懂一些支撑位和阻力位就可以做差价（前边第三节讲过判断支撑位和阻力位的方法，要想挂单进行T+0交易，一定要先把第三节学习扎实再来学习本小节关于挂单的技巧，因为不会看支撑位和阻力位就没办法挂单）。挂单T+0交易的具体方法如下，继续看图说话。由于截图是聊天记录，大家看的时候要把几张图连着看下来，这样有助于您理解整个指导过程，以便学到您所需要的知识。

挂单买入法实战案例分析。

下面讲的这个挂单是在2018年10月24日给客户指导做反向T+0的挂单，当时指导卖出价位是3.13~3.15元。

24 日没有成交，25 日也没到指导价位，在 10 月 26 日上午冲高的时候到了卖出价位，卖单成交，而后赶紧研究给出买回价格，定在了 3.04~3.06 元区间再买回卖出的 5000 股。

这只股票价格是 3.13 元卖出去，3.06 元买回来，不要小看这 7 分钱的差价，那是 2% 多一点的差价。试想一下，真要是每次都能做回来 2 个点差价，那持股成本是不是会逐步降低呢？

由于当时这只股票还没开始活跃，所以当日振幅 4.68% 已经算是很不错的状态了，而这笔反向 T+0 交易能吃到 2% 多一点的差价，已经实属不易了。这位投资者，还是比较满意的。

只不过这位投资者的账户是满仓状态，而且后续资金有限，只能先做反向 T+0 操作，而且当时看着这只股票大概率是往上走，就没敢多卖出做反向 T+0，只用 5000 股和这位投资者磨合一下，因为当时刚签约解套服务，一般都需要有一段的磨合期。

如图 4-76 所示，新湖中宝 2018 年 10 月 26 日最高价格是 3.15 元，最低价格是 3.01 元。挂单卖出价格 3.13 元，几乎是最高点；而后买回来的价格是 3.06 元。刚好是掐头去尾，吃到了当天大部分差价。

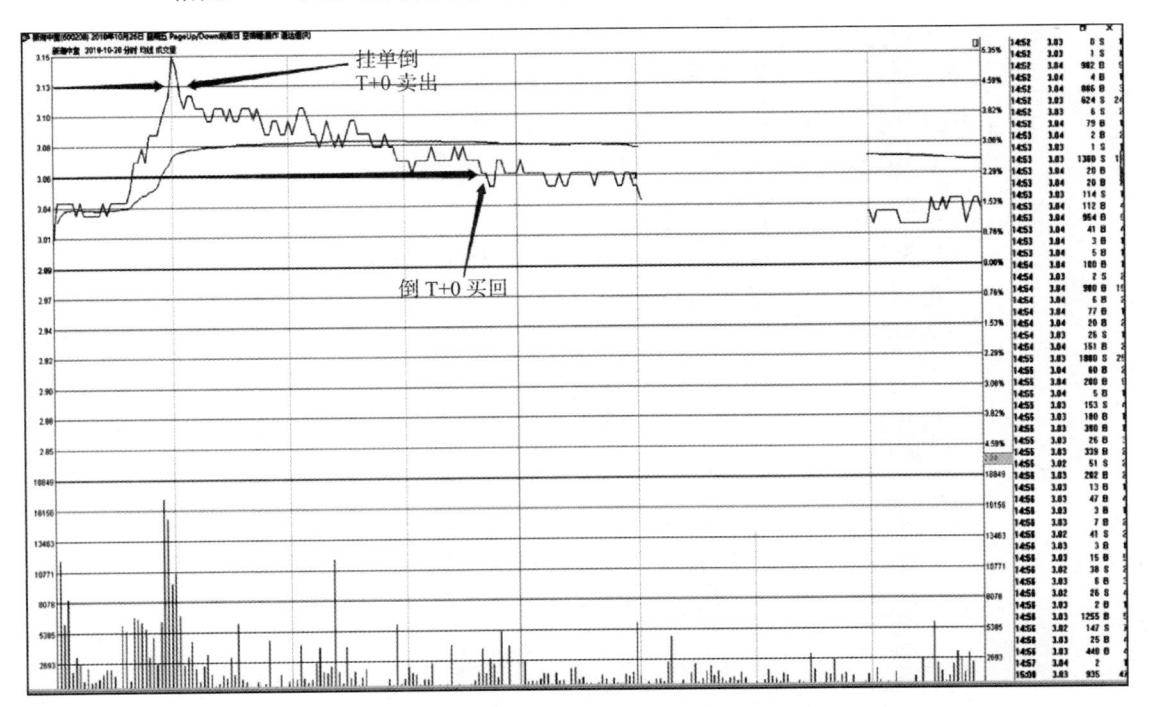

图 4-76

当时为什么会给这位投资者 3.13～3.15 元区间这个价格呢？当时经过分析后得出一个结论，该股在 2018 年 8 月 7 日至 9 月 27 日构筑了一个平台，这个平台的位置股价均价在 3.14 元左右，我给指导价格要给出一个区间，所以选择了 3.13～3.15 元卖出部分做反向 T+0 的差价。

为什么反向 T+0 卖出以后，又给出 3.03～3.06 元的 T+0 买回价格呢？当时经过分析以后，我看到新湖中宝在 2018 年 10 月 22 日最高价为 3.05 元、10 月 23 日最高价为 3.04 元、10 月 24 日最高价为 3.03 元，仔细研究后认为，该股已经开始异动向上走，不能把价格放得太低，以免踏空买不回来，所以给出了 3.03 元（10 月 24 日最高价）至 3.06 元（比 10 月 22 日最高价 3.05 元高出 1 分钱的价格）区间，这样能买回来的概率就大。

事实证明，以上分析基本是正确的，只不过中间有个小插曲。在挂单卖出成交以后，我指导这位投资者挂单 3.03～3.06 元买回，这位投资者挂单以后，盘中看着股价下跌觉得还会有低点，中间撤了买入单子，后来一看价格总下不去，又挂上了 3.06 元的买单，导致重新排队，还好最后成交了，否则买不回来的话，第二天又是高开，很有可能会踏空。

我叙述这些指导客户的经过是为了让大家能从中悟出一些东西，而不是显摆我有多牛。这点大家一定要客观看待，接下来的章节中我还会给出更多指导投资者进行挂单做解套的真实账户和真实聊天记录截图，以供大家对我指导投资者解套的整个过程做详细的了解。希望各位投资者从实战当中学到一些知识，对您有所帮助。请继续耐心学习剩余的章节内容。

2018 年 10 月 29 日给出这位投资者秀强股份的挂单买入是 3.49～3.51 元区间，而秀强股份在 2018 年 10 月 29 日当天的最低价格就是 3.51 元，从图中可以看出由于挂单指导是在 10 月 29 日 14 点 24 分给出的，这位投资者按照挂单价格挂上单子了，但是股价在 14 点 33 分的时候瞬间到了一下 3.51 元，由于 A 股成交原则是价格优先其次是时间优先，也就是说价格相等，但是谁先挂单就先成交谁的。当天我指导这位投资者挂单 3.51 元的时候，别人先于我们挂单 3.51 元买了，所以在 10 月 29 日当天虽然股价到了 3.51 元，但是成交的是早于我们挂单的投资者，我们单子并没有成交。

2018 年 10 月 30 日指导这位投资者继续挂单 3.49～3.51 元买入。在 10 月 30 日 10 点 33 分秀强股份最低价格又打到了 3.51 元，我们的挂单只成交了 3000 股，也就是部分成交，说明我们比别人先挂单了，所以只成交了我们的一部分。而 10 月 30 日当天秀强股份的最低价格又是我给出的 3.51 元位置。这位投资者给出了一个大拇指赞，我想这也许是众多投资者也想达到的挂单境界吧！

第四章 解套常用的交易技术

各位投资者该问了，10月29日为什么会给出买单3.49~3.51元的挂单价位呢？在10月29日当天经过研究发现：秀强股份在2018年10月23日最低价格是3.51元，10月24日最低价格也是3.51元，10月25日盘中分时在3.51元位置也做过一段时间的停留，说明这个位置对于这只股票来说是相对重要的一个支撑位。所以当时就把T+0挂单买入的价格区间定在了3.49~3.51元。

实战证明这次给出的支撑位价格又是一个精准狙击！

当时经过分析后认为，秀强股份应该大概率会开始一波反弹行情，所以在2018年10月31日再次给出秀强股份加仓价格3.56~3.58元区间的指导建议。给出这个价格区间的依据是从秀强股份2018年10月22日至10月30日这几个交易日分时当中综合分析出的，在3.57元这个价位停留的时间较长，不管是低点还是高点都是这样的走势，说明3.57元这个位置较为重要，所以给出3.56~3.58元的挂单买入区间，而10月31日挂单3.58元成交以后截至收盘，最低价格是3.57元，和预期一分都不差。假设当时挂单3.57元，没准还真成交不了，就和10月29日那天一样。

这里又有个挂单的细节，一般看到支撑位或者阻力位的时候要给出相应灵活的空间，否则会造成股价到了但是成交不了的情况。在这些年指导投资者期间，遇到过太多类似的情况，有的时候真的很无奈。

图4-77是秀强股份成交的部分交割单，大家也可以参考一下。我在10月31日上午9点19分给出挂秀强股份的卖单指导价格是3.77~3.79元区间。

说明：交割单下面的表格数据是为了还原截图中看不清楚的数据。

	委托时间	证券代码	证券名称	操作	备注	委托数量	成交数量	撤消数量	委托价格	成交均价	委
明细	09:30:55	300160	秀强股份	买入	:已成	5000	5000	0	3.580	3.580	976	976
明细	09:31:16	300160	秀强股份	买入	:已成	4500	4500	0	3.580	3.580	1029	1029
明细	09:31:59	300160	秀强股份	买入	:已成	3500	3500	0	3.580	3.580	1122	1122
明细	09:33:40	300160	秀强股份	买入	:已报	5000	0	0	3.580	0.000	1352	1352
明细	09:35:58	300160	秀强股份	买入	:已成	2000	0	0	3.570	0.000	1663	1663

	委托时间	证券代码	证券名称	操作	备注	委托数量	成交数量	撤消数量	委托价格	成交均价	委
明细	09:28:40	300160	秀强股份	卖出已撤	:已撤	26000	0	26000	3.770	0.000	591
明细	09:30:40	300160	秀强股份	卖出	:已成	21000	21000	0	3.770	3.770	714

图4-77

给出这个卖单价格的技术依据是 2018 年 10 月 31 日的当天，看到秀强股份的 30 日均线位置价格是 3.79 元，当时经过分析后决定给出 30 日均线附近的卖出策略。为什么会给出 3.77~3.79 元价格，而不是 3.79~3.81 元的价格呢？主要考虑本次看的是均线阻力位，而在 31 日的时候，30 日均线还在不断下移当中，每个交易日预计会是 1 分钱的速度下移，这样就要给出低于 30 日均线 2 分钱的价格进行卖出加仓的这部分仓位。

从图 4-77 中也可以看出，在 11 月 5 日这笔挂单成功卖出，成交价格是 3.77 元，而 11 月 5 日的当天秀强股份最高价位是 3.80 元，也是相对卖在高点了。至此本轮挂单做波段的交易完成。

很多人会问，为啥做 T+0 的单子最后做成几个交易日持股了呢？原因有两个：一个是当时这只个股的振幅较小；另外一个是经过分析后认为这只个股短期上涨的概率大。投资者对行情趋势的把握要尽可能准确，前面也说过，战略方向只要没错，就不怕做错 T+0 的交易。

由于挂单交易在解套策略当中是非常重要的一环，所以后面章节中会专门拿出一节讲解如何进行挂单交易。

挂单操作 T+0 注意事项：这种方法优点较多；缺点是当天有的时候会卖不出或者买不回来，主要是看个股的振幅大与小。一旦买入或者卖出以后，不能在当天买回来或者卖出去完成一笔完整的买卖交易，第二天开始一定要按原计划继续挂单，直到成交为止。

由于当时判断那两只股票很有可能会走一波向上行情，所以才会持股时间长一点。在具体操作当中还是具体股票具体分析，大家只要把这个指导投资者交易的过程掌握了即可，不必纠结其他，别给自己太多压力，否则容易钻牛角尖。

学思路、学方法，这是我写这本书的真正用意所在。

4. 分时均价线 T+0 分析法

分时均价线买入方法有两种：一是分时线从下往上突破均价线阻力位以后，均价线变成支撑位，股价回踩均价线的买入点；二是分时线一直处于均价线上方，然后回调至均价线位置支撑位的买入点。

这两个买点的意义不一样的：第一种是弱势反弹突破均价线后回踩确认均价线支撑位的买点；第二种是强势当中回调的买点。

这两点的区别是：一般第一种的成功概率大些，因为第一种属于顺势而为；第二种稍微有点逆势而为或者说有点牵强，这种买入操作有的时候会失败概率大一些，主要是注意防止假突破的可能。

以上两种方法也都是相对的，不是绝对的。分时均价线技术分析法适合选择强势股,甚至是众多想追涨停股票的投资者想达到的一种境界。这个方法在强势市场中的成功概率是很大的。

分时均价线支撑位买入法案例分析。如图4-78所示,这只股票在2019年1月25日的分时走势当中,开盘之后就一路很强势的上涨,盘中在9点32分、9点47分、10点10分左右、10点17分四次强势回调确认分时均价线的支撑位,基本都算是有效状态,这个时候这四个位置都是做T+0买入的点位。

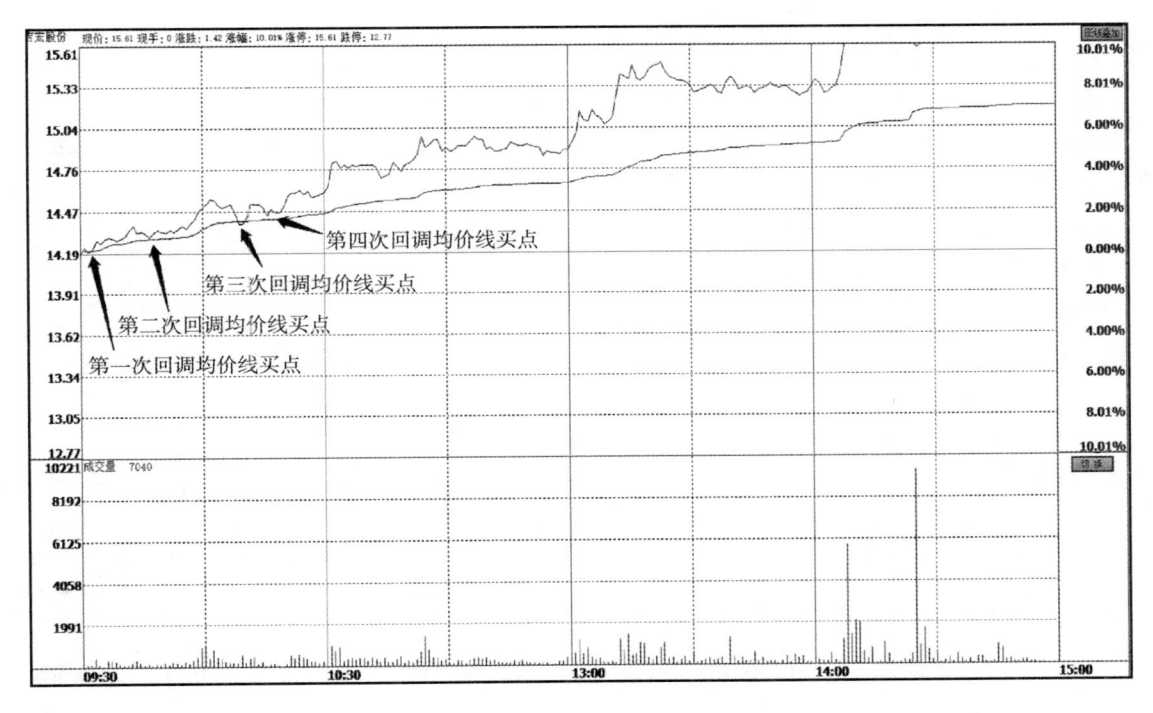

图4-78

如图4-79所示,该股在2019年1月25日非常强势。股价在9点35分第一次上冲均价线后以失败告终;第二次9点46分上冲以后在9点58分的时候分时均价线再次告破;主力展开第三次攻击均价线是在10点07分左右,这波攻击比前两次都稍微犹豫一点,先是在均价线下方做了一个5分钟的停顿,而后开始上攻,分时均价线攻下以后,出现两次回踩均价线都没有再接触到均价线便开始向上,一次是在10点19分左右,一次是在10点27分左右,这两次回踩未接触分时均价线的动作说明多头不想再继续认输跌破均价线,而是从防守改为攻击状态了,最终全天震荡上行直至涨停,把空头彻底打败。

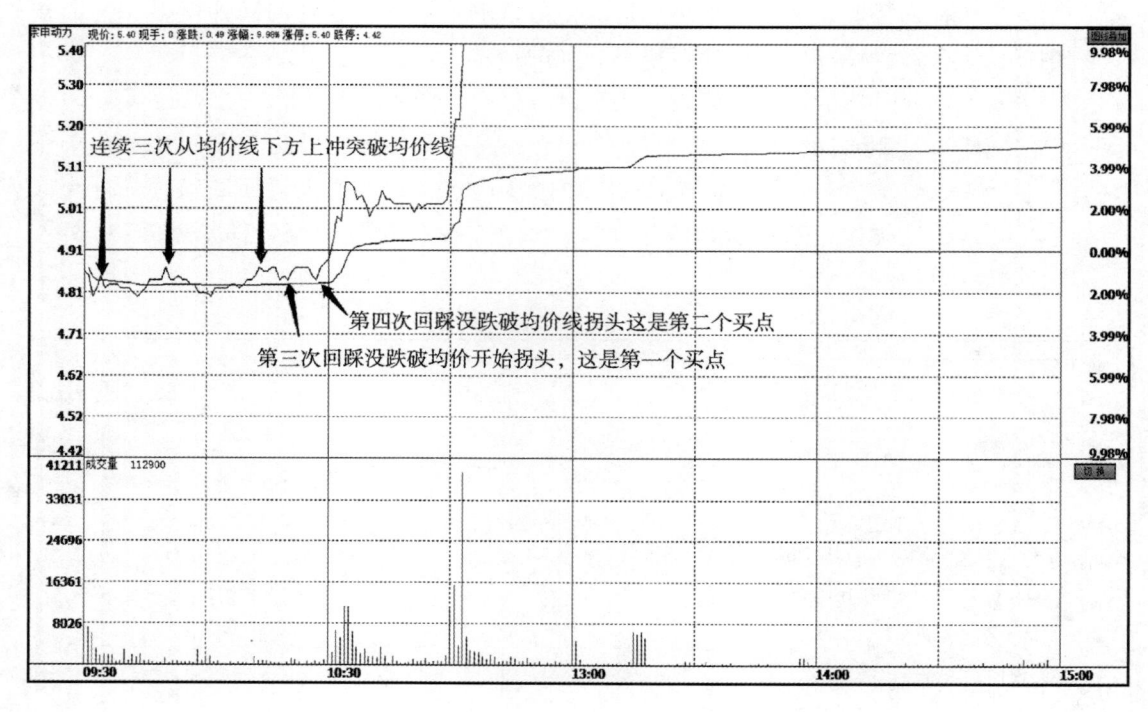

图 4-79

宗申动力当天放出巨量涨停，理论上像这类个股要是做 T+0 买入以后，当天必须解决掉加仓做 T+0 部分的。

分时均价线阻力位卖出法案例分析。如图 4-80 所示，该股在 2019 年 1 月 25 日下午闪崩，在闪崩之前有没有征兆呢？答案是肯定的。

请看图中分时状态。在 9 点 44 分左右分时中短暂突破均价后便开始跌破分时均价线，说明均价线支撑无效，形成第一次卖点。在 10 点 32 分至 10 点 38 分的时候接近分时均价线，但并未接触到分时均价线，说明多头无力攻击分时均价线阻力位，形成分时第二次卖点。在 10 点 55 分左右多头还是没有敢触碰到分时均价线便开始小幅回调，形成分时阻力第三次卖点。到了 10 点 33 分的时候多头终于忍不住开始攻击分时均价线，但空头猛烈反击，多头反攻失败，股价快速掉头向下，形成第四次分时卖点。

也许是多头攻击分时均价线，把空头惹怒了，空头随后就展开一波猛烈杀跌攻势，把多头全部消灭在分时杀跌的路上，在 13 点 10 分股价被空头死死封在跌停板上，空头当天完胜多头。

像这类闪崩个股一般是主力资金出现问题，或者有什么突发利空消息所致，要么就是强势洗盘，否则一般不会出现闪崩走势。因为主力实力强的

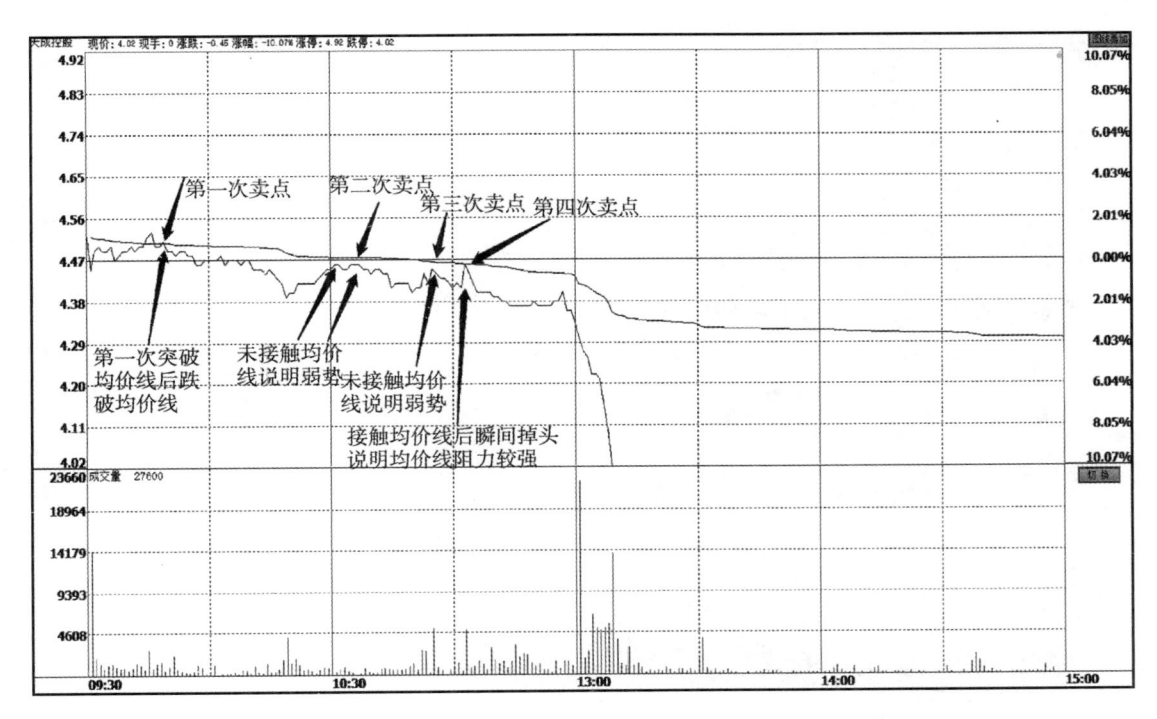

图 4-80

话，可以拉高出货，不会着急往外杀跌着跑，这样空头自己也卖不出一个好价钱。

以上这些都是细节，各位投资者一定要习惯性去分析股价涨跌背后的逻辑，分析透彻这些细节，您才能客观看待股价涨跌，才能制订出相应的交易策略。

图 4-81 是富邦股份 2019 年 1 月 25 日的分时走势图，该股在开盘后就一直处于均价线下方运行，说明当天的走势较弱，和当天的大盘指数对比也是较为弱势——当天指数为翻红状态，但是这只个股却一直是绿盘运行。从这点可以判断这只股票当天很可能会收跌。

富邦股份在 1 月 25 日开盘以后分时一直在均价线下方运行，在 9 点 38 分的时候出现第一次上攻均价线以失败告终，形成第一次分时 T+0 卖点。9 点 47 分的时候第二次攻击，突破均价线后，短暂停留便再次跌破，说明均价线支撑无效，形成第二次卖点。在 9 点 53 分的时候多头试图再次攻击均价线，但再次失败，形成第三次分时 T+0 卖点。随后在 10 点 34 分至 10 点 37 分的时候展开第四次攻击均价线，再次被空头打压下来，至此多头失去耐心，股价开始掉头，这时形成第四次卖点，随后股价开始一路阴跌，截至

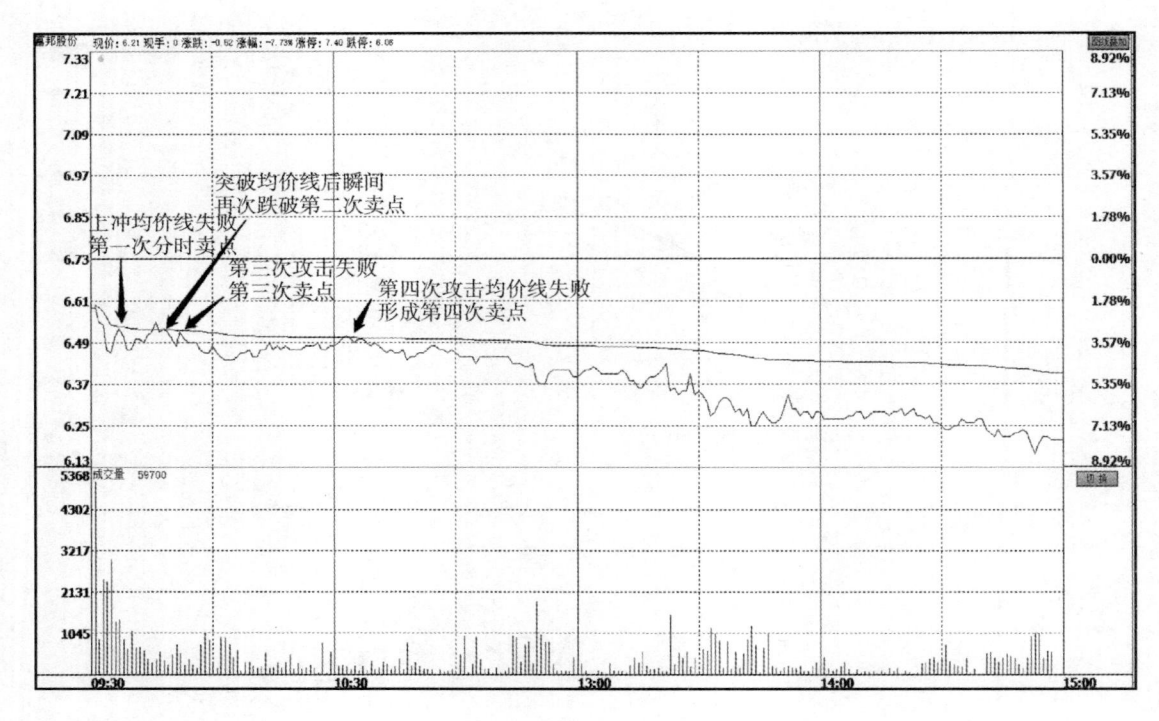

图 4-81

收盘这只个股跌幅 7.73%。

前面讲过做 T+0 要注意分析大盘趋势，这里面还有个细节要说一下，假如当天大盘是红盘，但某只个股却是一直处于绿盘弱势，这种情况下，一般是主力不想跟风，这种就属于个股弱于指数，这种情况适合做反向 T+0。

如果当日指数比较弱势，某只个股非常强势翻红，说明当天主力有意逆势拉升股价，这个时候要关注，这种情况就适合做正向 T+0。

假设当日指数翻红，某只个股也翻红，且分时走势和大盘指数分时类似，大盘指数分时上涨，某只个股的分时也上涨，这种就属于主力看着大盘分时在操作，您也跟着大盘指数进行操作即可。反之亦是如此。

以上几个细节一定要记住，以便根据指数操作手中个股。

补充知识点：假如利用分时均价线方法来追强势股的话，一定要注意选择好股票，如果是在相对底部区域的个股可以适当追高，但如果是在高位的个股这样操作风险极高，因为有的主力会利用这种诱多的方式进行拉高出货。

必须注意：只要在相对底部区域的个股，即使买错了也没关系，大不了多输点时间而已，但是在高位的股票追高追错了就麻烦了，也许就被套在高岗上了。切记要分清楚个股位置来制订解套操作 T+0 的交易策略!

5. 分时双底和双顶叠加 MACD 指标背离 T+0 分析法

说到分时双底和双顶买卖点,和使用日线级别分析双底和双顶叠加 MACD 指标背离是一样的道理。还是用几个案例详细讲解一下,也算是强化一下关于这个知识点的使用方法,有助于各位投资者加深印象,相信部分投资者又会眼前一亮。

分时双底+MACD 底背离买入法和分时双顶+MACD 指标顶背离案例分析。如图 4-82 所示,该股在 2019 年 1 月 25 日分时中,开盘之后 9 点 41 分形成一个杀跌后的低点位置,之后在 9 点 57 分又出现一个杀跌的低点位置,这个价位并没有低于 9 点 41 分时候的价位,说明多头有意保住那个位置的支撑位,所以继续将股价拉升,至此形成一个标准的分时双底形态。结合 MACD 在 9 点 57 分的状态,可以判断即使当时股价创出 9 点 41 分的新低价格,MACD 也会出现背离走势,也得反弹,这个时候就是一个好的 T+0 买点。

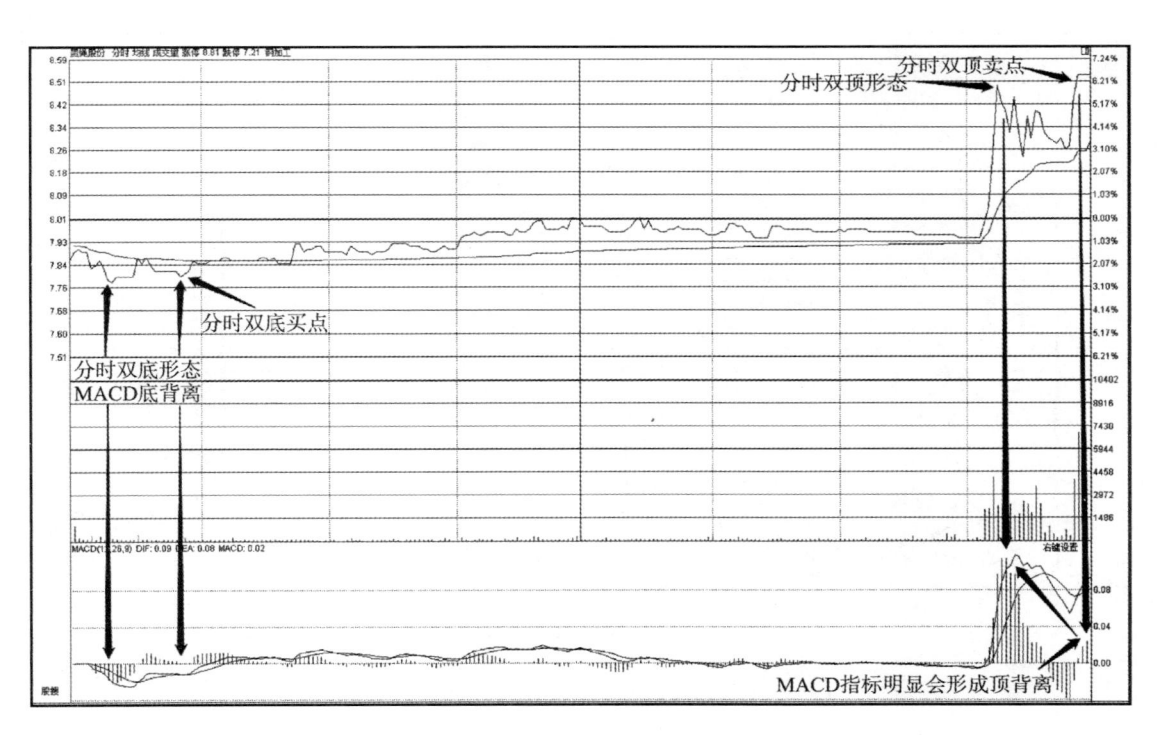

图 4-82

这只股票全天的分时大多数时间都在分时均价线上方运行,可以持股,尾盘时候出现两波拉升,其实可以在第二次拉升背离后卖出在双底位置买入的部分股票,就可以做出一个完美的 T+0 交易。

第二次创新高位置,可以提前预判即使股价创出新高,MACD 也会出现背离,就可以挂低了提前卖出加仓做 T+0 部分。至于怎么提前预判,前面已经说过了,在此不再多做讲解。

分时双底买入法案例分析。图 4-83 是该股 2019 年 1 月 25 日的分时走势图。该股在当日 9 点 37 分的时候出现一个杀跌的低点,随后股价开始反弹,在 10 点整的时候股价再次出现一个低点,但这个低点没有到 9 点 37 分的低点位置便开始掉头向上,说明主力也是不想再破掉第一个分时低点位置,也证明第一个低点有支撑作用。而且 10 点整这个低点位置,当时 MACD 指标绿柱和 9 点 37 分的低点位置也是背离状态,10 点整这个杀跌的低点掉头以后结合 MACD 指标底背离,就可以作为 T+0 买点跟进买入。

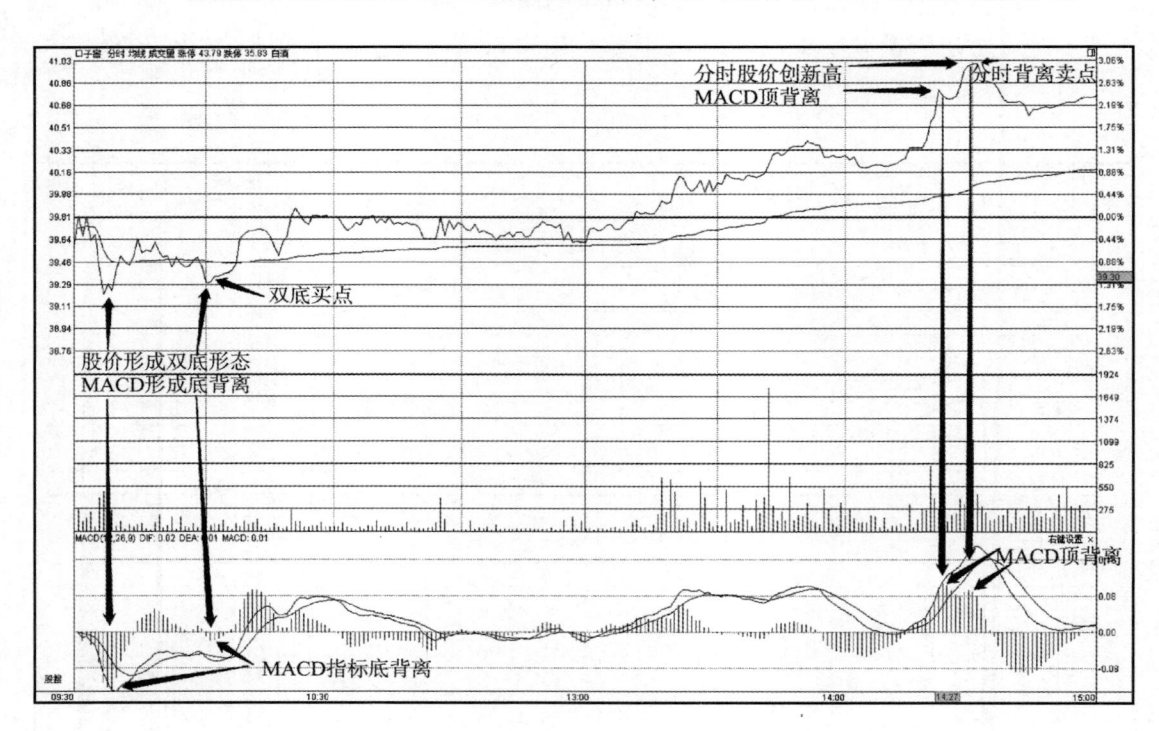

图 4-83

14 点 22 分,分时出现一个高点,而后在 14 点 30 分的时候股价再次冲高,但这个高点位置的 MACD 较 14 点 22 分高点位置的 MACD 红柱出现背离,股价创出新高,但红柱没有出现新高,形成顶背离,这个位置就可以作为 T+0 卖点来卖出底部 T+0 买入的部分，完成一个完整的 T+0 买卖交易。

分时双顶卖出法案例分析。如图 4-84 所示，该股在 2019 年 1 月 25 日的分时走势图，从图中可以看出在 9 点 34 分的时候股价打出一个高点，接近涨停但是没有封住涨停，这个时候就要谨慎了，说明主力压根不想封住涨停，诱多嫌疑大。之后在 9 点 37 分再次接近 9 点 34 分的高点位置，还是没有封住涨停，并且分时开始回调形成典型的分时双顶，MACD 也出现背离走势，这个时候是最佳的卖出机会，挂低了往外卖出即可。

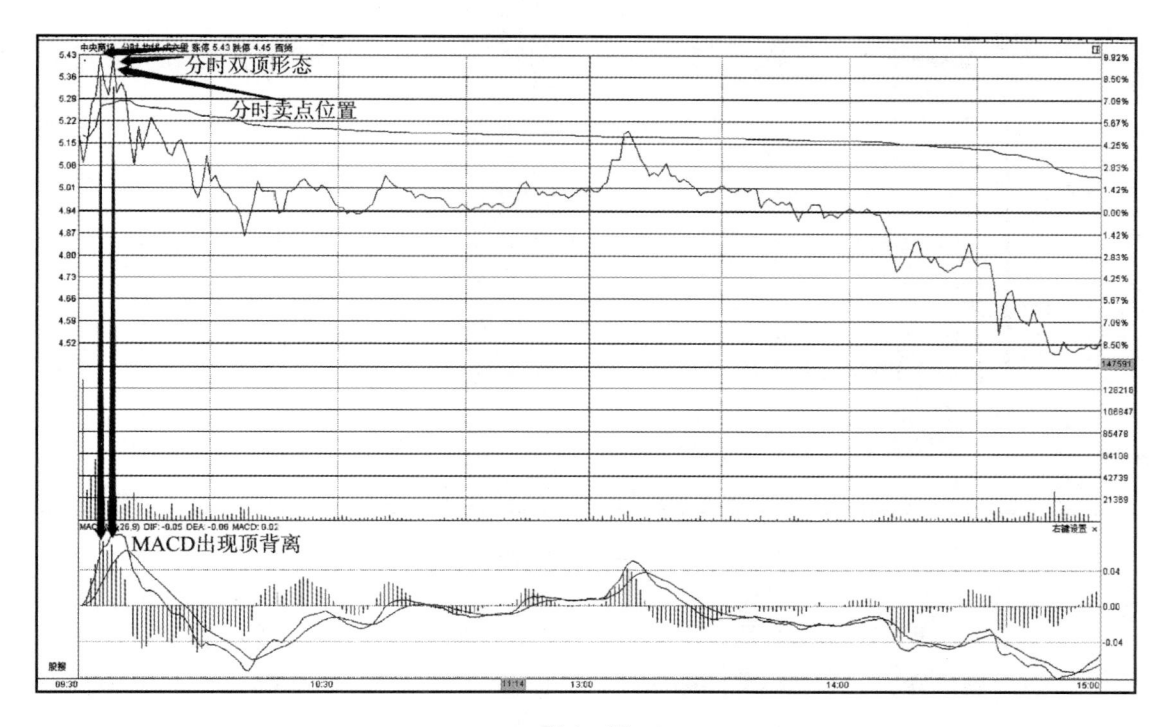

图 4-84

这两个双底的高点价格，全天再也没有见到过，股价最后跌幅 8.1%。

结合该股当天日线来看，已经上涨一段，没有封住涨停的话短线也是要卖出的。但该股属于底部区域刚突破向上，这轮调整洗盘的概率大，战略上应该还是看多趋势。战术上短线需要回避较为合理。

从 8561 股票交易体系来看，放量必震荡，2019 年 1 月 25 日日线级别放出巨量阴线后，短线震荡调整概率还是偏大的，但是底部放量不管是阴线还是阳线，基本都是主力吸筹概率大。

如图 4-85 所示，可以看出该股在 2019 年 1 月 25 日 9 点 50 分时创出一个高点，随后开始分时调整，在 9 点 57 分的时候股价再次接近 9 点 50 分的高点位置，但是并没创出新高，股价就开始掉头向下，并且 MACD 指标出现顶背离走势，说明这个位置大概率是一个阻力位，空头做空意愿较强，所以形成一个分时双顶卖出点位置。

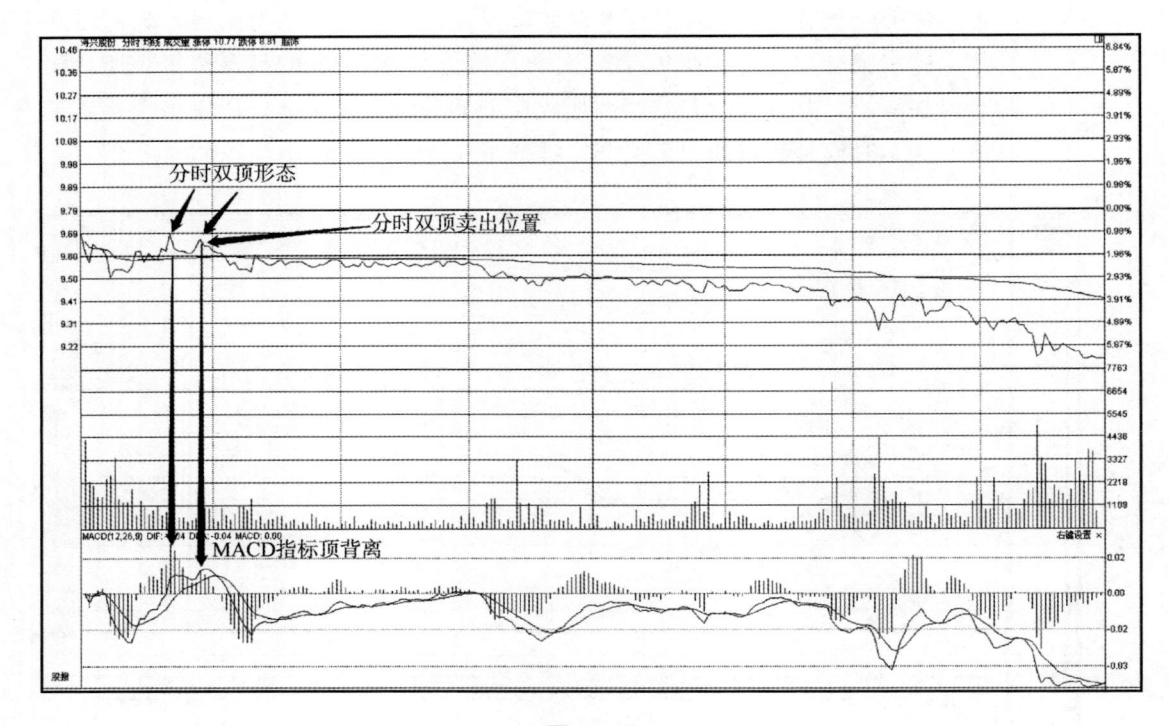

图 4-85

我所使用的行情软件都是免费的，比如指南针、通达信、同花顺、东方财富等。大家平时可以选择自己熟悉的行情软件进行分析即可，但每种行情软件分时显示会有所差异，这个需要各位投资者注意。

使用双顶和双底形态 + MACD 指标背离方法进行操作时需要注意的细节。

在选择双底进行分析买入的时候需要注意：第二个底部位置没有超出第一个底部位置价格便开始反弹，结合 MACD 出现底背离，这是最佳状态，说明多头做多意愿较强。

如果第二个底部位置价格低于第一个底部位置，结合 MACD 出现底背离，是第二好的买入机会，也可以理解为，主力有故意跌破第一个低点，进行洗盘的嫌疑。

如果第二个底部价格没有低于第一个底部价格位置，随后股价开始反弹，MACD 指标也没有出现背离，这个时候要稍加谨慎，以防主力诱多。

如果第二个底部价格低于第一个底部价格位置，随后股价开始反弹，并且 MACD 指标没有出现背离，这个时候不要参与，后边大概率还有新低出现。

选择使用双顶技术分析卖出的时候需要注意的细节。

第二个顶部位置价格没有超出第一个顶部位置价格便开始回调，结合 MACD 出现顶背离，这个状态是最佳卖出位置，说明空头做空意愿较强，后期大概率会下跌。

如果第二个顶部位置价格高于第一个顶部位置价格，结合 MACD 出现顶背离，是第二好的卖出机会，也可以理解为，主力有故意突破第一个高点有诱多的嫌疑。

如果第二个顶部价格高于第一个顶部位置股价开始回调，MACD 指标也没有出现顶背离，这个时候要有点耐心，以防主力诱空，后期大概率还有新高出现。

6. 跌停板 T+0 抄底自救法

由于跌停板个股不仅仅是在市场恐慌情况下出现，在平时个股遇到黑天鹅事件的时候也会较为常见，所以学会跌停板抄底法，也可以在遇到跌停的时候顺势找个机会降低一些成本。

具体技术分析技巧如下：

第一，一字板跌停的期间观察跌停板封单量；

第二，一字板跌停的期间分时成交量变化状态。

在开始一字板跌停的时候，需要时刻关注盘口封跌停板的手数，一般特大利空都会出现连续的一字板跌停走势，但是封单量理论上每个交易日都呈现逐步减少趋势。例如，第一天开盘跌停封单量 600 万手，第二天开盘跌停封单量 500 万手，第三天开盘跌停封单量 400 万手，第四天开盘跌停封单量 300 万手，每天都在逐步减少中。

以上说的封单量并不是固定的，根据个股盘子大小或者利空大小因股而异，各位投资者可以抽时间自己复盘，找到相关一字板跌停过的股票去看看，当然实时的状态就没办法看了，看看历史走势也能学到知识。

当封跌停板的手数减少到第一天开盘跌停的十分之一左右的时候就要注意了，比如上述那个顺序，第一天封跌停的单子是 600 万手，当发现盘中封跌停的单子少至 60 万手的时候，必须时刻关注盘中封跌停的单子数量了。

一旦发现盘口在跌停板上开始出现大单成交或者大幅度撤单时，要时刻紧盯个股分时成交量，如果成交量开始逐步放大，同时封单量减少至 2 万~

5万手的时候,马上就可以下单在跌停板上抄底买入做正向T+0交易。

为什么说看到跌停板上封单减少就要关注呢?这点必须搞清楚,封跌停板的手数减少有几种情况:

第一,有抄底资金开始通吃那些在跌停板上卖出的筹码,造成封跌停板的手数减少;

第二,有可能大资金不想再卖出,造成封跌停的单子撤单开始减少;

第三,有主力诱空的压单,撤单不再卖出,造成封跌停减少;

第四,由于连续跌停天数增加,很多投资者觉得在跌停板上挂单也卖不出去,所以干脆也就不挂单了,造成封跌停单子一天比一天少。

把以上四种封跌停单子减少的原因分析清楚,也就会明白跌停板上单子减少到一定程度后该如何操作。

如图4-86所示,该股在2015年6月17日停牌,2016年1月21日复牌,复牌之后就连续一字板跌停。

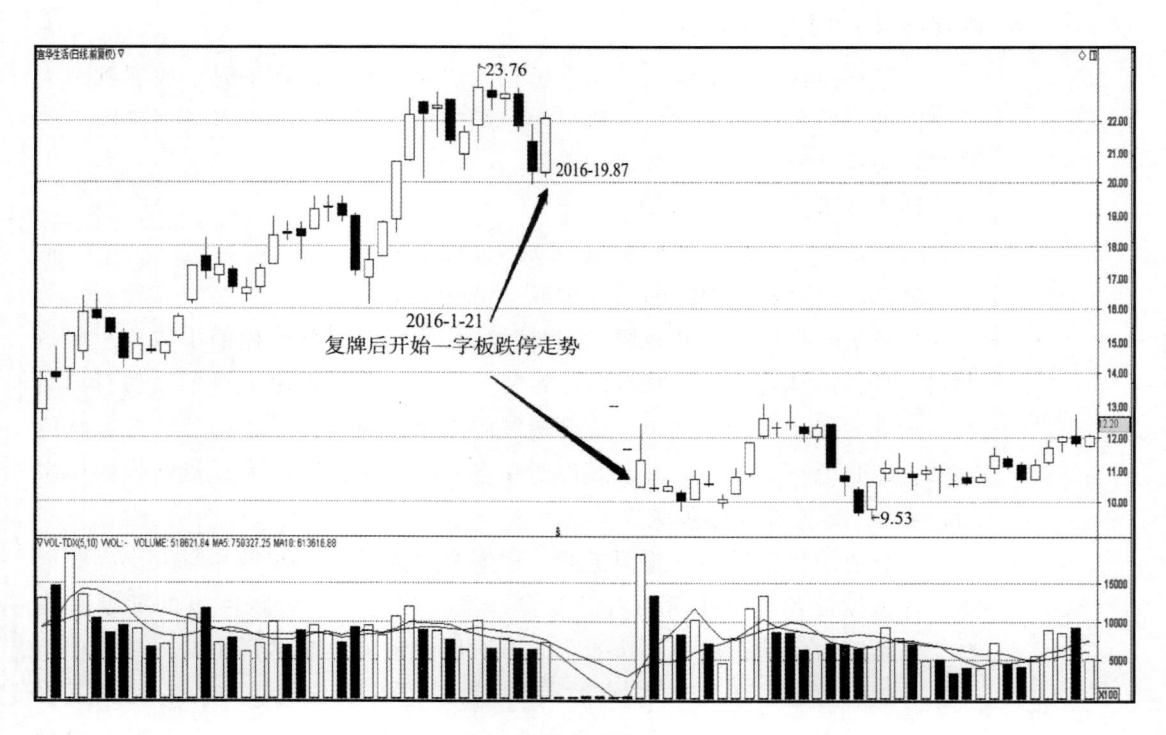

图4-86

如图4-87所示,在经历连续6个一字板之后,在2016年1月29日早盘的时候,封跌停单子开始迅速减少,这个时候我就告知持有这只股票的投资者准备进行下单自救。

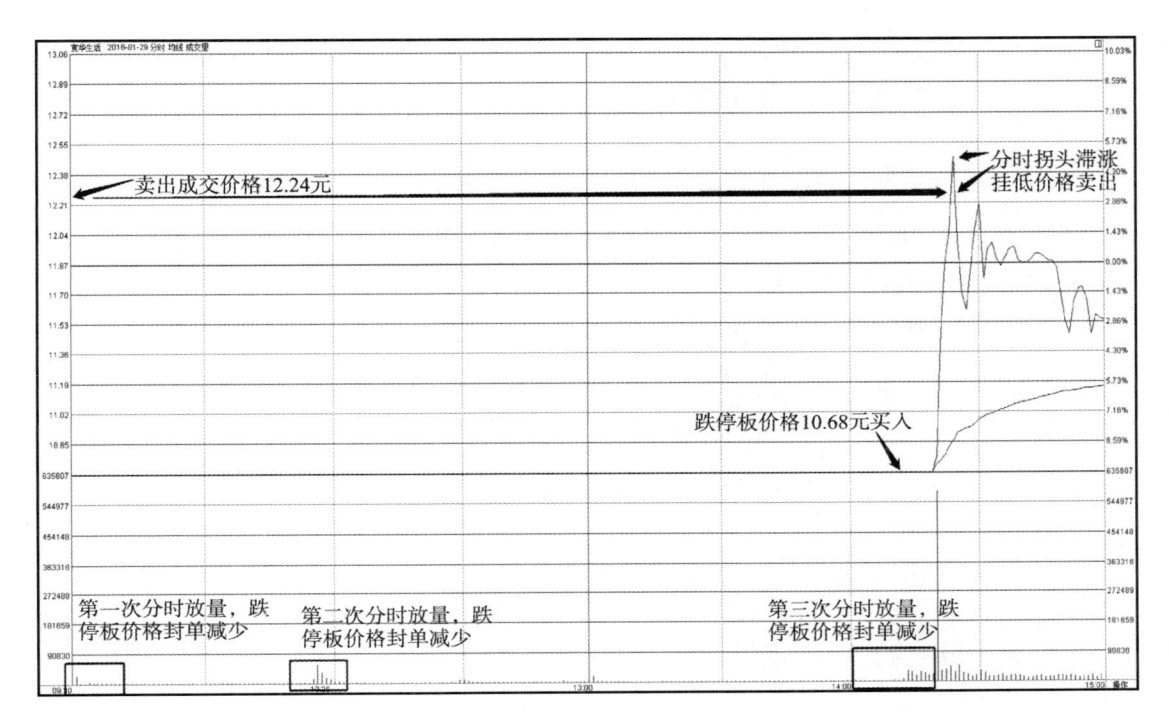

图 4-87

由于之前每天都是无量跌停，在 1 月 29 日这天开始放量，说明已经有资金开始在跌停板上抄底，所以这个时候需要盘中实时关注，该股在上午开盘之后就有一小波放量，但是跌停封单还是有不少，所以继续等待，到了 10 点 30 分左右又一波放量，封跌停的单子虽然少了，但还是不足以下手，继续等到下午 2 点以后封单继续大幅减少，而分时成交量开始逐步放大，在盘口方面表现的情况是大单开始逐步撤单，随后我马上通知那位投资者开始在跌停板上买入，买完以后等了将近 10 分钟后，突然一个大单将跌停板撬开，随后分时一路飙升，我马上告知那位投资者随时准备卖出刚才跌停板上买入的部分持股。在 14 点 26 分的时候，分时开始上涨乏力，买单逐步减少，我马上通知那位投资者挂低了卖出，最终在 12.24 元的价位卖出了当天买入的部分持股，成本瞬间就降低了很多。

注意一个细节，我当时为什么通知那位投资者挂低了卖出呢？这点是各位投资者必须要知道的，这也是我为什么多数情况下都选择挂单买卖的原因。假如是挂单交易，价格到了挂单位置几乎就可以成交，但是跟踪分时的时候要是追着价格卖出或者买入，一般是不会成交的，所以当时我建议投资者直接挂低了卖出，其实当时挂的是价格是 11.96 元，股价一直上涨，随后马上就在股价上涨阶段 12.24 元的时候卖出去了，这样就会成交这笔 11.96 元，但是即使你挂单低了在 11.96 元，一般情况下也是按照现价进行成交，这是一个细节。请各位投资者一定要注意，假如以后要是追着买那就挂高点，容易迅速成交，假如真想卖出去，那就挂低点往外卖出，这样会先成交你的单子。切记这个细节哦！

如图 4-88 所示，这是当天的成交交割单，跌停板价格买入，在涨幅 3.14% 的时候卖出，等于一笔交易就打回来 13.14% 的差价。虽然没卖到当天最高价位，但是我觉得对于 T+0 交易来说，算是非常成功了。

成交日期	证券代码	证券名称	买卖标志	成交价格	成交编号
20160129	600978	宜华木业	买入	10.680	716651
20160129	600978	宜华木业	卖出	12.240	716681

图 4-88

我们来看另一位投资者，他当时满仓乐视网。乐视网在 2017 年 4 月 14 日停牌，于 2018 年 1 月 24 日复牌，复牌以后也是一路一字板跌停，从复牌后连续跌了 11 个跌停板，一开始每天都是 600 万手以上的封单，连续跌了 11 个跌停之后，在 2018 年 2 月 7 日的时候分时有一波放量，当时我没敢通知这位投资者动，因为是满仓状态，只能等机会做反向 T+0。

当时的判断是乐视网这个上市公司故事太多，一般情况下很难有大资金再去炒作这只股票，所以即使打开跌停也不会上涨太多。

在 2108 年 2 月 8 日的时候，开盘就开始放出大量，当时我判断要打开跌停板了，便于当天 9 点 35 分通知这位投资者挂单 5.28 元卖出一部分乐视网做个反向 T+0 差价。

在 2 月 9 日的时候通知这位投资者挂单 4.57 元买回来昨天在 5.28 元卖出的那部分乐视网，4.57 元就是当天乐视网的跌停价格，但是判断这只股各方面都不是很理想，所以感觉还会跌停，所以就挂了一个跌停板价格买回上个交易日卖出的那部分，这样就是一个完美的倒差价操作。

2 月 8 日当天挂单是 5.28 元，很多投资者不明白为什么挂这个价格。其实这个价格并不是什么阻力位，我当时判断出，乐视网一旦打开跌停，有可能要奔涨停价去的，因为很多个股打开跌停以后，都有这个动作，所以当时判断乐视网也有机会，但是乐视网负面消息比较多，所以认为当时即使涨停也封不住涨停板，而且有可能会到了涨停就会下来，所以挂了一个 5.28 元的价格，而当天涨停的价格是 5.30 元。我认为挂 5.28 元这个价格成交的概率会大一些，所以就挂单这个价位，而当天的最高价格正好是 5.28 元，如

图 4 – 89 所示。

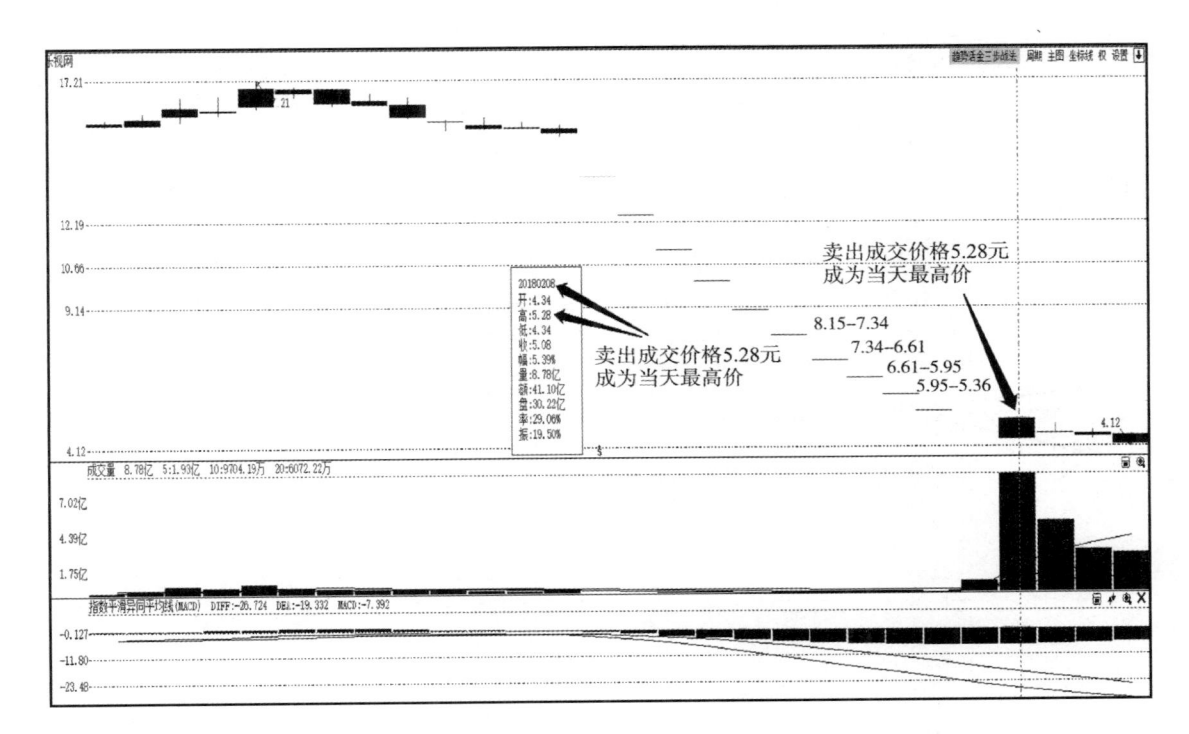

图 4 – 89

在连续跌了 11 个跌停之后，在第 12 个跌停板上开始出现抄底资金大幅买入，当天放出一个巨量的成交量，把卖出的筹码全部吃掉。但当时判断不会连续上涨，因为该上市公司当时给市场的感觉不佳，即使有资金抄底，里面原有的大机构也会卖出，因为乐视网已经成了问题股，不值得大机构去持股。这是一个非常规的分析思路，大家一定要仔细琢磨，有些时候做股票不仅要看技术面和基本面，还需要更多的逻辑来分析个股的趋势。

如图 4 – 90 所示，乐视网在 2018 年 2 月 8 日开盘后分时就开始逐步放量，盘口先是有很多大单被吃掉，所以判断当天应该可以打开跌停板，这样就通知投资者开始准备挂单卖出一部分乐视网做倒差价。

如图 4 – 91 所示，这是 2018 年 2 月 8 日在 5.28 元卖出的交割单和 2018 年 2 月 9 日的时候在跌停板价格的买单挂单。在前面与客户聊天记录中提到的，2018 年 2 月 9 日 9 点 33 分通知这位投资者挂单跌停价格 4.57 元买回来卖出的那部分乐视网，虽然全天的分时有过短暂碰到跌停板，但是都没有成交，最后在 2018 年 2 月 9 日 14 点 44 分的时候开始封住跌停板，在跌停板上的挂单成交。这样，一个完美的 13.4% 的差价就成功了。

挂单卖出的价位

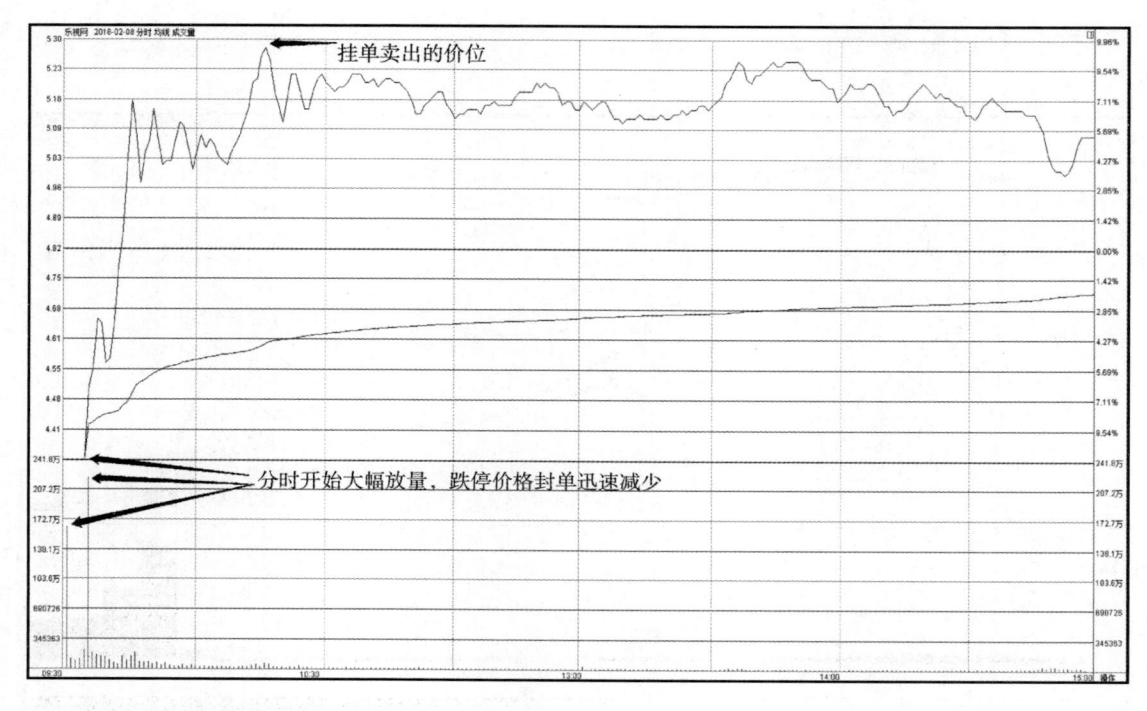

分时开始大幅放量，跌停价格封单迅速减少

图 4-90

以上是两个跌停自救的案例，一个是做正向 T+0 在跌停板上抄底自救的案例，一个是做倒差价的案例。通过以上两个跌停自救的个股案例可以看出来，在分析个股做差价的时候需要有很多因素或者逻辑来综合分析，才会成功做出理想的差价，也只有这样才会在股市中少吃亏，所以建议各位投

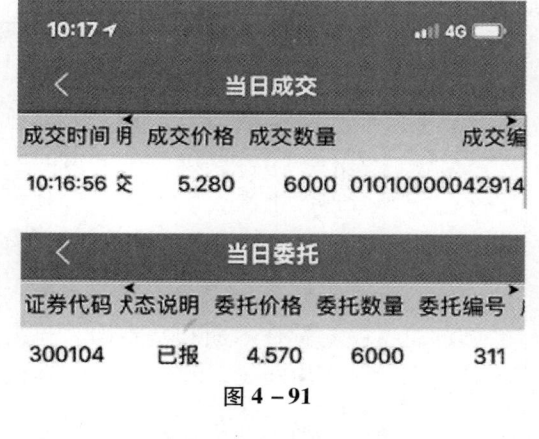

图 4-91

资者在分析股市的时候尽量多一些依据，这样才会达到理想的投资效果。

经过本小节的学习，相信大家对 T+0 交易已经有初步的认识了，对于老股民来说，也应该从中学到相关知识。如果您持股被套并且技术还算过关的话，建议还是要主动进行 T+0 操作，这样可以逐步降低持股成本，对于解套来说是最有效的方法之一。

其实大多数技术分析理论，不管是日线级别、周线级别、月线级别还是更大级别的使用方法都是一样的；只不过周期级别越大，技术指标的稳定性就越强，周期级别越小，技术指标的稳定性就越小。这就要求投资者拥有较高的技术，在操作T+0交易的时候反应要迅速。

在此强烈建议，新股民一定不要轻易操作T+0，除非您已经学习很久才进入股市。这是我最想提示的一个问题，因为新股民不管从经历、技术、心理状态都需要经过市场的磨炼才能逐步成熟。

新股民的定义：一是入市未满2年，二是未经过一个完整的牛熊转换。因为只有经过一轮完整的牛熊转换，才能真正体会到股民的酸甜苦辣。股民的牛熊市经历对于投资技术或者心态等是至关重要的因素，请投资者切记！

> 股市盈利众人想，T零解套最高尚；唯有实战方理解，劝君重视练习常。

第六节 如何挂单交易

一、为什么把挂单交易专门拿出一节来讲解

挂单交易是8561股票交易体系中提倡的一种方法，也是我指导客户每天都用到的策略。多数投资者都不是专业做股票的，有自己的生意或者工作，挂单交易是他们的首选，挂完单子以后该去忙啥忙啥，不用总想着盯着看盘。

挂单交易不用实时盯盘，预判好了买单价格和卖单价格以后挂上单子就可以等待成交了。假如当天不成交，第二天一般还是继续挂单，没有特殊利好或者利空出现，一般都是挂单预定好的价格即可，直到成交为止。

挂单交易相对客观，能屏蔽一部分人的弱点，说白了就是能客观看待股价涨跌，不贪婪不恐惧。

由于挂单交易属于追跌杀涨式的操作思路，经常会有买了就涨、卖了就跌的情况出现。而多数投资者都是追跌杀涨式的操作方法，所以买了就跌、卖了就涨是经常见到的情况。

追跌杀涨式的操作，是跌的时候股价才会到预定的买单位置，所以成交以后有的时候发现会是全天的一个最低点位置；有的时候卖单挂单是必须高挂才行，到了卖单位置成交以后，也经常会成为全天的一个最高点。这两种思路是完全不同的。

跟我一起多年的投资者对于以上感觉相信是深有感触的，一开始的时候挂单价格成交了，他们都会感觉好神奇：为什么买的是当天最低点，买完就涨；卖的是当天最高点，卖完就会跌呢？我相信这也是很多投资者想要做到的一点，因为这种方法无异于增加了投资者信心，而且会慢慢把心态改变过来，因为很多投资者会渐渐放弃追涨杀跌式的操作思路，从而回到理性中来，这样时间长了，习惯使用挂单交易以后，其实就已经跑赢多数投资者了。

既然大多数投资者追涨杀跌式的操作是亏钱的，那为什么不反向操作，进行追跌杀涨式操作呢？经过多年验证，这种追跌杀涨式的操作方法，不敢保证盈利，但是有一点是可以保证的，您至少不会买在上影线的尖上（最高点），也不会卖在下影线的尖上（最低点）。我想这个保证对多数投资者来说就很有吸引力了。

二、什么是挂单交易

挂单交易就是提前预设一个买卖的价格，挂在这个价格上等待成交即可。比如您手里持有某只股票，现在价格是10元，您想再第二个交易日以10.30元价格卖出，但是您又没有时间看盘，这个时候您就可以在9点之前（其实有的券商凌晨就可以挂单，每个券商不一样，具体可以咨询开户券商即可）挂上卖价10.30元，如果当天股价到了10.30元，则您这笔挂单卖出就会成交，从而完成一笔挂单交易。

同理，如果您想买入一只股票，但股票现价是10元，您想在第二个交易日买入这只股票。经过分析发现，9.80元有个支撑位，那这个时候您就可以挂买单9.80元买入这只股票，如果第二个交易日当天股价跌到了9.80元，那您这笔买入挂单就会自动成交。

三、挂单交易的优势和劣势

1. 挂单交易的优势

（1）挂单交易相对客观，不会随意改变交易价格。

（2）挂单交易节省时间，不用实时盯盘，挂上单子可以忙自己的工作即可。

（3）挂单交易属于追跌杀涨，股价跌了才能买到，不会买在最高点；股价涨到挂卖单位置才会成交，也不会卖在最低点。

2. 挂单交易的劣势

（1）特殊利好和利空会影响挂单交易的效果。

由于挂单交易在挂单之后不能更改股票买价或者卖价，一旦遇到极端行情也会出现买了继续下跌，或者卖出以后继续上涨的情况。比如您想买一只现价10元的股票，您想在9.80元买入，挂单以后就等待成交了。结果第二交易日出现一个特大利空，股价直接低开到9.80元下方，那您这笔买单就会成交。但是成交以后，由于利空因素，股价也许还会继续下跌，虽然买的不是最高点，但也会出现亏损。

同样您想卖出一只股票，如果现在价格是10元，您想在10.30元阻力位卖出这只股票，但是第二天出现一个特大利好，股价就会高开，直接高开到您挂单卖出10.30元以上价格，那您这笔交易卖出就会成交。但是成交以后，由于受到利好的因素影响，股票价格到10.30元以后，还会继续上涨，虽然没有卖在最低位置，但也没有卖到最高价位。

当然这是特殊情况，很少出现，但很少出现并不代表不会出现。对于这点来说，只能仁者见仁智者见智了，还得看每个人的心态，如果您认可这个方式就去试着做。因为我平时主要是考虑到解套策略的需要，所以才会选择挂单方式指导投资者。

良好的心态对于技术分析来说是至关重要的。总想完美是不可能的，因为这个市场就不是完美的市场，各种陷阱、风险、机会、诱惑都在时刻影响这个市场发展和运行。

（2）挂单交易在弱势当中经常出现挂单不成交的情况

由于挂单交易是提前预判买卖价格，所以出现偏差在所难免，我认为这个很正常，因为真要是有人能做到挂到哪个价位就可以成交，那不成了神仙了吗？

所以假如不成交，最初做出交易决定时的买卖理由也没有发生变化，每天挂单就可以。

我经常给投资者挂单以后，后边会补上一句话：给就要不给就算。其实这就是在提示投资者也许这个挂单不会成交，只有这样才会相对客观。

（3）由于长时间不成交，会造成放弃挂单

弱势当中，有的时候股价振幅较小，经常出现挂单不成交的情况，一天可以挂单，两天可以挂单，时间久了，有的投资者就会失去耐心，从而也容易放弃挂单交易策略。

其实我这些年也遇到过投资者埋怨天天挂单就是不成交。一般情况下我会解释一下：股市机会稍纵即逝，也许解套与否就在一念之间。

这些年我遇到过不听话、没有耐心，不坚持挂单错过解套机会的，也遇到过非常耐心每天坚持挂单，最后抓住瞬间的解套机会的。所以我是最有发言权的，因为我有亲身经历，并不是站着说话不腰疼，没有那回事还在这里浪费大家时间编故事的那种人。用事实说话是我的一贯作风。

下面给各位看一个真实的案例。

这位投资者在 2019 年 1 月 7 日加仓尔康制药以后，成本降低到可以挂单卖出了，也就是亏损 10% 以内，这个时候就可以挂单成本价卖出了。

尔康制药加完仓以后股价又阴跌了几天。可能有人会问了，为什么加仓后还跌呢？是不是判断失误呢？我当时是看到尔康制药在 1 月 4 日一根探底回升阳线走出来以后，叠加当时 MACD 出现背离走势，判断即使再下跌空间也相对有限，所以才会在 1 月 7 日加仓。有理有据，大家可以参考我的思路，不要纠结为什么买完了还继续跌。而且我展示的都是实战案例，不会回避什么。

尔康制药随后在 2019 年 1 月 21 日的时候盘中突然异动，由于我会给每只有机会解套的股票都设置了预警提醒功能，当看到尔康制药异动的时候，一直盯着分时看，突然从 10 点 53 分至 10 点 59 分，分时来了一波急速拉升，瞬间触碰到涨停价格，当天的涨停价格是 3.98 元，但是这位投资者的尔康制药的成本价是在 3.96 元，我马上通知这位投资者看一下成交没有。

当时这位投资者挂单以后就去忙了，没有看盘，随口就回复了我一句：还远着呢，成本是 3.96 元。

其实当时我是真担心他没有挂单卖出，心里一直纠结着，再次告诉他刚才已经到了成本价了，但是瞬间过了一下，假如当时他没有挂单，这只股票就会错过当天解套的机会了。

后来直到这位投资者给我截图确认成交卖出以后我才松了一口气，最终尔康制药成功解套，整个账户也成功解套。

我会把这位投资者的整个解套过程分享给大家，继续看后边实战案例章节部分即可。在这里只是用这个真实的案例告诉大家，既然选择解套策略，那就坚持按照解套策略去操作，不要怕麻烦，否则股市的机会可不会等你，有的时候也不允许你犯懒。

大家继续看便知道什么是机会稍纵即逝了，如图 4 - 92 所示。

尔康制药在 2019 年 1 月 21 日当天分时走势从 10 点 53 分至 10 点 59 分

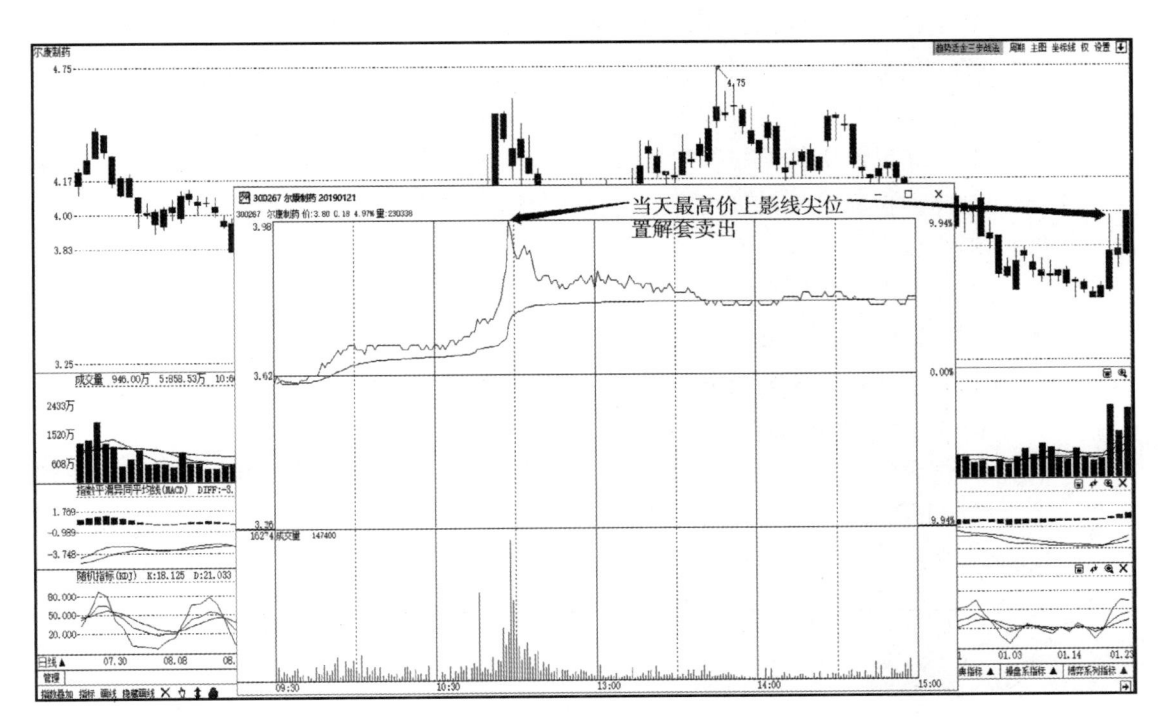

图 4-92

的时候，这波拉升是很急的，一般这种情况要是触碰到涨停位置而不封涨停，诱多的概率很大。

试想一下，如果当时这位投资者没有挂单，而是在我通知他后匆匆进行交易，肯定是来不及卖出的。所以提前挂单是很有必要的，坚持挂单也是很有必要的。

解套就是解套，不要再想着还能多挣钱再卖出，总是这样患得患失不会有理想的结果，会反复被套。我经常和投资者说一句话：不忘初心，方得始终。

四、挂单交易的方法

在讲解挂单交易方法之前，建议各位投资者先把本章第三节如何判断支撑位和阻力位的讲解完全理解透彻，因为判断支撑位和阻力位是挂单交易的重中之重。

由于我指导的投资者都是解套的投资者，所以平时在指导投资者进行挂单的时候，一般就是想加仓就挂单支撑位上买入做差价，想卖出就挂单阻力位上卖出做差价，或者挂在持股成本价格卖出。

挂买单的时候就可以选择在最近的支撑位来进行买入，由于各种分析方法支撑位有所区别，所以投资者也可以综合分析，如果使用其中几种判断支撑位的方法中，支撑位同时符合几个条件，那这个支撑位就会稍微强势一点，也就是支撑的有效性会高一点，买了就涨的概率就会大。

如果使用其中几种判断阻力位方法中，阻力位同时符合几个条件，那这个阻力位就会稍微确定一点，也就是阻力位的有效性会高一点，卖了就跌的概率就大。

下面用实战案例讲一下挂单的技巧。

这位投资者由于几只股票套牢较深，所以需要解套出来的时间也会较长，目前正在解套当中。其中一只股票为星星科技，在2019年1月17日10点47分我给出挂单加仓的价格是3.28～3.30元。

为什么要挂在这个价位呢？如图4-93所示，该股股价从2016年6月17日见顶以后，一直处在标准的下降通道中，一波低点比一波低点低，一波高点比一波高点低。

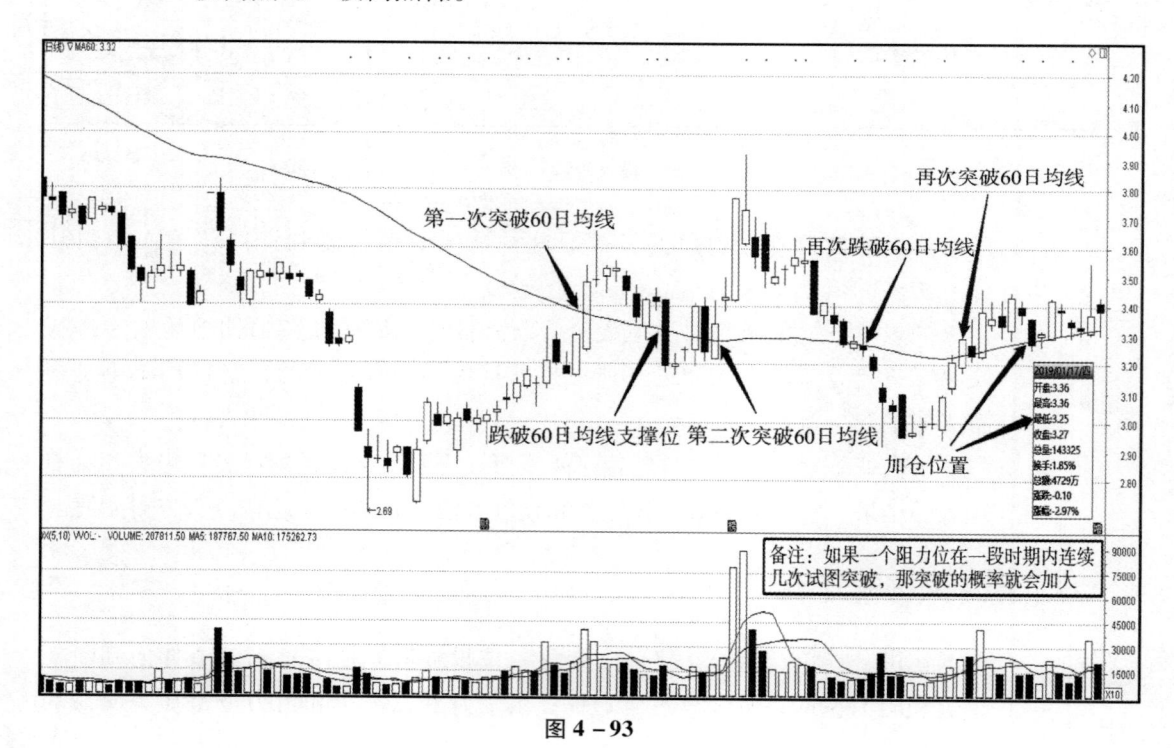

图4-93

到了2018年10月12日探出一个2.69元的新低之后，股价开始反弹。在2018年11月13日突破60日均线，说明主力开始有所作为，预示着股价即将进入活跃区域。

2018年11月23日，60日均线再次告破，而后短暂的几个交易日，股价再次被多头拉回到 60 日均线以上，在 2018 年 12 月 4 日和 12 月 5 日两个交易日放出巨量，之后开始放量必震荡的走势进行调整。

前面说过放量必震荡，短线调整概率大，但是由于当时这位投资者持仓较重，手里还有资金，这个时候我就开始关注了。之所以没有做倒波段，是因为这个位置判断后期很可能会进入反弹走势，一旦卖错了就会造成踏空。

随后开始等待，在 1 月 17 日这位投资者持有的楚天科技正式解套，指导投资者卖出以后，腾出更多资金，才开始安排挂单加仓星星科技。

星星科技在 2019 年 1 月 8 日再次突破 60 日均线，还有可能再次回踩确认 60 日均线支撑的有效性。

星星科技在 1 月 17 日当天的 60 日均线价格是 3.28 元，经过判断以后在 1 月 17 日 10 点 47 分给出指导价格是 3.28~3.30 元区间进行加仓星星科技。

星星科技在 1 月 17 日当天分时最低价格是 3.25 元，跌破了 60 日均线，但是当时挂单是成交了，虽然没有买在最低点价格，但看到加仓成功我心里就踏实多了。

从 1 月 17 日加仓以后，截至 1 月 25 日，星星科技股价一直围绕 60 日均线作为支撑位进行震荡，说明 60 日均线依然是多头的防守位置，1 月 25 日当天最高涨幅接近 7%。

理论上在 1 月 17 日当天加仓的这部分已经获利不少了，算是判断正确，加仓的那笔也没有问题，却没有指导这位投资者卖出。原因是经过综合分析以后，该股还会有冲高的动作，这个位置就是主力在不断试盘、洗盘、吸筹当中。

而且这位投资者手里还有资金，待股价回调到合适支撑位时可以继续加仓。1 月 25 日收出的一根带上影线的 K 线，也像是仙人指路的 K 线形态。

综合以上分析得出结论，星星科技后市大概率还会有高点出现，也有可能走出一波主升浪直接解套出来，所以一直持仓等待机会。

通过以上实战案例分析大家可以看出，解套是一个完整的策略，而不是一两只股票的问题，所以大家一定要认真学习我指导每个账户解套的全过程，这样才能学到解套策略的精髓。

五、挂单注意事项和细节

（1）不要随便更改挂单价格。

这些年在指导投资进行实战中，遇到过很多次打脸的指导，有的时候给出指导价格以后，分时看着就是到不了，结果心理发生变化以后，指导客户更改了挂单价格，往往就是只要一更改价格，大多数情况下，那个挂单价格就会到了，如果不撤单就会成交。

这样的案例有很多，所以后来就相对客观了，不再随意更改挂单价格。这也是我为什么要提示各位投资者的原因。

（2）在判断好了支撑位和阻力位以后要适当给出灵活的振幅。

灵活的振幅怎么理解呢？比如您经过分析后判断一个支撑位的价格在 8.81 元，这个时候建议您打出一定的富余量，因为有的时候这个支撑价位到不了就会开始反弹，如果您正好挂在 8.81 元，有的时候会不成交。所以这种情况下可以挂高 1~3 分钱，这样成交的概率就大。

还有一个情况，就是您正好挂上 8.81 元，股价也到了，但是挂单的时间晚于其他挂相同价格的人的话，就会先成交别人的，最后才成交您的挂单，从而造成比较尴尬的情况，就是股价确实到了您判断的支撑位 8.81 元，但就是没给您的挂单成交，最后股价开始上涨，从而错过低位买进的机会。

同理，如果您分析某只股票的阻力位在 9.62 元，挂单卖出的时候也要打出提前量，少挂几分钱，这样也会避免股价接近阻力位但是没有达到真正的阻力位 9.62 元时就开始回调，这种情况也是常见的，因为股市里面主力比我们更懂技术分析，所以通常情况下，主力也在利用技术分析和散户投资者斗法。

我经常和客户说的一句话是：既然想买就不要在乎那一两分钱，既然想卖出也不要在乎那一两分钱，否则会错失很多机会。

我指导投资者进行挂单交易的时候，一般也会给出价格的富余量，这样成交的机会就会加大，这也是经过实战验证后给出的建议。

（3）移动平均线是随股价波动而变化，注意移动平均线的使用技巧。

前面讲过关于均线的含义了，建议大家重视均线的使用方法。有个细节还是需要提示一下各位投资者。

均线为什么叫移动平均线呢？因为均线每天都是在移动变化的，周期越短，变化越快。所以在选择用均线支撑位和阻力位的时候，尤其是在参考短期均线的时候要注意每天均线价格的变动因素，这样制订的价格才会有效，否则会造成误差，导致支撑位和阻力位判断不准确。

比如今天看 5 日均线价格是 5.43 元，股价还在上升趋势当中，明天一开盘，5 日均线价格就会移动到 5.46 元了，这样您还按照上个交易日的均线价格去挂单，那大概率是不会成交的。

（4）选择距离股价最近任意两条均线作为 T+0 操作空间。

在选择均线作为买入或者卖出的时候，要注意选择相邻的两条均线中间的空间作为买卖短差的空间，且不可跨过中间的均线直接挂下一条均线作为买卖依据挂单，这样有可能会被您跨过去的那条中间的均线"截胡"。

（5）挂单必须在涨跌停范围内。

大家都清楚股票的涨跌幅，正常的股票每天的涨跌幅是10%，ST股票的涨跌幅是5%。所以在挂单的时候一定要计算好涨跌停的价格，否则挂了超出涨跌停的价格，肯定不会成交，不是浪费感情吗？

（6）挂单价格细节。

在挂买卖的时候要注意一个细节——不要挂整数关口价格。比如您要是想买一只股票，最好别挂5.40元买入，挂高1分钱或2分钱在5.41元、5.42元，更不要挂低于整数关口价格5.39元、5.38元这样的价格，因为整数关口一般有支撑，有的时候股价跌不破整数关就开始反弹，造成挂单无法成交。同理，如果想卖出一只个股的时候，也不要挂5.40元整数关，最好挂5.38元或5.39元，更不要挂比整数关高的5.41元或则5.42元，因为挂低于整数关位置价格卖出成交的概率就会加大。

还有，一般情况下主力也在盯着整数关，股价不到整数关价位就开始反弹或者掉头杀跌。这是实战当中经常能见到的情况，希望大家能重视这个细节。

再次温馨提示：股市有很多种技术分析方法，但是适合自己的才是最好的。一种技术分析方法再好也不会适合所有人，更不存在保证在牛市、熊市都能盈利的方法，需要辩证看待各种技术分析的作用。

> 证券市场变化快，贪念恐惧时常在；唯有挂单属客观，简单省时戒躁贪。

第七节
如何正确对待止损止盈问题

提到止损，也就是经常说的割肉，相信有很多投资者都经历过。很多投资大师都提到止损的重要性，但是在实际操作当中要想做到理性合理的止损并不容易。

这么多年的股市生涯，和普通投资者接触甚多，见到过太多的投资者因为严格按照止损的策略去按部就班地做着交易，但是越止损资金越少。

因为止损虽然是必须要执行的股市生存法则，我也不否认止损的重要性，但是这么多年我见过严格止损的投资者最后能生存下来的真是少数。

我见过的一位投资者，本金15万元每次都严格按着止损的逻辑去做止损，结果最后找到我的时候账户资金还剩2万多元。第一章中提到的那位投资者从本金80万元，最多做到了240多万元，最后赶上熊市，每天都严格按照止损的逻辑交易，最后本金剩下25万元左右，再也不敢止损了。

这些年我一直在研究关于止损问题。对待止损，我的态度与别人不同，原因如下。

第一，我在选股的时候先想到亏损问题和主力成本区的问题，所以我一般按照不断修正的8561股票交易体系选股，基本不会选择高位的股票，不追高就不怕被套。

第二，这些年我做了许多解套指导，被套以后可以自己做解套交易策略。

第三，这些年见的操作止损的投资者非常多，没有几个成功止损实现盈利的，因此对止损有了不一样的理解。

当然我也不是不提倡投资者止损，因为止损是交易成功的必要条件，必须要客观看待才行。下面就来讲如何正确止损。

一、什么情况下不建议止损

（1）深套不能止损。

在股票投资当中，肯定会遇到刚买完就大跌，这时一定要注意，在股票被深度套牢时不要去止损，因为这样你可能会遭受实质性的损失。

大盘自2015年从5178点下跌以来，经过几轮的惨烈杀跌，多数个股已经跌去了60%以上，大多数投资者亏损在50%以上。在这种深度亏损的情况下还去割肉止损是不理性的，因为您一旦割肉出局，最后造成的是实质性的亏损，再想回本就很难了。

已经深度套牢的就不要轻易止损了，尤其在当下这个行情中，很多股票已经出现企稳迹象，指数也到了相对底部区域，即使再有低点，下跌空间也相对有限，这个时候止损得不偿失。

所以深度套牢的，只要股票不退市，账户就是浮亏，理论上牛市来了就有机会翻身。

（2）主力建仓成本区的股票，在洗盘期间建议不止损。

股票市场中，经常会遇到主力洗盘的情况，这时候建议不要轻易止损。关于如何分辨主力建仓区和主力成本区的选股分析方法已经在前面介绍过，大家可以回看一下。

如果您持有的股票被套牢的，符合前面第四节当中提到的主力建仓成本区的个股形态的股票就不要轻易止损了，主力建仓洗盘完毕后大概率都会拉升——主力不挣钱一般也不会出货。

这就是为什么我在选股的时候先看主力成本区的原因，选处于主力成本区的股票就不怕买错被套，因为即使主力向下洗盘挖坑，空间也相对有限。

所以股价处于主力建仓成本区的股票要谨慎止损，否则止损不当的话，刚止损股价就有可能起飞了，心态就会被折磨坏了。

（3）股价跌到历史低点建议不止损。

前面说到，从2015年股市下跌以来，截至2019年1月28日，A股中多数股票已经跌去60%以上了，很多股票价格已经跌到了历史底部区域。很多股票甚至跌到了相当于大盘998点的位置，这些股票从战略角度看已经具备了价值投资的区域，这个时候就不要轻易再止损出局了。

若您持有的股票深度被套并且股价已经跌到相对底部区域，就不要轻易止损了。

（4）股价已经低于每股净资产的个股建议不要轻易止损。

大盘从5178点下跌以来，很多股票由于跌幅巨大，已经跌到了每股净资产以下，这类个股其实也具备了价值投资的区域，不适合进行止损操作。

如图4-94所示，该股是前面所提到的那位投资者深度被套的星星科技，股价截至2019年1月28日10点2分的时候是3.37元，但该股票的每股净资产是3.55元，已经低于每股净资产，并且是深度套牢，股价也到了相对底部区域，这类股票就不适合再去止损出局了，踏踏实实做解套策略即可。

二、什么情况下必须止损

（1）经常操作短线的必须设置止损位。

喜欢追高买股票的必须要严格进行止损操作，因为这类投资者一般都是追涨杀跌式的操作，所以必须要提前设置好止损位，否则就会造成短期内大幅亏损。

这里再强调一下，在做短线追高买入的时候一定要提前分析好止损位，追高买完后再去设置止损位是来不及的，要提前做好应对风险的措施。只想着买完就涨，不考虑下跌的后果，是会吃大亏的。

（2）股价从高位往下刚跌破重要支撑位时必须止损。

关于什么是重要支撑位，大家可以参考第三节的内容。有些个股您买的

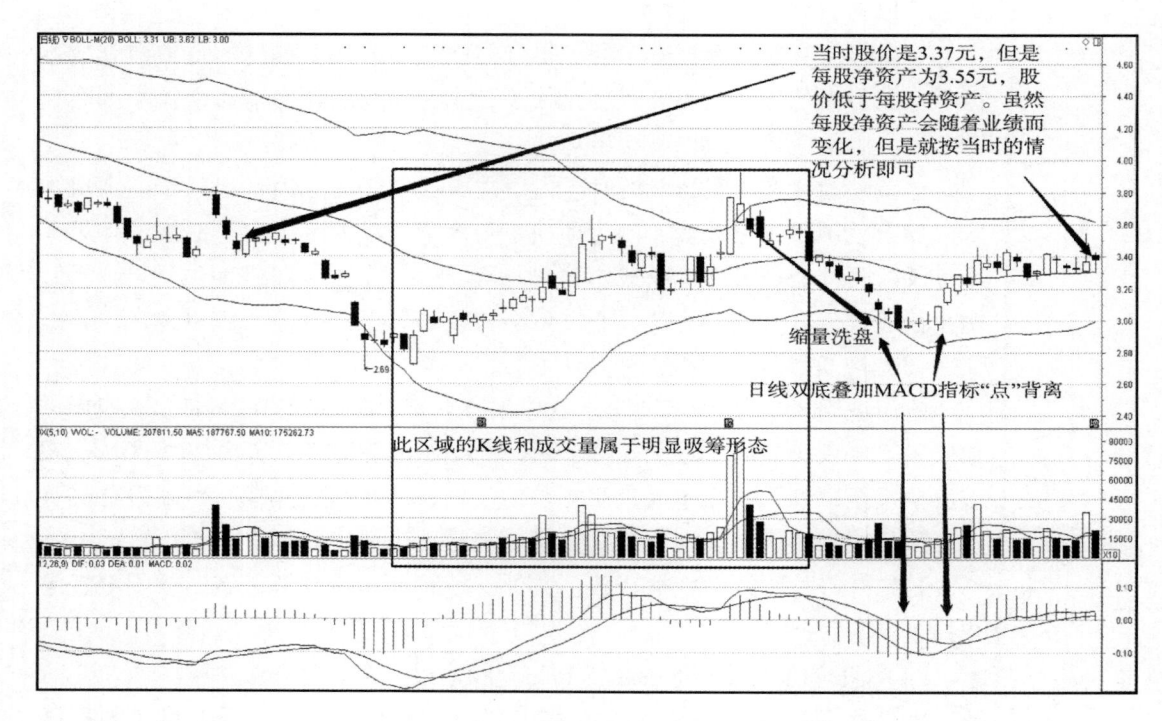

图 4 - 94

时候没有看清楚是处于什么位置，买入以后才发现是在高位，这个时候就要找到重要支撑位，一旦破掉就要及时止损出局，如图 4 - 95 所示。

该股在 2019 年 1 月 22 日的时候破掉颈线位的时候就必须要止损出局，否则后边跌幅多少没办法预估（图 4 - 95）。因为这只股票的价位跌之前属已经在历史高位区域，这种属于大方向补跌的股票。后期大概率会向跌幅 60% 的个股看齐。

这类股票一旦破掉重要支撑位就必须止损出局，一定不能抱有幻想，否则后患无穷。

（3）股价处于历史高位的必须设置止损位。

相信各位投资者都知道怎么判断股份是否处于历史高位。处于历史高位的股票随时都有可能进行回调，一旦追高买入且不设置止损位，后期的跌幅就会很深，造成深度套牢。

如图 4 - 96 所示，该股目前就处于历史高位区域，一旦展开下跌，向下空间是无法预计的，所以这类个股一旦追高买了必须要设置好止损位，否则一旦高位往下杀跌，那结果就不好预测了。

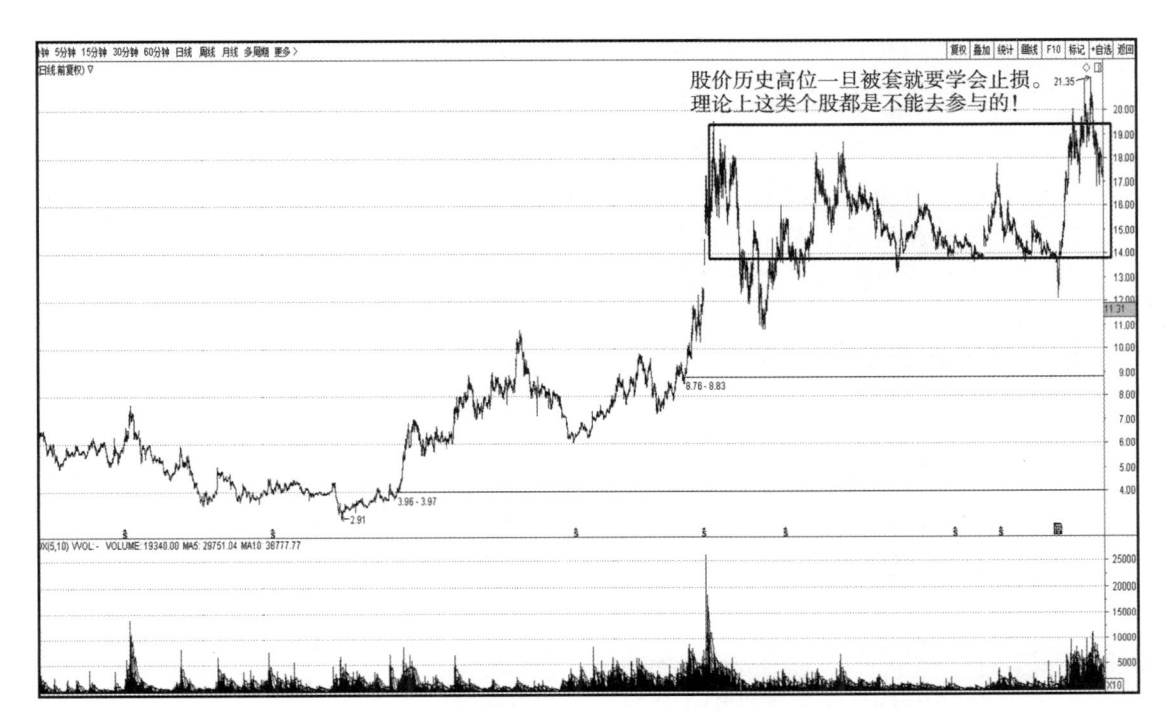

图 4-95

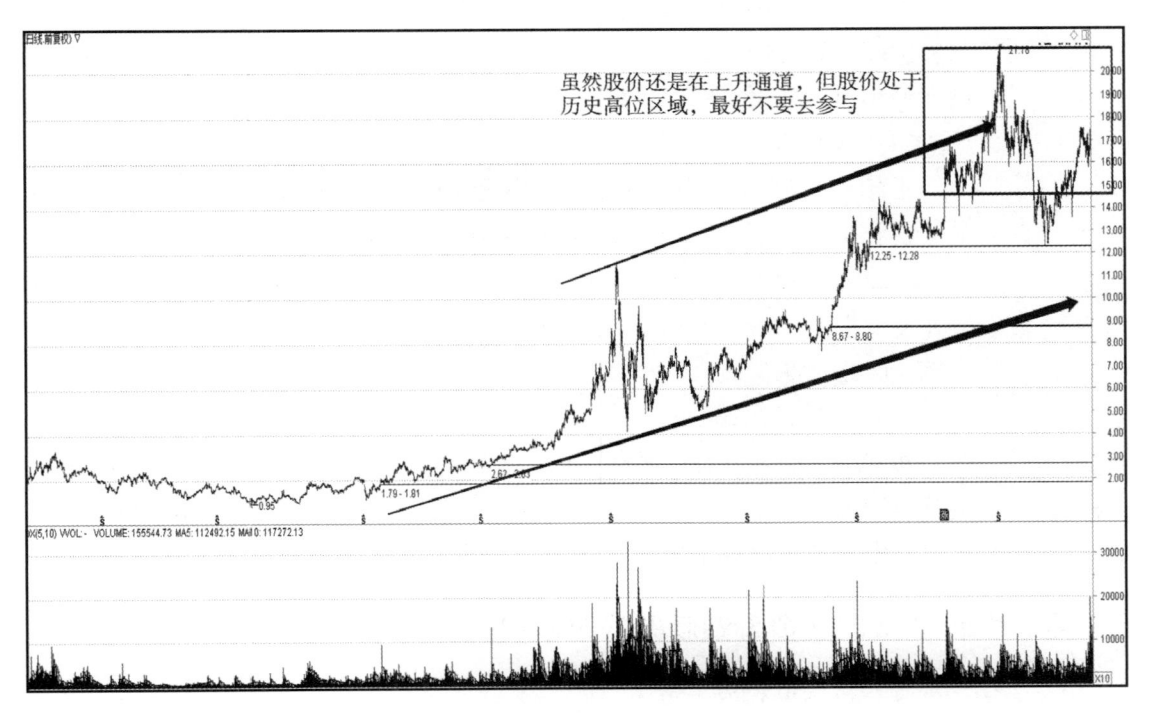

图 4-96

（4）股票出现突发黑天鹅事件时必须及时止损。

股市的情况瞬息万变，尤其在当前经济情况不确定、企业经营出现困难、监管不断趋严的情况下，有些上市公司也多了一些不确定性。比如2018年的长生生物事件、神雾环保、神雾节能事件、中弘股份事件等。此外，在高位出现大股东减持消息的个股也一定要及时止损。因为这种类型的股票有退市的可能性，假如不及时止损，最后的损失是无法预估的。

三、怎样合理设置止损位

（1）参考支撑位设置止损法。

如果买股票时把支撑位作为买入理由，最好在支撑位下方2%~3%设置为止损位，一旦跌破就要止损出局观望，这样既能避免主力假跌破支撑位洗盘，又能合理止损。

（2）以买入股票价格计算止损法。

如果您不知道什么是支撑位，可以用买入股票价格的3%~5%设为止损位，一旦亏损大于这个比例，建议出局观望。

（3）5日均线止损方法。

有一种最简单的止损方法，就是以5日均线作为短线止损来操作：股价只要破掉5日均线，收盘前不能收回来，就先做止损出局，这样能把损失控制在最小范围内。

（4）单根K线止损法。

还有一种简单的止损方法，那就是投资者可以根据你买入当天的单根K线最低点来进行止损位的设置止损价格。这种方法对短线投资者来说尤其简单。

比如某只股票当天K线的最低点价格是10元，投资者可以把止损位设置在低于10元2%~3%的位置，这样设置止损位既能防止主力诱空骗线，又能及时止损减少损失。

（5）其他止损方法。

其实止损的方法有很多种，在这里就不一一介绍了。投资者也可以参考本章第四节中波段卖出技巧参考其中的卖出方法作为止损的技术参考，一旦符合其中一种卖出技术形态，就可以止损卖出。

四、为什么散户投资者做股票的时候很难做到及时止损

（1）投资者心理作用。

市场的参与者都是抱着盈利的目的进入股票市场的，都有贪念和幻想。

在股票出现亏损的时候，侥幸心理开始作祟，某些投资者尽管也知道趋势上已经破位，但是过于犹豫，总是想再看一看、等一等，往往还幻想着能涨回来，结果越跌越深，导致错过止损的大好时机，最后彻底舍不得割肉卖出，严重套牢。

股票价格频繁的波动会让投资者犹豫不决，经常性错误的止损会给投资者留下挥之不去的记忆，从而动摇下次止损的决心。

执行止损确实是一件痛苦的事情，是一个血淋淋的过程，是对人性弱点的挑战和考验。

当股票价格到达止损位时，有的投资者乱了方寸，患得患失，止损位置一改再改；有的投资者临时变卦，逆势加仓，企图孤注一掷以挽回损失；有的投资者在亏损扩大之后，干脆采取破罐子破摔的策略，听之任之，最后无法挽回败局。

（2）交易制度的影响。

我国股票市场的交易制度是T+1制度，也就是今天买完了当天卖不出去，第二个交易日才能卖出。如果当天买完股票股价就开始下跌，假如您设置好了止损位是买入价位的3%~5%，当天也许就到了，尤其是做短线的交易者更会经常遇到这种情况。有的时候当天已经低于止损位，第二天低开就远离止损位了，甚至跌去买入时的股价10%以上都有可能，这个时候多数投资者就不再舍得割肉止损，最后造成严重亏损。

（3）很多投资者无知者无畏。

我在2016年6月接触过一位投资者，当时他的资金本金是20万元，见到我的时候告诉我他的账户里还剩2万多元。我搞不懂为什么他会亏那么多。

这位投资者打开账户给我看，我一下就明白了。当时他的账户里有18只股票，几乎每只股票平均亏损1万元左右，而且每只股票持股数量还剩余100股。

原来当他买入一只股票亏损1万元左右就割肉卖出，手里剩余100股，连续两年多时间一直是这样操作。

大家仔细分析一下这位投资者的操作方法，能挣到钱吗？

我问他为什么这样操作，他说自己不懂，就是觉得亏钱了卖出去，再买一只。这是多么可怕的操作方法啊！

五、止损的重要性

前边说了那么多，并不是强调投资者不能止损，而是说出经过多年实战总结出来的，我自己对止损的理解，以及什么情况下必须止损、什么情况下不能止损的分析供投资者参考。

在股市投资中，止损是必须学会和必须要做到的，在期货操作当中更是生存的唯一法则。在期货市场当中假如您不设置止损，一旦方向做错了，可以让你一笔单子就对期货市场产生恐惧从而失去信心！

关于止损的重要性，专业人士常用鳄鱼法则来说明。假定一只鳄鱼咬住你的脚，如果你用手去试图挣脱你的脚，鳄鱼便会同时咬住你的脚与手。你愈挣扎，就被咬住得越多。所以，万一鳄鱼咬住你的脚，你唯一的机会就是牺牲一只脚。

在股市里，鳄鱼法则就是：当你发现自己的交易背离了市场的方向，必须立即止损，不得有任何延误，不得存有任何侥幸。鳄鱼吃人听起来太残酷，但股市其实就是一个残酷的地方，每天都有人被它吞没。

前面给大家算过一笔账：当你的本金从100万元亏成了90万元，亏损率是 $1 \div 10 = 10\%$ ，你要想从90万元回到本金100万元需要的赢利率也只是 $10 \div 90 = 11.1\%$ ；如果你从100万元亏成了75万元，亏损率是25%，要想恢复的赢利率将需要33.3%；如果你从100万元亏成了50万元，亏损率是50%，要想回到本金100万元的赢利率将需要100%。在市场中，找一只下跌50%的个股不难，而要买一只上涨100%并且能拿得住的股票，恐怕只能靠运气了。

一般来说，高手们总是在买进股票的时候就制订一个止损点，当他买进股票后价格不涨反跌，跌到一定的幅度时，他就以低于买进的价格止损卖出，以避免价格继续下跌给自己造成更大的损失。而大部分投资者尤其是新股民由于缺乏风险意识，一旦被套往往就短线变长线，造成愈套愈深的局面，有的甚至还逆势盲目加仓想摊平成本，后果更是不堪设想。

俗话说得好：留得青山在，不怕没柴烧。止损的意义就是保证你能在市场中长久地生存。

只要能够生存下去就有机会取得胜利，这跟战争是一样的道理。为啥战争时期一旦发现阵地保不住就会撤退把阵地让给敌人？那是因为必须要保存部队实力，也可以理解为战术发生错误以后，就必须要先保存部队实力为主，这样才有机会再去打胜仗把阵地夺回来。如果发现敌人力量明显强于我方，还在拼命死扛，最后命都没了还打什么江山？

所以止损对于投资股票市场和期货市场来说是非常重要的必要技能，必须要学会理性合理的止损。舍得并且敢于止损才能在证券市场取得最后的胜利。

六、止盈的重要性

说完了止损，必须说止盈。在股市中，通常当股价上涨时，投资者一般都会想着等再涨一涨再卖，等到了心里价位了，又会出现开始的一幕，继续想着等再涨一涨再卖。而当买了股票股价下跌时，想着股价还能涨上去。这类投资者也是比较常见的，也许正在看此书的您也是这样。

前者是希望股价涨到最高点，然后把鱼头到鱼尾的利润全部赚到手，总想着在股价达到最高价时才卖出，这种贪心的结果往往导致赚钱变亏钱。后者由于心存侥幸，不懂得少亏就是挣的道理，最终使得亏损无限扩大，形成巨额损失。

与被套后的无可奈何相比，投资者获利后的不知所措甚至盲目乐观同样也是投资股市的致命错误，由于市场规律就是涨涨跌跌，没有只涨不跌的股市，也没有只跌不涨的股市，一般大涨之后必有下跌，如不及时获利止盈出局，往往就会经历"坐过山车行情"，享受上上下下感觉。

人性的贪婪使得很多投资者舍不得卖出手中获利的股票。因此，如何在尽量多赚钱的情况下卖出股票以保住账户利润，自然也成为投资者的一个重要获胜法则，而合理设置止盈位将使这一难题迎刃而解。

既然止损和止盈如此重要，投资者在实际操作中应如何把握要领呢？请记住一个公式：小亏+大赚=盈利。为什么要定这样一个公式呢？道理很简单，因为投资者不可能百分之百买完就涨，因此必须在买入股票前设置好止盈和止损位置，在选错股票时，必须防止股价下跌对既得利润和本金的侵蚀。

使用这个公式的时候，只要准确率在30%以上就可以轻松实现盈利，而30%的准确率对于很多投资者来说是可以达到的。然后在该原则下，设定每次赚钱时的最小获利率为10%，顺势得出每次的最大赔率不应超过3.3%，当亏损大于这一比例时，立刻止损卖出。

最后强调，必须将该方法与形态分析相结合，在市场趋于熊市尾声和牛市当中，成交量温和放大、市场热点不断切换的情况下才选股操作，尽量减少出错的概率。

设置获利了结卖出原则：设置好止盈位而不是跟着行情走。当选对个股出现上涨的时候在预定止盈位果断获利了结，不受其他因素干扰。这样做的原因是只有卖出止盈获得利润以后才是真正的盈利，不卖出股票，账户就是浮盈。

股市瞬息万变，前一秒还强势上涨，下一秒也许就来个闪崩。实际操作中，这种案例是经常遇到的。所谓"凡事预则立，不预则废"，在复杂多样的股市面前，投资者若想盈利，在每次决定交易前就应该制订好投资计划并严格按计划执行，防备可能发生的意外，学会止损和止盈无疑能帮助我们在股市中长期生存下去。

止盈的位置和阻力位是对等的，假如您在支撑位买入一只股票，止盈位就应该设置在下个重要的阻力位区间才合理。关于如何判断阻力位前面已经讲过，在此不多做解释，投资者可以参考本章第三节和第四节卖出技巧即可。

> 止盈止损常细说，正确姿势却不多；唯有理念搞精通，涨跌方会用灵活。

第八节
海陆空立体交易解套战法

一、海陆空立体交易战法简介

海陆空立体交易解套战法是8561股票交易体系内的一部分，不仅适用于解套策略，更适合投资者进行长期投资股市的建仓和持股的整个投资过程。

海陆空立体交易战法是我这些年一直在使用，指导投资者解套的时候也经常用到的策略，但是由于专业性太强，有些投资者没有耐心，所以后来我就逐步淡化了，用一些简单的解套方法指导投资者做解套策略。

但是这个战法我一直在不断升级完善当中。海陆空立体交易战法的核心部分来自我的师父张向阳先生，师父曾经教授过我这方面的技巧，在师父讲完以后，我不断深入研究，经过多年的实战证明这是非常有效的交易战法。当然，这种方法不会保证百分之百盈利，这点大家要客观看待。

二、海陆空立体交易战法详解

（1）何为海陆空立体交易模型？

海陆空三个字意思是：低于持仓价格买入（海），持仓成本价格（陆）

和高于持仓成本价格卖出（空，也有做空的意思）。

比如您想建仓一只个股，买入价格是 10 元，这个价格对应的就是陆地；股价跌到 9 元，低于 10 元，您 9 元加仓继续买入，因为在地平线以下了，这就是大海里；如果股价涨了到 11 元了，高于 10 元的陆地价格了，您把在 9 元海里买入的可以做空卖出去了，这就是在空中交易。

（2）海陆空立体交易战法操作方法介绍。

相信经过简单的介绍以后，读者大概明白海陆空立体交易战法了，接下来以解套为例来讲解具体操作步骤。

假设某投资者持有一只股票被深套 70% 以上，这种情况不能再割肉止损了，因为股价跌去 70% 了，再次大跌的可能性就小多了。已经是开始构筑底部的个股更适合使用海陆空交易战法来解套操作。

假设这位投资者持有的股票成本是 20 元，持有 10000 股，现价跌到了 4 元开始横盘，理论上从 4 元再往下跌 20% 的可能性就小了。这种情况我们可以制订海陆空解套策略了。

再假设这位投资者手里还有资金 10 万元可以操作解套，这 10 万元资金的分配就是海陆空交易战法的核心。

由于海陆空立体交易战法最开始是用作建仓之后的 T+0 或者波段操作而设计的整体投资交易策略，所以我们在这里先把股价 4 元看作是持股成本的陆地价格即可，这样好理解。具体操作思路如下：

第一步，先把 4 元往下 20% 的价位分成 10 等份，即：4 元 × 20% = 0.8 元，0.8 元 ÷ 10 = 0.08 元。

第一个价位是 4.00 元 – 0.08 元 = 3.92 元；

第二个价位是 3.92 元 – 0.08 元 = 3.84 元；

第三个价位是 3.84 元 – 0.08 元 = 3.76 元；

第四个价位是 3.76 元 – 0.08 元 = 3.68 元；

第五个价位是 3.68 元 – 0.08 元 = 3.60 元；

第六个价位是 3.60 元 – 0.08 元 = 3.52 元；

第七个价位是 3.52 元 – 0.08 元 = 3.44 元；

第八个价位是 3.44 元 – 0.08 元 = 3.36 元；

第九个价位是 3.36 元 – 0.08 元 = 3.28 元；

第十个价位是 3.28 元 – 0.08 元 = 3.20 元。

第二步，把可以操作解套的资金分成 10 等份，也就是 10 万元 ÷ 10 = 1 万元。

第三步，盯着股票价格每天挂单操作。具体挂单价格是每天跌幅 10% 以内，并且是在第一步当中计算得出的所有等份价格都要挂上买单。

例如：股票今天开盘价格是 4 元，跌停价格就是 4 元 × 10% = 3.60 元，那么具体的挂单就是第一步当中的第一个价位至第五个价位都要挂上买单。也就是分别挂单 3.92 元、3.84 元、3.76 元、3.68 元、3.60 元。买入的股票数量就是每个价位用 1 万元 ÷ 挂单价格，买入的数量分别如下：

第一个价格 3.92 元买入数量 10000 元 ÷ 3.92 元 = 大约 2500 股；

第二个价格 3.84 元买入数量 10000 元 ÷ 3.84 元 = 大约 2600 股；

第三个价格 3.76 元买入数量 10000 元 ÷ 3.76 元 = 大约 2600 股；

第四个价格 3.68 元买入数量 10000 元 ÷ 3.68 元 = 大约 2700 股；

第五个价格 3.60 元买入数量 10000 元 ÷ 3.84 元 = 大约 2700 股左右。

由于 A 股市场交易制度是只能买入 100 股的整数倍，所以都取 100 股的整数倍即可。

第四步，开始盯着挂买单的价格是否成交。如果买单价格成交以后就开始进行挂卖单，买单成交以后的卖单价格具体如下：

买单价格 3.92 元成交以后，马上挂单 4.00 元卖出这笔买入的 2500 股；

买单价格 3.84 元成交以后，马上挂单 3.92 元卖出这笔买入的 2600 股；

买单价格 3.76 元成交以后，马上挂单 3.84 元卖出这笔买入的 2600 股；

买单价格 3.68 元成交以后，马上挂单 3.76 元卖出这笔买入的 2700 股；

买单价格 3.60 元成交以后，马上挂单 3.68 元卖出这笔买入的 2700 股。

也就是说，第一个价位买单成交以后要挂成本价卖出买入的部分，第二个价位买入成交的要挂第一个价位卖出买入加仓的部分，第三个价位买入的要挂第二个价位卖出加仓的部分，以此类推。

如果第一个价位 3.92 元买入成交的部分，挂卖单成本价 4.00 元卖出以后，继续挂 3.92 元买单买入 10000 元同等股票数量。

如果 3.84 元买入，挂单 3.92 元卖出以后，马上继续挂单 3.84 元再继续买入 10000 元同等股票数量。

如果 3.76 元买入，挂单 3.84 元卖出以后，马上继续挂单 3.76 元再继续买入 10000 元同等股票数量。

以此类推，每日进行以上策略的反复操作即可。

如果股价从 4.00 元没有再下跌，而是上涨走上升通道了，那就可以把上边介绍的价格按着 4.00 元往上涨的价格相应比例提高即可。这就是所谓的海陆空立体交易策略。建议大家把这段多看几遍，以便能够真正理解透彻。

海陆空立体交易战法模型是经过实战验证的，也是以量化的，虽然看着较为复杂，但是相对科学合理。如果能把海陆空立体交易体系分析透彻，解套就只是时间问题了。

但是在实际操作过程中肯定也会有很多不同的情况，因为股市最大的规律就是不断变化，所以在实战当中大家要灵活运用，不能死搬硬套去操作，最理想的就是把我上边介绍的海陆空立体交易战法变成自己的交易模型，这样才是我写这本书提到这个交易战法最终想要达到的效果。希望投资者能明白我的意思。

> 股市涨跌惹人醉，被套亏损心更累；海陆空军来解围，精雕细研喜与悲。

第九节
思考部分

证券市场投资，被套亏损是常见的事情，如果不能正确看待亏损和处理亏损问题，最终就会被市场淘汰。既然选择投资证券市场，就要先想到风险，所有只考虑收益不考虑风险的投资者最终都是市场中的猎物，而先想到市场风险再去考虑收益的，才是证券市场中真正的猎手、真正的高手，只有这部分人才能站到市场中最顶尖的位置。

问题1. 经过本章的学习，如果现在有100万元资金，您将如何进行仓位分配？如何进行选股投资？选择哪一类个股进行投资？

问题2. 经过对本章的学习，您如果买入股票以后被套了该怎样操作？

问题3. 请按照本章第二节和第三节，找出10只个股进行所处位置的分析和支撑位、阻力位的分析。

> 常规解套技术灵，支撑阻力波段行；高抛低吸挂单用，客观有效更理性。

第五章　如何进行股票账户综合分析制订解套策略

我认为解套策略的重点或者核心是整体账户的解套策略,因为很多说能解套的基本都是按着个股去说的。但是,制订战略是非常重要的,就跟打仗一样,战略出了错误,战术再厉害也扭转不了大局。

对于整个账户的解套策略没有一个标准的模型,因为每位投资者的账户情况都是不一样的,所以没有一个标准答案或者方法能解决所有被套账户的问题。

但是经过这么多年的解套经历,我发现几个方面还是相通的。在本章当中我尽量把典型的几个方面都拿出来讲给大家,这样有助于您根据自己的账户情况去安排解套策略。

第一节
如何进行账户综合分析

首先我把这些年解套实战当中遇到的典型的几种情况总结了一下，然后再用真实的账户给大家讲解如何整体安排解套策略。

一、总仓位分析

总仓位分析主要是考虑满仓与否，因为仓位不同，解套策略就不同，假如要是满仓的话，只能选择做反向T+0，要是半仓就可以正向反向一起做，这是最基本的因素。所以分析清楚仓位对于解套来说是重要的第一步。

仓位情况一般有以下几种状态：满仓、重仓（六成至九成）、半仓、轻仓（二成至四成）。

从仓位情况来看，解套策略最好做的就是轻仓状态了，因为手里有钱好办事，这也是为什么我一直提倡做股票投资对于普通投资者来说，仓位是最关键的一个环节。

普通投资者的选股能力一般不强，如果您重仓操作的话一旦被套，将很难挽回损失，即使操作解套策略也需要很长时间才能回本。但如果仓位控制合理，最后还是有机会扳回局面的。

这些年我指导投资者做解套服务有很深的感触，如果是仓位在七成以下的账户，操作得当，解套的概率还是很大的，但是七成仓位以上的账户解套时间会相对漫长。

所以各位投资者一定要在股票投资中注意仓位的问题。

二、持仓股票品种数量分析

持仓股票的品种数量，简单说就是持有几只股票。这是会影响解套策略制订的因素，您只有一只股票跟持有几十只股票，这样的解套策略是不一样的。

咱们还是用事实说话，给大家看一个真实的账户情况。

如图5-1所示，这是石家庄一位投资者2016年11月的账户情况。您可能也是第一次见到这样的情况。

第五章
如何进行股票账户综合分析制订解套策略

说明:"资金股份"（持仓明细）单下面的表格数据是为了还原截图中看不清楚的数据。

证券代码	证券名称	证券数量	可买数量	参考成本价	参考市价	参考市值	参考盈亏	盈亏比例（%）
600008	首创股份	6000.00	6000.00	4.539	4.2800	25680.00	-1551.58	-5.706
600030	中信证券	50000.00	50000.00	28.271	17.2100	860500.00	-553026.79	-39.125
600193	创兴资源	6000.00	6000.00	13.700	11.7600	70560.00	-11639.30	-14.161
600220	江苏阳光	5000.00	5000.00	6.012	4.6600	23300.00	-6759.62	-22.488
600256	广汇能源	100.00	100.00	474.107	4.4800	448.00	-46962.67	-99.055
600456	宝钛股份	2000.00	2000.00	20.632	19.9200	39840.00	-1423.23	-3.451
600495	晋西车轴	2000.00	2000.00	8.093	8.1200	16240.00	54.68	0.334
600501	航天晨光	1000.00	1000.00	25.593	18.0200	18020.00	-7573.19	-29.590
600545	新疆城建	2000.00	2000.00	11.420	7.5500	15100.00	-7740.46	-33.888
600580	卧龙电气	2000.00	2000.00	16.555	9.8800	19760.00	-13350.64	-40.320
600760	*ST黑豹	4000.00	4000.00	12.607	9.7400	38960.00	-11467.08	-22.741
600765	中航重机	2000.00	2000.00	19.991	15.0100	30020.00	-9962.83	-24.916
600846	同济科技	5000.00	5000.00	11.260	10.0800	50400.00	-5898.07	-10.480
601211	国泰君安	4000.00	4000.00	21.039	18.5200	74080.00	-10077.25	-11.973
601229	上海银行	1000.00	1000.00	17.770	30.2400	30240.00	12470.00	70.174
601628	中国人寿	3000.00	3000.00	27.179	22.9700	68910.00	-12626.36	-15.486
601989	中国重工	2000.00	2000.00	10.173	6.8500	13700.00	-6646.51	-32.665
000001	平安银行	21600.00	21600.00	11.772	9.1800	198288.00	-55990.38	-22.018
000009	中国宝安	2375.00	2375.00	14.208	10.6600	25317.50	-8427.15	-24.972
000559	万向钱潮	6000.00	6000.00	19.650	14.6200	87720.00	-30178.21	-25.598
000750	国海证券	12900.00	12900.00	7.694	7.7700	100233.00	974.56	0.988
000812	陕西金叶	1000.00	1000.00	17.137	10.4600	10460.00	-6677.06	-38.962
000939	凯迪生态	2000.00	2000.00	13.751	10.4600	20920.00	-6581.10	-23.933
002162	悦心健康	3900.00	3900.00	11.504	7.1400	27846.00	-17018.36	-37.935
002163	中航三鑫	2000.00	2000.00	10.505	8.5900	17180.00	-3830.72	-18.229
002249	大洋电机	4000.00	4000.00	12.309	9.8700	39480.00	-9755.58	-19.815
002307	北新路桥	2000.00	2000.00	11.305	9.2500	18500.00	-4110.45	-18.178
002388	新亚制程	3000.00	3000.00	12.062	12.2700	36810.00	624.29	1.724
002449	国星光电	2000.00	2000.00	15.962	15.1400	30280.00	-1644.62	-5.150
150019	银华锐进	2441696.00	2441696.00	1.204	0.8450	2063233.12	-876202.33	-29.817
150210	国企改B	78681.00	78681.00	1.004	0.7020	55234.06	-215943.42	-30.080

图 5-1

当时我只能用触目惊心来形容了，这样投资能叫分散风险吗？持仓股票数量达到 31 只，其中还有一个国企改 B。在这里顺便提示一下大家，熊市当中一定不要碰 B 级基金，这类风险非常高，因为都是带杠杆的，不要总想着涨得快，跌的时候也很快。大家看一下这个账户里面的证券 B 级基金，如图 5－2 所示。

这位投资者账户也是相对悲观一些，其中有一个证券 B 级基金亏损是 74.8%，因为中间有过下折，所以亏损较为惨烈。

如图 5－3 所示，这位投资者的账户情况同样非常不乐观，究其原因也是股票数量太多，持股数量 14 只。

持仓

买入 卖出 撤单 持仓 查询

人民币账户

资产 882399.09 银证转账

市值 841031.10 浮动盈亏 -2002193.96

可用 41367.99 可取 367.99

证券名称	参考盈亏	盈亏比例	帐号类别	股
江苏吴中 600200	-408898.72	-54.67	沪A	A348
豫光金铅 600531	-376634.34	-53.72	沪A	A348
申万宏源 000166	-163117.34	-75.08	深A	0080
新农开发 600359	-40984.30	-47.67	沪A	A348
乐视网 300104	-194408.41	-82.53	深A	0080
证券B 150172	-811416.61	-74.80	深A	0080
美凯龙 601828	1570.00	15.84	沪A	A348
申华控股 600653	-8304.24	-69.76	沪A	A348

图 5－2

人民币 余额:37441.88 可用:37441.88 可取:37441.88 参考市值:470929.00 资产:508370.88 盈亏:-271330.70

证券代码	证券名称	证券数量	可卖数量	参考成本价	参考市价	参考市值	参考盈亏	盈亏比例(%)	股东代码
000514	渝开发	4500.00	4500.00	16.199	7.8200	35190.00	-37705.50	-51.725	
300244	迪安诊断	1000.00	1000.00	69.908	32.8000	32800.00	-37108.00	-53.081	
300479	神思电子	3000.00	3000.00	42.352	30.0500	90150.00	-36906.00	-29.047	
300137	先河环保	1000.00	1000.00	49.324	16.4200	16420.00	-32904.00	-66.710	
002413	雷科防务	1900.00	1900.00	29.389	13.4300	25517.00	-30322.10	-54.303	
600279	重庆港九	4100.00	4100.00	14.135	7.3400	30094.00	-27859.50	-48.072	
300001	特锐德	1000.00	1000.00	41.615	19.7400	19740.00	-21875.00	-52.565	
300213	佳讯飞鸿	2000.00	2000.00	38.367	28.5700	57140.00	-19594.00	-25.535	
300166	东方国信	1000.00	1000.00	34.832	24.3800	24380.00	-10452.00	-30.007	
002405	四维图新	2000.00	2000.00	25.092	22.6000	45200.00	-4984.00	-9.931	
300448	浩云科技	1000.00	1000.00	35.353	31.6600	31660.00	-3693.00	-10.446	
002273	水晶光电	600.00	600.00	29.056	23.6800	14208.00	-3225.60	-18.502	
601788	光大证券	2000.00	2000.00	18.269	16.7300	33460.00	-3078.00	-8.424	
600633	浙报传媒	1000.00	1000.00	16.594	14.9700	14970.00	-1624.00	-9.787	

图 5－3

如图 5－4 所示，这位投资者的资金量当时是 200 万元，合计买了 14 只股票，也是想着分散风险的，结果一样亏损。

第五章 如何进行股票账户综合分析制订解套策略

选中	操作	证券代码	证券名称	股票余额	拥股数量	可用数量	最新价	盈亏成本	证券市值	参考保本价	浮动盈亏
□	卖出 买入	000415	渤海租赁	10000	10000	10000	3.820	3.921	38200.00	单击计算	-1010.00
□	卖出 买入	000750	国海证券	34000	34000	34000	4.230	6.321	143820.00	单击计算	-71094.00
□	卖出 买入	002154	报喜鸟	36000	36000	36000	3.070	3.987	110520.00	单击计算	-33012.00
□	卖出 买入	002289	宇顺电子	3100	3100	3100	5.500	7.236	17050.00	单击计算	-5381.60
□	卖出 买入	002343	慈文传媒	3060	3060	3060	10.320	13.843	31579.20	单击计算	-10780.38
□	卖出 买入	002560	通达股份	14000	14000	14000	4.620	7.453	64680.00	单击计算	-39682.00
□	卖出 买入	002574	明牌珠宝	15000	15000	15000	5.130	5.873	76950.00	单击计算	-11145.00
□	卖出 买入	002585	双星新材	80270	80270	80270	5.350	7.562	429444.50	单击计算	-177557.24
□	卖出 买入	002655	共达电声	17500	17500	17500	7.280	14.767	127400.00	单击计算	-131022.50
□	卖出 买入	600016	民生银行	25000	25000	25000	6.050	6.149	151250.00	单击计算	-2475.00
□	卖出 买入	600089	特变电工	20000	20000	20000	6.800	7.090	136000.00	单击计算	-5800.00
□	卖出 买入	600177	雅戈尔	21800	21800	21800	7.630	8.280	166334.00	单击计算	-14170.00
□	卖出 买入	600256	广汇能源	15000	15000	15000	3.980	3.908	59700.00	单击计算	1080.00
□	卖出 买入	601952	苏垦农发	2600	2600	2600	6.610	3.097	17186.00	单击计算	9133.80
								合计(人民币)	1570113.70		-492895.92

图 5-4

如图 5-5 所示，这是江苏的一位投资者的账户情况，20 多万元的资金买了 8 只股票，也是不合理的。

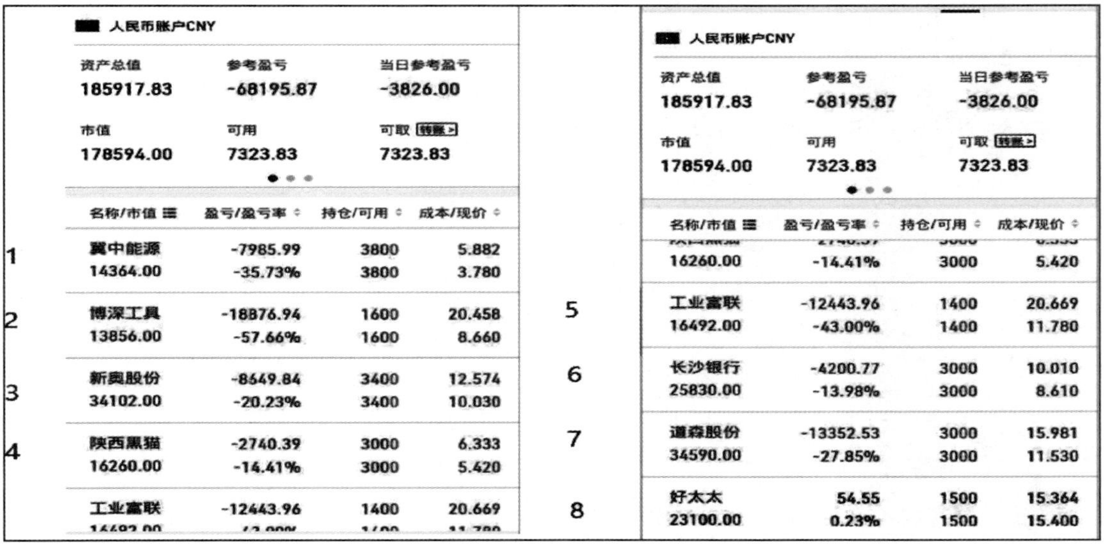

图 5-5

如图 5-6 所示，这是安徽的一位投资者的账户，这位投资者相对就理性多了，只买了 3 只。这样的账户在做解套的时候就相对好做一些，因为账户里至少还有 10% 资金，而且股票数量只有 3 只，并且这 3 只亏损比例也不

· 173 ·

算大，相对于大多数账户来说要相对乐观一点。

	买入	卖出	撤单	持仓	查询
人民币账户A股					仓位81.8%

总资产	浮动盈亏	当日参考盈亏
206181.55	-88326.75	-1450.00

总市值	可用 国债>	可取 转账>
168751.00	20719.14	20719.14

市值	盈亏	持仓/可用	成本/现价
建投能源	-70014.290	24200	7.908
121242.000	-36.646%	24200	5.010
罗牛山	-2222.460	700	12.669
6643.000	-25.093%	700	9.490
通富微电	-16090.000	4900	11.629
40866.000	-28.283%	4900	8.340

图 5-6

通过以上六个案例相信大家对于能买几只股票，心里也大概有数了。并不一定买得越多，就越能盈利，合理安排买入个股数量也是投资盈利的一个重要环节。

三、持仓个股成本、盈亏比例、盈亏金额分析

持仓个股的成本分析，就是要看一下每只股票的成本是多少，现价又是多少。

分析持仓成本和现价，要大概能计算一下假如加仓以后，成本大概能降低到什么位置；降低到这个位置以后，解套的概率有多大。

例如：某投资者持有一只股票 1 万股，成本价是 10 元，现在股价是 5 元，如果投资者手中还有 5 万元可以加仓，那就可以算一下，用 5 万元在 5 元现价位置加仓 1 万股以后，这只股票的加仓后成本大约在 7.5 元附近（不考虑交易费用）。然后我们再去分析这只股票的技术面，看看加仓以后新的成本价能否有机会达到，这个就要看现价 5 元区间到新的成本价 7.5 元这段距离有多少个阻力位，这些阻力位的强弱进行分析，如果觉得这段距离区间内阻力位都是比较重要的阻力位，那就要谨慎操作这只股票；如果要是觉得这段距离内的阻力位都是较为弱一点的阻力位，那就可以操作这只股票的波段或者 T+0 了。

第五章
如何进行股票账户综合分析制订解套策略

所以理论上，要经过以上这个加仓以后的推演才能决定先操作哪一只股票。当然这只是这一个层面的分析，分析完了以后要做个分析记录。接下来还得继续分析其他方面因素。

持仓个股盈亏比例分析，就是分析每只股票的盈亏比例是多少，这样也有助于制订解套策略。

假设您账户持有 5 只股票，持股数量相同的情况下，浮亏比例分别 10%、20%、30%、40%、50%，您觉得应该先解套哪一只呢？单从这一个层面分析不考虑其他层面因素的话，理论上是先操作被套 10% 的那只股票。

我想盈亏比例不难理解，但是里面还有很多细节，比如持股数量相同，但是股价不一样，假设 5 只股票的现价分别是 5 元、6 元、7 元、8 元、9 元，如果单从这个层面分析不考虑其他因素的话，那就应该先操作股价 5 元的那只。

盈亏金额分析：继续假设某投资者持有 5 只股票，同样有 5 万元可以作为解套资金，持仓的 5 只股票，亏损金额分别为 1 万元、2 万元、3 万元、4 万元、5 万元，假如从这个层面分析不考虑其他因素的话，理论上也是要先解救亏损 1 万元的那只股票。

因为 5 万元的解套资金，解救亏损 1 万元的这只股票，单独计算解套资金 5 万元要是挣 1 万元，那理论上加仓以后上涨 20% 就可以解套了。

但是如果您先解救亏损 5 万元那只股票，解套资金同样是有 5 万元的话，不计算持仓那部分资金，加仓以后翻倍，才能成功解套。

所以经过以上分析，单考虑这个层面不考虑其他因素，可以先做哪一只解套，这样一算就清晰了。试想一下，一只股票涨幅 20% 容易还是涨幅 100% 容易呢？答案是很明确的。

四、持仓个股属性分析

持仓股票的属性分析是指持仓个股基本面分析、所属板块、是否是 ST 等等。

（一）基本面分析

我之前讲过，未来 A 股一定是以价值投资为主的市场，但是目前纯价值投资不适合中国，可也必须要考虑基本面。因为如果投资者被套比较深的话，短期是很难解套的，时间一长，个股基本面不好，会出现越解套越深套的风险。

就在我今天（2019 年 1 月 29 日）写这段的时候，上午盘面哀鸿遍野，跌幅靠前的都是因为年报业绩暴雷不及预期的，甚至有的业绩预增不及预期都被打跌停板的，这就是基本面的影响。

所以在做解套策略的时候必须要把每只持有的股票做一个详细的基本面分析。我理解广大投资者很难能分析明白基本面，但是我还是想把我平时经常使用的几种基本面分析指标告诉投资者。下面只是一部分，因为说得太多，普通投资者可能也不会完全能理解。

要想分析基本面，请打开行情软件，按 F10 以后关注以下几个基本面指标。

1. 营业收入和净利润

   从解套的角度来看，营业收入和净利润增长与否是需要考虑的一个因素，但不是主要因素。假设还是有 5 只股票被套的话，如果其中有盈利增长和盈利亏损的，建议还是先解套操作盈利增长的，当然这只是相对的。在季报、半年报、年报业绩发布的期间还是要考虑这个因素，因为这个因素可以影响个股的短期股价振幅。

   尤其是在当前经济情况下，更要重视这个指标的变动。能够在经济不景气时期业绩还保持增长的大概率都是好公司，经济稍微企稳后就更可以继续增长。业绩增长，后期股价就会有机会向上运行。

2. 每股净资产

   公司净资产代表公司本身拥有的财产，也是股东们在公司中的权益，因此又叫作股东权益。

   在会计计算上，公司净资产相当于资产负债表中的总资产减去全部债务后的余额。公司净资产除以发行总股本，即得到每股净资产。例如，上市公司净资产为 15 亿元，总股本为 10 亿股，它的每股净资产值为 1.5 元（即：15 亿元÷10 亿股）。

   每股净资产值反映了每股股票代表的公司净资产价值，为支撑股票市场价格的重要基础。每股净资产值越大，表明公司每股股票代表的财富越雄厚，通常创造利润的能力和抵御外来因素影响的能力越强。净资产收益率是公司税后利润除以所有者权益得到的百分比，用以衡量公司运用自有资本的效率。

   大盘自 2015 年的 5178 点下跌以来，截至 2019 年 1 月 29 日，很多股票价格已经低于了每股净资产。低于每股净资产的股票已经具备了战略建仓的位置。

   所以假设某投资者持有 5 只股票，其中有两只股价已经低于每股净资产，那理论上要先解救低于每股净资产的这两只才算合理，因为低于每股净资产的股票，至少安全系数比高于每股净资产的个股要好一些。

假设持有个股股价都高于每股净资产，那就选择距离每股净资产最近的一只股票进行解套操作，这样也是合理的。当然这是在没有考虑其他因素的情况下做的选择。

3. 每股收益

基本每股收益＝归属于普通股股东的当期净利润÷当期发行在外普通股的加权平均数。

每股收益的多少不能绝对来进行对比，因为行业景气度不一样，所以没有可比性，最合理的是和同行业同板块相比较。

在进行投资时，投资者使用每股收益率指标有以下几种方式：

（1）对每股收益指标进行排序，用来初步寻找一些收益率相对较高的股票，标定出所谓的"绩优股"和"垃圾股"；

（2）通过横向比较同行业的每股收益来筛选出其中的龙头企业；

（3）纵向比较个股的每股收益来判断该公司的成长性。

在运用每股收益率指标时，应综合企业其他经营状况，不可盲目追求过高的每股收益率。

在解套过程中，我们简单地看一下每股收益即可，就是看每只股票的每股收益是正还是负的就可以了。

假设某投资者持有5只股票，其中有一只股票每股收益是负的，那这只就放在最后再去做解套，这个决定也是在不考虑其他因素的情况下做出的。

4. 动态市盈率（PEG）

我平时喜欢使用PEG来分析股票的估值合理与否。所谓PEG，是用公司的市盈率（PE）除以公司未来3或5年的（每股收益复合增长率×100）。PE仅仅反映了某股票当前价值，PEG则把股票当前的价值和该股未来的成长联系了起来。

比如一只股票当前的市盈率为20倍，未来5年的预期每股收益复合增长率为20%，那么这只股票的PEG就是1。当PEG等于1时，表明市场赋予这只股票的估值可以充分反映其未来业绩的成长性。

当PEG大于1，则这只股票的价值就可能被高估，或市场认为这家公司的业绩成长性会高于市场的预期。

通常，那些成长型股票的PEG都会高于1，甚至在2以上，投资者愿意给予其高估值，表明这家公司未来很有可能会保持业绩的快速增长，这样的股票就容易有超出想象的市盈率估值。

当 PEG 小于 1 时,要么是市场低估了这只股票的价值,要么是市场认为其业绩成长性可能比预期的要差。通常价值型股票的 PEG 都会低于 1。投资者需要注意的是,像其他财务指标一样,PEG 也不能单独使用,必须要和其他指标结合起来,这里最关键的还是对公司业绩的预期。

由于 PEG 需要对未来至少 3 年的业绩增长情况作出判断,而不能只用未来 12 个月的盈利预测,因此大大提高了准确判断的难度。事实上,只有当投资者有把握对未来 3 年以上的业绩表现作出比较准确的预测时,PEG 的使用效果才会体现出来,否则反而会起误导作用。此外,投资者不能仅看公司自身的 PEG 来确认它是高估还是低估,如果某公司股票的 PEG 为 1.2,而其他成长性类似的同行业公司股票的 PEG 都在 1.5 以上,则该公司的 PEG 虽然已经高于 1,但价值仍可能被低估。

从解套的角度来看,分析被套个股的时候,也是要考虑估值的,同样的市场状态下,低估的股票大概率还是比高估的股票相对安全一些,但是也要考虑一些细节,因为不同的行业动态市盈率没有可比性,所以理论上 PEG 只是相对的,也是一个综合分析解套策略时候要考虑的一个指标。

同样是持 5 只被套的股票,在不考虑其他因素情况下,要优先选择低估值股票操作,这样风险也会相对降低一些。如果是浅套的股票也可以不考虑这个指标。

5. 资产负债率

资产负债率又称举债经营比率,它是用来衡量企业利用债权人提供资金进行经营活动的能力,以及反映债权人发放贷款的安全程度的指标,通过将企业的负债总额与资产总额相比较得出,反映在企业全部资产中属于负债比率。

资产负债率是企业负债总额除以资产总额所得到的百分比,也就是负债总额与资产总额的比例关系。资产负债率能反映在总资产中有多大比例是通过借债来筹资的,也可以衡量企业在清算时保护债权人利益的程度。资产负债率这个指标反映债权人所提供的资本占全部资本的比例,也被称为举债经营比率。资产负债率 = 总负债 ÷ 总资产。

该指标是评价公司负债水平的综合指标,同时也是衡量公司利用债权人资金进行经营活动能力的指标,也反映债权人发放贷款的安全程度。

如果资产负债比率达到 100% 或超过 100%,说明公司已经没有净资产或资不抵债了。

从解套的角度来分析被深套的股票,还是要从战略角度来分析此指标。

在使用资产负债率分析股票的时候要考虑一个细节：银行的资产负债率基本都是非常高的。工商银行截至 2019 年 1 月 29 日的资产负债率显示是 91.91%，要是其他行业有这样的负债率就非常危险，一旦出现还款困难就会造成资不抵债的情况出现，但是银行的经营模式造成的这种高负债经营是一个特殊情况，所以这个指标对银行板块来说意义不大，但其他多数行业还是要特别关注这个资产负债率指标的，尤其是同行业同板块的个股更有可比性。

对于被深套股票的解套策略分析，资产负债率是一个重要的参考指标。浅套的股票可以不考虑这个指标。

6. 经营现金流

现金流量按其来源性质不同分为三类：经营活动产生的现金流量、投资活动产生的现金流量和筹资活动产生的现金流量。现金流量指企业在一定会计期间以收付实现制为基础，通过一定经济活动（诸如经营活动、投资活动、筹资活动和非经营性项目）而产生的现金流入、现金流出及其差量情况的总称。

在现代企业的发展过程中，决定企业兴衰存亡的是现金流量，最能反映企业本质的是现金流量，在众多价值评价指标中基于现金流量的评价是最具权威性的。

现金流量比传统的利润指标更能说明企业的盈利质量。第一，为避免利用增加投资收益等非营业活动操纵利润的缺陷，现金流量只计算营业利润而将非经常性收益剔除在外；第二，会计利润是按照权责发生制确定的，可以通过虚假销售、提前确认销售、扩大赊销范围或者关联交易调节利润，而现金流量是根据收付实现制确定的，上述调节利润的方法无法取得现金因而不能增加现金流量。可见，现金流量指标可以弥补利润指标在反映公司真实盈利能力上的缺陷。

现金流量管理水平往往是企业存亡的决定要素！

很多企业的营运危机是源于现金流量管理不善！

世界知名投资集团的投资评审也首先考虑的是投资对象的现金流量！

当经济危机来袭，资金周转危机往往是企业破产的直接导火索！

企业的价值就在于它产生现金流量的能力！

现金流量对于股票价值的影响：在有效资本市场中，企业价值的大小在很大程度上取决于投资者对企业资产（如股票等）的估价，在估价方法中，现金流量是决定性因素，也就是说，估价高低取决于企业在未来年度的现金流量及其投资者的预期投资报酬率。现金流入越充足，企业投资风险越小，投资者要求的报酬率越低,企业的价值越大。企业价值最大化正是理财人员追求的目标,企业理财行为都是为实现这一目标而进行的。

从解套的角度来分析,同样也要分析每只股票的企业现金流,尤其是深套的股票更要重视这个指标。浅套的股票可以不考虑这个指标。

7. 股东账户数

股东账户数也是一个重要的选股指标,尤其对于判断主力增减仓是一个非常有效的方法。

可能有人不会理解,这个数据对于选股有什么帮助?在此给大家讲解一下这个数据的重要性。

比如某只个股在流通盘不变的情况下,流通股股东数量在一季度是45000个,也就是包括散户和机构等在内共有45000个账户参与持股这只股票,但是到了二季度股东账户数变成80000个了。这显然是主力大户减仓了,散户买的多了。因为一个主力持股价值2亿元的股票,要是主力出完货的话,这2亿元的股票肯定不是一两个散户能接过来的。那也就可以分析出,二季度比一季度多出来的那35000个账户都是散户,试想一下,散户买多了的股票会涨吗?这类股票都是在高位主力出完货的,一般都是要回避的。

同理,同样一只股票,假如在一季度股东账户数是45000个,但是到了三季度以后,经过一轮大跌,到了相对底部区域了,主力开始建仓了,股东账户数还剩20000个了,也就说这只股票里面,流通股股东少了25000个。这说明散户减仓了,因为一个主力可以把20000个散户手中的筹码全部买过来也是正常的。

散户减仓、主力增仓的股票上涨的概率大。在分析解套账户的时候就可以分析持仓个股的股东账户数,然后尽量先操作股东账户数减少的股票,因为这类股票上涨的概率大一些。

股东账户数这个数据虽然有些滞后,但是还是相对有参考价值的,大家可以回去找找每个时期的股东账户数变化。股东账户数有个规律,就是在高位的时候一般股东账户数增加以后,股价就会大幅下跌走下降通道;但是到了底部横盘一段时间以后,上涨之前的股东账户数都是减少的,才会走出一波大行情,如此反复。

一般情况都是账户数增加越多,说明散户买得越多,股价就越跌的多,大家看一个案例。

如图5-7和图5-8所示,这只股票在高位的时候也就是在2017年10月—12月期间,散户大量开始买入,但是股价呢?却是一路杀跌,究其原因不就是因为账户数增加,散户买的多了吗?

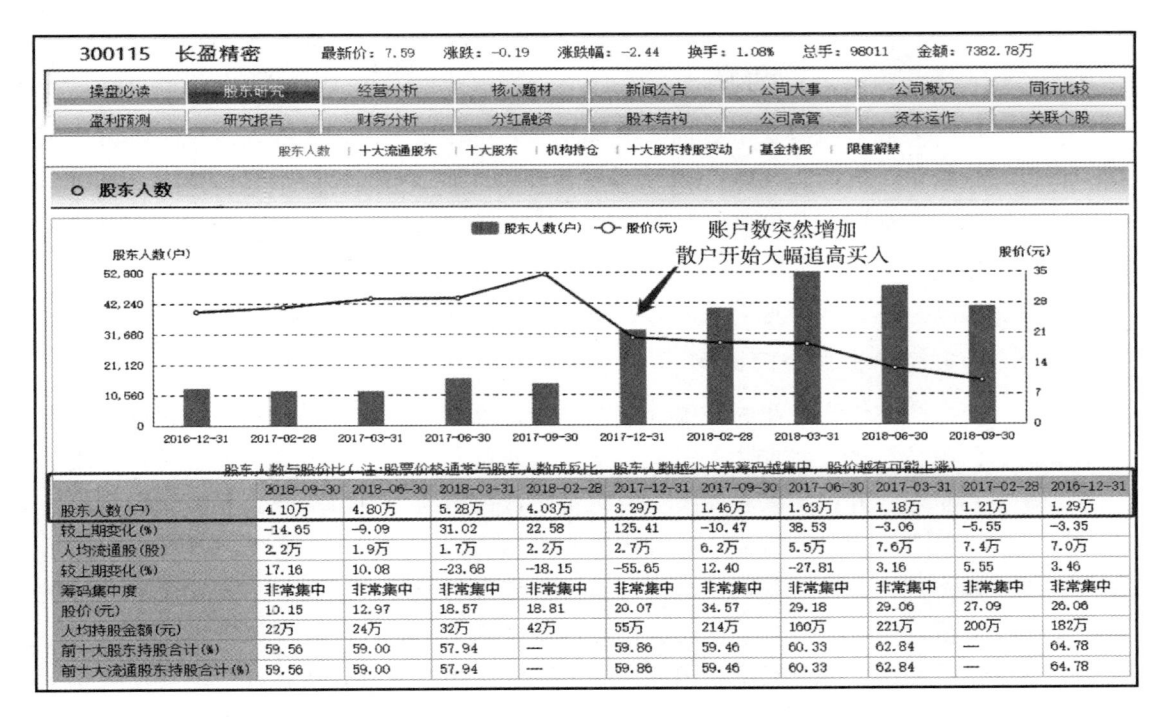

第五章
如何进行股票账户综合分析制订解套策略

| | 300115 | 长盈精密 | 最新价：7.59 | 涨跌：-0.19 | 涨跌幅：-2.44 | 换手：1.08% | 总手：98011 | 金额：7382.78万 |

操盘必读 | 股东研究 | 经营分析 | 核心题材 | 新闻公告 | 公司大事 | 公司概况 | 同行比较
盈利预测 | 研究报告 | 财务分析 | 分红融资 | 股本结构 | 公司高管 | 资本运作 | 关联个股

股东人数 | 十大流通股东 | 十大股东 | 机构持仓 | 十大股东持股变动 | 基金持股 | 限售解禁

○ 股东人数

账户数突然增加
散户开始大幅追高买入

	2018-09-30	2018-06-30	2018-03-31	2018-02-28	2017-12-31	2017-09-30	2017-06-30	2017-03-31	2017-02-28	2016-12-31
股东人数(户)	4.10万	4.80万	5.28万	4.03万	3.29万	1.46万	1.63万	1.18万	1.21万	1.29万
较上期变化(%)	-14.65	-9.09	31.02	22.58	125.41	-10.47	38.53	-3.06	-5.55	-3.35
人均流通股(股)	2.2万	1.9万	1.7万	2.2万	2.7万	6.2万	5.5万	7.6万	7.4万	7.0万
较上期变化(%)	17.16	10.08	-23.68	-18.15	-55.65	12.40	-27.81	3.16	5.55	3.46
筹码集中度	非常集中	非常集中	非常集中	非常集中	非常集中	非常集中	非常集中	非常集中	非常集中	非常集中
股价(元)	10.15	12.97	18.57	18.81	20.07	34.57	29.18	29.06	27.09	26.06
人均持股金额(元)	22万	24万	32万	42万	55万	214万	160万	221万	200万	182万
前十大股东持股合计(%)	59.56	59.00	57.94	—	59.86	59.46	60.33	62.84	—	64.78
前十大流通股东持股合计(%)	59.56	59.00	57.94	—	59.86	59.46	60.33	62.84	—	64.78

图 5-7

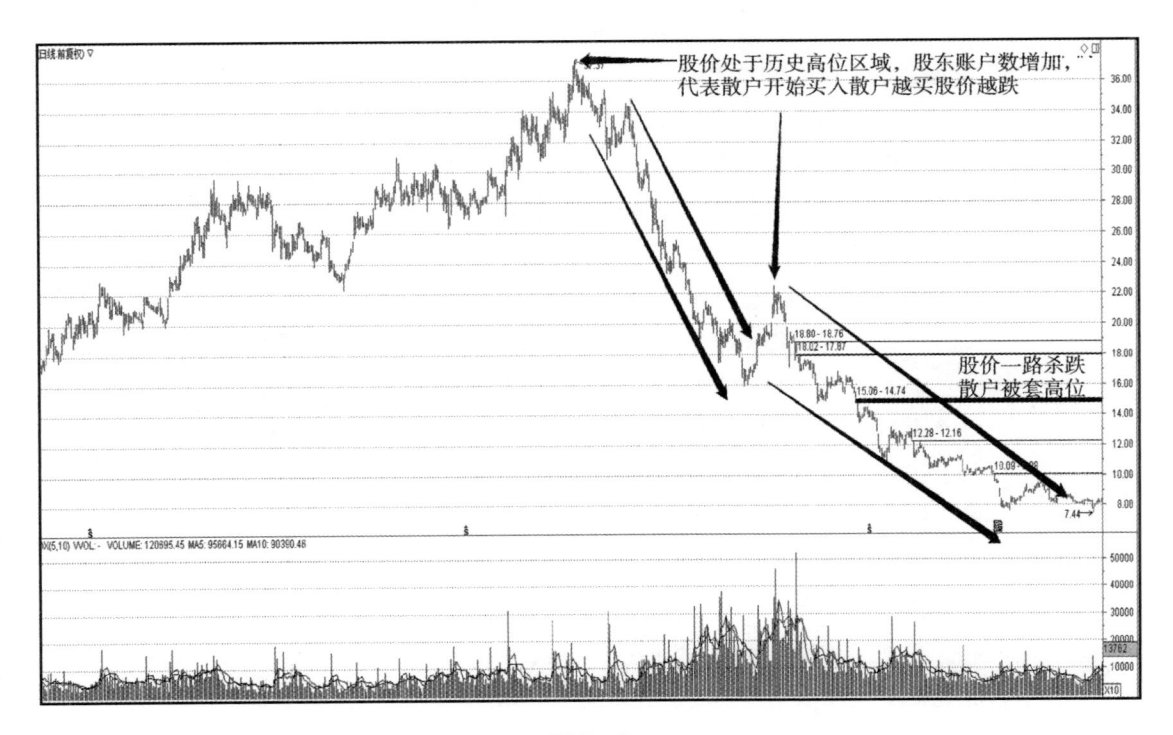

股价处于历史高位区域，股东账户数增加，
代表散户开始买入散户越买股价越跌

股价一路杀跌
散户被套高位

图 5-8

估计有投资者会问，为啥散户买多了就一定会跌呢？因为在理论上，散户永远是错的多，散户看好的股票大概率都是高位的，所以买完就跌。有一段时间我专门看这个数据来参考股票处于什么阶段，大家以后也可以好好使用这个数据。

在制订解套策略的时候，股东账户数可以作为一个重要的战略数据来使用。如果多只股票被套，在数据公布日期一致的情况下，尽量先操作股东数量减少的，因为这类股票说明主力开始建仓了，以后上涨的概率就大。

8. 商誉资产占总资产比例

商誉作为企业的一项资产，是指企业获取正常盈利水平以上收益（即超额收益）的一种能力，是企业未来实现的超额收益的现值。商誉具体表现为在企业合并中购买企业支付的买价超过被购买企业净资产公允价值的部分。

资产减值是指资产的可收回金额低于其账面价值所形成的价值的减少，资产减值意味着现实资产预计给企业带来的经济利益比原来入账时所预计的要低。当资产发生减值时，按照谨慎性原则的要求，应该按降低后的资产价值记账，以释放风险，因此会计上对资产减值进行确认和计量的实质就是对资产价值的再确认、再计量。商誉减值是指对企业在合并中形成的商誉进行减值测试后，确认相应的减值损失。对于商誉而言，往往面临着可能发生减值的问题，经常需要对商誉的价值进行再确认、再计量。需要说明的是，对于包括商誉在内的资产减值的会计确认和计量问题，并不是基于传统会计中对实际发生的交易的确认和计量，而是更多地立足于眼前、着眼于未来——只要造成资产价值减少的迹象已经存在，只要资产价值的减损能够予以可靠的计量，只要对于决策具有相关性，就应当确认该资产价值的减少。

举个例子，在几年前，上市公司 A 看好 B 公司的资产，当时公司价值估值是 50 个亿，那么上市公司 A 就以 50 个亿的价格收购了 B 全部资产。但是收购以后由于经济等各种原因，发现 B 公司业绩没有达到收购时的预期，也就是说 B 公司估值过高了，当时估值 50 个亿，但是几年后的今天也就价值 20 个亿了，所以这就给上市公司 A 直接造成了 30 个亿的商誉损失，这 30 个亿就要从本年度上市公司 A 的利润中减出来，也就形成了商誉减值业绩大幅亏损的风险。

就在我今天写这段的时候（2019 年 1 月 29 日）下午，手机里面一直还在不断蹦出商誉减值、业绩亏损的消息，这两天已经出现有好几家上市公司，本来三季度业绩还是净利润增长 1~2 个亿，结果商誉减值一出来马上就变脸了，变成亏损 30 个亿，这就是股市中所谓的业绩暴雷。

尤其是在年报密集发布的时期更要关注这方面的分析，以免踩到地雷。

其实以上这 8 个基本面指标都可以作为价值选股模型来使用，这些指标是 8561 股票交易体系在选股的时候要用到的一些基本分析指标。

（二）板块分析

分析所属板块的用意：假设某投资者持有 5 只股票，分别是五个板块中的个股，那就要先把这五个板块分别分析一下，哪个板块属于热点板块，哪个板块当前没有热点；哪些板块是传统行业，哪些板块是新兴行业；哪些板块行业是接下来国家政策支持的行业等等，这些分析是很有必要的。

分析完了以后就可以制订解套策略了，如果某只股票的板块是近期的热点，就先操作这只股票，这样容易做出差价出来。而当前不是热点板块的个股就要往后放，待板块整体出现活跃以后再做解套策略。

从板块的角度还可以用以下思路分析：个股板块整体趋势分析，也就是说假设您持有 5 只股票被套，所属 5 个板块，那就先从每只个股所属板块展开分析。一个方面是对每只个股的所属板块中所有股票分析一遍，看看所属板块中大多数处于什么阶段，假如要是某只被套个股所属板块大多数个股都处于底部区域，并且开始筑底阶段，那就先从这只股票开始做起，最起码以后会有板块效应。因为有的时候即使个股不怎么样，但是板块效应也能带动个股进行相应的波动。如果经分析发现某只个股所属板块中多数个股风险都较大，或者说多数股票都处于高位，那就要谨慎对待这只个股了。

（三）是否是 ST 分析

这方面分析的用意应该很好理解，第一，ST 股票基本面业绩一般不会很好，否则也不会 ST；第二，ST 股票每天最大涨幅只有 5%，也不是活跃；第三，万一上市公司业绩不能改善，最后就会有退市的风险，这样再去硬操作解套策略就得不偿失了。所以要把 ST 股票放在最后进行解套操作。

经过以上三个大的方面进行分析以后，您就会对被套的个股有个大概了解了。然后记录下来，再进行其他方面分析。

五、持仓个股的技术面分析

持仓个股的技术面，能分析的方面就多了，我逐一把重要的、需要技术分析的罗列出来供大家参考。技术分析方面主要应该从以下几点进行。

1. 每只个股所处位置分析

被套股票的位置分析是很关键的一个环节，判断清楚位置决定哪只个股暂时可以操作解套，哪只个股不可以操作解套。

关于如何判断个股位置，在前面第四章第二节中已经详细介绍过了，在这里就不再做解释了，大家可以参考前面章节进行学习即可。

假设同时持有 5 只被套个股，先分析完了 5 只个股的位置以后，再做先后顺序排序，一定是先做处于底部区域的和已经走出下降通道的个股，至于还处于下降通道的个股要留在最后再操作；或者在操作解套策略的时候，下降通道当中的个股最后做倒波段差价为主。

如果股价还在高位，以做反向 T+0 或者倒波段为主，但处于底部的就做正向操作为主。原则上高位的个股还是要把止损放在第一位。

2. 每只个股要从月线、周线、日线三个周期分析

首先从大周期月线开始往小级别分析，因为月线要是企稳了，周线一般都是企稳至少四周以上了；周线要是企稳了，那日线级别至少也得企稳 5 个交易日以上才行。

所以先从大周期做一个大概的判断，在制订解套策略的时候尽量先做月线级别已经企稳的，依次再试周线和日线级别排序。

也就是说，假如持有 5 只股票被套，其中两只月线都企稳了，那就再继续分析周线级别谁更好看一些，进而选择月线好看、周线也好看的个股先进行解套操作；周线都好看就继续找日线哪只走得更理想，进而选择日线级别也处于理想状态的那只。这是没有考虑其他因素的情况下的决定。

3. 每只个股的活跃度（每日振幅）分析

个股的振幅是每只个股能否操作 T+0 的关键因素，所以假如持有 5 只股票被套，其中三只处于极度弱势横盘当中，每天振幅也就 2%~3%，这样的个股是很难做出 T+0 差价的；假如其他两只个股的振幅每天都 5% 以上，那理论上不考虑其他因素的情况下，就先做这两只活跃的，这样打出 T+0 差价的可能性就大得多。

4. 每只个股的主力操盘风格分析

很多投资者会认为自己很难达到主力的境界，但是凡事都是有规律的，每个人也是有性格的，操盘手也是人，把主力的操盘风格分析清楚以后，有助于进行跟踪主力的性格进行操作，这样也会提高成功概率。

建议先从日线级别也就是每个交易日的日线走势来开始分析每只股票的主力操盘风格，再从每只个股的分时分析主力在分时当中的股性，这样就大概了解主力的操盘性格了，然后根据他的风格进行相应操作即可。

什么是主力的性格，前面也介绍过了。每个主力操盘风格都不一样，有的特别懒，每天就挂高了单子吃个一两笔，就下班没事了；有的主力非常老道，不紧不慢地慢慢吸筹；还有的主力直接盘中追高着吃一大口就完事了，往往这种个股会留有长上影线的 K 线多一些。

5. 每只股票可操作空间分析

分析每只股票短中期可以操作的空间，其实就是先判断一下每只股票短中线上方的阻力位。有的个股阻力位很近，就先不要操作；有的股票阻力位很远，那就先可以考虑操作一下。

这样分析完了就可以合理安排解套个股的先后顺序。怎样判断个股的阻力位已经在前边章节讲到了，在此不多做讲解。

六、持仓个股所占持股市值仓位分析

持仓个股所占总持股市值的仓位分析也是制订解套策略需要考虑的一个细节。通过每只股票所占市值仓位的轻重，可以决定先解套哪一只。

分析每只被套占总仓位的比例比较好理解。比如您持有 5 只股票，每只股票占总持股市值仓位的比例分别为 5%、10%、15%、30%、40%，在不考虑其他因素的情况下，先解救占持股市值 5% 的个股，因为所占持股市值少的话，理论上就好解救。把所占市值少的解救出来以后，就可以再继续解救下一只所占持股市值少的，这样的话，可用资金就会越来越大，操作资金多了，无形中就等于总的仓位在变少。这个逻辑希望大家能理解。

> 被套账户看整体，综合分析看悲喜；战略要看基本面，战术需要技术语。

第二节
如何制订解套交易策略

1. 满仓如何进行解套操作

假如在满仓被套的情况下，只有一种解套办法，那就是做反向 T+0 或者倒波段了，因为没有资金可以操作。

这种情况下的分析个股的顺序就会反过来了。假如还是持有5只股票被套的情况下，理论上就要先找当前所处位置最高的，也就是股价跌幅小的进行先操作倒波段或者T+0，因为在底部区域的已经不能轻易动了。在底部区域的还做倒波段，您刚卖出去，股价开始涨了，那买不回来不就踏空了？

理论上，要按照个股的高位低位来选择操作倒波段或T+0的个股。

还有一个思路就是，假如刚从高位破位的个股，手里稍微留点，剩余卖出来，然后操作底部区域的个股，待底部区域个股解套出来以后，估计这只高位的也快跌到底部区域了，再去操作这只。当然这一说也许就几个月或者半年过去了。

2. 半仓如何进行解套操作

假如半仓持股，还有半仓的资金可以操作，那步骤就像上边说的一样，先把每只个股的所有因素分析一遍，然后进行先后排序，再去制订解套策略。

但是原则上是不允许加仓以后满仓操作的，这和满仓没什么区别，所以在操作解套策略的时候假如是半仓的话，最好先拿出剩余资金的一半来操作解套，这样会更安全一些——假如做错了，手里还有资金备用留着救命。

3. 轻仓如何进行解套操作

轻仓是最好做的了。把所有被套个股进行分析以后，先找出可以首先作解套的股票，然后拿出剩余资金的60%操作优先顺序排在前边的。剩余40%的资金留着备用。

> 解套策略尤重要，仓位分析需用脑；轻仓重仓理解透，操作过程不出丑。

第三节
思考部分

保留本金最好的方法就是仓位的控制。有的投资者会说，看准了就重仓，轻仓没意思。这类赌性大的投资者一般都会吃大亏。

第 五 章
如何进行股票账户综合分析制订解套策略

对于普通投资者来说，一般情况下把握没有那么大，还去重仓，最后就是大幅亏损。

想到重仓买入会有大的利润之前要先计算一下，买错了一笔会亏损多少钱，然后再去决定买多少仓位，这样才是正确理性的投资理论。

问题1. 经过本章的学习，您可以试着把自己被套的某只股票做一个从基本面到技术面的全面分析。

问题2. 通过本章的学习，请自己叙述一下控制仓位的重要性。

问题3. 通过本章的学习，说一下用"不能把鸡蛋放在一个篮子里"的思维做股票的弊端在哪里？

> 投资股票常浮亏，提前制订策略对；整体账户分析精，获利替代亏损赢。

第六章　解套计划实施过程中的操作纪律和原则

> 人无计划容易败，
> 事无安排易成灾。
> 纪律原则需坚持，
> 方能见到彩虹来。

第一节
为何要制订操作纪律和原则

解套过程中有很多不确定性,这就需要我们绝对遵守一些原则,也需要我们有一些灵活的变动。

经过多年的实战,我总结了一些操作纪律和原则,但是也不全面,也许还有遗漏的一些东西,也许还有一些我没有遇到过的情况,在这里也不能一一去猜测,只想着把我能想到的、已经在执行的一些操作纪律分享给投资者,我想有这些纪律已经可以解决大部分问题了。

> 解套过程不确定,制订纪律方能行;股市瞬息加万变,铁律形成灵活兼。

第二节
解套策略实施过程中的纪律和原则

一个不遵守纪律的人是不会成功的,一个没有原则的人做人也会出现偏差。凡事都是没有规矩不成方圆,只有按着成功者的路去走,至少方向上不会出现偏差,成功的概率才会提高。所以请认真学习和理解操作解套过程中的纪律和原则,并且在实战当中去执行。

1. 坚持按解套交易计划进行交易

股市行情瞬息万变,计划赶不上变化,那为什么还要制订交易计划呢?

制订解套计划的主要目的是给自己的解套过程做个计划。我们要根据账户、个股情况与大盘或市场相结合,对账户整体状况、行情等因素进行分析,进而确定每个账户的解套策略和目标,并对每一步骤的时间、策略和每笔交易作出合理的安排，以实现解套目标。

（1）制订解套交易计划是对我们自己账户情况的一次认真复盘，让自己知道错在哪里。解套计划是我们用积极正确的心态，客观面对股票投资中被套出现浮亏的情况。

（2）制订解套交易计划是每个参与股市的投资者必须要做的，只有周密的解套交易计划才能让我们少犯错误，由此也会距离成功更进一步。

（3）制订解套交易计划后要严格执行。在执行过程中再根据行情、个股等因素进行灵活的调整，但是原则不能轻易改变。

（4）执行不力或者无法执行跟解套计划的制订方向其实有很大关系，如果战略方向是错误的，那执行就会遇到问题，买了就继续跌、卖了就继续涨。这些都要做好预案才行。

2. 不忘初心，方得始终

在指导投资者实战解套操作过程中，遇到太多患得患失的投资者，担心卖完就涨、买完就跌。我和每位投资者交流的时候都会强调一点：卖出以后就不要看了。这样才是正确的解套心态。因为最初合作的每位投资者都会说："刘老师，我的目的就是解套，只要解套了我就知足了，别的不想，我也不想挣钱的事情。"结果解套以后就不是他了。这样的情况我真是见得太多了。也许这就是人的本性，很难改变，这也是众多投资者投资失败的原因之一。

所以再次奉劝想做解套的投资者一定要正视这个问题，不能总是患得患失。不忘初心，方得始终！切记！

3. 及时应对突发事件

计划就是计划，是跟做企业一样的道理，公司5年的战略定位制订好了，在朝着战略方向前进的时候，会一帆风顺吗？一定不会的，中间肯定有诸多因素影响着战略目标的实现。

这就要求我们在操作解套策略过程中，要根据实际情况来灵活应对。真要是遇到黑天鹅事件就得回避，明明知道要死还往前冲，是不理智的行为。同理，要是真遇到利好了，一字板涨停非得卖出，这也是不理智的。前面在案例分享的时候大家也看到了，在特大利好或者利空出来的时候一定要灵活应对才相对合理。

4. 要分清楚解套个股属性，有些个股是不能做解套的

在制订解套策略的时候，必须分析研究清楚每只个股的属性，理论上有些个股是不可以做解套的，否则明明知道某只个股有问题了还去操作解套计

划，不是越做越糟糕吗！

比如乐视网这类的上市公司，还有长生生物、中弘股份及众多的ST个股等，明知道都不行了还去操作解套，和往大海里扔钱没区别。有问题的股票就是不要去操作解套，否则会适得其反。

君子有所为有所不为，我在指导投资者解套的时候也会遵守这个原则，我要是认为某只个股有问题，就不操作，投资者无论怎么要求我就是不做。因为这是底线。请大家记住这点。

5. 不轻易更改挂单价格

这些年操作挂单交易的时候被无数次打过脸，明明按着计划挂好单子了，最后临时改变主意，撤掉单子，更改价格，但是更改完了价格，当初制订的价格就到了，造成未能成功做成交易。这也是为什么我一直提示各位投资者，切记不要轻易改变挂单价格，前提是要有理有据才行。

6. 严格控制总仓位

建议各位投资者自己在做解套期间，千万不要随便满仓操作，那样风险是很大的。严格按照分批操作解套计划，不要嫌慢。我当初研究海陆空立体交易战法的一个初衷就是为了让交易能分批进行，也回避了很多风险。

控制仓位也是解套成功与否的一个关键因素，能把仓位控制合理了，相信您以后再进行交易的时候，心态就会变化了，久而久之就会形成良好的操作习惯。

7. 短差获利空间分析

做T+0或者短线波段的时候，一定要掌握好获利空间，因为在股票弱势期间，股价振幅一般都是很有限的，假如一只股票每天振幅在3%以内，您还想着做出3%的差价出来，是不现实的。

一般情况下我会根据个股的振幅来制订短线获利空间和做T+0空间，多数情况下我都是以2%作为T+0的操作空间。道理很简单，个股振幅2%很容易，我们掐头去尾操作，这样成功概率高，但是多一个点就不行了，大家不要小看这一个点的差距，从统计学的概率角度来看，多一个点，成功概率会降低至少40%，请各位投资者自己把握一下。

8. 灵活运用均线

关于均线的使用方法，在前面章节已经介绍过了，不多做解释，这里把运用均线的注意事项说一下。记住一句话：移动均线是移动的，它是会随着盘中股价上下波动的，均线周期越短，变化就越频繁。

比如我今天盘后复牌以后，认为明天某只股票的10日均线在5.42元有

第六章
解套计划实施过程中的操作纪律和原则

支撑位，所以我制订交易策略，明天挂单 10 日线买入，但是明天 10 日均线开盘以后变成 5.45 元了，您还挂单 5.42 元理论上是买不到的。因为股价到了盘中实时的 10 日均线 5.45 元位置就会拉升上去了。卖出也是一样的道理。

假如发现某只股票 10 日均线在 9.53 元有个阻力位，然后开始挂单卖出，但是 10 日位置出现变化了阻力位降到 9.50 元了，您还挂单 9.53 元属于昨天的阻力位，结果也是不会成交。

所以建议各位投资者在利用均线分析支撑位和阻力位的时候要灵活运用才行。

9. 解套操作切忌不能急于求成

冰冻三尺非一日之寒，在股市里面也是一样的道理。即使解套策略再好用，套了 70% 也不能在短期内解套。所以一定要细水长流，慢慢按着解套策略不断做出差价，逐渐降低成本，再结合行情等因素，账户才能逐渐好转。一旦操之过急，还是容易出现越套越深的局面。这点各位也要记住。

10. 不能随意割肉止损

截至 2019 年 2 月 2 日，很多个股已经跌到了历史底部区域，不管从技术面还是从基本面来看都到了可以战略建仓的位置了，只要个股没有退市的风险，建议不要轻易割肉出局，尤其是套了 50% 以上的股票。一旦割肉止损出局，后边牛市行情来了，也许就回到你的成本了。死拿不动等牛市对于不会操作解套的投资者来说也是一个方法，只是时间长短不好说。

11. 解套期间谨慎开新仓

在操作解套期间建议不要随便再去买新的股票，踏踏实实做手里个股的差价，因为您不能保证新买的股票就一定可以挣钱，做好手里股票的差价也是在挣钱。当然这点还要就事论事，每个账户和个股情况不一样，这一点也不能硬性规定。

12. 做好交易记录

前面说过，一个合格投资者必须要保留交易记录，在解套策略当中更是非常重要的。我留了许多聊天记录，因为聊天记录就是我的交易记录，每一笔指导都在里面呢，我再指导下笔交易的时候就可以调出来看一下上一笔是怎样操作的，这样才能制订出合理的策略。

因为我指导过很多投资者，没办法去一一记录，只能用聊天记录的方式留存。建议各位投资者用笔、本或者用电脑做好交易记录。

13. 学会专一

8561股票交易法则其中的数字1有一个含义是专一，只有专一才会有可能研究出来跟别人不一样的东西。这是我这些年一直做解套研究的一个心得。

专一可以让你了解一只股票的属性，长期跟踪一只股票，你就能把握每天的分时波动，这样就会提高做T+0成功的概率。

专一可以让你读懂每根日K线的含义，能让你把握主力的脉搏，从而成功做波段。

我很喜欢一句话：因为专一，所以专业。各位仔细理解专一在投资股市当中的意义。

在人生当中又何尝不是呢？如果投资生意，你今天看好那行就去投资，明天看好另外一行又去投资，到头来哪个行业都做不好、做不精。股市如人生！这是我经常挂在嘴边的一句话。

14. 严格控制投入市的资金量

对投资者来说，投资股市资金量占家庭资产的比例，会对心态造成决定性的影响。比如您家庭资产100万元，用10万元投资股市和用50万元，投资股市或者极端地把100万元全部投资股市，心态绝对不是一个量级的，相信这也是很多投资者都能理解的一个因素。

有两种情况不要随意加大资金投入：

第一，股票亏钱太多了，想多加点资金进来解套赶紧卖出去，这种状态也是不允许的；

第二，看到股票挣钱了，觉得牛市来了，赶紧加大投资想多挣钱，这也是不理智的行为。

合理安排投入股市的资金是决定胜负的一个重要因素。

15. 谨慎使用融资、配资、银行借款等做股票解套交易

多年的从业中让我接触到众多的投资者，因为借钱投资股票弄得妻离子散的我见过，因为贷款买股票出现问题的我见过，因为挪用公款投资股票出事的我也见过，加杠杆5倍甚至10倍的爆仓的我更见得多了。2015年以来，这些借钱投资股票的，没几个有好结果的。

每次我和投资者交流都会问一个问题：您这投资股市的钱是自有资金还是别的途径来的资金。我心里非常清楚，借用别的渠道的资金投资股票从心态上就已经输了。因为所有借来的钱都是要有成本的，即使没有成本借来的钱投资股票，那种急切地想赶紧挣钱还钱的心情就没办法客观看待这个市

场了。

说了这么多，我真心希望各位投资者要注意股市的风险，因为没有任何人能保证在股市里百分之百能盈利，所以就没有任何理由让你去借钱来做股票投资。点到为止，只劝有缘人！

16. 切忌不要有赌博的心理

经常听到有的投资者说一句话：满仓赌一把！每当听到这句话的时候我就替这位投资者捏一把汗，我知道，他失败的概率已经很大了。理性的投资者不会有这样的心理，赌博的结果大家都知道，多数都是输钱的，在股市里进行交易，要是用赌博的心理，最后也会以失败告终。

理性投资说的就是有理有据，不能盲目。假如你这次真赌对了，下次你绝对还得赌一把。十赌九输，最终你会投资失败的。

请各位投资者抛掉赌博的心理，客观理性看待市场才是正道！

> 交易纪律千万条，资金管理最重要；必须看懂赢和亏，游刃有余心不累。

第三节
思考部分

投资股市的成功与否，其实不看你赚钱多少，是看你敬畏市场的态度。不能正确看待股市的本质，理论上都会以失败告终。

遵守交易规则不一定能赚钱，但是不遵守交易规则一定会亏钱！

问题1. 通过本章学习，试着自己制订一些属于自己的交易规则。

问题2. 通过本章学习以后，您怎样看待和理解关于借钱投资股市这件事情呢？

> 凡事成败皆纪律，自我管理成大器；坚持原则顺理章，解套盈利不迷茫。

第七章　8561 股票交易体系简介

> 中线思路短线做,
> 8561 判对错。
> 资金安全最重要,
> 仓位控制要记牢。

8561股票解套实战技术

第一节
浅谈8561股票交易体系

  8561股票交易体系为本人在2007—2009年历经3年时间潜心研究和实战验证后,形成的一套完整的股票投资交易体系,其核心是8561这几个数字。8561股票交易法则综合运用了简单实用的均线系统及相关技术分析。如K线形态、成交量、筹码分布、趋势线、MACD指标等,力求达到与主力同步,位置安全性第一,严格的止盈止损及合理应对突发改变趋势的效果。

  我进行股票投资,自建仓起就是相对稳妥、克服恐慌、中线持有、跟庄战略、波段操作、吃定短差。总之交易心理的健康是依托技术分析的稳定带来的信心。"把股票当作投资来做",不要追求短期暴利。8561股票交易法则以稳健著称,自此技术推出以来,经过近十年的实战验证,深受广大股民朋友的推崇,尤其是资金大的投资者和上班族朋友的喜爱,建仓完毕后设定好目标位不用天天盯盘。一般情况下也不惧调整,因为此方法建仓点位属于主力的成本区,万一遇到极端行情基本也只输时间,理论上不会输钱。选出的个股中线空间大概率会有20%以上的上涨空间甚至翻倍。8561股票交易法则将个股分成A级、B级、C级三个级别,A级个股可以分批重仓买入,B级可以3成至半仓买入,而C级个股只能轻仓操作。

  自8561股票交易法则交易体系推出以来,带领无数投资者树立了正确的投资理念,取得了稳健的投资收益。此体系已使用了10年的时间,虽已成熟,但随着市场不断变化,还在不断完善丰富中。本节标题用浅谈二字,用意有二。首先,一套交易系统,包含内容十分宽广,不是用一篇文章就能详细展现的。尤其是在股票交易技术描述中,写文是为了尽自己所能给关注的读者一些观点和帮助,不能因为展现的局限性让读者误读了,体系中的每个细节还是要孜孜不倦努力钻研才能彻底领悟并运用到操作中去。其次虽然不能完美展现,但还是希望通过整个系统的框架及思路给大家一个在股市中生存的"理",树立正确的投资理念和良好的心态。市场瞬息万变,学无止境!

  这个市场上有个规律大家耳熟能详——七赔二平一赚,不说统计的数据是否客观,不提交易费用成本问题,至少大致反映了在股市中生存的一种状

第七章
8561股票交易体系简介

态。同很多证券研究者一样，我学习了各种技术理论，但我的关注点还有另外一方面，就是每天接触到的这些投资者为什么会亏钱，进而"治病寻根"，找到亏钱的原因。投资者咨询到的最多的问题就是我只是想"高抛低吸"，可是为什么一买就跌、一卖就涨，有没有一买就涨、一卖就跌的炒股方法？经过与每位投资者的详细交谈，了解投资股市的诉求、投资心理、个股的操作过程等，慢慢总结出了一些共性的亏钱症结，就像前面章节中提到过的投资者容易犯的交易错误：①追求短期暴利，天天想着股市神话，一夜暴富；②没有任何交易计划，盲目操作，盘中秒买秒卖；③分不清楚股价处于什么阶段，贪婪恐慌地去追涨杀跌；④频繁换手，只要手里的股票不涨，哪怕处于深度套牢的底部区域都会割肉，去追涨当时所谓的强势股，追涨时已是主力出货时，再割肉换股，如此往复，资金越割越少；⑤手中持有投票数量太多，不能根据资金量合理安排持股数量，顾此失彼，哪只都做不好；⑥听消息买股票，每只股票主力的运作都会以股市消息出来为终点，我们听到消息的时候，大多数情况就是主力出货之时；⑦永远满仓状态，不懂得仓位管理，殊不知股票这门艺术，实际上就是仓位管理的艺术。以上这些投资者们通常心理及行为就是投资失败的原因，我想运用各种技术理论去克服这些，再融合产生一套成熟的交易体系，于是，8561股票交易体系就诞生了。

8561的核心理念——中线思路，短线操作，8这个数字就代表了这八个字。

中线思路是以战略的角度去选股。选股要克服追涨杀跌和听消息选股。不追涨杀跌就意味着我们要选出相对安全的股票，可以说选择出相对底部区域的股票，再进一步说，选择跟主力建仓阶段同步的股票，找到主力成本区，并且中线空间可以确认。这样选出的股票，首先规避了买在高岗上，并且有一定中线空间，相信对于投资者来讲，只要不是抱着赌博的心态，都可以接受，也就不必听消息买股票了。有了有技术依托的股票，踏踏实实赚取收益，总比信任某个消息来得靠谱。再说消息。强调一点，所有的消息都会体现在技术图形上，8561精选出的股票，在持有过程中您或许会听到消息（就是所谓的消息票），其实消息到了我们听到的这个层面已经不叫消息，往往就是主力出货之时，除非您保证听到的确实是一手消息。即便是一手消息，也会有漫长的等待阶段。主力运作的逻辑是，重大利好时已经是趋势终结之时。所以踏踏实实运用技术分析去选股是散户的唯一出路。短线操作是站在战术的角度上去操作的，操作的是短期的波段差价。做股票讲究的是资金利用率，在选出的股票相对安全的前提下，利用技术分析不断波段操作，可以不断降低此股的成本。此间赚取差价和增加股票持仓数量，底仓中线持有，达到目标价位后按交易计划清仓。这样一只个股的中线空间如果是50%，可能我们已经达到了70%或者80%。

561这三个数字代表三条核心均线系统：5代表500日均线，6代表600日均线，1代表1000日均线。它们之间的组合和位置经过近10年实战无数次严谨的推敲和验证，保证了相对安全性和中线上涨的空间。相信多数投资者尤其是老股民看到这组均线设置的时候，会出现众多疑问，在这里不多做解释，大家自己打开软件设置好了，仔细看一下指数和个股的运行轨迹便知！

8561的核心原则——风险控制，通过仓位管理来实现。

有一笔账大家都会算，100万元涨10%是110万元，但110万元跌10%就会回到99万元，100万元跌10%还剩90万元，90万元再涨回来10%是99万元，所以涨的少跌的多！再有，我们在市场中没有常胜将军，做的是大概率，就算您的概率再高，从100万元涨了10倍赚到1000万元，可从1000万元再变回100万元甚至是10万元也许一个错误就可以跌回来。所以仓位管理是在股市中生存的灵魂。8561要求分批建仓达到50%仓位，30%~40%仓位波段操作，目标位会分级设置，底仓中线持有，启动上涨途中绝对不加仓，通过波段操作不断降低成本，这样终极目标如果是50%的空间，可以赚到70%或者更多。达到目标位后坚决止盈清仓。有许多投资者认为每天操作才是在炒股，殊不知频繁操作也会导致错误成比例增加，其实有的阶段不操作也是交易策略。观念及习惯都很难改变，这样波段的操作也解决了投资者"手痒"的问题。另外数字1也是告诫投资者，做股票要专一，这是在讲仓位配置问题，建议一百万资金以下投资者最多配置3只股票。持股只数太多，首先做不精，顾不上，适应不了波段操作，其次在极端行情下根本来不及处理。

普通投资者怎样才能有效控制风险？首先就是学会仓位控制，也就是资金管理，其次才是选股。如果把仓位控制合理了，再用8561股票交易法则的中线思路中的选股条件去选择个股，至少能把操作的风险降低70%以上，加上平时的波段操作或者T+0操作不断降低成本，风险会降到更低。这样就能做到风险最小的情况下，收益最大化了，相信这也是众多投资者想追求的目标。只要大家把8561股票交易法则学习透彻，这个目标也不难实现！

以上林林总总讲了不少，也尽量在用白话在讲，希望使读者更好地理解。因为篇幅有限，没有展开讲具体的技术分析，以后会分成若干部分再详细整理出来。技术分析的细节固然重要，但真正理解一个交易体系的逻辑并去执行去做，技术分析才会真正起作用！从人的角度来说，每个人看待问题的方式是不同的；从事的角度讲，它往往有很多不同的方面，万事没有完美和全面。

总之，8561股票交易法则交易体系从资金管理、仓位控制、选股、建仓、中间波段以及T+0操作（T+0分两种，盈利型T+0操作和解套型T+0操作，在此不详细介绍）、止损（原则上是没有止损的，除非系统性风险出来明显破位才会止损，因为选出的个股都是主力成本区，大多数主力的资金是有资金成本和时间成本的，主力不挣钱是小概率事件；最坏的情况下可以利用8561独特的解套策略进行操作逐步降低成本，所以止损这件事情还是需要根据个股具体情况而定）、持股（大多数投资者是拿不住股票的，8561股票交易法则的持股策略是可以解决这个问题，但要注意底仓和加仓做T的仓位之间必须要分清的原则）、止盈等一系列股票投资的操作策略，都包含在内。所以说8561股票交易法则是一套完整的交易体系，而不是一种战法，这点是需要强调的。我在和签约客户交流的时候反复强调，学习一个股票投资战法也好，交易体系也罢，一定要去认真了解这个战法或策略以及交易体系的做法，这样才能真正了解并掌握相关技术分析，也就能学好并且用好相关策略，从而真正能使自己自由地遨游股海！

目前这个阶段，市场没有单边行情，特别是从5178点跌下来及在此期间抢反弹的很大一部分投资者面临最大的问题就是被套，近期也在利用8561股票交易法则的解套策略来为投资者诊断被套账户，此策略属于私人制订解套策略（因为每个账户的情况是不一样的，比如总仓位、持股数量、亏损比例等等都不相同），来逐步帮助一个个被套账户调整恢复成健康状态，很多投资者心里充满了喜悦，同时也更加丰富完善了8561股票交易法则这套交易体系。

8561股票交易系统之——资金管理。

最近有投资者在迷茫，甚至在懊悔。一种投资者在某些个股刚刚启动不久，刚刚见到百分之几的浮盈的时候就产生了"落袋为安"的恐惧心理，全部清仓了。这种情况需要一分为二地看，一种属于经过几次所谓的"股灾"后产生遗症，真是怕了，见不得股票涨，怕坐过山车，买的时候盼着账户变红，一旦变红就坐立不安拿不住了（往往抱有这种心理的投资者，很容易被主力洗掉）。另外一种投资者自认为很聪明，在小波段顶部时，全仓做波段（贪心所致），卖掉后再也买不回来，造成相对于后面大幅上涨行情的踏空。他们与别人同时建仓某只个股，最后的收益和他人相差甚远。其实有果必有因，过程很重要。感觉非常有必要跟大家交流一下8561股票交易体系中的很重要的资金管理部分。希望各位投资者仔细了解，只要您理解了、认同了，对交易心理应该有所帮助，再上升到对您的整体操作能够执行，这种迷茫就解决了。还是那句话，该说的一定要说，但也只帮有缘人。

资金管理是非常重要的。说句不夸张的话，股票投资是一门艺术（艺术不同于科学，没有严谨的、唯一不变的恒定的定理定律，它是所有参与者的共同行为合力产生的一种表现形式。我们只能依据历史数据进行统计归纳，随之进行分析和做趋势的判断，它不等同于 1+1=2，因为股市瞬息万变，当中没有绝对跌和涨，都是博取的大概率），而这门艺术归根结底就是资金管理的艺术，它是我们整个投资过程中最坚固的基础。试想一下，上涨时您后悔没有满仓，觉得吃亏了，如果小概率发生或者遇到系统性风险，下跌了，您还觉得吃亏吗？留有资金的人可以在止跌企稳时补仓摊薄成本，满仓的人还有子弹吗？持币和持股同样重要！我已经做过 N 多个账户解套了，没有满仓的客户解套所用时间和心理负担要比满仓被套者轻许多，而且满仓被套的投资者和手里留有资金的投资者解套的策略也是不一样的。打开 K 线图我们会发现，K 线是由无数个大周期波段、小周期波段组成的，没有只跌不涨，也没有只涨不跌的。在关键的位置，主力的操盘手法也是各不相同的。想提醒大家的是，每一波不论大小上涨后都会有回撤，这种关键位置上主力也不会精准做到几分和几毛。行情启动前要试盘的原因是要根据市场反应进行对应当时的操作策略。传递到我们也只有用资金仓位的管理来对应，做好安全防范。另外盈利后不要忘乎所以，无休止追涨也是要避免的，因为 5 万元资金和 500 万元资金，遇到极端行情以同等比例计算损失，跌到 0 元的速度是一样的。我们做投资最终目的不是股票本身，而是回收资金。不要后悔没有卖到最高点，这种行情能挣钱就很好了。市场上没有能够登峰造极到次次卖到最高点上，也没有次次能买在最低点的，这点主力也做不到。所谓买完就涨、卖完就跌，那只是小概率事件而已，而因小失大者比比皆是。行情都是走出来的，所以仓位控制是我们唯一可以主动自我保护、控制风险的首选方式。

具体到我们的交易体系中资金管理如何做，还是先理解那八个字的原则——中线思路，短线操作。跟着我做了多年的投资者都了解，8561 选取的是处在相对底部，跟随主力建仓区域相对安全并具有成长性的个股，收益大于风险。所以保守来讲，建仓后 20% 以上的收益是大概率可以看到的。选股时的第一目标、第二目标及最后清仓目标已经设立，有始有终才是一套标准的交易体系，这不是一个追随热点的追涨杀跌策略，而是需要耐心中线持股，等到成为热点的策略（有个道理大家要明白，做股票是从冷做到热才会挣钱，但多数投资者都是把股票从热持有到冷才会明白热点过去了。更有甚者还在自欺欺人说：这股票不是某某概念吗？这股票不是十送几十吗？这股票不是业绩增长百分之多少吗？再次提示一下各位投资者，在您得到某种消息后先看这只股票的位置再去想以上这些问题！）。但为了加强资金利用效率，不断降低成本，在到达目标位过程中跑赢区间收益，我们是需要波段操作的。这就是中线思路，短线操作。

  讲了这么多，无外乎是想让大家理通了。不管您信任了解我到哪种程度，不管您在股市到底受伤到哪种程度，真正理通了，其实就是客观认识这个市场了，对正确心态的树立或者当不良情绪出现时都能有个良好的调整作用。我们共同的人性弱点就是"贪、嗔、痴、疑、慢"，在市场当中表现得淋漓尽致，共同的人性弱点反映了价格的波动。众生心识很难改变，只有依赖对所制订的交易计划的坚决执行才能帮助我们克服弱点，进可攻，退可守。市场瞬息万变，仓位管理作为风险防范和利益兑现的工具是您唯一可以主动控制的！根据当下行情，在此给出资金仓位策略供大家借鉴，看您是否能悟到。

  具体资金管理策略如下。

  （1）首先提醒，进入这个市场的资金一定要是长期不对您正常生活产生压力的资金，借钱炒股更加坚决不提倡。

  （2）100万元级别以下的，建议最多做三只股票。资金量大的根据实际资金量来制订配置计划（目前为了打新，建议上海和深圳市场各一只这个思路较为合理）。

  （3）前提是持仓为符合8561股票交易法则的个股，不是说符合8561条件的股票就一定是好的，但是至少从大方向来看是相对安全的，只有这类的股票才适合长期做波段、T+0差价或者价值投资。

  （4）股票和现金的比例，也就是您的持股仓位。当下行情大多数时间里基本上是5~6成仓位。也就是股票和现金为5∶5或6∶4，这个根据您心态承担能力自己决定。现金所占比例中的5或者4里有50%是可以拿出来做小波段或者T+0操作的。举例，如果您有100万元资金，建仓两只个股，可以每只股票建仓2~3成（20%~30%），这个是当作底仓的，也就是每只股票建仓20万~30万元，两只股票占40万~60万元。剩下资金中的一部分根据市场日行情做小波段或者T+0。

  （5）关于T+0的说明，当天必须解决。一般我建议挂单价格区间，要结合对当天市场走势方向的判断和个股情况做出分析。技术方面大家可以参考前面章节我讲过的一些关于T+0的方法，建议大家认真学习前面章节关于支撑位和阻力位的部分。掌握分析的阻力和支撑区间的方法后，就可以很准确地判断出能否操作及区间范围。时间长了,您对于盘中拉升之后的快速杀跌也不会产生恐惧了,反而知道那是一个相对的买点;对每一根不是阳线的 K 线也都会理解了,有些位置走出那样的形态完全是正常的。

(6)另外大家去看一下 K 线图,会发现市场大部分时间不是上涨或者下跌,而是调整盘整状态。之前许多投资者抱怨市场没有单边上涨行情的时候,我就说过我喜欢震荡——震荡是做 T+0 最好的机会。做 T+0 的好处就是在底仓持股不动等待阶段性上涨趋势享受收益的同时,吃掉每个小波段的上涨和下跌之间的差价:一方面 T+0 必须当日解决掉,相当于避免了高仓位持股的风险;另一方面这样不停地小短差,每一笔都会降低总体持股成本。很可能在一只股票从建仓到清仓的区间涨幅为 30% 的情况下,得到 40% 甚至更多的收益。

(7)强调一下底仓概念。因为我们是中线思路,从建仓开始不到清仓目标位,底仓是坚决不动的。多讲两句底仓为什么不动。我们从建仓开始是有要做到的目标位的。目标也会分阶段,每只股票不完全一样,第一目标、第二目标位等。行情是走出来的,到某一阶段会根据当下走势进行预判。当风险大于收益时,也会让大家减半或清仓。这里再说一下,为什么做波段不让大家动底仓或者全仓参与,请仔细阅读本节前面的内容,理解了,你就不会贪心全仓清掉踏空后面的行情了。有的投资者在刚刚到达第一目标位或者盈利不太多时就会产生恐惧(俗称"恐高症"),会不停地问我要不要卖出。在这里我也解释一下,如果观察到您内心承受不了了,我会让您清仓。为什么?虽然大家都这样问,会影响我的情绪,影响判断,但不是不开心,也不是烦,重要的是我觉得快乐投资最重要。如果你拿不住了,心情是焦虑的,不如不挣后面的钱,因为人比钱重要许多。关键位置突破后大概率会回调,回调幅度有深有浅,如果设立止损位可能幅度挺大的,也许您从心里是接受不了,虽然后面趋势没有走完,但是这个过程对您来说是煎熬的。如果不开心,就不要做。另一方面,主力做盘手法不一样的,有些直接走了不给您机会再回来,所以我们只能靠仓位,靠预判的风险收益比去做决定。有些鱼尾不能吃,挣了利润就好。钱是挣不完的,高风险利润如果还有,留给别人吧。大家记住一句话:只涨不跌不是股市,只跌不涨也不是股市,涨涨跌跌才会有波动,有波动才会有利润差价。这句话必须仔细理解!

(8)说到这里,再跟大家说明一个问题,该买还是该卖,是和级别有关系的。大家去看 K 线图甚至分时图对比一下,您现在说要卖,相对于一分钟级别走势,已经背离,卖是对的,但可能 10 分钟之后就应该买回来,我们还要考虑交易成本和下单速度等;同等情况下再看看日线,今天的顶(也许

第七章
8561股票交易体系简介

是个当日最高点）很可能对于明天来说就是底，是应该买的位置，咱们再翻一下周线图、月线图，可能会发现那里还是一个时期的大底。所以买卖的对与错，都是和相对买卖的时间级别有关系的。说这些是希望大家不要再做一种事儿，就是今天上午喊着卖，之后真的跌了，跌的时候就是个区间震荡，但是您看着高兴，觉得自己对了，没想到过几天连续拉升了，这时又觉得自己错了呢；反之，有的时候买完就涨，但是当天卖不出去，或者涨了也不知道怎么卖出，后来下跌了套上了，您觉得是做对了还是做错了呢？一些投资者就是这样把心态做坏的。所以在这里给大家讲，我们做的中线趋势，按交易计划做好仓位管理，留好底仓，根据个人情况做一些T＋0和指导的小波段，对于散户来讲已经不简单了，知足常乐即可。

  总之，资金管理在8561股票交易系统中的运用，特别简单。就是股票和现金（持股与持币）的比例、底仓和做T的比例，建仓、减仓和清仓，特殊情况的一些说明。其实就是中线思路、短线操作。整个账户的操作就像打一场场战役一样，要进行总体的战略布局，所有资金各司其职。不光是进攻，防守更加重要，多数投资者喜欢满仓，总共觉得没有买股票的资金闲着太浪费了，也总想着满仓能一把赚个大的，但您想想历史上绝处逢生实现大逆转的战役寥寥无几，同时也有着像拿破仑那种叱咤风云的名将一次失败后便一蹶不振。股市不是精准科学，没有100%。明白了这个道理，您就不会因为没有满仓一只今天涨停板的个股而悔恨不已，从而理解并执行控制好自己的仓位，快乐投资了。

  林林总总讲了那么多，而且多费点力气，讲成了原理。希望投资者能够理解并执行，有一个好的投资心态。这里面也有学习的方法。我一直以来帮助很多投资者账户解套成功，内心非常开心，虽然比单纯做自己的股票耗费了太多精力，但毕竟帮助投资者挽回了损失，不比帮助大家多挣多少钱的收获小。其实成功解套和指导投资者盈利都是我希望看到的结果。

  没有在这个市场中生存超过10年的人，不能感同身受，但从业这些年见到了太多太多的普通投资者面对股市给他们带来了种种不开心，甚至不是很好的结果。我秉承"授人以鱼不如授人以渔"的想法，希望能够帮助大家减少亏损实现收益。选股也好解套操作也好，都是给大家把握一个整体的战略方向。尽已之全力，但浑身是铁又能打多少根钉？所以也总想把这些经验总结出来的成熟的东西给到大家去使用。希望投资者都能少走弯路，快乐投资！

  以上关于资金管理的思路，为多年以来指导客户总结的较为成功的经验，费心思分享出来，希望各位投资者能够仔细多读几遍，理解其中的道理，真正做到了，才会在股市的每场战役当中把握主动权！我依然坚持最初的想法：只帮有缘人！

请各位投资者记住一句话：股市里面不看谁活的猖，是看谁活得长！

继续给大家几句本人原创的、平时常用指导客户的炒股口诀，希望能帮到大家解决一部分实战方面的困扰：

> 证券市场瞬息变，中线思路短线看。
> 底长反弹高乐高，底短反弹有限高。
> 快涨阴跌需警惕，主力拉高出货意。
> 快跌慢涨不用急，庄家悄悄筹码吸。
> 放量行情必震荡，高位低位不乱闯。
> 底部放量建仓忙，高位放量忙减仓。
> 红肥绿瘦主力忙，绿肥红瘦必须慌。

第二节
8561股票交易体系适用投资者类型和不适用投资者类型

一、适用投资者的类型

1. 大资金量投资者

8561股票交易体系，由于其研究初衷已经考虑到资金的承载量问题，所以用8561股票交易体系选股的时候，会考虑诸多资金承载量因素。

仓位分配、建仓方式、加仓方式、做波段或者T+0等诸多方面都有严格的规定，所以按照8561股票交易法则的原则进行交易，基本上对于大资金来说和机构建仓投资做股票是一个节奏。只有这样对于大资金的散户投资者来说才会距离机构式的投资更近一步了。

其实也不是说小资金不可以使用8561股票交易法则，而是这么多年我发现资金越小，投资者那种想挣快钱的欲望就会越高，越不理性。小资金是可以用8561股票交易法则的，只是需要耐心，跟着主力的炒作逻辑即可。

一般大资金追求的都是稳健年化收益,所以我才会强调大资金投资者较为适合 8561 股票交易法则的思路。

2. 稳健型投资者

8561 股票交易体系较为适合稳健型的投资者,因为激进型投资者追求的是短平快,但是这些年从业经历告诉我,想在股市中存活下来,必须要稳健投资,天天追高图挣钱快的结果不会太好。

3. 中长线追求年化收益为目标的投资者

8561 股票交易体系追求的是年化收益,而不是短线纯投机收益,我一直说的未来 5~10 年之内我国的股市一定会逐步向着价值投资的方向运行,但是 10 年之内我们一定要用中国特色的价值投资理论来投资 A 股。纯价值投资或者照搬国外的价值投资理论投资 A 股目前来看是不现实的。

所以 8561 股票交易法则的核心是:中线思路,短线操作。其实这个核心思想就是中国特色的价值投资理论体系。

4. 没有太多时间每天盯盘的投资者

由于用 8561 股票交易法则选股条件选出来的股票基本都处于底部区域主力或者大资金建仓的区域,绝对不会买在历史的最高位,所以即使被套,理论上也不会套死,只要市场不是特别极端,理论上都有机会盈利。

只是这个方面还得看投资者的心态。所以没有时间盯盘的投资者分几批买完建仓以后按着价值投资思路持股即可。只要上市公司没有黑天鹅事件,最后大概率会走出理想的行情。

二、不适用的投资者类型

1. 融资带杠杆资金投资者

由于 8561 股票交易法则属于价值投资的战略思路,所以不适合融资加杠杆资金进行投资。

2. 追求短线暴利的投资者

由于 8561 股票交易法则属于跟庄类的操作思路,一般是按着主力的操作思路来持股和交易的,所以不适合追求短线暴利的投资者使用。

但是如果能读懂所有 8561 股票交易法则的精华,比做短线理论更暴利!

> 股市投资学技术,琳琅满目总是输。适合自己才最好,辩证看待理性安。

第三节
8561 股票交易体系 4 个数字的含义详解以及能解决的问题

8561 股票交易法则之核心：数字'8'的含义为：中线思路，短线操作。这个思路首先解决的是：①过于追求短线暴利；②盲目操作，盘中迅速买卖交易；③追涨杀跌；④频繁换手。

561 这三个数字的含义是三条核心均线：5 含义是 500 日均线，6 含义是 600 日均线，1 含义是 1000 日均线。

1 还有一个含义就是"专一"。这组数字解决的问题是：①持有股票只数过多；②听消息做股票，通过这个方法可以找出所谓的消息股。

8561 股票交易法则还有一个核心原则：风险控制。第一步就是合理的仓位控制，这个理念解决的是永远满仓的问题。这个原则也是在建仓初期需要考虑的。满仓的风险是永远处于被动。

当时在取这个股票交易法则名字的时候，也是出于这方面的考虑，利用这个方法选出的个股，中线目标位或预期收益 20% 起，没有这个盈利空间，一般不考虑关注，到了目标位以后，坚决止盈减仓。这是 8561 股票交易法则的最后一个理念。8+5+6+1 四个数字之和是 20，象征了 20% 的预期收益。

中线思路：我在选择个股的时候，首先要看中线有没有空间，有没有中线持有的价值，只有建立在此基础上选出的个股才会相对安全，即使短线做错也不怕。纯短线风险大，容易亏损（要冒着 20% 的风险去博取 80% 的收益，而不是冒着 80% 的风险去博取 20% 的收益）。

短线操作：在中线基础上选出个股后，可以根据技术分析来回做小波段短线，适当降低持仓成本，重仓中线持有，博取最大收益。

> 四个数字虽简单，实战经历若干年。简单是美理解透，账户盈利无须愁。

第四节
8561 股票交易法则选股条件

1. 股价从历史高位跌幅 60% 以上

选择跌幅大于 60% 的个股，首先就是为了找到处于底部区域的股票，只有跌幅多了，才有可能是底部的或者是低估的。当然还是要看个股的基本面，基本面没有问题，跌多了就可以用超跌的态度来看待。

2. 股价长期横盘至少 6 个月以上

股价经过大幅杀跌之后，不再创新低，开始横盘，至少说明有资金开始关注，空头也不再做空。横盘时间越长说明资金介入越明显，后期上涨概率就越大。

3. 成交量，K 线形态底部区域红肥绿瘦

底部成交量连续放量上涨缩量回调，是一个主力建仓的典型形态。K 线方面红肥绿瘦，就是阳线多阴线少，说明资金买的多卖出的少，也是主力建仓的一个重要信号。

4. 底部筹码密集，最好选择上方筹码割肉，清洗充分的个股

上方高位筹码一旦松动，说明开始有人割肉止损出局，筹码经过充分换手以后，都被主力在底部区域吃掉，再次拉升股价的时候相对压力就会减少，这样上涨的概率也会加大。

5. 股价处于半年线、年线之上，并且处于 561 三条均线以下

股价突破半年线和年线，说明已经开始走出底部区域，有机会展开上行通道，在年线以上虽然不是最底部，但是会节省底部盘整的时间，也就是会减少持股时间，取个合理的位置介入即可。没有绝对的底部，只有底部区域的概念，这点必须清楚。

6. 底部横盘期间出现过两次以上涨停

假如某只股票在底部筑底阶段出现过几次涨停，并且股价没有走出主升浪，说明以下三点：第一，这个主力实力和控盘能力较强，否则不会用涨停方式吸筹；第二，后期拉升的时候也会出现涨停拉升；第三，底部涨停而股价不大幅上涨，说明主力还没有吃饱，这个时候介入也是和主力站在一条起跑线上。

一只个股在底部区域出现涨停基因，是未来成为牛股的一个重要因素。出现涨停次数越多，后期劲头就会越足。

除了以上选股条件以外，还可以参考本书关于如何选择底部位置的内容，在第四章第二节里面有相关介绍，其他选股思路不再一一介绍，以后有机会再专门写一本关于8561股票交易体系的书。8561股票交易法则在不断完善当中，我之前说过，没有任何一种交易方法能做通所有行情，穿越牛熊立于不败的，只有根据行情的发展逐步完善自己的交易体系，才能长期立足于证券市场当中。

关于短线操作的部分，投资者可以参考本书第四章中第四节和第五节内容即可。

> 选股方法处处多，跟庄策略不会弱。底部吸筹判断对，账户增长看盈亏。

第五节
思考部分

要紧跟主力资金或者大资金的动向，读懂他们的投资逻辑，最终才有机会做对行情的趋势，只有做对趋势才会投资成功，获得理想的投资收益。

问题1. 制订一个属于自己的选股模型并跟踪测试其成功率。

问题2. 试着根据本章学习的内容选出3只主力建仓期的股票进行跟踪。

> A股特色股市中，须有独特策略行。二八定律难改变，战略思维必向前。

第八章 真实账户解套案例分析

　　入市近20年，尤其是从2011年研究解套策略至今，有过太多的感触。从一开始对于解套策略的迷茫，到最后解套思路逐步清晰，是众多想要解套的投资者给了我可以做解套策略的灵感，因为一个一个被套账户摆在我面前的时候，我才会有了研究这些账户解套的必要条件，虽然每个账户情况千差万别，但总体上还是有相通的地方，这就给我可以研究解套策略的理论基础。

　　很多投资者找到我时会用渴望的眼神对我说："刘老师帮帮我，赶紧解套出来吧！"每当见到这样投资者的时候，我的心情是比较沉重的，也深知自己任务艰巨。这些投资者给了我研究解套的动力，才会让我这些年一直能耐得住寂寞专心研究解套技术。

　　从研究解套策略当中，也让我逐步认清了市场的本质、散户投资者的本质、机构投资者的本质以及决定市场走势的一切因素。

　　看过无数账户和投资者以后，我深知作祟的无非就是三个词：贪婪、恐惧、幻想。通过以下真实的账户案例分析，大家就能感受到投资者在股市生涯当中是一个怎样的现状。

　　希望每位读者能够从中吸取到教训。事实证明，别人走过的路是曲折的，有的甚至是一条不归路。一个个真实的、血淋漓的教训都不能让您迷途知返，那就没人能救您了。

　　股市众生当局迷，跳出朦胧解套医。唯有多看学习理，方可少被主力欺。

　　备注：在学习实战案例的时候，由于行情软件会存在差异，建议用两个以上行情软件核对着看其中相应时间K线走势和分时分析，我使用的软件分别是指南针、通达信和东方财富，全都是免费的。

第一节
实战解套账户案例分析

用事实说话,是我展现真实账户的原因之一,因为只有真实的经历才有资格来分享,编故事是一种不负责任的表现。

在这些年解套策略的实战中,有众多真正解套成功的,也有没有解套成功的,但我想这些投资者也能理解,不能成功解套的有客观原因,也有我个人的主观原因。

在做解套这些年,我的感受也是一样的,行情的因素、投资者配合度以及投资者的心态、个股属性的因素、投资者资金方面的因素、我个人技术的局限性等等,做解套指导也会面临着种种不确定性因素。

比如在 2017 年 4 月有位投资者,我再三告知必须按照指导每天挂单,一开始他也听话了,每天都挂单;三周后就有一天没有挂单,就那一天异动到了成本解套的价位,结果没卖出去,至今还被深套着。

当然从我本人的初衷来讲,我肯定是想把每个账户都解套出来,因为那对于我来说是唯一觉得快乐和有成就感的事情。试想一下,每次我帮助投资者解套以后,听到投资者那种千恩万谢的话语,真比赚多少钱都觉得开心,也许只有我自己才能体会这种感受,也只有这一刻我才觉得我所有的付出都是值得的。

研究解套策略和技术,是我从 2011 年之后唯一的目标。研究的目的是希望能帮助更多的投资者,因为我觉得这是我从事证券行业的一个信仰。也许有人认为我没有那么高尚,但我内心深处一直都在坚持着自己最初的梦想。

建议各位读者在看真实是案例的过程中,重视我解套的顺序,还有其中一些细节,要客观看待,切记不要钻牛角尖,只有这样您才能学到属于您自己的解套相关思路和技术分析方法。请记住一点,股市里面没有一成不变的东西,更没有万能的技术能解决所有问题。

1. 实战解套账户案例一

我们先从最近往前看部分解套案例,下面这个账户是山东投资者刘女士的最初账户情况,如图 8-1 所示。

第八章 真实账户解套案例分析

名称/代码	盈亏 盈亏率(%)	持仓/可用	成本/市值
宝钢股份 600019	1690.83 19.79	0.00 0.00	5.660 0.00
方正证券 601901	-8650.65 -61.77	1000.00 1000.00	13.969 5340.00
中兴通讯 000063	-59.72 0.25	0.00 0.00	19.880 0.00
猛狮科技 002684	-885.72 -9.46	1300.00 1300.00	6.936 8164.00

总资产 76365.91　总盈利 -7905.26　总市值 13504.00
可取 43757.91　可用 62861.91

图 8-1

这个账户算是状况比较好的了，虽然有亏损，但是还有资金可以操作解套策略。这个账户的仓位就属于轻仓状态的，在解套的账户里也是相对解套较为容易的一种账户状态。

对账户进行分析以后，我给这位投资者打了一个电话，交流的大概意思就是，第一步先减少股票数量，因为 10 万元以内的资金买了 4 只股票，数量有点多了。大家也可以看到图 8-1 中有两只股票是持股为 0，那就是电话交流以后，投资者卖出了其中两只，账户里还有两只股票，是要做解套操作的。

下面是和这位投资者的聊天记录（微信截屏因技术原因全部删除），大家可以阅读以下与股票买卖技术相关的内容，对整个过程进行跟踪学习。我也不是说指导客户买完就涨、卖完就跌，只是对大方向做一个判断。

2018 年 12 月 10 日的是第一步指导建议，我分析完猛狮科技以后，觉得当时技术面还不错，就是业绩不好，因为当时看到 F10 里面截至 2018 年三季度净资产亏损 5.8 亿多。前面也提到过，关于净资产亏损的个股如何对待。因此，我给出了每天挂单成本价卖出猛狮科技的建议。

第二个建议是在5.36～5.38元区间加仓5000股方正证券，来回做方正证券的差价。首先，考虑到证券行业最坏的时候已经过去；其次，从技术面分析整个券商板块刚走完一波上涨，当时整体多数券商个股的技术面正处于第一波上涨后的横盘休息期间，大概率后边还会有一波上涨。所以当时建议先加仓一部分方正证券，加上底仓合计6000股。

2018年12月11日这位投资者也许是对我的指导有了信心，提出来一个要求，想把还信用卡中的2万元投入股市里做一段时间，到时候再取出去还信用卡。我给的建议很坚决：不可以！这是原则性问题，切记！

因为我深知股市的风险，深知这样做的后果是什么。在股市里面你有多少钱都不叫多，你有多少钱也不够用。只能用自己长期用不到的部分闲钱投资股市。

这些年我见过太多借钱炒股的投资者，最后伤痕累累。我明知道这样做不行，还能让这位投资者去做吗？我指导投资者做解套的时候基于一个原则，就是尽量劝客户不要借钱、融资、贷款买股票。因为我知道这样做的话，首先从心态上就已经输了，会以败局收场！

假如我站在自己的角度去看待这件事，我肯定让她多加钱进来，因为钱越多，解套就越好做。这些年我一直秉承一个理念：可以不做这个账户，但是不能坑人家。我也可以忍受人家说我没有能力帮他解套，但是我不能去害别人。这是我的原则。

以上是我真诚地对每位能看到本书的读者和投资者一个忠告，希望大家以后一定要理性客观地看待股市，理性客观地看待别人的建议。唯一要加强的就是自己的学习，活到老学到老，股市里更是这样的，虽然每天股市都在简单重复着历史走势，但是每天都有新的变化出现，你不学习就不能在股市中真正盈利。

时间来到了2018年12月12日，这天上午我建议这位投资者再加仓剩余资金的一半买方正证券，给出的价位区间是5.39～5.41元，最后成交价格是5.41元，其实这位投资者心态非常好，配合度也高，完全按着指导建议来做。

当时加仓方正证券的理由是觉得12月11日收出一根阳线十字星，大概率像是一个止跌信号，判断大方向又是向上的趋势。

本来计划挂单5.68～5.70元区间卖出这笔加仓的。在12月14日的时候这位投资者说跌得有点心慌，因为12月12日加仓以后，在12月13日冲高了一下，但是没有到减仓价位，12月14日来了一根阴线，跌幅3.15%。

第八章
真实账户解套案例分析

至此，大家看一下我这笔单子是不是加完以后没有挣钱？

在 2018 年 12 月 21 日的时候，证券板块出来一个利空消息，造成多数证券板块个股调整。我给出一个减仓的建议，最后减出来的价格是 5.10 元，方正证券减完以后还剩余 5000 股底仓，亏损比例是 31%，当时的成本价变成了 7.42 元。

大家仔细看一下，当时加仓的价格是 5.38 元和 5.41 元，我指导客户减仓的价格是 5.10 元，所以这笔交易理论上就是止损的操作。

减仓的理由是，当时看到中信证券也是短线破掉支撑位，方正证券也已经破掉前期 5.10 元附近的支撑位，后期大概率还有低点，所以先减仓出来回避一下风险。不多卖出的原因是当时大的方向还是没有走坏，预计后期还是会有机会，想着跌了再买回来。

当时我给刘女士画了一张方正证券的走势图，预计后期方正证券大概会是这样的走势，如图 8-2 所示。

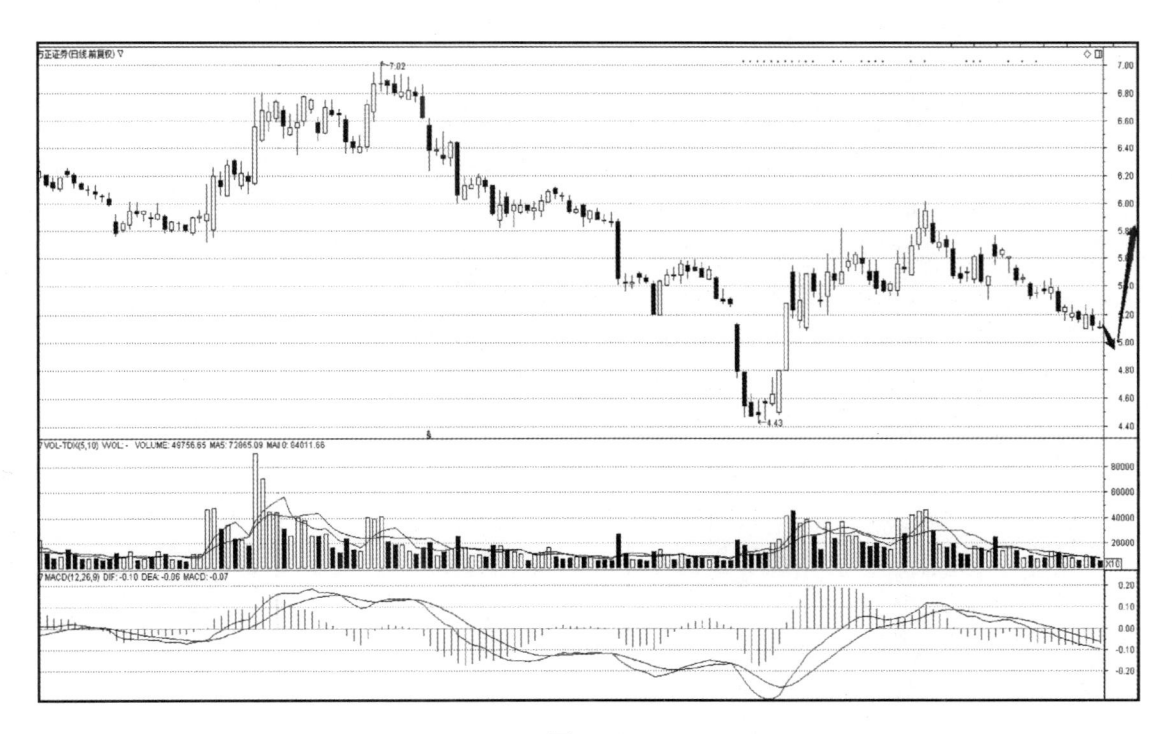

图 8-2

事实证明后来方正证券走势确实按着这张图走的，一个探底之后，走出三浪上涨行情。

因为当时破位了，所以先卖出来观望一下。刘女士心态非常好，一点怨言都没有，理性对待止损问题，也给了我信心，因为我每次也得考虑客户的承受能力。如果当时刘女士怨声载道，那我也许就会用另外一个策略了。

在2018年12月23日19点07分，当时我看到新闻中有一个关于猛狮科技的利好消息，马上转发给了投资者刘女士。

第二天也就是12月24日，猛狮科技集合竞价期间是涨停状态，快到成本了，后来我给出指导，先不卖了，这就是计划中有变的操作了，并不是不遵守。这种情况我遇到过多次。

到了12月26日的时候还是一个高开，当时觉得没大问题，建议刘女士先持有一下，后来在下午的时候，发现不对劲。那种分时走法有点风险，所以就建议先卖出一半猛狮科技。

因为2018年12月26日下午的时候，发现分时走势有点不对劲，所以建议卖出一半猛狮科技，先降低一下成本，这样即使下跌，暂时也套不上了，因为已经解套并盈利了。假如不卖出，短线一调整就得被套上。

2018年12月27日21点29分的时候，我发现新闻中有一条关于方正证券收购民族证券51家营业部的消息，马上又转给了投资者刘女士。

期间就是方正证券先是探底一下，2018年12月25日打出一个低点4.85元，当时计划是到4.70元买回来的，但是没有到4.70元附近，所以就没再加仓买回来当时卖出的5000股。

然后方正证券开始企稳，随后在2018年12月28日借着利好消息刺激拉出一根阳线出来，当时考虑行情不稳定，也没有再加仓。

随后方正证券从2019年1月3日起开始拉涨停，当时我告诉刘女士，方正证券活过来了，截至1月3日的时候，亏损比例变成21.49%了。

当时刘女士还开玩笑地说再来三个涨停就可以解套了。但我还是较为谨慎，觉得没有那么强势。后来没加仓操作，一直持有。

在2019年1月7日的时候，我告诉刘女士再来一个板就可以解套出来了，告诉她当时我有点保守，应该加点仓就好了，要不1月7日就可以解套出来了。然而刘女士却劝我说，股市本来就是变幻莫测。听着这话，我的心情还是比较安慰的。

2019年1月8日集合竞价期间，方正证券还是一字板，但是后来打开了，最终高开5%左右开盘，当时我建议客户赶紧挂单成本价卖出4000股，因为初始数量就是1000股，所以先留一下。

刘女士速度非常快，马上挂单成本价卖出。结果在9点33分至34分，方正证券在盘中瞬间拉了一下，直接把挂单吃掉，至此理论上算是大部分卖出去了，剩下当时的1000股在账户里。

在 2019 年 1 月 8 日，我给刘女士一个建议，就是盯着整体账户情况看着方正证券和猛狮科技这两只股票的合计账户总盈亏，只要是整体账户盈亏平衡了，就可以都卖出了。

2019 年 1 月 9 日盘中刘女士咨询我，因为比较忙没有及时回复，但是这位投资者心态非常好，不贪不燥。因为一直挂着成本价，自己就把两只股票全部卖出了。

在 2019 年 1 月 9 日尾盘时候，方正证券再次冲高，剩余的 1000 股也卖出去了，猛狮科技涨停价格也卖出去了。至此整个账户解套成功。

从 2018 年 12 月 10 日开始操作解套策略到 2019 年 1 月 9 日成功解套，正好是一个月的时间。虽然资金不多，但是整个过程是这些年做解套中经常遇到的情况，是一个典型案例，大家可以参考整个过程，不用纠结资金的多少。

总结一下这位投资者的情况：

（1）不急、不躁、不贪；

（2）心态非常好，完全按着指导操作，配合度极高；

（3）股票被套的这几年自己没有胡乱割肉卖出方正证券。

2. 实战解套账户案例二

下面这位投资者马先生是新股民，但对于经济方面的敏感度还是比较高的，包括对国家政策的理解都相对到位，心态也非常好。在多年的从业经历当中，马先生的心态算是好的了，在合作当中配合度相当高，完全按着指导操作，所以整个解套过程非常顺利，只是因为行情原因有的个股加完了又进行了调整，所以耽误了一点解套时间，但是这个账户整体来看还是较为乐观的。

如图 8-3 所示，这位投资者账户是属于轻仓状态，两只个股数量是合理的，仓位 4 成也是合理的。这类轻仓账户解套就会相对简单一些。

这位投资者持有两只股票，一只是数知科技亏损比例 8.89%，另外一只是尔康制药亏损比例 7.4%。这算是好看的账户了，所以接到账户的时候我还是比较有信心的，知道解套概率很大。因为当时分析后也觉得这两只个股都是相对底部区域，而且亏损比例在 10% 以内，和大多数账户比较，这都不叫亏损了。

我从 2018 年 12 月 7 日与这位投资者开始合作，第一笔交易指导是在当天 13 点 47 分给出的，当时建议挂单 9.46~9.48 元加仓 4100 股数知科技。

8561股票解套实战技术

说明:"资金股份"下面的表格数据是为了还原截图中看不清楚的数据。

资金股份															
人民币	金额60306.95		可用60306.95		可取60306.95	参考市值460692.00		资产100996.95		盈场子-3739.68					
证券代码	证券名称	股份余额	可用股份	成本价	当前价	当前成本	最新市值	浮动盈亏	盈亏比例/%	冻结数量	异常冻结	在途	当前拥股	股东代码	资金账号	客户代码	交易所名称
300038	数知科技	2900	2900	10.438	9.51	30271.60	27579.00	-2692.60	-8.89	0	0	0	2900	0139164840	58823564	24005757	深圳A股
300267	尔康制药	3100	3100	4.568	4.23	14160.28	13113.00	-1047.28	-7.40	0	0	0	3100	0139164840	58823564	24003757	深圳A股

图8-3

　　这位投资者非常配合,直接挂单进行买入,成交以后我再次指导第二笔交易,是挂单新的成本价9.87~9.88元区间卖出当天可以卖出的2900股数知科技,因为当天买的4100股当天是卖不出去的,所以只能先把能卖出的初始持仓挂单卖出,并且把第二天的操作策略也一起给出。假如当天不成交第二天就一起把12月7日加仓的挂单成本价卖出。这是在指导客户的时候提到最多的一个指导建议了,因为当前市场太弱势,振幅很小,所以多数情况下当天很难成交,尤其是挂单空间大于5%的时候更是这样。每天的挂单才是解套策略中最常用的一个关键环节,能坚持做好这个环节的投资者,相信就会有好的结果,当然前提是要在解套策略正确的情况下。解套策略不正确,挂单效果肯定就不会理想了。

　　如图8-4所示,这是当天挂单买入的4100股数知科技,成交时间是13点50分,成交价格是9.48元。

　　在2018年12月7日加仓数知科技的理由是该股当时第二次突破60日均线后正在回踩60日均线,当时认为回踩后应该有个反弹的动作,如果给力一点就能解套出来了。但是事与愿违,加完仓又继续调整了一下,反弹三个交易日后,没到成本价,再次回调并且破掉60日均线位置。理论上这个时候要考虑止损的,但是经过分析后,虽然破掉60日均线,但成交量有缩量迹象,而且连续几个交易日都是缩量状态,当时判断这个调整不会太深,所以综合各种因素考虑,没有止损那笔买入的单子。

　　如图8-5所示,这是当时数知科技加仓以后的整体账户情况,新加仓的显示在途,其实就是在持仓里面了。

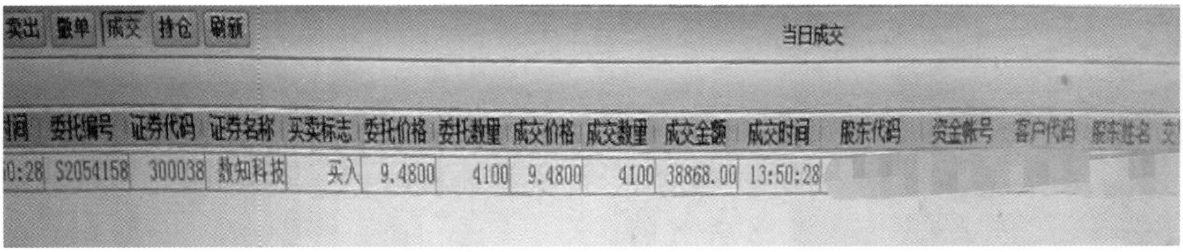

第八章 真实账户解套案例分析

说明："当日成交"下面的表格数据是为了还原截图中看不清楚的数据

当日成交												
委托编号	证券代码	证券名称	买卖标志	委托价格	委托数量	成交价格	成交数量	成交金额	成交时间	股东代码	资金账号	客户代码	股东姓名
S2054158	300038	数知科技	买入	9.4800	4100	9.4800	4100	38868.00	13:50:28				

图 8-4

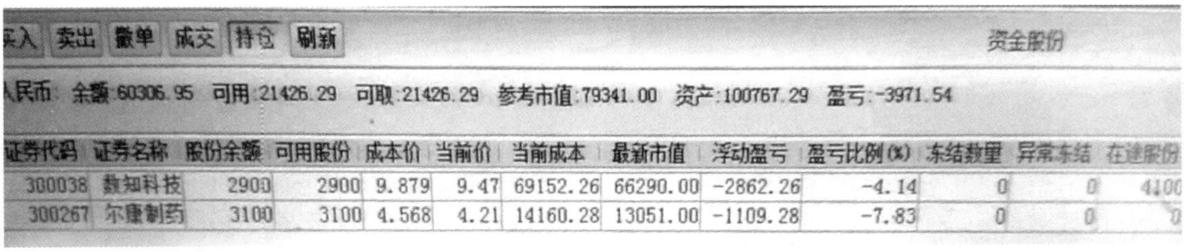

图 8-5

这位投资者非常客气随和，而且执行力、配合度也非常高，加上账户情况，我分析后得出结论，这个账户后期不应该太差。

其实指导投资者操作解套是有很多难点的，毕竟账户在投资者手里掌握着，这就会有很多不确定性因素在里面。所以我一直在说，解套是一个系统工程，很多细节都需要去推敲，任何环节出现问题都会影响解套的整体效果。账户情况越复杂，不确定性因素就越多，理论上解套的时间也就会越长。

这位投资者是对股市初次接触，所以有些交易策略我尽量会解释清楚，以便投资者能理解。随后我们电话沟通后给出他一个建议，就是告知他不要随便加大股市投资。毕竟新股民对于股市很多风险点还不知道，随便加大投入是有风险的。这个提醒也是我一贯主张的，所以只要对新股民或想借钱炒股的，我都会进行相应的劝说，以便投资者出现不理性的随意加大投入行为。

如图 8-6 所示，这是该投资者加仓以后总仓位的持仓情况。

· 219 ·

图 8-6

如图 8-7 所示，这是我当时给投资者马先生的截图，说明加仓数知科技的理由。

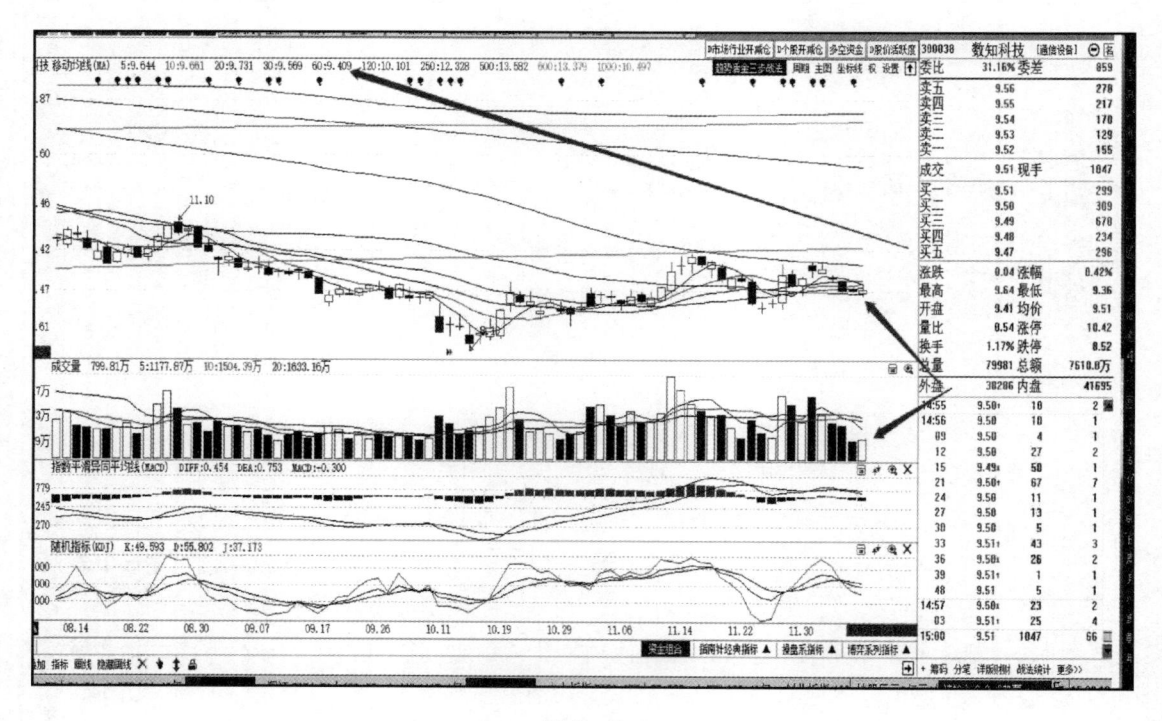

图 8-7

2018 年 12 月 12 日这位投资者问我还要不要挂单吗。我回答："要，按计划继续挂单。"这是我指导投资者的高频用语，虽然看着简单，但确实是精华所在。能理解这句话，就会按照计划去操作，不能理解的，吃亏的我也见过多次了。希望大家能够理解。

12 月 13 日，马先生向我咨询，买哪些关于股市的书籍好。当时给我的第一感觉是，这位投资者真是属于少数的理性投资者了，因为多数人根本不愿意学习，但是这位马先生想买书学习，我当时觉得真好，给他推荐了一本最基础的《日本蜡烛图技术》，这是技术分析的入门书籍。

如果是新股民，或者对股市还没有进行学习的，我建议像这位马先生学习，因为您投资做任何行业都要先学习才有可能做好，没有哪个行业是不学习就能挣钱的。

到了 2018 年 12 月 18 日，在 12 月 7 日加仓以后数知科技有个小反弹，但是没有到成本所以就没出，至于没出的原因前面已经介绍了。

在 2018 年 12 月 18 日和 19 日的时候，数知科技又进行一轮调整，来到底部区域了。这位马先生问了我三个问题：一是用不用换股，二是要等待吗，三是未来下跌趋势大吗？当时我的感觉是这位投资者看到股价跌了，心里应该没底了。所以我从战略角度给了他一个建议——不要止损，耐心等待解套即可。

12 月 19 日尔康制药出来一个利空——子公司财务造假。当时尔康制药已经无法挂成本卖出了，因为已经超过 10% 比例了，也就是说成本价高于当天涨停价格了，所以不能挂单了。

至此，细心的读者也许看出来了，尔康制药肯定下跌了（相对于 12 月 7 日那天）。再有，数知科技加仓以后也跌了。所以大家看到了吧，我判断完了加仓以后短期没能到目标位，继续回调我心里一般有谱；哪些该止损，哪些不该止损也是有自己的一些判断。

所以千万不要迷信有一种技术是万能的，做大方向大概率即可。

当时尔康制药已经没办法挂单了，只能耐心等待，但是我判断还是会有机会的。因为底部还在出利空消息，一般是洗盘概率大。数知科技也是耐心等待。

到了 2019 年 1 月 2 日，我提醒马先生，数知科技快到成本价了，盯着尔康制药的走势即可，而且建议继续挂上成本价卖单，目的就是解套，不用有别的想法，否则还会患得患失。

这些年在指导投资者解套过程中，快到成本价但因投资者自己舍不得卖出而耽误解套的情况比比皆是。所以我一般会建议截图，这样会避免很多投资者不执行计划的情况。这是纪律的一部分，最后我会再讲。

到了 2019 年 1 月 4 日 14 点 43 分，当时听到电脑一声报警的声音，我知道肯定是哪位投资者的股票到成本区了。一看是数知科技，立马联系马先生，询问成交没有，后来他告诉我当天出去了，没有挂单，我心里就咯噔一下，因为当时看到分时图就瞬间那一下，大家可以看一下当天的分时图便知，如图 8-8 所示。

2018 年 12 月 7 日加仓 4100 股数知科技以后，当时持股成本降到了

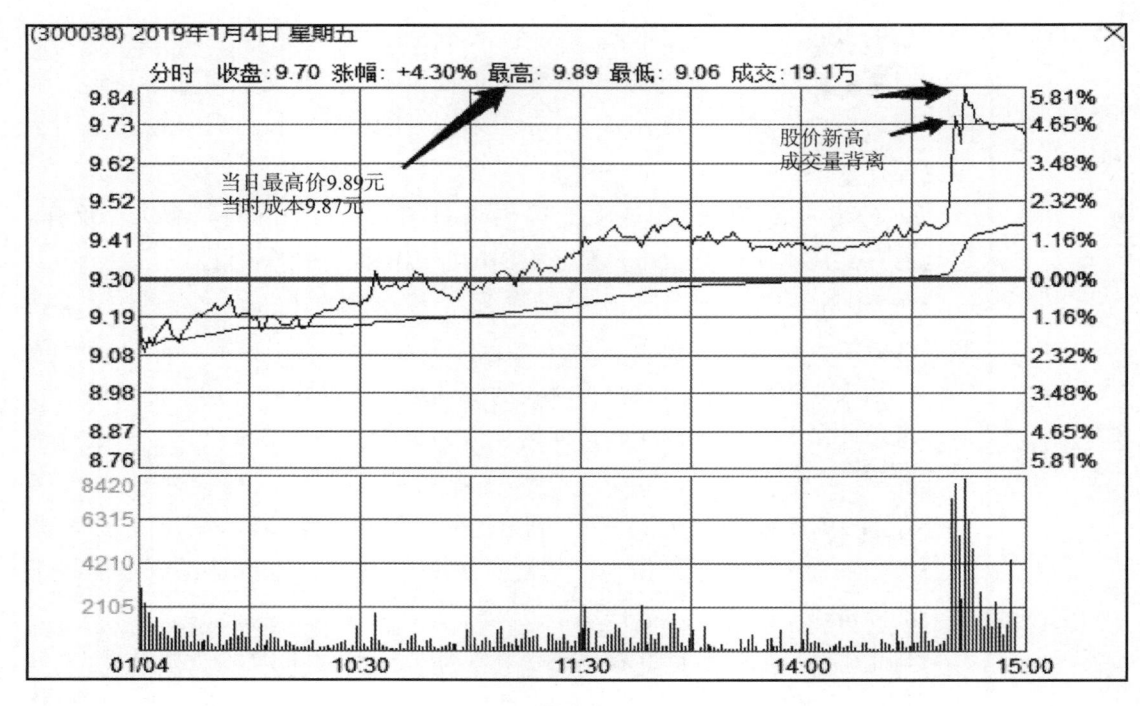

图 8-8

9.87 元，如果那天挂单了，正好可以卖出瞬间成交，也就解套出来了。后来又指导投资者马上挂上成本价卖出，但是当天没有再回到那个高点，只能继续等待了。

如图 8-9 所示，2019 年 1 月 7 日，数知科技正式解套。

说明："资金股份"下面的表格数据是为了还原截图中看不清楚的数据。

证券名称	股份余额	可用股份	成本价	当前价	当前成本	最新市值	浮动盈亏	盈亏比例（%）	冻结数量	异常冻结	在途股份	当前拥股	股东代码	资金账号
数知科技	7000	7000	9.879	10.04	69151.26	70280.00	1128.74	1.63	0	0	0	7000		
尔康制药	3100	3100	4.568	3.78	14160.28	11718.00	-2442.28	-17.25	0	0	0	3100		

图 8-9

2019 年 1 月 7 日 10 点 18 分，当时指导马先生挂单成本价卖出一半数知科技，主要考虑仓位太重，而且要腾出钱来操作解套尔康制药。

第八章 真实账户解套案例分析

确认卖出数知科技以后,马上指导马先生开始加仓尔康制药 10000 股。

说明:"当日委托"下面的表格数据是为了还原截图中看不清楚的数据。

委托编号	证券代码	证券名称	买卖标志	委托价格	委托数量	委托金额	成交价格	成交数量	成交金额	已撤数量	撤单标志	股东代码	交易所名称
S2021544	30267	尔康制药	买入	3.7600	10000	37800.00	3.7800	1000	37800.00	0	正常委托		
S2021477	300038	数知科技	对手最优价格卖	10.6700	3500	37345.00	0.00	3500	35000.00	0	正常委托		

图 8-10

如图 8-10 所示,先卖出一半 3500 股的数知科技,卖出价是 10.67 元,然后买入 10000 股尔康制药,买入价是 3.78 元,大家记住这个买入价格,一会儿可以跟踪看走势图。

如图 8-11 所示,数知科技已经解套,留了一半,因为当时看到数知科技的技术走势还不错,强于多数个股,留着是为了能够继续做差价,多持有一段时间,而且当时仓位也算合理,所以综合分析以后决定没有全部卖出。

说明:"资金股份"下面的表格数据是为了还原截图中看不清楚的数据。

证券代码	证券名称	股份余额	可用股份	成本价	当前价	当前成本	最新市值	浮动盈亏	盈亏比例(%)	冻结数量	异常冻结	在建股份	当前拥股
300038	数知科技	7000	3500	9.771	10.05	34197.76	35175.00	977.24	2.86	0	0		3800
300267	尔康制药	3100	3100	3.967	3.77	51972.62	49387.00	-2585.62	-4.97	0	0	10000	13100

图 8-11

2019 年 1 月 8 日指导马先生卖出尔康制药,告知马先生继续按原计划挂单,目前就是为了解套。当时尔康制药的成本价已经降到了 3.96 元。

如图 8-12 所示,这是 2019 年 1 月 7 日账户截图,持仓股票数知科技 3500 股,成本价 9.77 元,盈利 2.86%;尔康制药 13100 股,成本是 3.96 元,亏损 4.97%,眼看着就要解套了。开心吧?嘿嘿,接下来就不开心喽!

说明："资金股份"下面的表格数据是为了还原截图中看不清楚的数据。

证券代码	证券名称	股份余额	可用股份	成本价	当前价	当前成本	最新市值	浮动盈亏	盈亏比例(%)	冻结数量	异常冻结	在建股份	当前拥股
300038	数知科技	3500	3500	9.771	10.05	34197.76	35175.00	977.24	2.86	0	0	0	3500
300267	尔康制药	13100	13100	3.967	3.77	51972.62	49387.00	-2585.62	-4.97	0	0	0	13100

图 8－12

  2019 年 1 月 17 日上午的时候，这位投资者问我可以不可以再加仓 1 万股尔康制药，我研究以后给出建议：不加。因为处于阴跌阶段，当时看到股价阻力位应该在成本价以上，所以没必要再冒险加大仓位了。

  大家看一下 1 月 7 日尔康制药的日线走势就知道了，阴跌了一段，正好是 9 个交易日开始反弹。尔康制药加完就涨了吗？没有！所以我也做不到每次加完就涨，这点强调一下，还是看大方向才行。

  即使这样，马上也快胜利了。

  2019 年 1 月 21 日 10 点 57 分的时候，突然听到电脑传来预警的声音，我马上就精神了，知道又是哪只股票到成本价解套了。

  一看是尔康制药，然后问马先生成交了没有，结果他告诉我还远着呢，成本 3.96 元呢。这个时候我心里非常担心他没有挂单，因为看到分时又是一个脉冲式的上涨，这种状态一般都不是正常的状态。分时瞬间拉升，只要主力一撒手，就会回落。

  当天马先生肯定觉得到不了这个价格，所以连看都没看就回答我说还远着呢。我告诉他盘中涨停了一下，要是挂单就成交了。当时的担心还有一个原因，尔康制药成本价是 3.96 元，而涨停的价格是 3.98 元，并且就瞬间那一下分时到了，不挂单的话根本卖不出去，因为反应不过来，等你反应过来了股价也瞬间下来了。

  如图 8－13 所示，当时股价瞬间一下到了涨停，然后就开始回落。这个分时走势要是不采取挂单的策略，根本就卖不出去，您手再快，我通知到投资者，他再打开账户，怎么都是来不及的。

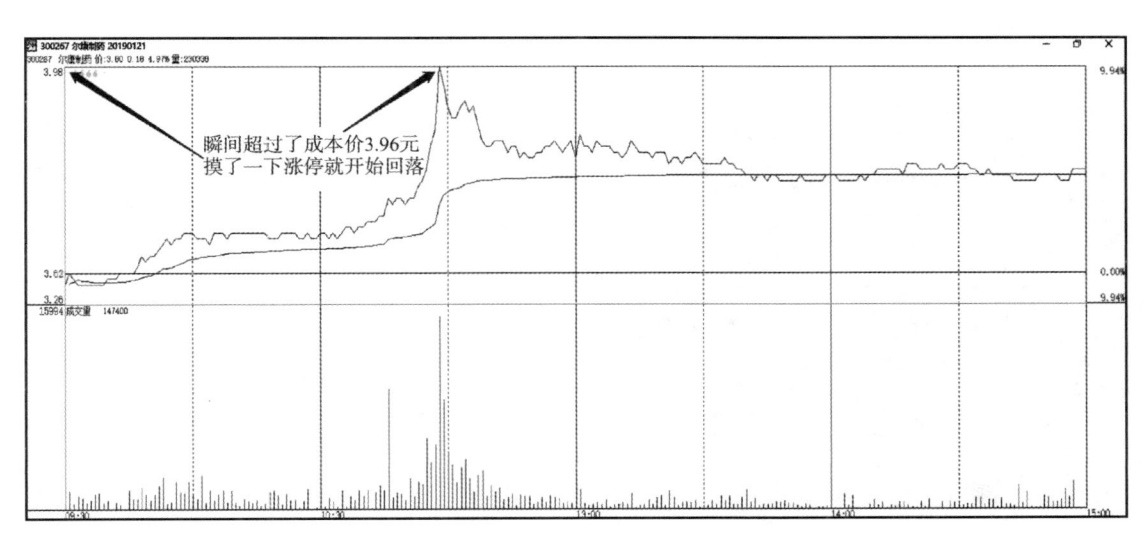

图 8-13

所以挂单的重要性再次完美体现了一下。还好马先生是挂上单子才出去忙的,最后确认成功卖出了,我心里踏实多了。

后来告知这位马先生我正在写这本书,正好把他这个真实案例写进来,他也非常开心。

如图 8-14 所示,这是尔康制药解套时候卖出的交割单,而后又挂单买入数知科技作波段。

说明:"当日成交"下面的表格数据是为了还原截图中看不清楚的数据。

证券代码	证券名称	买卖标志	委托价格	委托数量	成交价格	成交数量	成交金额	成交时间
300267	尔康制药	卖出	3.9600	13100	3.9600	11900	47124.00	10:57:36
300267	尔康制药	卖出	3.9600	13100	3.9600	1200	4752.00	10:57:36
300038	数知科技	买入	9.8700	6500	9.8700	300	2961.00	13:36:47
300038	数知科技	买入	9.8700	6500	9.8700	100	987.00	13:37:01
300038	数知科技	买入	9.8700	6500	9.8700	600	5922.00	13:37:16
300038	数知科技	买入	9.8700	6500	9.8700	5500	54285.00	13:37:35

图 8-14

如图 8-15 所示,2019 年 1 月 21 日尔康制药解套清仓卖出以后,截至

2019年1月31日，股价又创出一个新低3.21元。

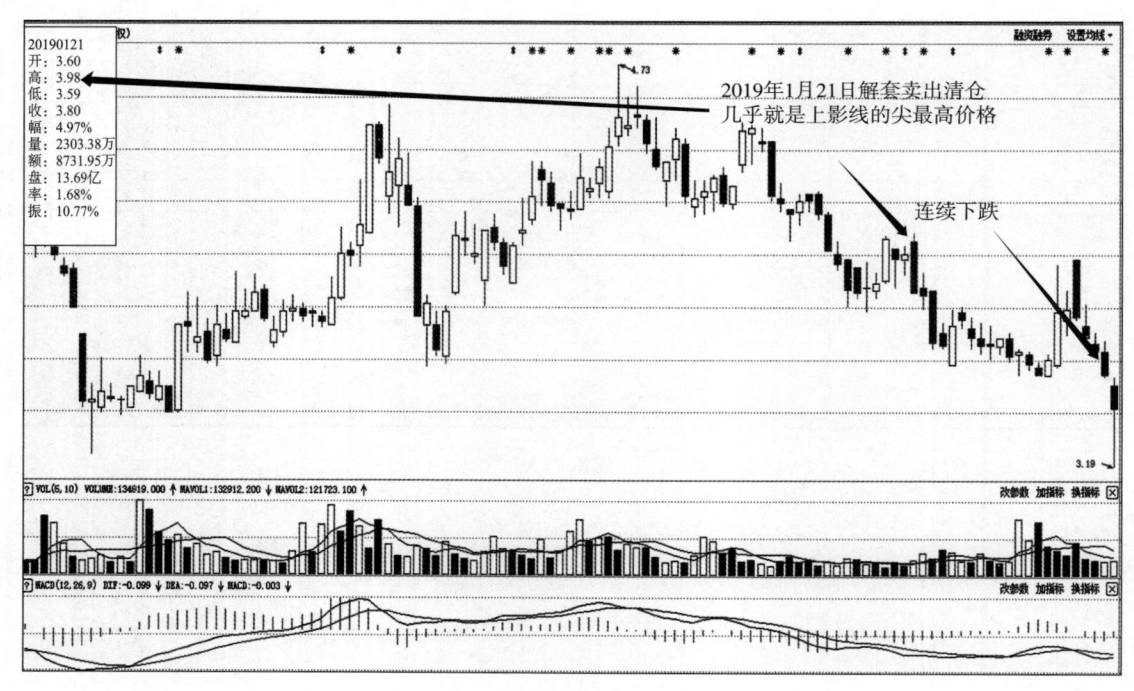

图 8-15

当时为什么尔康制药一股都没留呢？因为前面提到过，尔康制药子公司涉嫌财务造假，这事虽然不会导致尔康制药如何，但是这种事件是监管层重点关注的，所以还是清仓出来为好。

一般情况下在每位投资者解套的时候我也会根据账户实际情况来做相应安排，如果最后就剩余一两只股票，而且解套成功了，我就会根据个股当时的状态做一个解套后的安排，觉得不好就直接解套清仓，要是相对处于理想状态就继续操作。

解套目的达到后，我的任务就算告一段落了。这些年做解套研究，我心里清楚自己的弱点在什么地方，自己的强项在哪里。理论上我只做自己的强项，因为我做得再完美，也不会解决所有的问题。

3. 实战解套账户案例三

下面是一个陕西老股民的案例。她当时找到我的时候只有一个请求，就是让我帮她换掉这两只股票——她实在没信心了，因为这两只股票已经套得太久了。

当时我接过账户以后，对这两只股票的现状研究了一下，告诉她踏踏实

第八章 真实账户解套案例分析

实做解套策略，因为看状态这两只股票较为符合 8561 股票体系选股条件。后来这位投资者在电话里还说我是不是在逗她，我说那咱就试试看吧。

经过沟通以后她答应做解套策略，从 2016 年 10 月 21 日开始执行制订的解套策略。

如图 8-16 所示，这个账户当时接近 60% 的仓位，也还可以，主要是这个资金持有股票较为合理，而且剩余资金也够操作这两只股票的解套资金，不是特别悲观。

说明："资金股份"下面的表格数据是为了还原截图中看不清楚的数据。

证券代码	证券名称	证券数量	可卖数量	参考成本价	参考市价	参考市值	参考盈亏	盈亏比例（%）
601118	海南橡胶	10000.00	10000.00	8.028	6.1800	61800.00	-18480.00	-23.019
000401	冀东水泥	23200.00	23200.00	11.279	10.2000	236640.00	-25032.80	-9.566

图 8-16

大家仔细看这个账户的持仓情况，海南橡胶 10000 股，成本价是 8.02 元，持股市值是 61800 元，浮亏金额是 18480 元，亏损比例是 23.01%；冀东水泥持股 23200 股，成本价是 11.27 元，持股市值是 236640 元，亏损比例是 9.56%，浮亏金额是 25032 元。

注意看一下面聊天记录的细节。由于有些文字是由语音转换而来，所以其中有些文字转换有问题，不要纠结，大概意思明白就可以了。我这样做的目的就是尽量让大家能明白我指导投资者操作时候的思路。

2016 年 10 月 21 日 9 点 39 分，第一个指导建议是加仓海南橡胶 15000 股，而且不是一笔单子就买入 15000 股，要分三笔交易各买入 5000 股，合计 15000 股。

到这里，上边有几个细节需要注意。

（1）为什么先加仓海南橡胶？

原因：从被套比例上来看当时海南橡胶是亏损比例 23.01%，即使一个涨停也够不到成本价，所以当时的目的先是把海南橡胶加仓 15000 股以后，亏损比例就降到了10%附近，加完仓以后成本降到了6.91元，亏损比例降到了10.85%。理论上股票几日的上下振幅10%的概率大呢，还是上下振幅23%以上的概率大呢？答案肯定是振幅10%左右的概率大，所以把海南橡胶的亏损比例降到10%附近，只要来个异动也许就解套了。这就是当时先加仓海南橡胶的原因。

（2）为什么不加仓冀东水泥？

原因：当时冀东水泥的亏损比例接近9.56%，小于10%，还有从当时冀东水泥的技术走势来看，2016年10月18日刚突破60日均线回踩，而且也是极度缩量，说明短线也有机会，综合分析后，我当时认为像是要启动的样子，所以也就没着急加仓冀东水泥。

（3）为什么海南橡胶要15000股分开买三笔，而不是一笔就买进去15000股？

原因：这个细节应该多数投资者都不知道，也不会在乎的一个细节。对于资金量50万元以上的投资者来说，这样的细节也许就是您买了就跌的一个原因，在弱市当中更是需要注意。

2018年年中时，有一只股票被区区24.3万元从平开给砸成跌停了？原因是盘面太弱了，着急卖出挂低了卖肯定就把股价砸下去了。

买入也是一样的道理，您觉得您那点资金不多，几十万砸进去，有的个股走势跟心电图一样的走势，您这一买也就真能给买起来两三个点。您觉得这样操作的后果是什么？

上边说的是50万元左右的，那些大散户上千万上亿的呢？我见过这类过亿的投资者，一买就是几百万元，他买的时候分时呼呼涨，结果他买完了分时就一路阴跌，当时我看到就有点着急，后来告诉他这样操作主力不吃您才怪呢。他说："我也没买多少啊。"其实站在他的角度是没买多少，但是站在主力的角度和弱势市场的角度，这笔资金就是大资金了，尤其是小盘股，更得注意每笔买卖的量。

所以才会指导这位投资者进行分开三笔操作。资金量大的投资者必须注意这点，才能少吃亏。切记！

在2016年10月24日10点02分，海南橡胶股数还是加仓以后的25000股，但是由2016年10月21日的亏损比例从10.85%降到了4.78%，为什么呢？因为10月24日上午分时出现了两次异动，直接往上抽了8%，然后分时开始回落，这就是所谓的瞬息万变。

这个亏损比例距离解套就更近一步了。

2016年10月24日10点24分，给了这位投资者第二个加仓的指令：冀东水泥可以加仓了。冀东水泥加仓 5000 股以后成本降到了 11.09 元,亏损比例降到了 7.94%。为什么要加仓的呢,之前不是说不加仓了吗?

如图 8-17 所示,这是 2016 年 10 月 24 日的分时走势图,从图中可以看到,分时在 10 点 18 分的时候是股价突破均价线的一个回调位置,我看到下边分时成交量是缩量的,所以这个回调属于背离,就是分时的一个买点。这个分时的买点还是较为确定的,所以这是买入的第一个理由。

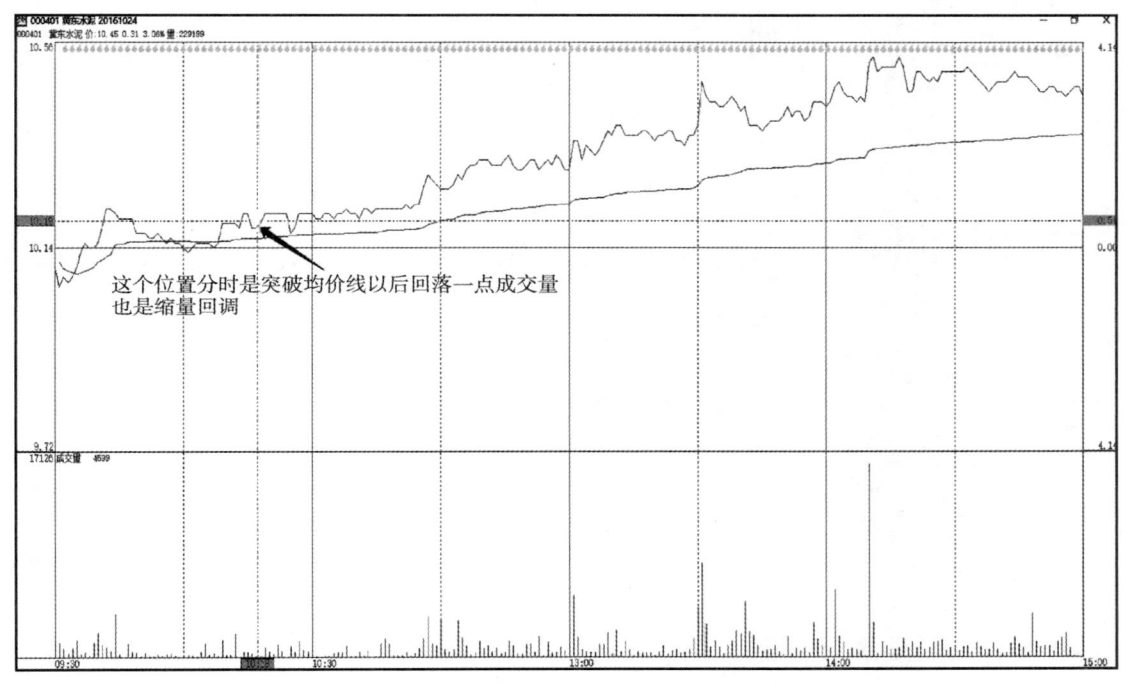

图 8-17

如图 8-18 所示,这是 2016 年 10 月 24 日的冀东水泥日线走势图,从图中可以看出,当时有四个理由支持可以买入。

(1) 2016 年 10 月 19 日、20 日、21 日,这三个交易日成交量是连续缩量状态,但是 10 月 24 日这天预测成交量会放量一下,大概率会上涨。

(2) 股价回踩 20 日均线支撑有效,开始反弹。

(3) 分时在 60 日均线下方开始横盘,由于股价距离 60 日均线较近,所以感觉有要突破的架势。

(4) 股价前几天突破一个小角度的下降通道线以后,正好 10 月 21 日最低点回踩确认,10 月 24 日确认这个下降通道的反切线支撑有效。

鉴于以上几个理由,所以才会通知这位投资者进行加仓操作,觉得几个

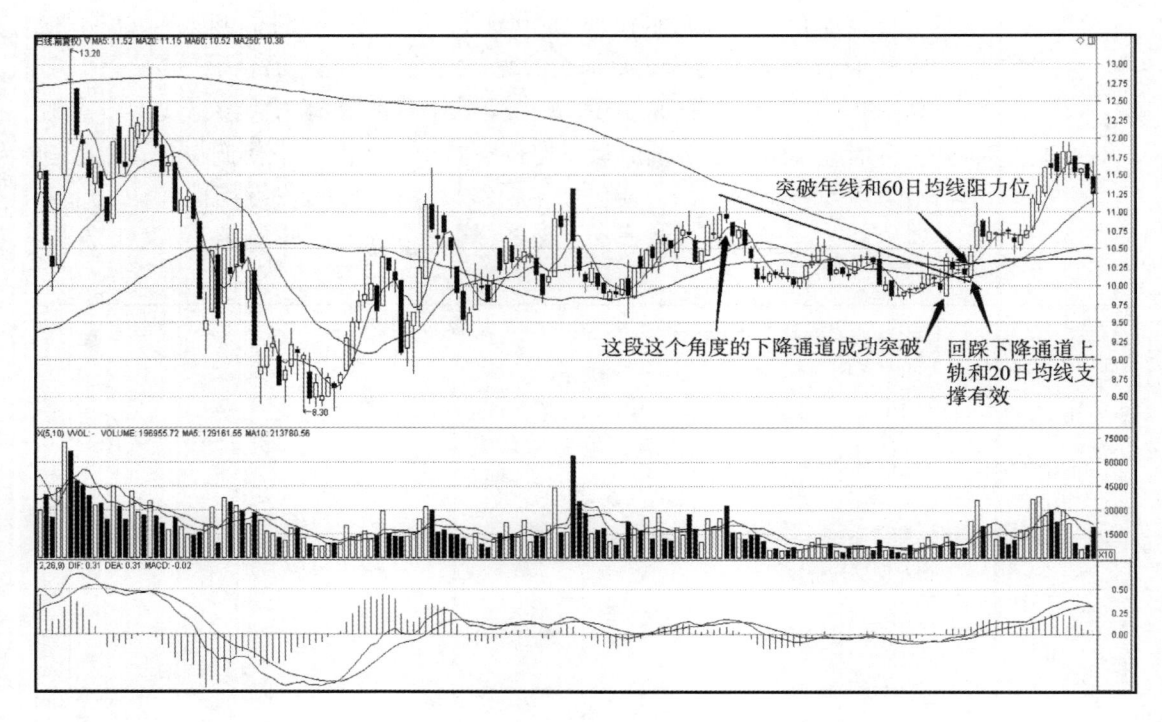

图 8-18

条件叠加以后，上涨的概率就会大一些。大家从图 8-17 中可以看到，10月24日10点18分加完仓以后没多久，股价就开始缓慢拉升，10月24日当天日线拉出一根大阳线，10月25日又是一根大阳线。

2016年10月26日，海南橡胶卖单6.99元，但是当天没有到这个价位，冀东水泥挂的两个卖单也没到挂单价位。

2016年10月26日，除了挂卖单以外，还指导投资者挂了买单，但是也没买到，后来改成现价10.77元买的。

在2016年11月2日和11月7日，可以看出当时海南橡胶跌幅有扩大趋势，因为浮亏比例已经到了8.39%，说明股价也是跌了。当时这位投资者和我抱怨了一个事情，大概意思是她之前买了廊坊发展，刚接近成本就卖出了，后来天天涨停，给她气得不行，因为拿着持有的时候就是不涨，卖出了开始天天涨停。当时我回她一句话，股市不关门！这也是我常挂在嘴边的一句话。我能理解她的心情，但是股市就是这样的，卖出去了后悔有用吗？不都是马后炮吗？那就不看了，因为和这股票没缘分，股市不关门，机会还会有。

到了11月7日10点10分的时候，这位投资者给我截图，我告诉她冀

第八章
真实账户解套案例分析

东水泥清了吧,因为到了成本了,我以为她挂单了,结果她没挂单,但是盘中到了一下成本就下来了。我说有点可惜啊,到了成本没卖出,她说主力和她作对,就今天早晨没看股票。当时我劝她,坏就是好,好就是坏,安慰了一下她。然后我告诉她每天挂上成本价再去忙。

2016年11月7日,到了14点14分的时候,冀东水泥继续拉升,结果就给了机会卖出了23600股,正式解套了一只。后来告诉她再卖出900股留个整数。紧接着告诉她腾出来的资金继续加仓海南橡胶即可。

当天加仓海南橡胶后就是重仓持有了,成本价再次降低了一点,亏损比例到了3.51%。我告知这位投资者明天继续挂单成本价卖出海南橡胶,因为今天这个主力还是善良的,给了机会卖出。有的时候真的就是瞬间的机会。

2016年11月8日是值得纪念的日子,因为这天账户正式全部解套成功。

2016年11月9日,账户还是红色盈利状态,因为留着这两只股票开始做T+0了。因为当时看着仓位也合理,处于半仓状态,而且这两只股票都是上升趋势,就没有完全清掉。

2016年11月17日海南橡胶其中的一个T+0买卖成功,当时是看着分时做的一笔交易。如图8-19所示,分时的买卖点在前面已经教给过大家

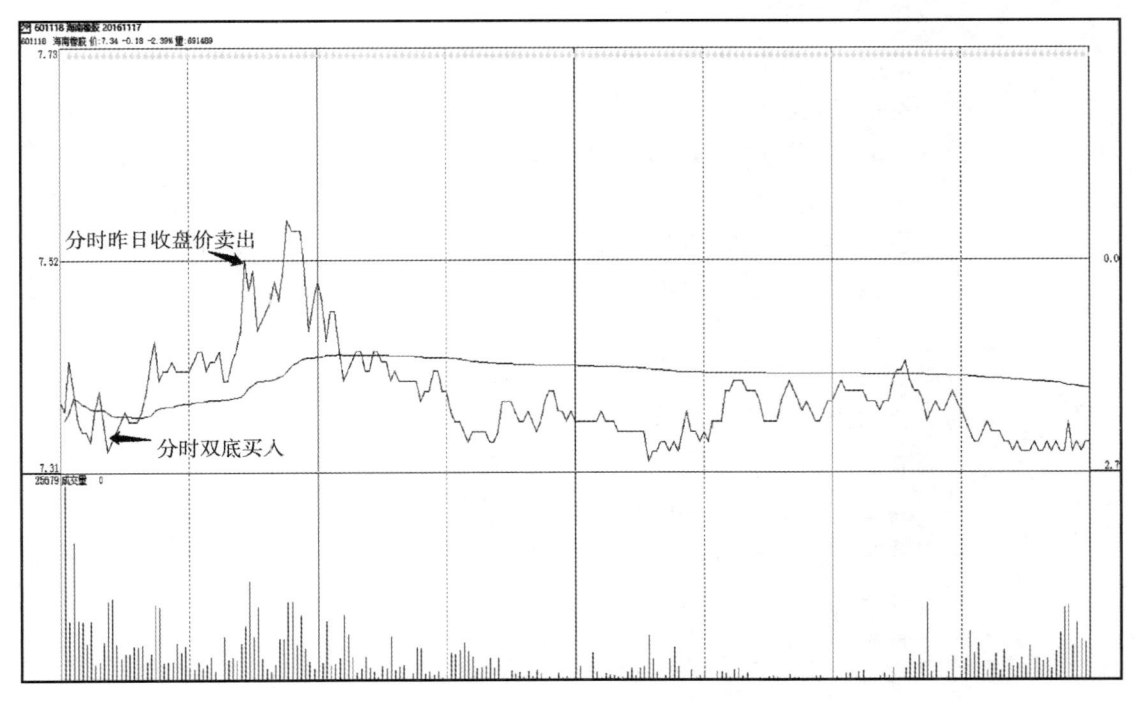

图8-19

了，大家可以回去看一下，我也是按照之前给大家讲的这些技术分析在做T+0指导的。其实大家可以去看一下2016年11月17日那天海南橡胶的日K线不算很好看，但还是做出一笔差价，持股成本再次降低。

到了2016年11月21日继续操作T+0，成本也在逐步降低中。

分享这个案例，主要是想让各位读者看到整个解套的过程和做T+0的过程，相信通过这个案例大家也能眼前一亮，原来解套是这样做的。也相信您会对自己被套的账户有信心了。

这个账户是从2016年10月21日开始制订的解套策略开始操作，最后在2016年11月8日正式解套，用了13个交易日就解套成功，这个速度算是快的，因为当时正好赶上了两只股票震荡上行，所以才会这么快。这位投资者最开始的意思是割肉换股，而且再三强调要换股，后来电话沟通以后她才打消了这个念头，否则也不会有这样的结果了。往往有的时候当你绝望的时候，也许机会就会来了。

从这个案例中各位投资者也会看出，我不是每次加完仓马上就涨，卖完了马上就跌，一直是在做概率，就是战略方向一定要正确，其中的一些细节可以忽略，但是有些原则性问题该坚持还是要坚持，否则也不会成功解套。

4. 实战解套账户案例四

下面这位投资者的账户也很有代表性，从仓位和个股数量来看较为合理。这位投资者也是一位老股民，对于市场的把握有自己的一套策略。这位投资者的心态也没问题，属于较为理性的类型，所以交流的时候就会省心很多，配合度也非常高。

为什么我再三强调配合度呢？这些年做解套指导，对于能否成功解套来说，其实最大的一个问题就是投资者的配合度问题，因为有的投资者总是患得患失，不是怕买了就跌，就是怕卖了就涨，弄来弄去就把我的解套策略打乱了，所以这种类型的投资者解套的时候，最后结果都是不理想的。我只能给出建议，又不能非得让人家怎样，毕竟账户在客户自己手里掌握着。

解套策略方向制订正确加上客户配合度高，解套速度和效果就会好些。解套策略方向正确，但是配合度不高，结果也不会很好。所以配合度也决定了解套的效果和速度。

如图8-20所示，总仓位差不多半仓左右，合理；股票数量三只，合理；股票的亏损额度也还算能接受，并且还有一只是盈利状态。所以综合分析以后，虽然最多的西部证券亏损39%，但这个账户还是偏乐观的。2017

年5月22日开始制订解套策略进行操作。

图8－20

这位投资者自己说从2014年10月开始至2017年5月股市亏损41万元，买软件等花了20万元，合计亏损算60万元，这位投资者非常爱学习，这点我很佩服。他自己也说心态没问题，其实像这位投资者以后挣钱都是大概率事件，只是赶上行情不好谁都没办法，机构在2018年不也大都亏损吗？但是从心态好和爱学习这个方面我认为这位投资者以后挣大钱的概率还是很大的。

2017年5月19日我给出了第一笔指导建议：加仓宝钛股份。由于当时我对宝钛股份非常熟悉，因为跟踪这只股票好几年的时间了，对主力的操盘手法也相对了解，当时认为即使操作出现偏差，问题也不大，所以才会先做这只。

当时是直接给了一个海陆空立体交易策略，也就是上下两头堵的策略。

挂 19.03 元和 19.13 元两个价位卖出 5 月 19 日加仓的 2000 股，然后挂 17.91 元 2000 股和 17.22 元 3000 股买两笔合计 5000 股。

之后和这位投资者交流了关于投资股票的心态，从聊天中也可以看出，这位投资者心态确实很好。

2017 年 5 月 22 日当天挂上买卖单子以后就等着成交了，但是当天买卖单子都没有成交。

在 2017 年 5 月 24 日 17.22 元的买单在上午 10 点 37 分成交了。然后开始指导这位投资者在 5 月 25 日挂 17.59 元卖出加仓的 7000 股宝钛股份。

这是合作初期，这位投资者完全是按着我的指导在挂单，自己虽然有技术分析能力，但是也没有按着自己的意愿去做，这就是所说的配合度问题，执行力非常好。这样我心里就有数了，有很大可能可以基本解套。

在图中可以看到我说了一句话：每笔单子单独计算即可。这句话的含义是出自海陆空立体交易战法的核心思想。大家仔细理解一下，因为有的投资者之所以挣不到钱，是因为他们会看整体账户每只股票的盈亏情况，但是我研究的海陆空立体交易战法核心思想是用每笔完整的交易来计算盈亏，这是两个不同的格局。解套的每笔单子或者买入股票的每一笔单子尽量完成一个买卖交易是赚钱的，这样才会逐步降低成本，假如你总是纠结整体还没盈利，那就不会有客观的交易策略来逐步完成降低成本的过程。这是决定解套成败的一个细节。

如图 8-21 所示，最上边的是没有成交的挂单，最下边的是三个成交的挂单。中间有一个是 2017 年 5 月 25 日 5 点 42 分 30 秒的时候挂的卖出单子。

图 8-21

11 点 06 分 36 秒卖出挂单成交，一个完美的小波段操作，完美的一笔买卖交易，这个就是单独计算的单子。

在 2017 年 6 月 1 日挂了两笔单子，一笔是 13.41 元买入西部证券，这笔是之前卖出做反向 T+0 的买回来了，另外一笔是 17.63 元买入宝钛股份。

当时指导这位投资者继续挂单买入宝钛股份，两笔挂单这一天没有成交，最低价格到了 17.22 元，但是我们挂单是 16.86 元和 16.92 元。

2017 年 6 月 5 日继续操作宝钛股份，当时直接给了两个指导建议，一是挂单 18.13 元买入宝钛股份，假如成交了就马上挂单 18.59 元卖出加仓的这笔，这是做 T+0 的指导；二是挂单成本价 19.09 元卖出 10000 股宝钛股份，如果成本价先到了成交以后，再去把下面挂单买的单子撤掉。这个指导是海陆空立体交易核心战法的应用。

2017 年 6 月 5 日，当时账户情况已经见到希望了，因为宝钛股份亏损比例只有 2.59% 了，一个异动就可以解套出来，当时也是给了客户一个信心，预计本周能够解套出来一只。

6 月 5 日收盘后又给了一个指导建议，告知这位投资者 6 月 6 日挂单 18.88 元卖出 12600 股宝钛股份。

2017 年 6 月 7 日宝钛股份股价到了成本区，然后指导这位投资者开始卖出宝钛股份。宝钛股份正式解套，但是没有全部卖出，想着还继续做波段。

2017 年 6 月 8 日指导投资者继续实施两头堵策略，也就是海陆空立体交易战法策略。

到了 2017 年 6 月 14 日的时候账户已经非常好看了，账户逐步转好中。

西部证券当天把之前加仓的部分在阻力位附近卖出，卖出的位置接近当天的最高点，投资者非常满意。

如图 8-22 所示，如果当天不选择挂单的话，直接盘中卖出，理论上是跟不上节奏的。有的投资者会问了，为什么分时冲高后就下来了呢？其实就是因为我挂的那个位置是当天的一个阻力位，股价瞬间突破一下就回落了。

如图 8-23 所示，最上边是 2016 年 6 月 14 日的交割单，截至这一天，账户还亏 47247 元，已经快解套了。但是西部证券还亏 101110 元呢，任务还是没有完成。

接下来的日子每天都在做着海陆空立体交易战法的策略。这位投资者讲述了当时他的心理变化。在认识我的初期，和我说了他自己的投资经历，可以说是很糟糕，在和我沟通的时候也说过，纪律性是投资的铁律。但是真正在操作的时候，根本不是那么回事，价格高的时候高兴，恨不得再涨一些，下跌的时候，恨不得来了救世主，但最终的结果可想而知。

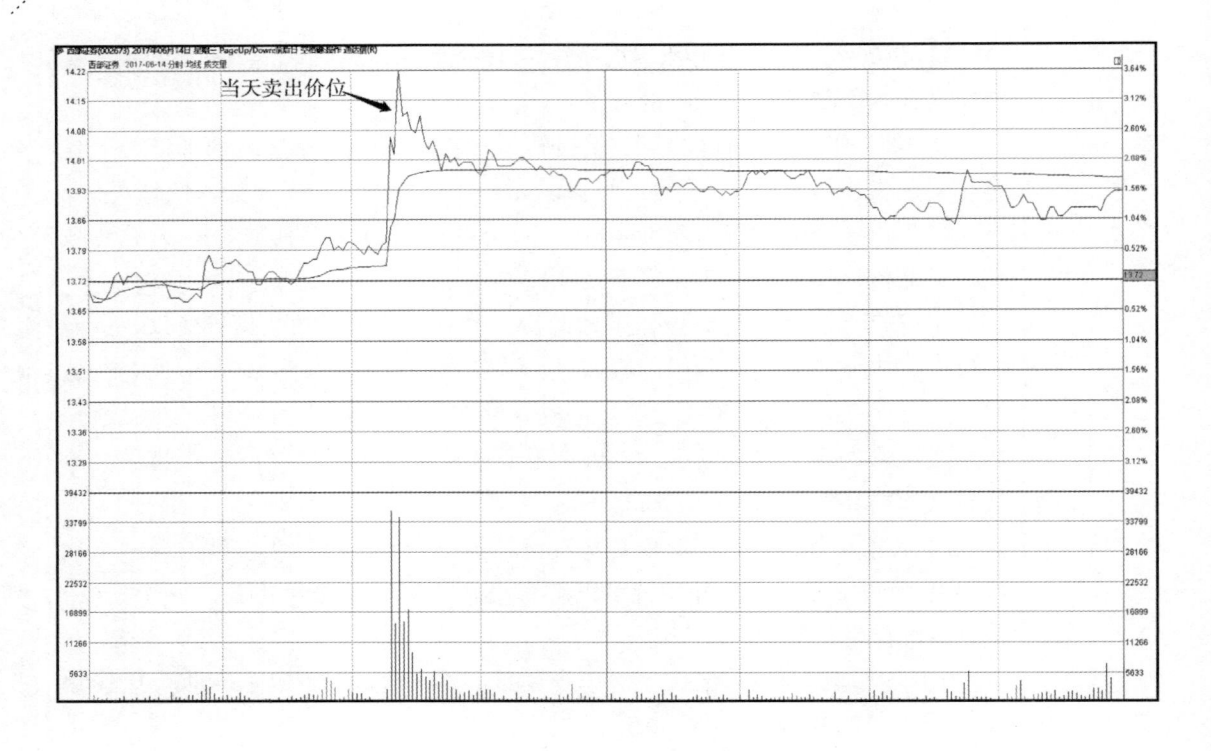

图 8-22

成交时间	证券代码	证券名称	买卖标志	成交价格	成交数量	成交金额	成交编号	委托编号	股东代码	成交类型
10:41:16	002673	西部证券	卖出	14.120	5770.00	81472.40	0104000005786960	4		
10:41:16	002673	西部证券	卖出	14.120	7800.00	110136.00	0104000005786919	4		
10:41:15	002673	西部证券	卖出	14.120	4000.00	56480.00	0104000005786851	4		
10:41:15	002673	西部证券	卖出	14.120	2000.00	28240.00	0104000005786747	4		
10:41:15	002673	西部证券	卖出	14.120	430.00	6071.60	0104000005786627	4		

本委托系统提示的成本价、盈亏数据仅供参考

人民币: 余额:787.07 可用:715787.07 可取:787.07 参考市值:849643.00 资产:1565430.07 盈亏:-47247.38

证券代码	证券名称	证券数量	可卖数量	参考成本价	参考市价	参考市值	参考盈亏	盈亏比例(%)	股东代码
600456	宝钛股份	22600.00	22600.00	18.190	19.3300	436858.00	25772.34	6.267	
000338	潍柴动力	17000.00	17000.00	10.136	11.4900	195330.00	23011.22	13.358	
002673	西部证券	15000.00	15000.00	20.681	13.9400	209100.00	-101110.94	-32.595	
300662	科锐国际	500.00	500.00	6.550	16.7100	8355.00	5080.00	155.115	

图 8-23

第八章
真实账户解套案例分析

合作的这一个月来,他经常告诉自己,没有铁的纪律,根本谈不上将来。所以他这一个月以来严格遵守纪律。下一步他还将继续遵守纪律,因为从中看到了希望。他也希望通过我的指导,能一小步一小步地向前。

以上体会我相信是发自这位投资者内心说出来的,其实也是很多投资者经历过的。当时我给这位投资者回复了一句我经常说的话:看对和做对永远是两个层次,只有客观地理性地分析操作才可以。

这些年在做解套策略的时候,我看到过太多这样的投资者,其实最终还是输在心态上。真是不懂技术吗?未必!真是没挣过钱吗?也未必!最终还是贪念、恐惧以及不遵守交易纪律造成了亏损。

所以我常说,分析对了和做对了是两个层次。在证券市场当中有太多只说不练的投资者,说得头头是道,真落实到交易上就完了。天天靠吹牛是做不好股票投资的,必须要务实,必须要真抓实干才能日日是晴天!

在 2017 年 6 月 21 日指导这位投资者先把上个交易日尾盘买的西部证券卖出,先保住 2 个点的利润。其实这 2 个点是我经常采用的短差利润空间,因为 2 个点的差价成功的概率还是很大的,假如空间放的太大,成交概率就小了,所以在做差价的时候尽量不要贪多。这也是一个细节,大家一定要记住!

到 2017 年 6 月 21 日,这位投资者给我截图报喜,整体账户算是正式解套了,当时我也非常的开心。

如图 8-24 所示,交割单显示依然做着差价。下边是那位投资者自己记录的,从合作解套开始以来的交易记录。说实话,这位投资者真是属于非常理性的,而且做事情也是有规矩的,自己记录着交易记录,这个也是投资成功的一个重要的细节,不会稀里糊涂的,心里非常清楚,这也是我提倡的,大家也可以做做交易记录,最起码以后知道自己错在哪里了。

2017 年 7 月 10 日 10 点 29 分的时候,我看到西部证券的分时有点背离,5 分钟也有背离迹象,所以通知这位投资者做个反向 T+0,当时卖出的价格是 15.28 元,这位投资者下单迅速,直接卖出 1 万股西部证券,而后我马上告诉他挂上买单往回接,挂的价格是 14.96 元,这是一笔挂单交易;还有一笔是挂在西部证券成本价位置,卖出一笔;还有 14.48 元和 14.49 元两笔挂单买入的。一共三笔交易策略。依然是操作着海陆空立体交易战法,俗称两头堵策略。

2017 年 7 月 10 日做了一个反向 T+0,上午 10 点 29 分卖出的 1 万股西部证券,在下午的时候,挂单买回来那笔 14.96 元的单子成交了。又是一个完美的反向 T+0 差价操作。

| 人民币：余额：142516.34 | 可用：825516.34 | 可取：142516.34 | 参考市值：790530.00 | 资产：1616046.34 | 盈亏：3325.15 |

证券代码	证券名称	证券数量	可卖数量	参考成本价	参考市价	参考市值	参考盈亏	盈亏比例(%)	股东代码
600456	宝钛股份	10000.00	10000.00	15.747	20.2000	202000.00	44531.54	28.278	
000338	潍柴动力	17000.00	17000.00	10.136	11.9800	203660.00	31341.22	18.193	
002673	西部证券	25000.00	25000.00	18.166	14.9500	373750.00	-80392.61	-17.703	
300662	科锐国际	500.00	500.00	6.550	22.2400	11120.00	7845.00	239.542	

成交时间	证券代码	证券名称	买卖标志	成交价格	成交数量	成交金额	成交编号	委托编号	股东代码	成交类型
10:32:11	002673	西部证券	买入	14.370	2106.00	30263.22	0104000005261349	694		
10:32:10	002673	西部证券	买入	14.370	1900.00	27303.00	0104000005260791	694		
10:32:08	002673	西部证券	买入	14.370	504.00	7242.48	0104000005258816	694		
10:32:08	002673	西部证券	买入	14.370	1300.00	18681.00	0104000005258773	694		
10:32:08	002673	西部证券	买入	14.370	300.00	4311.00	0104000005258771	694		
10:32:08	002673	西部证券	买入	14.370	400.00	5748.00	0104000005258769	694		
10:32:08	002673	西部证券	买入	14.370	700.00	10059.00	0104000005258767	694		
10:32:08	002673	西部证券	买入	14.370	3000.00	43110.00	0104000005258765	694		
10:32:08	002673	西部证券	买入	14.370	2000.00	28740.00	0104000005258763	694		
10:32:08	002673	西部证券	买入	14.370	1300.00	18681.00	0104000005258761	694		
10:32:08	002673	西部证券	买入	14.370	1000.00	14370.00	0104000005258759	694		
10:32:08	002673	西部证券	买入	14.370	490.00	7041.30	0104000005258757	694		

成交时间	证券代码	证券名称	买卖标志	成交价格	成交数量	成交金额	成交编号	委托编号	股东代码	成交类型
10:29:34	002673	西部证券	卖出	15.280	156.00	2383.68	0104000005714272	763		
10:29:34	002673	西部证券	卖出	15.280	9844.00	150416.32	0104000005714270	763		

截止日期	总资金3629			本金3629		
	参考市值	余额	小计	原始金额	3629盈损额	
2017/06/30	1,332,600.00	295,365.02	1,627,965.02	1,629,000.00	-1,034.98	客户自己做的交易记录
2017/05/19	611,770.00	863,669.86	1,475,439.86	1,629,000.00	-153,560.14	
小计			152,525.16	—	152,525.16	

图 8-24

如图 8-25 所示，在 2017 年 7 月 10 日上午，看到分时有点背离的意思，而且 5 分钟也背离，所以决定卖出一笔做反向 T+0，下午临近尾盘的时候，挂单成交又接回来了。

从这笔交易来看，也是挂单接回来的，因为分时看得出来机会是当天最低点，也就瞬间一下成交的，然后股价就上来了，来不及追着买。

再次强调一下挂单的重要性，因为在操作解套策略的时候，我基本是采用支撑位和阻力位的方法进行分析，有的时候会在盘中看分时背离操作。但每笔交易指导的卖价和买价位置就是挂单的阻力位和支撑位，一般情况下即使到了支撑位和阻力位，也就是瞬间探一下，股价就会向着相反的方向回抽。

如果总是盯着价格去看阻力位或者支撑位的时候，一是有的时候手慢跟不上；二是有的时候是因为人性的弱点所致，总想着买的再低一点儿、再低一点儿，卖的时候总想着再高一点儿、再高一点儿。甚至有的时候就恐慌

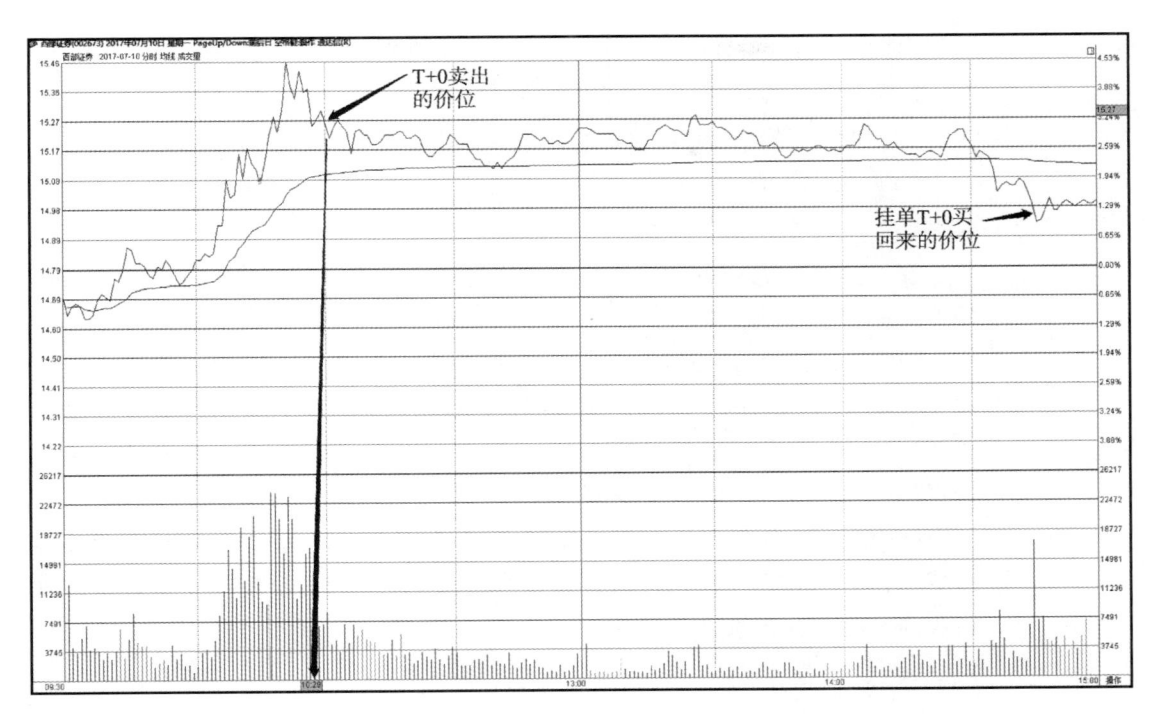

图 8-25

了，因为股价下跌不敢买了，或者因为贪婪了，上涨的时候舍不得卖出做反向 T+0 了。

总之看着分时做的时候，多数情况下都是不客观的，但是挂单交易的话，挂上单子不管对错，给就要不给就算，这样才是相对客观的，会屏蔽掉很多人性的弱点。因为每个人的心中总会有主观意志战胜客观的现象，从而做出不客观的交易决定，包括我本人在内也是一样。

到了 2017 年 7 月 12 日，当天西部证券挂了一张买单在 14.51 元。7 月 12 日 10 点 47 分的时候我发现西部证券的分时开始异动，直接奔着我们挂单的位置来了，其实在盘中我看分时的时候，心里还是很紧张的，因为怕买不到，开始差 2 分钱就往回拉了一下，分时又做了一个小头肩底，以为不给了，后来再次杀跌，瞬间就把挂单给了，心里踏实了。告诉这位投资者刚才分时成交的时候有多么的精彩。

以上这个经历又是有值得说的地方。当时股价是下跌的，而我是多么期待股价的分时下跌啊，这种下跌在众多投资者眼里是多么的紧张害怕呀，因为他们看着分时下跌的时候心里是恐惧的。但是我不一样，做 T+0 的时候，很多情况下是希望股价下跌的，因为只有下跌了，你做反向 T+0 的单子才能买回来，才能做成功反向 T+0 差价。

由此可以看出：

（1）操作解套时间久了，有的时候你真不希望股价上涨；

（2）操作解套时间久了，你不会再害怕股价下跌；

（3）操作解套时间久了，你会享受到股价下跌给你带来的喜悦或者说成就感；

（4）操作解套时间久了，你就会喜欢追跌杀涨式的操作，再买股票的时候追高就得有想法了。

8561股票交易体系中有句话：中线思路，短线操作；追跌杀涨，笑傲股场。希望大家把这句话记在脑子里，每次交易的时候回想一下，我相信会对您起到正面的作用。这句话是我的原创，并不是抄袭来的，而且这么多年一直用这句话在指导客户做解套交易。

如图8-26所示，分时显示几乎也是买在了最低点，而后股价开始逐步震荡上行，全天都在这个价位区间震荡，说明这个位置确实有支撑作用，证明我挂单的位置还算是合理的。这点以后大家在实际操作当中也可以去自己体会。

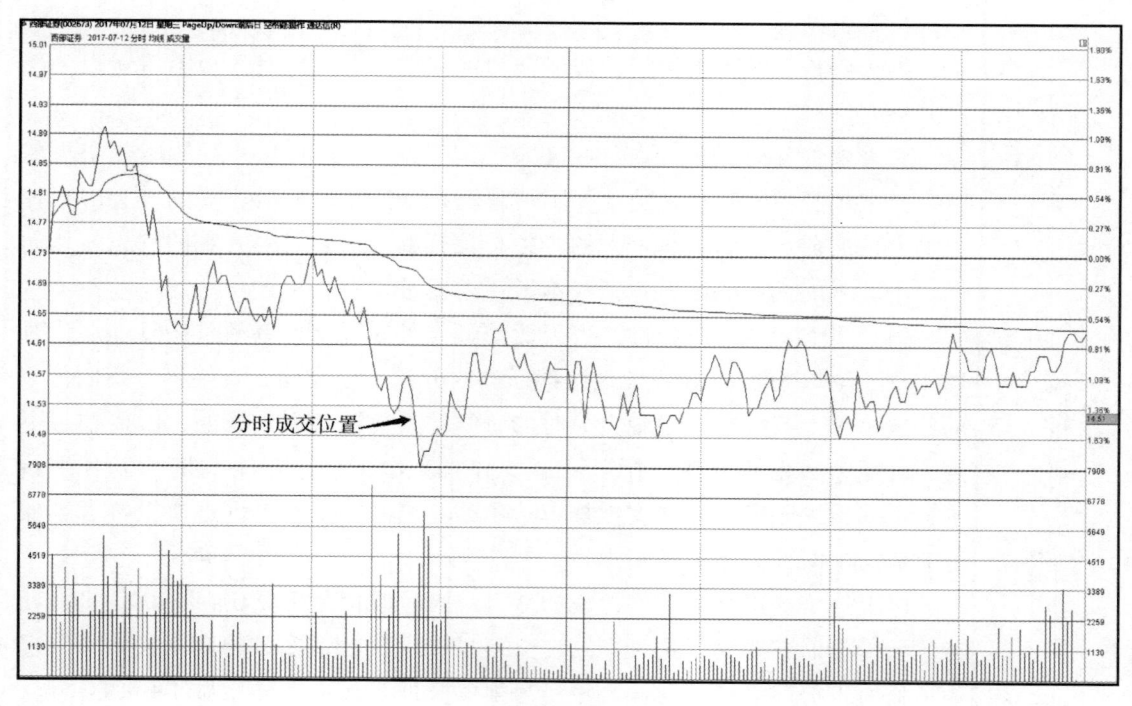

图8-26

第八章 真实账户解套案例分析

2017年8月1日是一个值得纪念的日子，因为整体账户都翻红了一下，虽然下午又回落了，但是见到了曙光，还是值得开心一下的。

如图8-27所示，上边第二个截图是当天买入成交的那笔买单。第三个是当时翻红一下的账户情况截图。当时账户整体盈利达到了122187元。

委托时间	证券代码	证券名称	买卖标志	状态说明	委托价格	委托数量	委托编号	成交价格	成交数量	报价方式	股东代码	委托类别
09:03:15	002673	西部证券	买入	已报	14.480	10000.00	14	0.000	0.00	买卖		委托
09:03:30	002673	西部证券	买入	已报	14.490	10000.00	15	0.000	0.00	买卖		委托
10:30:43	002673	西部证券	买入	已报	14.960	10000.00	777	0.000	0.00	买卖		委托
10:31:52	002673	西部证券	卖出	已报	15.890	10000.00	789	0.000	0.00	买卖		委托

成交时间	证券代码	证券名称	买卖标志	成交价格	成交数量	成交金额	成交编号	委托编号	股东代码	成交类型
10:50:06	002673	西部证券	买入	14.510	5500.00	79805.00	0102000005686907	184		
10:50:04	002673	西部证券	买入	14.510	4500.00	65295.00	0102000005683981	184		

本委托系统提示的成本价、盈亏数据仅供参考

人民币：余额：878.11 可用：74878.11 可取：878.11 参考市值：1671100.00 资产：1745978.11 盈亏：122187.84

证券代码	证券名称	证券数量	可卖数量	参考成本价	参考市价	参考市值	参考盈亏	盈亏比例(%)	股东代码
600456	宝钛股份	10000.00	10000.00	15.697	21.2700	212700.00	55731.54	35.504	
000338	潍柴动力	20000.00	20000.00	3.875	6.9600	139200.00	61705.41	79.613	
002673	西部证券	85000.00	85000.00	15.464	15.5200	1319200.00	4750.89	0.362	

截止日期	总资金3629			本金3629	
61	参考市值	余额	小计	原始金额	3629盈损额
2017/07/19	1,424,400.00	297,327.58	1,721,727.58	1,629,000.00	92,727.58
2017/05/19	611,770.00	863,669.86	1,475,439.86	1,629,000.00	-153,560.14
小计			246,287.72	—	246,287.72

图8-27

如图8-28所示，2017年8月23日14点09分，当时发现西部证券的分时开始出现异动，直接把当时的成本价15.46元干掉了，理论上算是正式解套了。当时挂的几个单子也都相继成交。

如图8-28所示，当时账户里只剩下西部证券70000股了，正式解套并盈利。本来想留点，但是发现量有点太大，所以在2017年8月23日14点40分看到股价开始回落，通知这位投资者开始清仓出局，最后盈利48352元。

这个账户的初始总资产是1442191元浮亏170486元；解套清仓以后账户总资产是1784156元，盈利48352元。

继续看一下解套之后的西部证券走势图，如图8-29所示。

西部证券解套的位置现在看真是一个相对最高位，如果当时贪心，没有卖出的话，现在还是在深套当中。

图 8–28

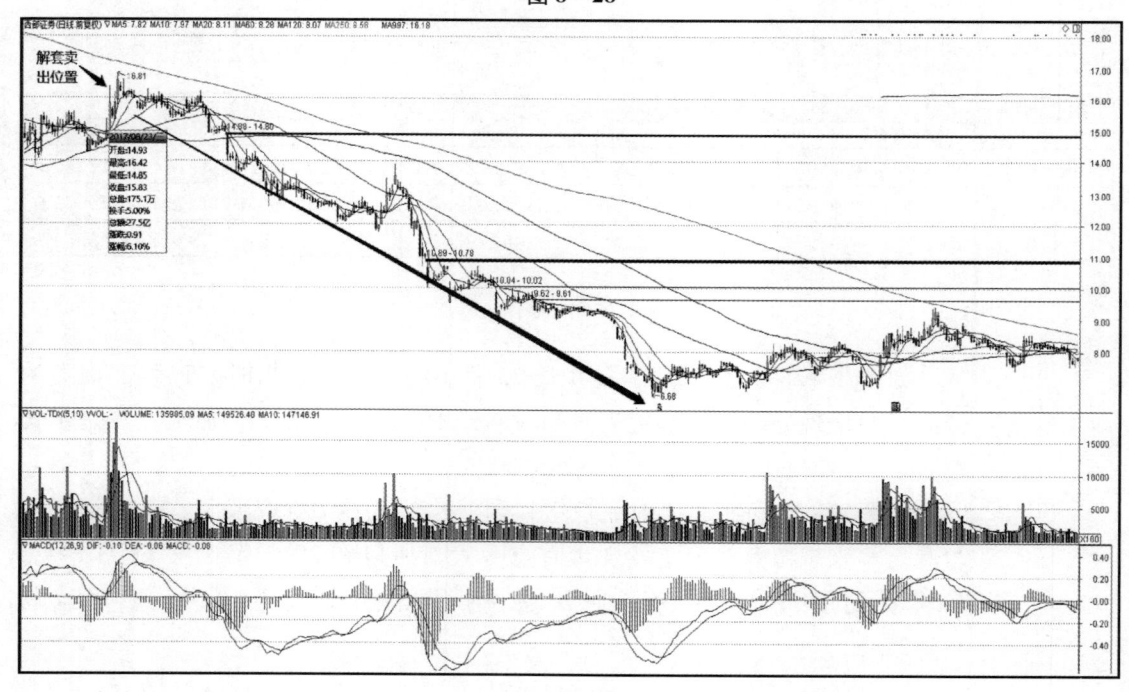

图 8–29

从图中可以看出来，当时卖出的位置成交量非常大，在短线的相对高位放出这么大的堆量，说明主力出货的概率大，所以当时也是根据这个理由来判断要清仓出局西部证券，现在看来还是判断正确的。

总结一下这位投资者的情况：
（1）这位投资者是老股民，爱学习，做事比较认真；
（2）这位投资者配合度比较高，执行力强；
（3）这位投资者有做交易记录的习惯。

我认为这位投资者的这些优点是值得大家借鉴的，因为细节决定成败，这个时候就需要我们认真对待你所想要做的事情，只有这样才能达到理想的结果。

5. 实战解套账户案例五

这位投资者估计跟很多投资者一样，根本没太多时间看盘和操作。他是真没时间操作，每天工作很忙，我通知他操作的时候还会不回复，着急了我就给他打个电话通知挂单。这个也是一个影响操作解套的因素，但整体效果还是达到预期了。

如图8-30所示，账户的初始状态：总资产594923元，亏损138592元，市值488155元，可用资金106768元，总仓位82%，算是重仓了。这种情况解套的难度要高于半仓和轻仓状态的账户。

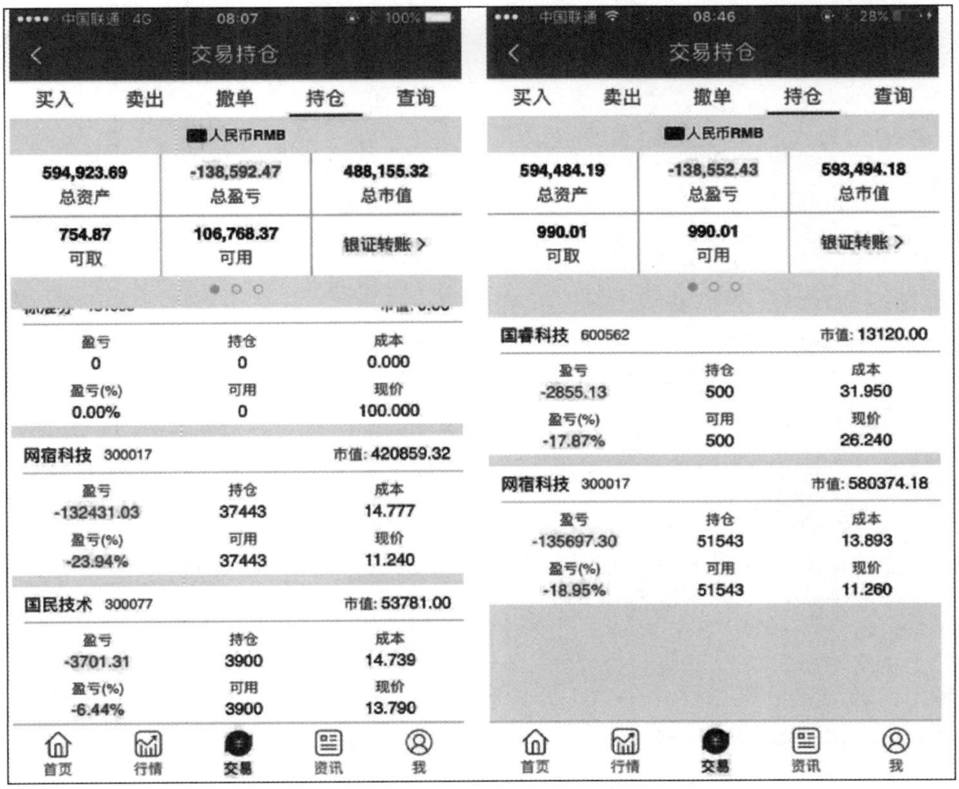

图 8-30

当时了解完账户情况以后我制订了一个解套策略,然后开始操作。

第一笔交易指导是在 2017 年 8 月 24 日 8 点 15 分给出的:挂单成本价 14.73 元卖出 3900 股的国民技术。第二笔交易是挂单 13.53 元加仓 6100 股国民技术。这个挂单方式还是海陆空立体交易策略,俗称两头堵策略。

如果有投资者能把这个海陆空立体交易策略学好用精,这本书您真就没白看,至少可以保证您的交易层次会上一个大的台阶。海陆空立体交易战法主要就是在解套实战中研究出来的。这个策略用在基金建仓的过程中也是完美的。

我又告知这位投资者如果上边卖单成交了,马上把下边买单撤掉。假如买单成交了,马上告知我新的成本价,我们再按成交后的成本价格制订卖出价格。网宿科技等国民技术解套以后再做打算。以上这段也是一个细节,各位读者朋友仔细理解。

这个交易策略也是我指导投资者解套过程中经常用到的交易策略,请大家认真对待。

在 2017 年 8 月 24 日,下午看到挂单买的就差 5 分钱一直不能成交,我判断当时那个 13.53 元支撑位主力不能成交了,所以在 13.83 元买了 6100 股,这时账户就持有 1 万股国民技术了,成本价价降到了 14.27 元。

我在 2017 年 8 月 28 日 10 点 32 分时,看到国民技术到了成本价,然后问这位投资者看看成交了没有。他回答是成交了,还剩 5000 股,然后把剩余 5000 股也卖出了,至此,国民技术成功解套出局。

2017 年 8 月 28 日 13 点 01 分国民技术解套后就加仓到了网宿科技。

2017 年 8 月 28 日下午发现网宿科技挂单一直无法成交,后来也是现价买入的,价格是 11.51 元,共买入 14100 股。

当时告知这位投资者虽然网宿科技短线走好了,但是解套还是需要时间的。不能着急,但是要有信心。

在 2017 年 9 月 7 日这天,盘中网宿科技上冲以后到了 8561 股票交易法则的重要阻力位,而且当时全天的交易量巨大,在重要阻力位位置放出巨量,不突破阻力位,这种信号就是短线的卖出信号,所以通知这位投资者卖出三分之一仓位的网宿科技。

当时卖出的价位是 12.82 元,这笔交易是成功的,因为在 2017 年 8 月 28 日加仓的价格是 11.51 元,现在卖出去的价格是 12.82 元,这个小波段做得还可以,网宿科技加仓的位置选择很正确。

图 8-31 是当时网宿科技操作的买点位置和卖点位置,可以看出是一个完美的波段操作。

第八章
真实账户解套案例分析

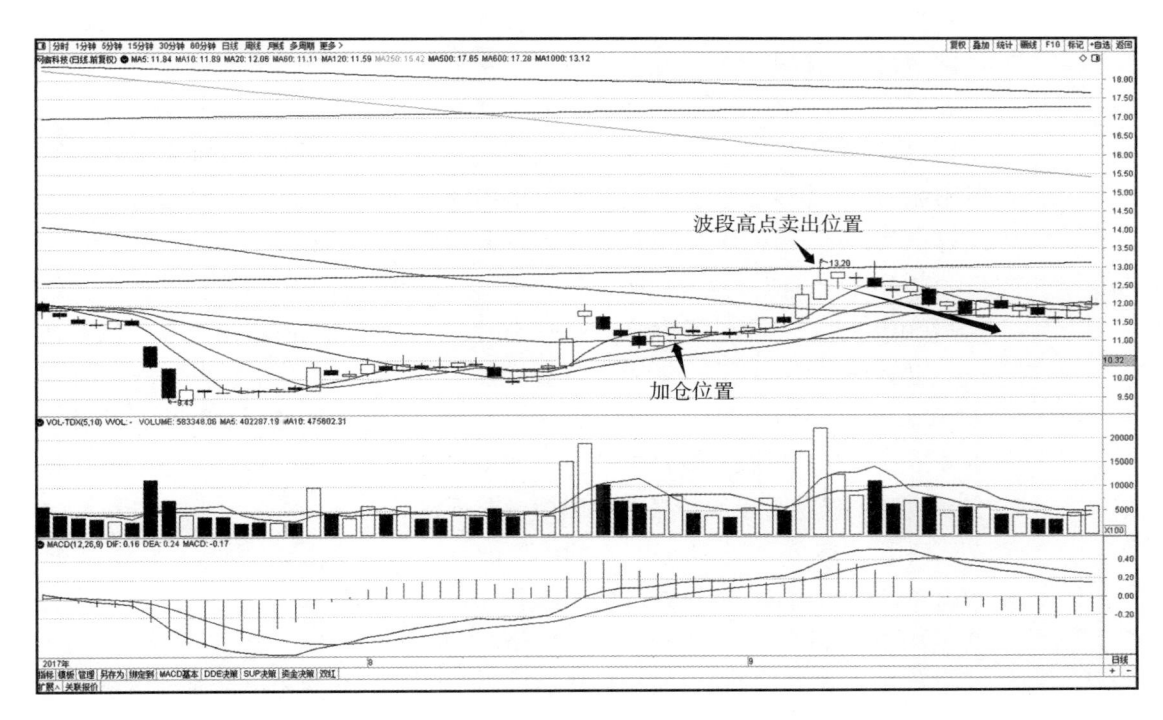

图 8-31

当时加仓网宿科技的理由是：8月16日的时候网宿科技突破了60日均线，成交量配合也可以；之后有一波回调，8月24日回调到60日均线短暂破掉60日均线后收盘的时候没有收复，但是成交量有点缩量；8月25日的时候又突破60日均线，所以8月28日的时候我看到网宿科技应该会有一波行情，至少能到8561股票交易法则的阻力位，所以就大胆加仓等待。

之后的走势先在60日均线上方横盘整理了几个交易日（2017年8月29日、30日、31日），一直处于缩量状态，我心里还是挺踏实的，没有再破掉60日均线。

在2017年9月1日开始小幅拉升，到了9月7日的时候放出一个巨量正好打到8561股票交易法则的重要阻力位，达到预期目标，通知卖出，整个小波段操作交易完成。

从图中可以看出，2017年9月7日卖出以后，网宿科技的日线走势一直处于下跌趋势当中，说明当时判断还是正确的。

各位读者要仔细看以上整个技术分析的过程，这样有助于您学习到一些做波段的正确思路。

2017年9月20日的时候，网宿科技的下跌，让这位投资者感到后怕，说网宿科技上蹿下跳的，还好有我在，要不心脏都要跳出来了。

我告诉他当时我卖出的理由，他也就踏实了。

到了2017年10月19日，这位投资者说他有点闲钱想放进来，我说暂时不能随便加资金，可以备着。由于市场一直处于弱势当中，网宿科技处于一直下跌，到了10月26日还是没有机会，继续等待中。

这个时候可能有读者会问了，为什么当初不多卖出一些网宿科技呢，这样不就会少损失一些吗？其实我也想当时多卖点出去，但是我没有十足的把握一定会跌，或者一定会调整到什么位置，那就不能多卖出，万一涨了呢。

2017年11月16日，当时看到网宿科技有点缓了，所以想卖出一些做个倒差价。但是当天没有到挂单位置，就没有卖出。期间还是继续海陆空立体交易战法，但是由于股价振幅原因，没有操作成功。

到了2018年1月15日，期间一直没有机会所以没怎么操作。1月15日卖出了17000股网宿科技，价格分别是11.45元、11.55元、11.58元、11.60元；1月24日以13.28元的价格又卖出了一部分。

大家可以看卖出以后网宿科技的走势，1月15日卖出以后股价回调了两个交易日，之后继续上涨了，理论上这笔交易暂时不能算成功。

2018年1月24日那天卖出以后，算是卖在了一个高点。

2018年1月25日开始挂单12.81元回接当时在13.35元卖出去的那部分网宿科技，1月25日没成交，到了1月30日的时候在12.38元买回了当初在1月24日13.35元卖出的那笔倒波段的卖单。至此在13.35元卖出的在12.38元买回来了，这笔交易算是完成，属于成功的一笔交易。

到了2018年3月2日的时候，开始挂单12.35元加仓网宿科技，3月2日当天没有成交。3月5日继续挂单，后来盘中杀跌股价到了12.35元，但是这位投资者挂单的12.31元，还好股价是到了，所以成交价格是12.31元18000股。这个时候已经是满仓状态了。

很多人会问题，不是说了不能满仓吗？当时我看到网宿科技的技术走势出现好转，而且有可能会走一个上升趋势。

如图8-32所示，2018年3月5日敢满仓网宿科技的理由如下。

第一，网宿科技在2018年2月10日再次突破60日均线位置，在2月14日的时候又出来一个地量，说明主力不想再卖出，惜售情况明显，之后来了一波上涨而且是温和放量状态突破年线，随后几天开始横盘。所以在3月5日的时候认为，这个走势将会继续攻击8561股票交易法则的阻力位位置，还有一段距离，就果断重仓了，这个时候网宿科技成本价是14.47元。

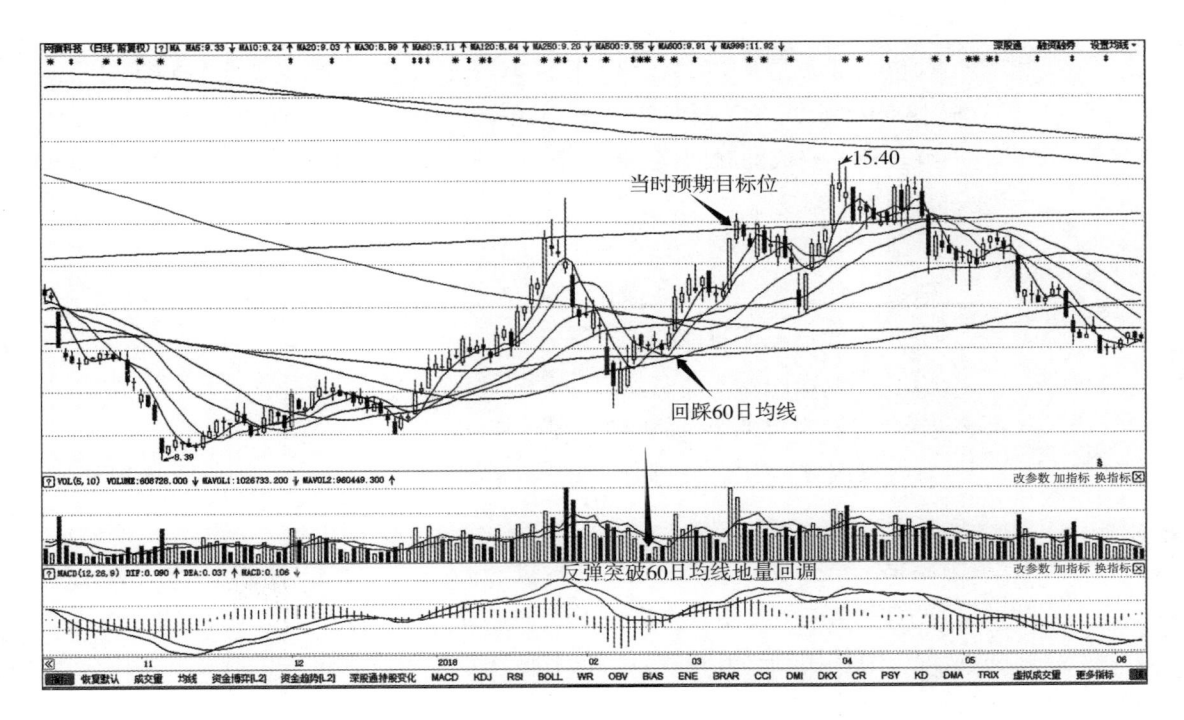

图 8－32

第二，从当时的市场环境来看必须尽快加仓降低成本，赶紧找机会解套出来，预感后期还将继续调整，后来果然如此。大家应该知道当时 2018 年 3 月以后的行情是什么样子，多数个股都是下跌状态。

鉴于上述原因，才会满仓网宿科技。但是各位投资者在操作的时候尽量不要这样满仓，风险是很高的，有的时候我会根据行情等诸多因素分析后才敢这样操作，切记！

2018 年 3 月 12 日到了当时预期目标位，就卖出了一部分网宿科技，这个位置加仓的已经有了利润了，所以就不能再满仓了。卖出的时候网宿科技还没解套，所以成本价就再次升高了，到了 14.82 元。

到了 2018 年 4 月 2 日，我问这位投资者网宿科技卖出去了没有。因为在 2018 年 3 月 30 日的时候网宿科技已经解套了，结果他告诉我没有挂单卖出，因为太忙而错过了这次机会。

2018 年 4 月 2 日，盘中正好一冲高，网宿科技算正式解套，最后全部卖出，整体来看算是解套成功。当时满仓判断也是正确的，虽然中间卖出了加仓的部分，但是还是把整体成本降低了的。卖出至今（2019 年 2 月 2 日）也没有再进行操作。（备注：账户中仅剩的一只 500 股的国睿科技就不算了）

至此，这个账户算是完成任务。

这位投资者是从 2017 年 8 月 24 日开始合作，当初总资产 594923 元，亏损 138592 元，市值 488155 元，可用资金 106768 元。

解套任务完成的时间是 2018 年 4 月 2 日，账户情况是资产金额 727408 元，算是空仓状态。

总结一下这位投资者的情况：

（1）工作太忙，没时间操作；

（2）一般情况下只能挂单交易；

（3）心态没问题，非常好也非常配合；

（4）初始账户虽然没满仓但仓位比较重。

实战案例分享就给各位分享这些，希望大家能从中学到解套的思路和方法。

6. 案例总结

我们总结一下本章几个案例的相同之处。以上账户可以代表多数投资者的情况，总体感觉这几位投资者的专业知识肯定没有过关，但是心态完全没问题，虽然中间有一些小的问题，但是整体没有影响解套操作的大局，这点也是能解套的一个主要因素。

解套过程中的问题不外乎是心态问题、技术问题、配合度问题。心态不过关是不行的，技术问题也得通过学习本书技术方面的内容后再去做，关于配合度问题其实就是自己的纪律执行方面的，这个需要各位投资者自己去把握。

关于解套的所有精华已经给大家讲解完毕，我能想到的都教给各位读者了，但是有些我想不到的，还有"盘感"就没有办法教了，需要大家自己回去再悟出其中的一些道理了。

说到看盘和做盘的感觉，即"盘感"，我认为是一个难题，因为这些年我几乎每天都在看盘、复盘，其中的有些感觉是不能用语言表达出来的，所以大家只能多学习、多练习、多实战，才能找到属于自己的"盘感"。

> 股票账户看恐怖，实战过后有进步。解套过程较复杂，心态技术要叠加。

第二节
一个真实账户的解套全程剖析

本节是2018年11月28日一个真实的账户案例分析（解套策略建议），我把多余的部分删减掉，剩下有用的部分供大家参考。我把分析过程展示出来，通过分析我们可掌握当前最应该让投资者学习和参考的东西，以便针对自己的情况做出最合理的解套策略。

一、账户概况

总资产：2097628元，市值1526000元，现金：571628元；总仓位：约72%；个股数量：6只；总亏损金额：1102265元。表8-1中价格部分已经四舍五入。

表8-1

代码	名称	持股数量（股）	成本价（元/股）	现价（元/股）	盈亏比例（%）
600677	航天通信	5000	9.73	8.69	-5.49
300115	长盈精密	5000	18.24	8.28	-54.23
300358	楚天科技	15000	9.08	8.24	-8.92
300256	星星科技	80000	9.77	3.25	-65.4
300088	长信科技	200000	7.52	4.67	-34.59
600333	长春燃气	10000	6.75	5.97	-11.49

二、大盘解读

1. 大盘月线级别

图8-33是沪指月线走势图。从月线级别分析，目前指数依然处在2005年6月的低点998点和2013年1849点低点的两个连线点的上升趋势当中。2018年10月19日，由于市场恐慌情绪浓厚，早盘开盘低开后迅速下杀打出月线低点2449点，随后开始拉升，日线收出阳包阴，周线收出长长的下引线。这对于10月K线来说非常重要，因为10月19日最低点即是998点至

1849点的上升通道的下轨,之所以一段时间以来没去指导客户操作,便是在等这个点位有效支撑,但目前来看只是第一月线支撑到位,并不能确定其有效性,所以依然需要观察等待才能确定其有效性。

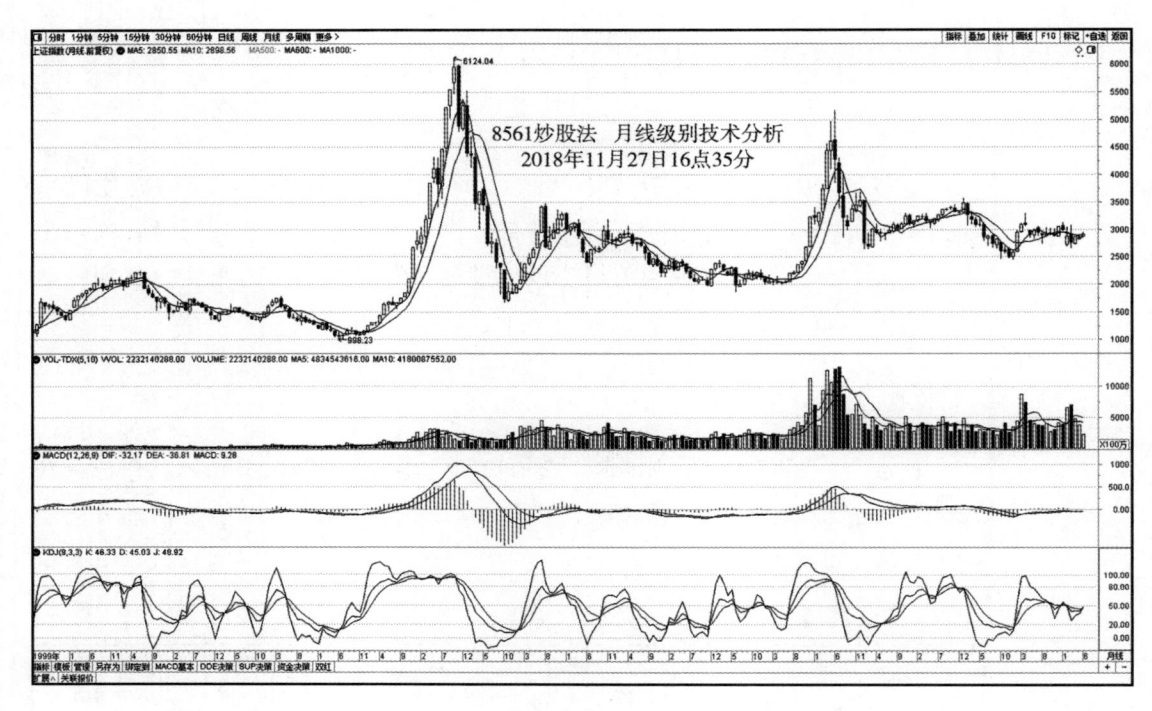

图 8-33

进入11月以后,市场开始逐步活跃,但这个位置理论上还是确定不了月线级别的止跌企稳,距离11月结束还有3个交易日,预计11月的K线也不会太好看,但是11月没有再创出新低点,这方面来看算是对多头有利的一面。

2. 大盘周线级别

图8-34是沪指周线走势图。从周线级别来看,自从2018年2月2日开始见到3587点顶部以来已经调整43周时间,目前沪指依然处在周线级别下降通道当中,从安全角度来看,保守的资金和大仓位资金依然需要继续等待一个周线级别的双底出来再动手(图中最下面那个画圈位置)。这对于大资金来说是非常关键的,虽然届时可能没有这个低位再出现,但是目前行情还是安全第一,毕竟自调整以来,一直是没有最低只有更低的趋势。假如近期出现快速杀跌,周线级别MACD出现短暂背离,再结合周线双底形态,周线级别行情就可以期待了。如果本周能够收阳,KDJ指标将会重新拉起;

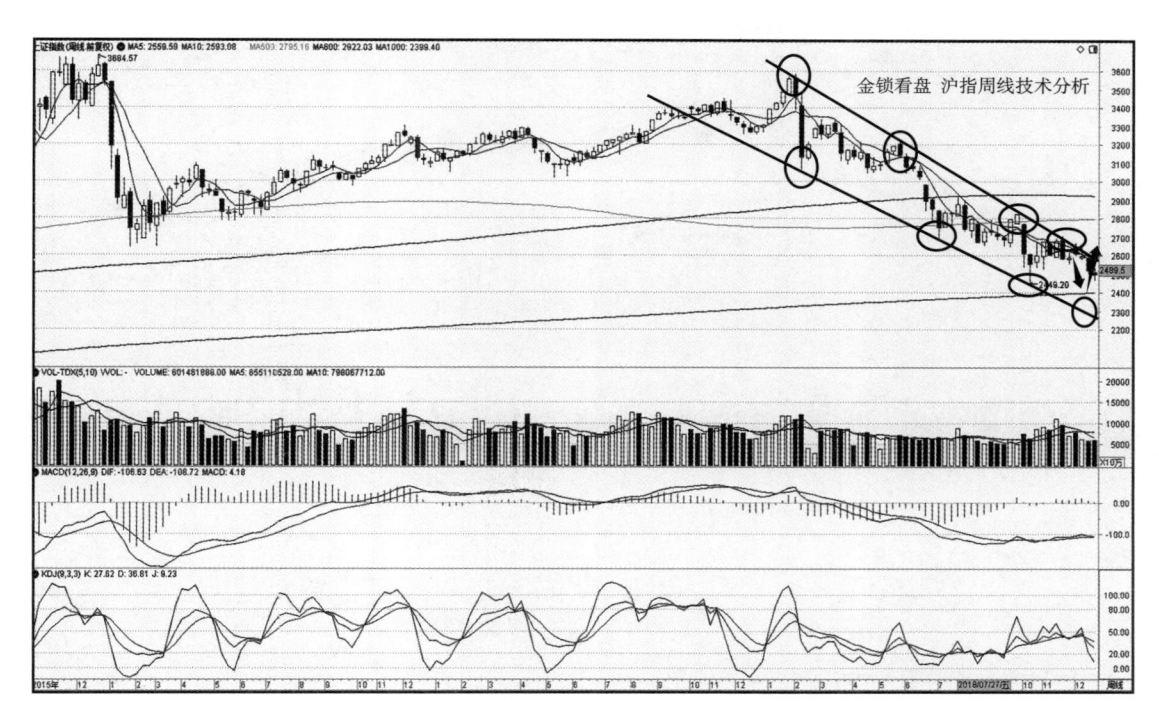

图 8－34

KDJ 指标不再继续走弱，就会带动做多人气的回升。上周收出一根阳包阴 K 线，短期对指数周线级别造成很大压力，所以近期预计还是弱势整理行情。

从周线级别来看，本轮调整第一个周线重要支撑位在 2540～2550 点区间，第二支撑位在 2449～2455 点区间。

3. 大盘日线级别

图 8－35 是沪指日线级别技术分析图。沪指 KDJ 已经进入超卖区域，理论上也应该有所反弹了，这点从个股方面来看也是合理的，因为 11 月 27 日很多个股确实也没有再出现大幅杀跌的情况，所以从这个角度看 11 月 28 日反弹的概率还是有的。

日线级别从 2018 年 1 月 29 日见顶 3587 点以来，已经调整了 201 个交易日，期间做了两个同等日线级别中枢（缠论分析指标），10 月 19 日的一根温和放量阳包阴并且收复 5 日线的走势，将整个市场人气激活，预示本次日线级别反弹开始。

从缠论角度来看，指数 10 月 11 日跌破第二个中枢后的这段下跌只有 6 个交易日，而且跌幅空间也明显小于前两次的空间，说明本次调整后走出真正背驰形态。

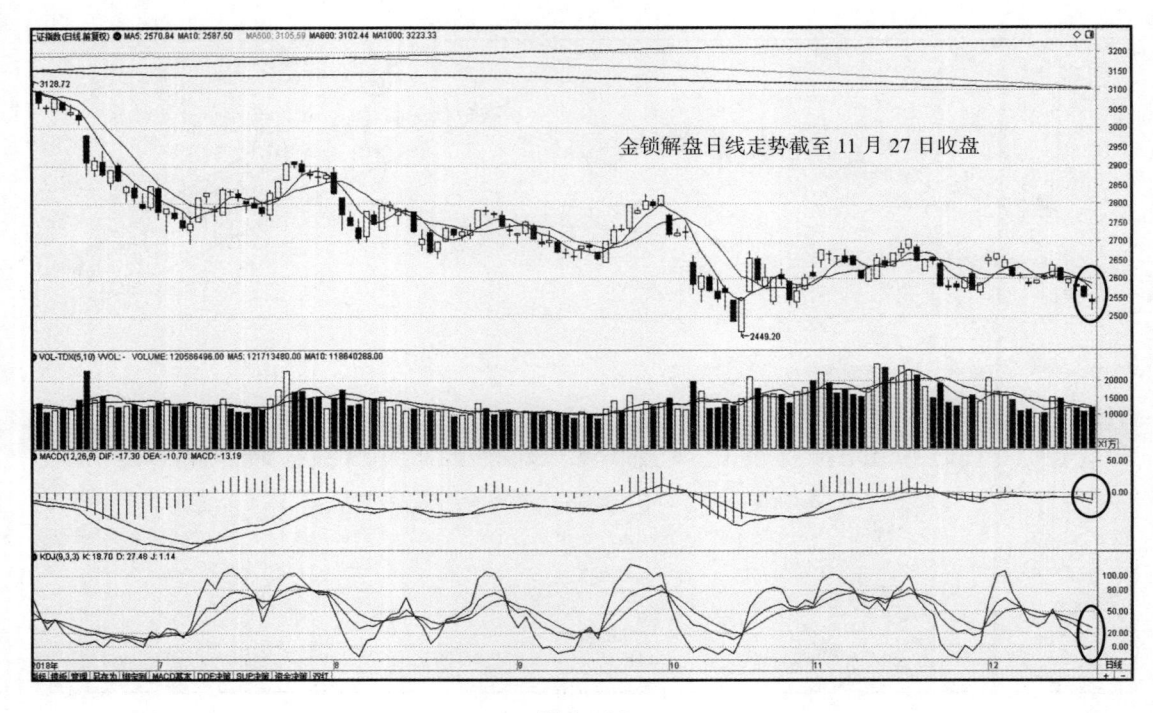

图 8-35

11月23日一根放量中阴线后，日线级别反弹应该有结束的可能，更需要注意的是，每次的底部都不是一天两天做出来的，需要时间磨底，这点投资者必须清楚。不要一根阳线毁三观，理性对待才是正道。

从日线级别来看，假如在进行调整会有以下支撑位对指数形成支撑：第一支撑位在2541~2544点区间，第二支撑位在2595~2600点区间；第一阻力位在2600~2603点区间，第二阻力位在2645~2648点区间。届时可以结合手中个股情况进行做波段或者T+0买入、卖出即可。

> 市场弱势似散沙，政策呵护有倍加。信心回归比金贵，耐心等待理性回。

三、账户持股基本面分析

（一）航天通信［600677·SH］

资料截至2018年11月27日。

1. 公司概况

公司是国防科工委改革试点单位,是唯一一家拥有导弹总装系统的上市公司。目前主营业务主要由通信产业、航天防务与装备制造构成。公司通信产业已成为公司产业结构的主要支撑。在智能终端ODM领域,公司通过实施智慧海派并购项目成为国内ODM龙头企业;在车载通信系统集成、机载通信系统、军用有线通信、数字集群通信系统等专网通信领域继续保持稳定发展,完成全部重点科研生产任务和一系列技术突破。

2. 主要财务指标

当前该公司的市值为44.40亿元,如表8-2所示。

表8-2

成长能力指标	18-12-31	18-09-30	18-06-30	18-03-31	17-12-31	17-09-30	17-06-30	17-03-31	16-12-31
营业总收入(元)	125亿	89.5亿	55.2亿	27.7亿	102亿	60.8亿	39.2亿	26.1亿	105亿
毛利润(元)	16.8亿	11.5亿	8.12亿	3.46亿	15.7亿	8.39亿	5.60亿	2.93亿	16.3亿
归属净利润(元)	2.10亿	1.24亿	8381万	-1298万	1.00亿	-5633万	-5032万	613万	7472万
扣非净利润(元)	3548万	4966万	1694万	-2087万	3830万	-7881万	-6792万	-785万	961万
营业总收入同比增长(%)	22.66	47.13	40.84	6.44	-3.30	-25.90	-15.27	6.44	74.99
归属净利润同比增长(%)	109.27	—	—	-311.85	34.19	-381.25	-435.22	-60.41	590.43
扣非净利润同比增长(%)	-7.34	—	—	—	298.67	-6646.81	-4819.84	-165.10	—
营业总收入滚动环比增长(%)	-4.27	10.76	13.81	1.65	21.13	-14.45	-8.07	1.50	0.41
归属净利润滚动环比增长(%)	-25.22	19.71	188.80	-19.05	—	-117.43	-85.64	-12.51	-3.73
扣非净利润滚动环比增长(%)	-78.72	35.41	387.13	-33.98	—	—	—	-207.33	—

3. 业绩增长预期

(1)主要券商预测。

近期暂无券商预测。

(2)我们的预期。2018年上半年,公司经营规模和经济效益实现双增长,产业发展进一步聚焦,通信主业更加突出,1—6月主业通信装备制造、移动终端及安防产品等板块收入同比增加;军品科研生产任务稳步推进,航天防务板块收入同比增加;成本增幅小于收入增幅,产品毛利率有所提升。同时公司持续推进纺织商贸产业转型升级,逐步剥离无效、低效的纺织贸易业务,公司总体发展态势企稳向好。截至2018年11月27日收盘,航天通信股价8.69元,结合对该公司及其所在行业的研究,我们认为该公司6个月的目标价为10.43~11.30元,尚有约20%~30%的上涨空间。

4. 业绩增长逻辑分析

(1)具有齐备的行业资质证照。

公司所属军品研制生产企业大多由国有老军工企业改制而来,具备齐全的军工资质:装备承制单位资质、武器装备科研生产许可证、保密资格认证、军标质量管理体系认证等。公司从事民用通信业务的控股子公司多数获得高新技术企业认证,部分子公司的科研机构获得省级技术中心认证,拥有信息系统集成及服务一级资质,国家规划布局内重点软件企业。

(2) 完善的航天防务产品研制体系。

公司是一家具有导弹武器系统总体设计、总装和保军能力的上市公司,经过多年的发展,通过几代产品的研制,掌握了导弹武器系统的制导机理及实现方法,建立了完善的科研生产体系,拥有专业的研发队伍,具有国内外知名的产品品牌。航天防务配套产品方面,公司掌握了先进的精密转台生产技术,过硬的焊接技术,以及配套产品生产过程中零件精密加工、热处理及表面处理技术。

(3) 具有较强的通信技术研发能力和生产制造能力。

公司掌握了军网通信系统、有线专网通信系统和无线专网通信及通信终端产品的核心技术,在系统集成类、有线类、无线类等多个方向均具有深入拓展的能力,处于专业专网通信领域的领先地位。公司具有成熟而丰富的通信产品体系,以智能终端ODM业务为代表的通信产品生产制造能力突出,有优秀的生产及供应链管理能力,可满足通信行业的市场需求。

(4) 公司拥有较强的技术创新能力。

公司下属子公司智慧海派研发的智能终端科斗操作系统通过信息产业信息安全测评中心的EAL4级认证检测,易讯科技也积极推进IPv6相关产品部署和技术创新。

5. 风险提示

(1) 政策风险:国内经济转型、化解过剩产能、供给侧改革等改革举措处在关键时期,经济下行风险仍然存在,如果国家调整航天产业财政经费支出,将直接影响公司经营情况。

(2) 技术和产品风险:公司处于高投入的高科技行业,技术和产品风险较大。

(3) 财务风险:公司处于高速发展阶段,对外投资及业务拓展项目较多,所需资金较大。由于贷款额度增加及利率变动,使财务风险加大。

(二) 长盈精密 [300115.SZ]

(略) 2018年11月27日。

(三) 楚天科技 [300358.SZ]

(略) 2018年11月28日。

（四）星星科技［300256.SZ］

（略）2018年11月28日。

（五）长信科技［300088.SZ］

（略）2018年11月28日。

（六）长春燃气［600333.SH］

（略）2018年11月28日。

四、账户持股技术面分析

（一）航天通信

1. 航天通信月线技术走势

如图8-36所示，从月线级别来看，目前依然处于典型的下降通道当中，多头虽然有反抗，但显得心有余而力不足，月线级别在每次熊市期间都会调整到8561股票交易体系的1000日均线附近，本次又来到月线级别的1000日均线位置开始出现止跌，说明这个位置依然是资金比较认可的区域，从3月以来的月线成交量来看也是有资金开始关注这只个股，接下来就等一根月线阳线确认底部了。

筹码分布情况来看，目前截至2018年10月22日套牢盘达到61.43%，也就意味着买入这只个股的投资者不管是散户还是机构多数都处于被套状态，所以在没有大的利好前提下，这只个股的反弹之路将是崎岖不平的，除非有利好消息出来才可能有凌厉的走势出现。

这只个股主力平均成本在8.9~9元区间，结合月线级别分析，给出以下支撑位和阻力位作为参考：

月线级别相应支撑位第一个位置：7.65~7.70元区间；

月线级别相应支撑位第二个位置：6.40~6.43元区间。

假如股价调整到月线级别第二个支撑位，届时可以加大仓位操作，理论上那个位置支撑位较强，一般情况下很难跌破；即使跌破，空头陷阱情况的概率也更大一些。

月线级别相应阻力位第一个位置：9.32~9.35元区间；

月线级别相应阻力位第二个位置：10.06~10.09元区间。

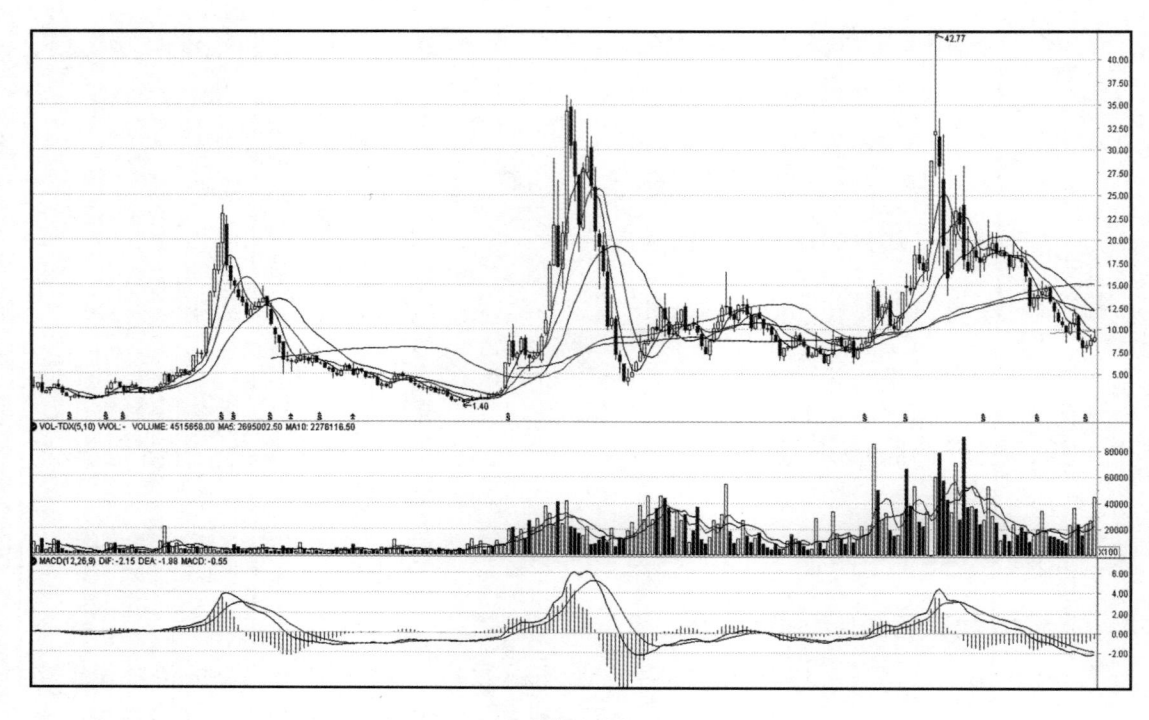

图 8-36

假如股价反弹到第三个阻力位,可以根据指标背离情况进行波段卖出操作,进行反向 T+0 或者倒波段操作较为合理,毕竟这个位置阻力比较大。在第一和第二阻力位也可以进行卖出套取波段差价。

备注:在没有系统利好和利空情况下可以参考以上支撑位和阻力位。

2. 航天通信周线别技术走势

如图 8-37 所示,从周线级别来看,可以清晰地看到周线级别 6 月 22 日之前一直处于不断创新低的趋势(每个新低点都会比上个低点更低,每个反弹高点比上个高点都低),说明没有出现周线级别的安全底部状态。周线级别安全底部状态为:出现一个周线级别反弹做出的底部要比前一个周线级别底部高,且反弹后高点要高于前个峰顶,回调后不再破前一个低点。

目前状态属于没有再创出新低,但是还没有出现周线新高,这点来看暂时需要谨慎点儿。

所以从周线级别来看,目前依然是谨慎为主,不轻易加重仓操作!

周线级别第一个阻力位:8.95~9.00 元区间;

周线级别第二个阻力位:9.41~9.45 元区间。

周线级别第一个支撑位:8.18~8.21 元区间;

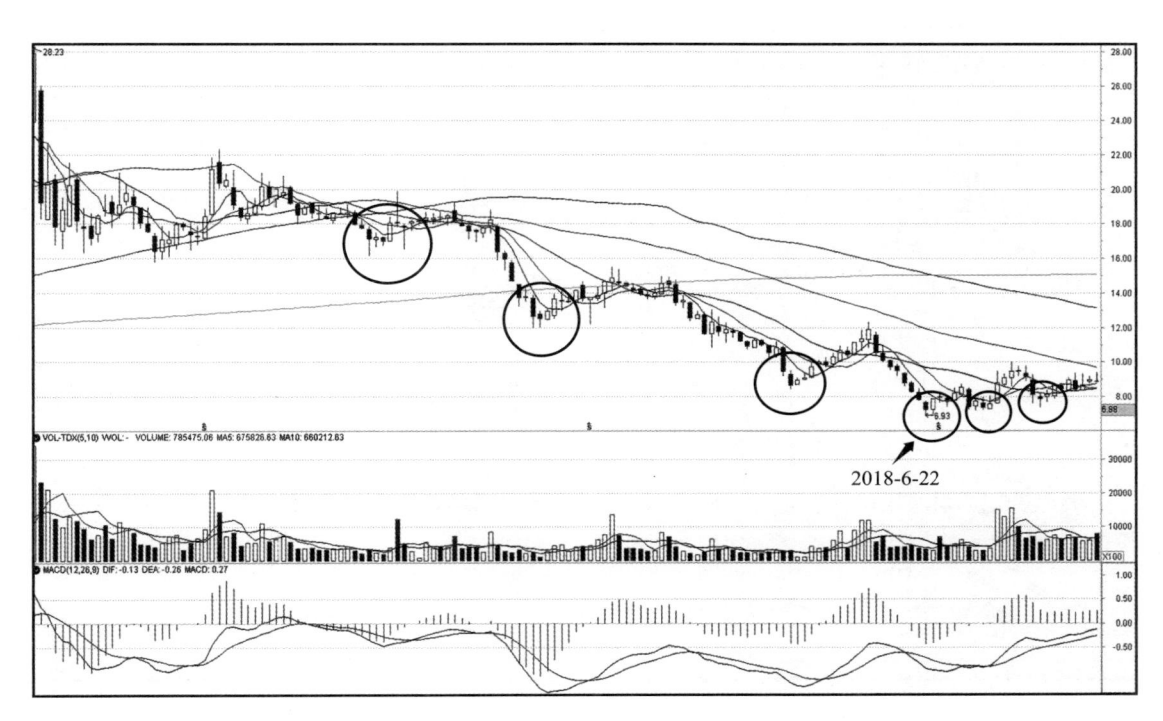

图 8-37

周线级别第二个支撑位：7.46~7.48 元区间。

以上阻力位和支撑位也可以作为短中线波段的买卖操作参考，但支撑位和阻力位有效性小于月线级别。

备注：在没有系统利好和利空情况下可以参考以上支撑位和阻力位。

3. 航天通信日线级别技术分析

如图 8-38 所示，从日线级别来看，近期的成交量出现明显放量，筹码开始低位密集，K 线出现红肥绿瘦形态，说明开始有资金关注这只个股，所以从日线级别来看可以找机会进行波段操作，主要依据指标可以参考均线和 K 线高低点即可。

短期来看，MACD 指标情况不是很乐观，毕竟本次和上次日线低点没有形成背离，所以反弹后理论上还会有个下探回调动作。KDJ 相对于 MACD 来说相对乐观，已经出现日线级别超卖，短线反弹可以期待，但是空间暂时可能不会太大。具体建议如下。

日线级别第一个阻力位：8.91~8.93 元区间；

日线级别第二个阻力位：9.23~9.25 元区间。

日线级别第一个支撑位：8.42~8.45 元区间；

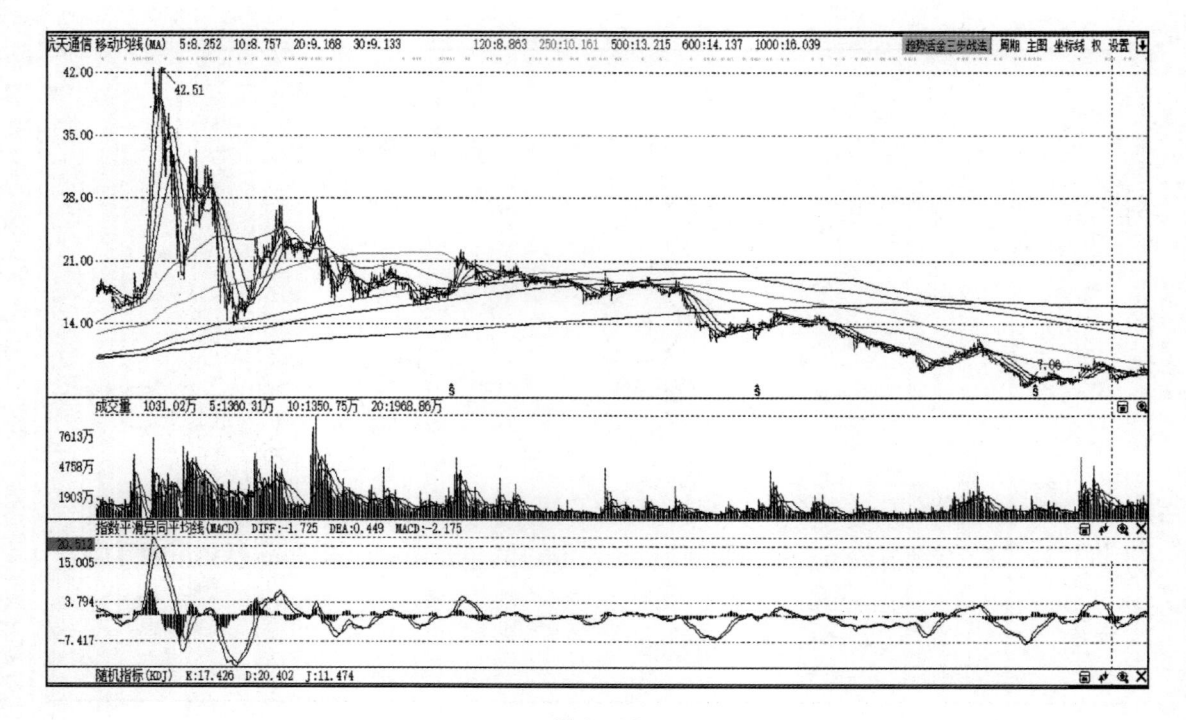

图 8-38

日线级别第二个支撑位：8.02~8.03 元区间。

以上为日线级别的支撑和阻力位，做超短线或者波段可以参考，盘中分时可以盯着这些价位区间，理论上都会在分时中体现出来。

误差不超过 1~3 个价位区间（如：个股阻力位在 3.42 元，向下区间分别是 3.41 元、3.40 元、3.39 元；向上区间分别是 3.43 元、3.44 元、3.45 元）。具体分时操作的精确点位区间只能在盘中再进行分析确定，在此不做详细解释。股市有风险，预测需谨慎！

备注：在没有系统利好和利空情况下可以参考以上支撑位和阻力位。

（二）长盈精密

1. 长盈精密月线技术分析

如图 8-39 所示，从月线角度分析，这只个股走势较为悲观，月线级别一直处于连续杀跌状态，没有明显的止跌迹象，成交量也没有有效缩小，所以从月线级别来看要等一个止跌并且不创新低的阳线出来才算暂时安全，目前看还没有明显止跌信号，所以还是建议观望为主。由于这只个股处于下降趋势，不建议随意操作加仓。

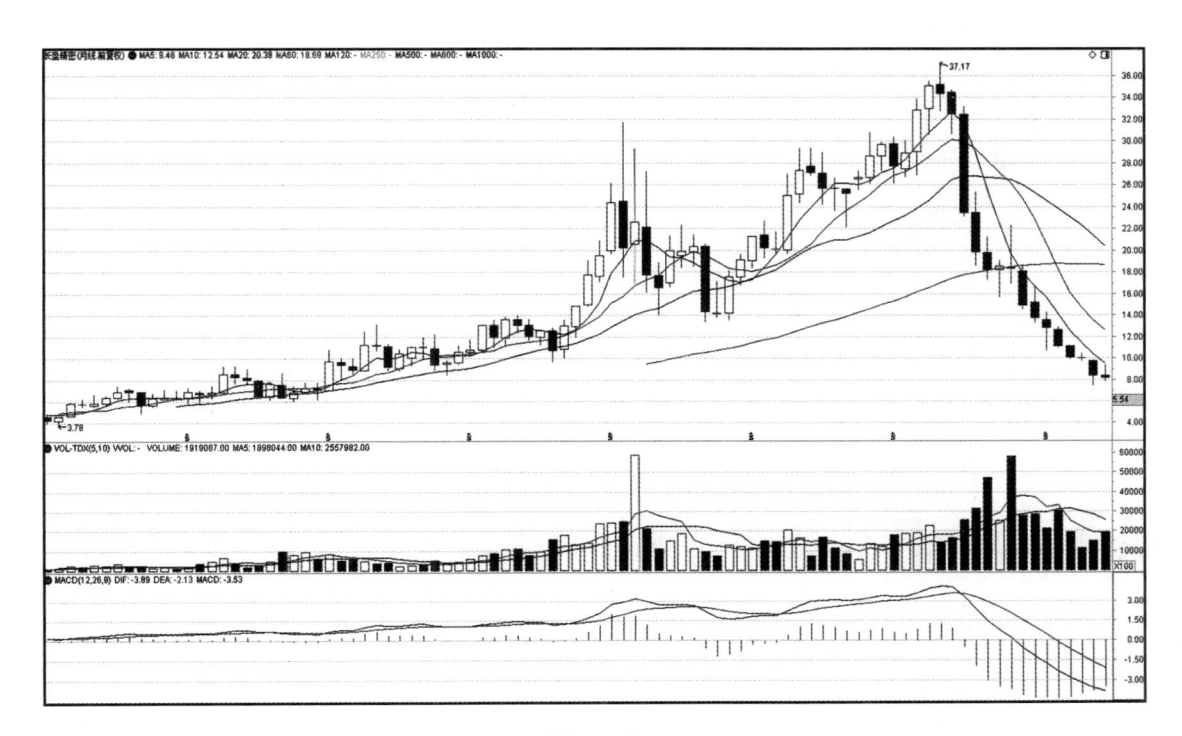

图 8 - 39

月线级别相应支撑位第一个位置：7.81~7.83 元区间；

月线级别相应支撑位第二个位置：6.35~6.38 元区间。

假如股价调整到月线级别第二个支撑位，届时可以加大仓位操作，理论上第二个位置支撑位较强，一般情况下很难跌破，即使跌破也会是空头陷阱情况的概率大一些。

月线级别相应阻力位第一个位置：9.81~9.83 元区间；

月线级别相应阻力位第二个位置：10.41~10.45 元区间。

备注：在没有系统利好和利空情况下可以参考以上支撑位和阻力位。

2. 长盈精密周线技术分析

如图 8 - 40 所示，从周线级别来看，这只个股依然处于下降趋势当中，周线虽然有反弹，但都没形成趋势，KDJ 形态正在往死叉发展，MACD 虽然有好转，但是很难扭转当前下跌趋势，所以周线级别也是建议观望为主。周线级别具体支撑位和阻力位如下：

周线级别第一个阻力位：8.78~8.80 元区间；

周线级别第二个阻力位：9.76~9.78 元区间。

周线级别第一个支撑位：8.14~8.16 元区间；

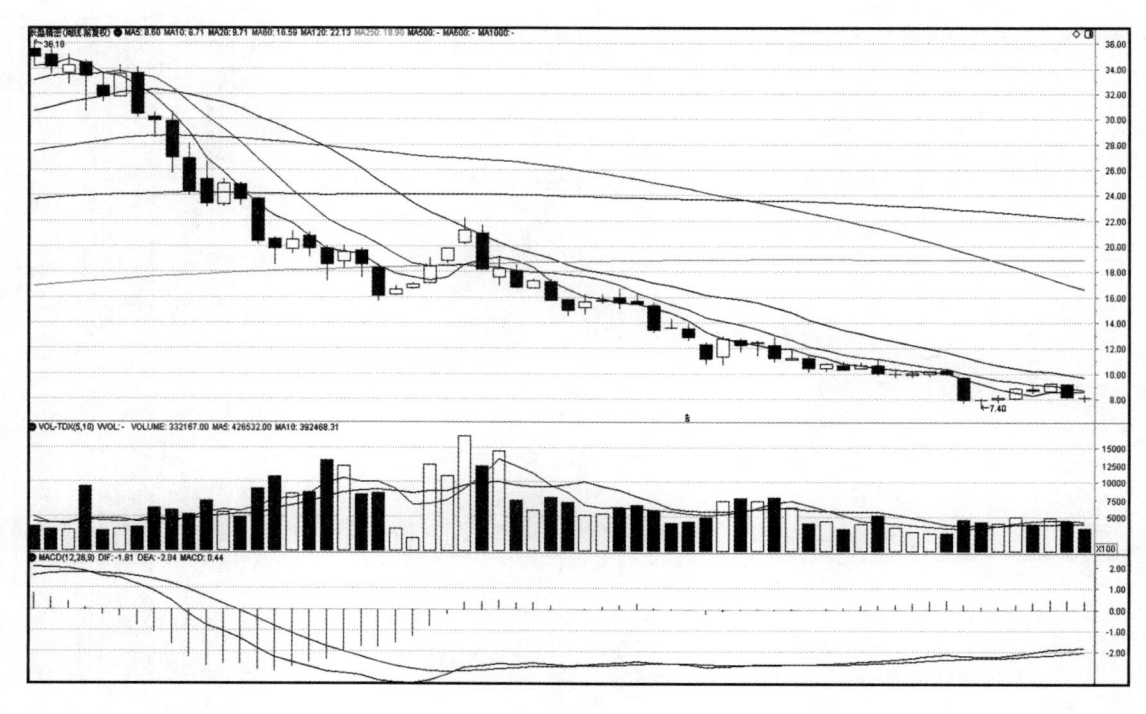

图 8-40

周线级别第二个支撑位：7.61~7.65 元区间。

以上阻力位和支撑位也可以作为短中线波段的买卖操作参考，但支撑位和阻力位有效性小于月线级别。由于这只个股处于下降趋势，不建议随意操作加仓。

备注：在没有系统利好和利空情况下可以参考以上支撑位和阻力位。

3. 长盈精密日线技术分析

如图 8-41 所示，目前从日线级别来看一直处于典型的下降通道当中，近期虽然有止跌迹象，但成交量没有明显放大，筹码分布来看上方套牢盘严重，目前也没有出现大幅割肉现象，所以建议继续等待为主，由于这只个股处于下降趋势，不建议随意操作加仓。

相应支撑位和阻力位如下。

日线级别第一个阻力位：8.68~8.70 元区间；

日线级别第二个阻力位：8.89~8.91 元区间。

日线级别第一个支撑位：8.08~8.10 元区间；

日线级别第二个支撑位：7.71~7.73 元区间。

以上为日线级别的支撑和阻力位，做超短线或者波段可以参考以上价位区

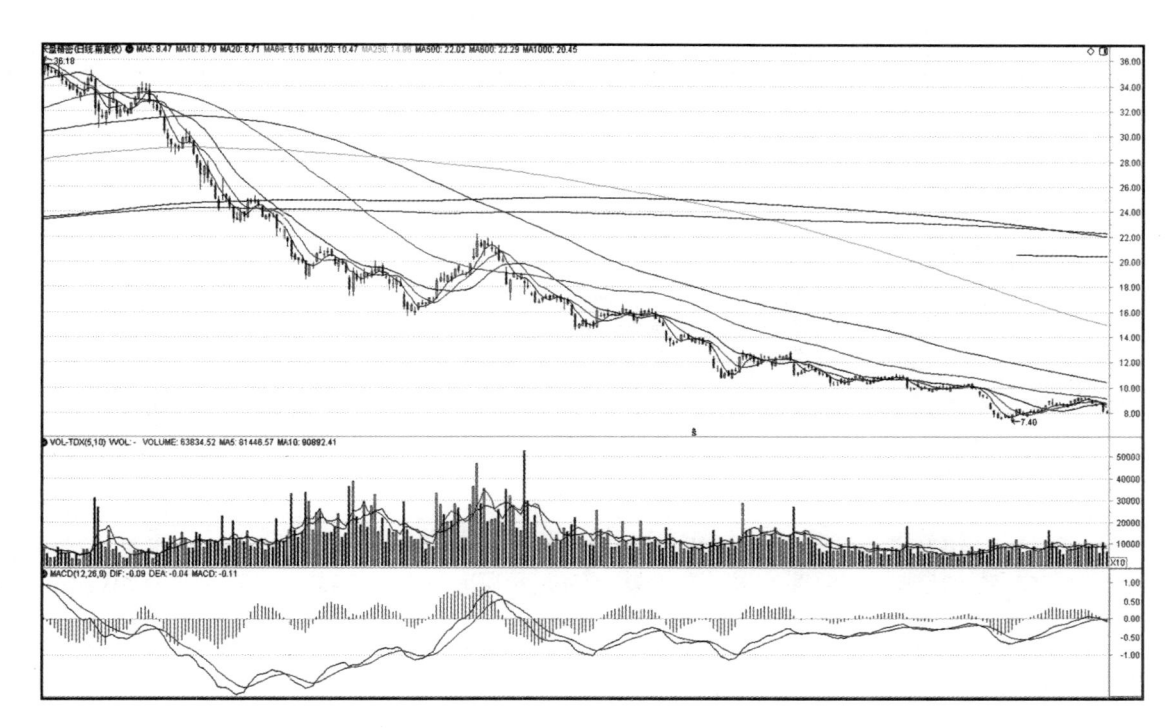

图 8-41

间，盘中分时可以盯着这些价位区间，理论上都会在分时中能够体现出来。误差理论上在 1~3 个价位区间（如：阻力位是 3.42 元，向下区间分别是 3.41 元、3.40 元、3.39 元；向上区间分别是 3.43 元、3.44 元、3.45 元）。

备注：在没有系统利好和利空情况下可以参考以上支撑位和阻力位。

以上所有分析的价位区间会有重叠情况，原因主要是技术分析不管是用哪种技术分析手段或者哪个周期级别都会有相同的情况出现，所以无须过分纠结。反而重叠越多说明该价位区间所反映的支撑位或者阻力位有效性便更高一些。请您知悉！

具体分时操作的精确点位区间只能在盘中再进行分析确定，在此不做详细解释。股市有风险，预测需谨慎！

（三）楚天科技

1. 楚天科技月线技术分析

如图 8-42 所示，从月线角度分析，这只个股走势不是很理想，本月虽然有上冲动作，但整体来看还是在下降通道当中，从战略角度来看没有趋势性的行情，月线成交量有所放大，说明有资金在介入，但是月线没有出现止跌信号，而且没有走出下降通道，所以月线级别暂时看空。

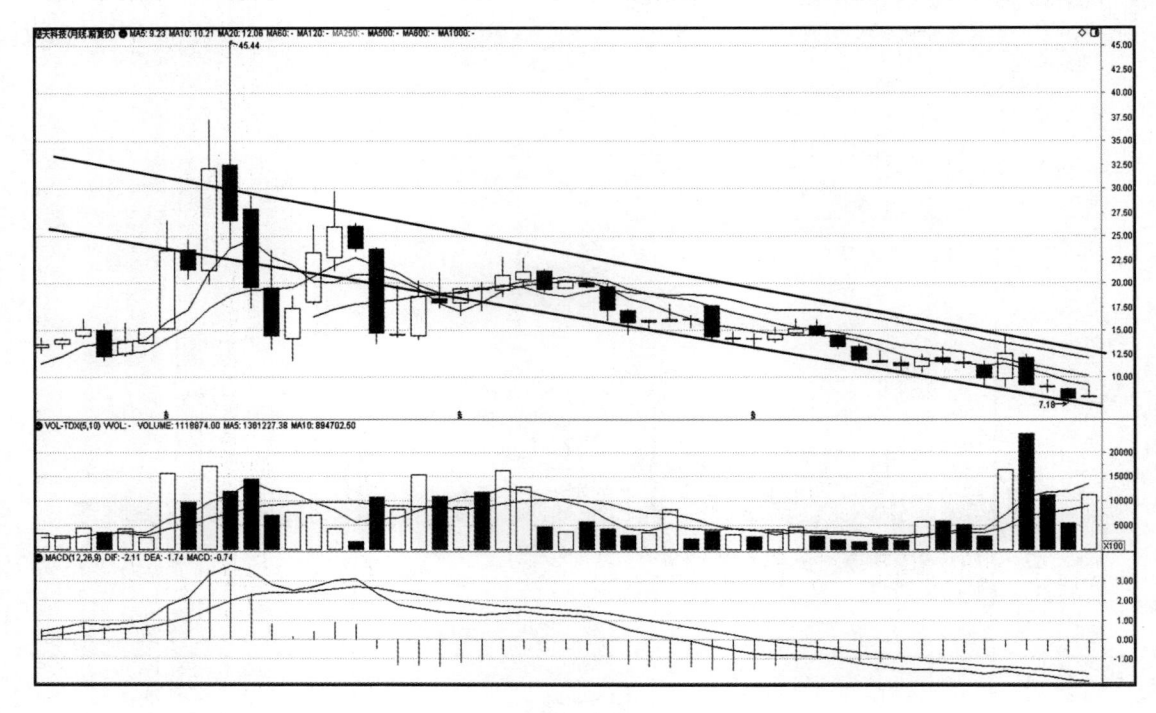

图 8-42

月线级别相应支撑位第一个位置：7.82~7.85 元区间；

月线级别相应支撑位第二个位置：7.01~7.02 元区间。

假如股价调整到月线级别第二个支撑位，届时可以加大仓位操作，理论上第二个位置支撑位较强，一般情况下很难跌破，即使跌破也会是空头陷阱情况的概率大一些。

月线级别相应阻力位第一个位置：9.91~9.93 元区间；

月线级别相应阻力位第二个位置：11.30~11.33 元区间。

备注：在没有系统利好和利空情况下可以参考以上支撑位和阻力位。

2. 楚天科技周线技术分析

如图 8-43 所示，从周线级别来看，有资金开始介入，但只是第一阶段，周线级别 MACD 有要翻红的意思，说明多头在做周线级别反弹，但上周收出一根阴包阳 K 线形态，对多头还是不利的，所以周线级别暂时应该以观望为主。周线级别具体支撑位和阻力位如下。

周线级别第一个阻力位：8.78~8.80 元区间；

周线级别第二个阻力位：9.76~9.78 元区间。

周线级别第一个支撑位：7.91~7.93 元区间；

图 8-43

周线级别第二个支撑位：7.56~7.60 元区间。

以上阻力位和支撑位也可以作为短中线波段的买卖操作参考，但支撑位和阻力位有效性小于月线级别。

备注：在没有系统利好和利空情况下可以参考以上支撑位和阻力位。

3. 楚天科技日线技术分析

如图 8-44 所示，从日线级别来看这几天缩量明显，说明卖出或者看空这只个股的投资者在减少，或者主力惜售不愿意再卖出。这点来看是好事，继续缩量就可以找机会参与一下。均线方面来看暂时不是很好，一旦破掉最后一条均线，那均线方面就只有阻力位没有支撑位了。所以目前还是建议盯着最后一条均线作为参考，一旦破掉就要参考 K 线形态了。由于本轮调整创了历史新低，所以本轮调整的最低点就是最后防线，如果后市破掉，建议一直观望，直到回到 7 元以上再操作。

相应支撑位和阻力位如下。

日线级别第一个阻力位：8.54~8.56 元区间；

日线级别第二个阻力位：9.06~9.08 元区间。

日线级别第一个支撑位：8.08~8.10 元区间；

日线级别第二个支撑位：7.71~7.73 元区间。

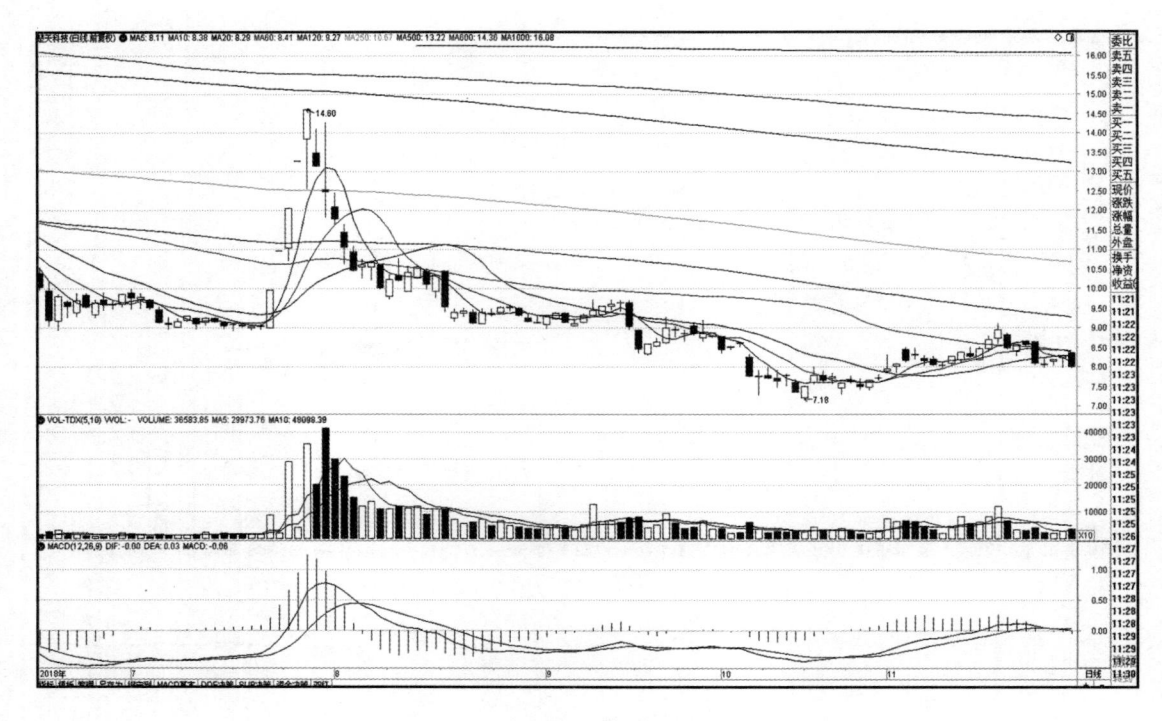

图 8-44

以上为日线级别的支撑和阻力位,做超短线或者波段可以参考以上价位区间,盘中分时可以盯着这些价位区间,理论上都会在分时中能够体现出来。误差理论上在 1~3 个价位区间(如:阻力位是 3.42 元,向下区间分别是 3.41 元、3.40 元、3.39 元;向上区间分别是 3.43 元、3.44 元、3.45 元)。

备注:在没有系统利好和利空情况下可以参考以上支撑位和阻力位。

以上所有分析的价位区间会有重叠情况,原因主要是技术分析不管是用哪种技术分析手段或者哪个周期级别都会有相同的情况出现,所以无须过分纠结。反而重叠越多说明该价位区间所反映的支撑位或者阻力位有效性便更高一些。请您知悉!

具体分时操作的精确点位区间只能在盘中再进行分析确定,在此不做详细解释。股市有风险,预测需谨慎!

(四)星星科技

1. 星星科技月线技术分析

如图 8-45 所示,从月线角度分析,这只个股走势不是很乐观,目前也是处于下降通道当中,本月虽然开始放量,但 K 线形态倒锤头,说明多头信心不足，没有十足的做多底气，被空头打压下来，主要是前期套牢盘太重，所以造成反弹压力较大，目前股价已经处于历史底部区域，理论上从大周期来分析，这个位置做底的可能性较大，但是需要再观察一下。KDJ 月线级别目前想要金叉，这点还是对多头有利的，下月只要稍微一上涨就会形成金叉；月线级别 MACD 没有明显转好趋势，也对做多情绪造成很大影响。月线具体支撑位和阻力位如下。

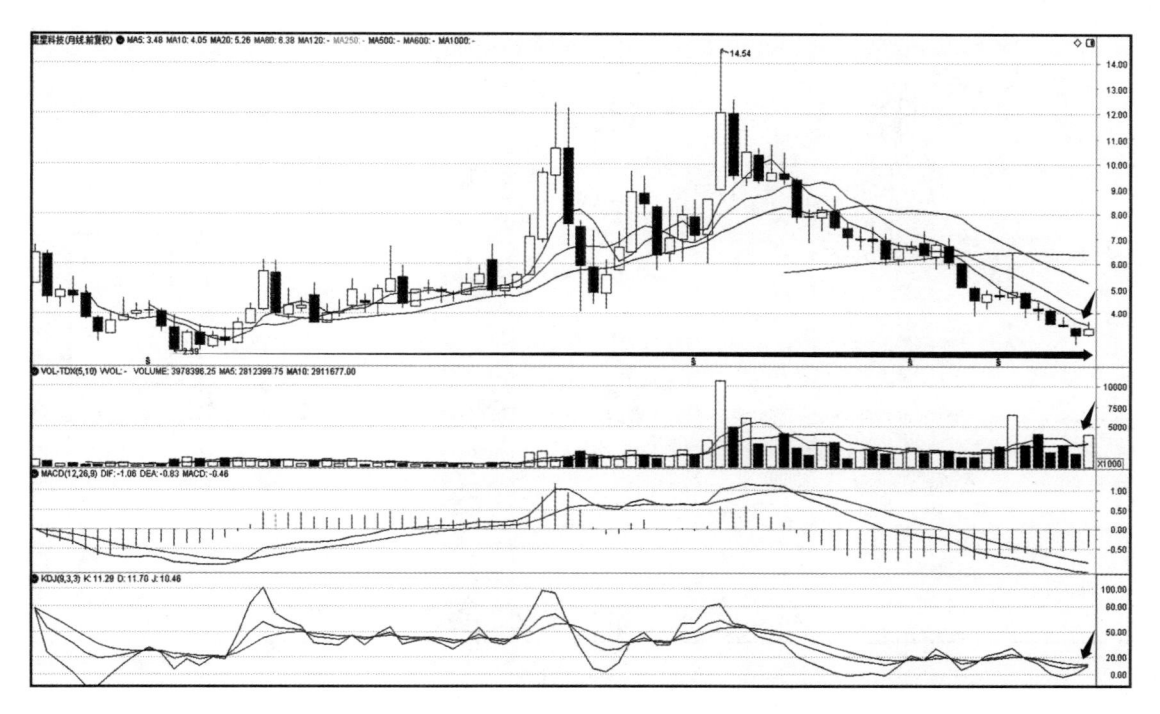

图 8 – 45

　　月线级别相应支撑位第一个位置：2.76~2.79 元区间；
　　月线级别相应支撑位第二个位置：2.45~2.48 元区间。
　　假如股价调整到月线级别第二个支撑位，届时可以加大仓位操作，理论上第二个位置支撑位较强，一般情况下很难跌破，即使跌破也会是空头陷阱情况的概率大一些。
　　月线级别相应阻力位第一个位置：3.70~3.72 元区间；
　　月线级别相应阻力位第二个位置：4.23~4.25 元区间。
　　备注：在没有系统利好和利空情况下可以参考以上支撑位和阻力位。

2. 星星科技周线技术分析

　　如图 8 – 46 所示，从周线级别来看，这只个股从 6 月 29 日那周开始就有资金开始进入，K线和成交量明显的是红肥绿瘦状态，说明有资金开始偷偷吃货，毕竟快到了历史底部区域。MACD已经翻红，近期假如再创新低也是背离状态，所以建议以做周线级别反弹为主。但需要关注周线级别KDJ状态，这个位置出现周线超买信号，短期也需要谨慎对待。周线级别具体支撑位和阻力位如下。

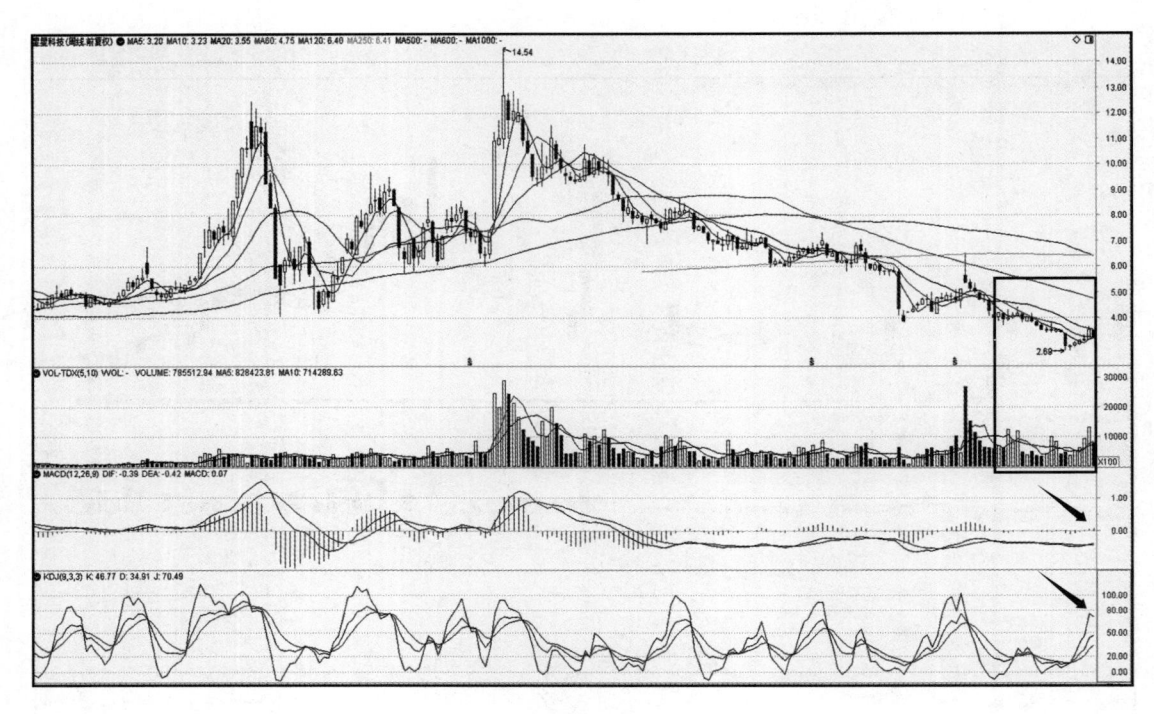

图 8-46

周线级别第一个阻力位：3.69~3.71元区间；
周线级别第二个阻力位：3.82~3.85元区间。
周线级别第一个支撑位：3.05~3.08元区间；
周线级别第二个支撑位：2.76~2.79元区间。

以上阻力位和支撑位也可以作为短中线波段的买卖操作参考，但支撑位和阻力位有效性小于月线级别。

备注：在没有系统利好和利空情况下可以参考以上支撑位和阻力位。

3. 星星科技日线技术分析

如图8-47所示，目前从日线级别来看筹码开始低位密集，说明目前位置多数投资者在看好，最上方筹码在逐步割肉出局，但是这个位置还是需要时间，毕竟主力建仓不是一天两天能够完成的。大概率这个位置开始进入筑底阶段，最近几天市场调整，但这只个股不再深度调整，表现较为抗跌，成交量也明显萎缩，也是主力惜售的信号，这点来看是好事。相应支撑位和阻力位如下。

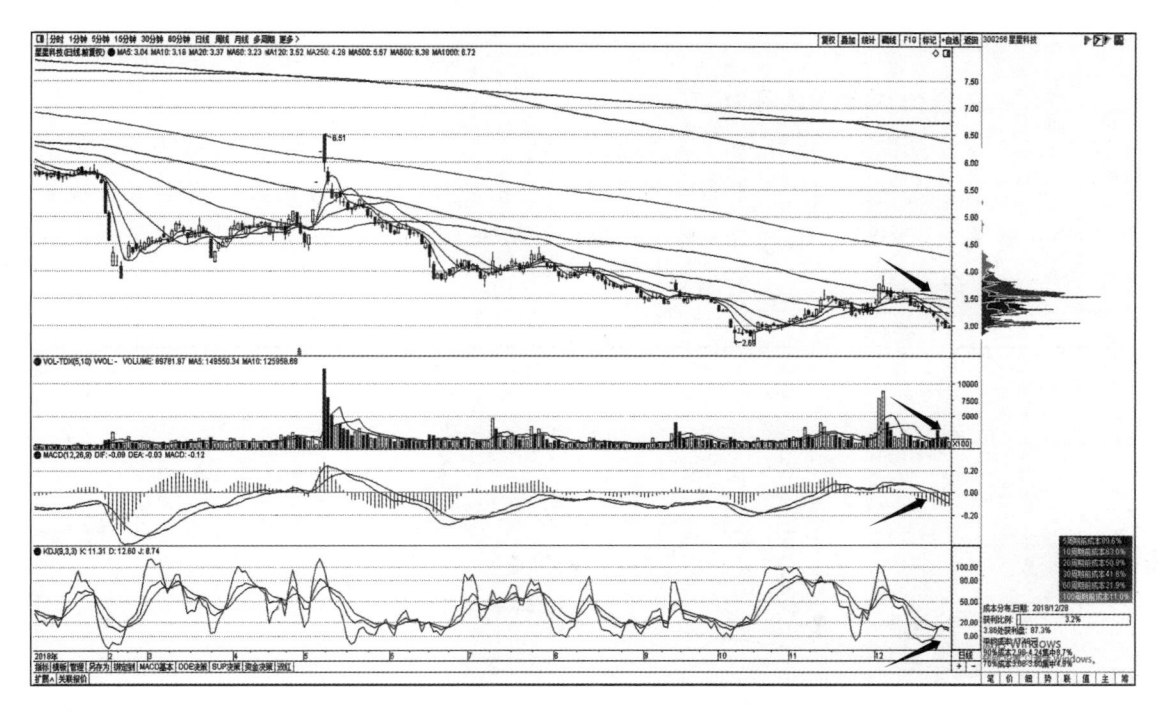

图 8-47

  日线级别第一个阻力位：3.30~3.32 元区间；
  日线级别第二个阻力位：3.46~3.49 元区间。
  日线级别第一个支撑位：3.16~3.19 元区间；
  日线级别第二个支撑位：3.00~3.02 元区间。
  以上为日线级别的支撑和阻力位，做超短线或者波段可以参考以上价位区间，盘中分时可以盯着这些价位区间，理论上都会在分时中能够体现出来。误差理论上在 1~3 个价位区间（如：阻力位是 3.42 元，向下区间分别是 3.41 元、3.40 元、3.39 元；向上区间分别是 3.43 元、3.44 元、3.45 元）。
  备注：在没有系统利好和利空情况下可以参考以上支撑位和阻力位。
  以上所有分析的价位区间会有重叠情况，原因主要是技术分析不管是用哪种技术分析手段或者哪个周期级别都会有相同的情况出现，所以无须过分纠结。反而重叠越多说明该价位区间所反映的支撑位或者阻力位有效性便更高一些。请您知悉!

具体分时操作的精确点位区间只能在盘中再进行分析确定,在此不做详细解释。股市有风险,预测需谨慎!

(五) 长信科技

1. 长信科技月线技术分析

如图 8-48 所示,从月线角度分析,这只个股目前看有止跌迹象,但下降趋势还没改变,本月预计能收出一根放量阳线,这几天只要不再大幅杀跌,月线会收的好看一些。大周期趋势来看目前还没破坏以月为单位的大周期上升趋势。

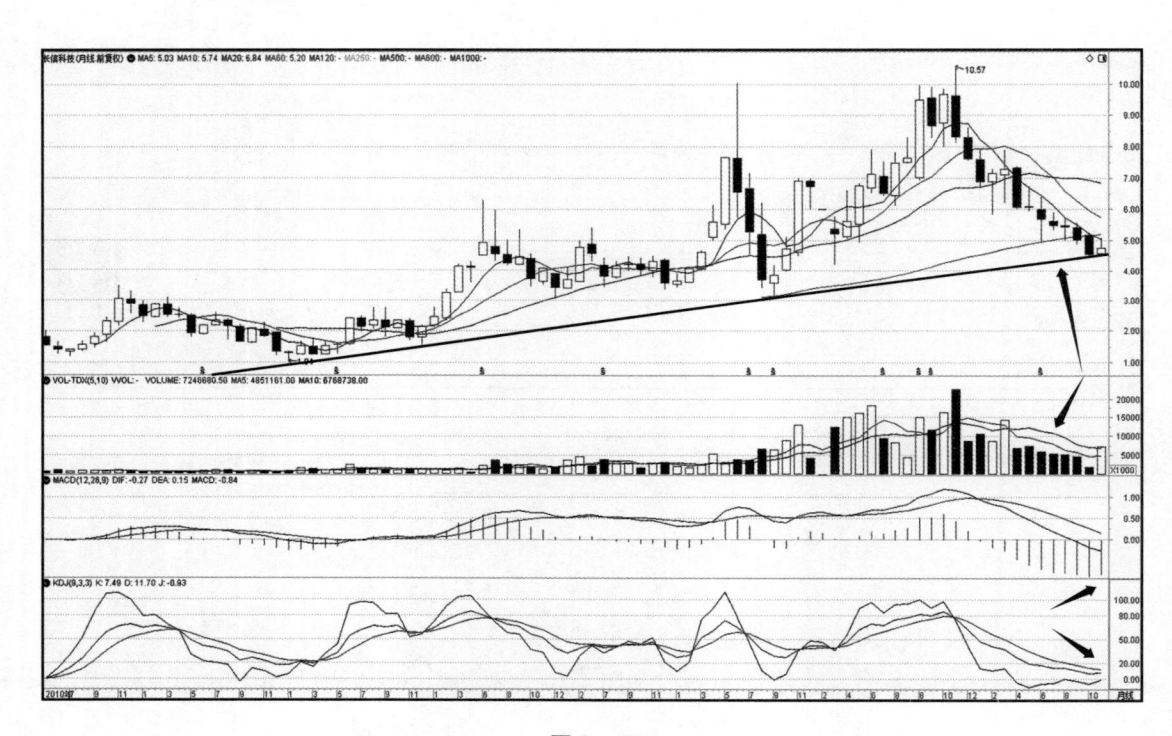

图 8-48

月线级别相应支撑位第一个位置:4.40~4.43 元区间;

月线级别相应支撑位第二个位置:3.30~3.33 元区间。

假如股价调整到月线级别第二个支撑位,届时可以加大仓位操作,理论上第二个位置支撑位较强,一般情况下很难跌破,即使跌破也会是空头陷阱情况的概率大一些。

月线级别相应阻力位第一个位置:5.10~5.12 元区间;

月线级别相应阻力位第二个位置：5.69~5.71元区间。

备注：在没有系统利好和利空情况下可以参考以上支撑位和阻力位。

2. 长信科技周线技术分析

如图8-49所示，从周线级别来看，这只个股依然处于下降趋势当中，周线虽然有反弹，但都没形成上升趋势，MACD红绿柱有所好转，但是黄白线还是在底部震荡，说明多头并没有实质性回归，K线形态也没有出现周线双底走势，后期预计还会有反复过程，直到出现周线底部放量才会有周线级别的反弹趋势。周线级别具体支撑位和阻力位如下。

图 8-49

周线级别第一个阻力位：5.10~5.12元区间；

周线级别第二个阻力位：5.42~5.45元区间。

周线级别第一个支撑位：4.73~4.76元区间；

周线级别第二个支撑位：4.36~4.39元区间。

以上阻力位和支撑位也可以作为短中线波段的买卖操作参考，但支撑位和阻力位有效性小于月线级别。

备注：在没有系统利好和利空情况下可以参考以上支撑位和阻力位。

3. 长信科技日线技术分析

如图 8-50 所示,从日线级别来看今日有资金在吸筹,盘中迅速拉升说明主力着急建仓,但这种建仓方式一般不是主流资金,属于大散户性质的资金,日线 KDJ 在昨天出现超卖后今天就有资金开始抄底,说明这次抄底资金也是看 KDJ 技术的,KDJ 日线马上金叉,对于日线来说是可以做多的;日线 MACD 来看今天有转好迹象,希望可以维持下去,但昨天的 MACD 出现和 11 月 1 日那天调整的背离,也说明有机会继续反弹趋势。所以暂时建议盯着日线级别来做反弹,因为月线和周线都不是很理想。日线相应支撑位和阻力位如下。

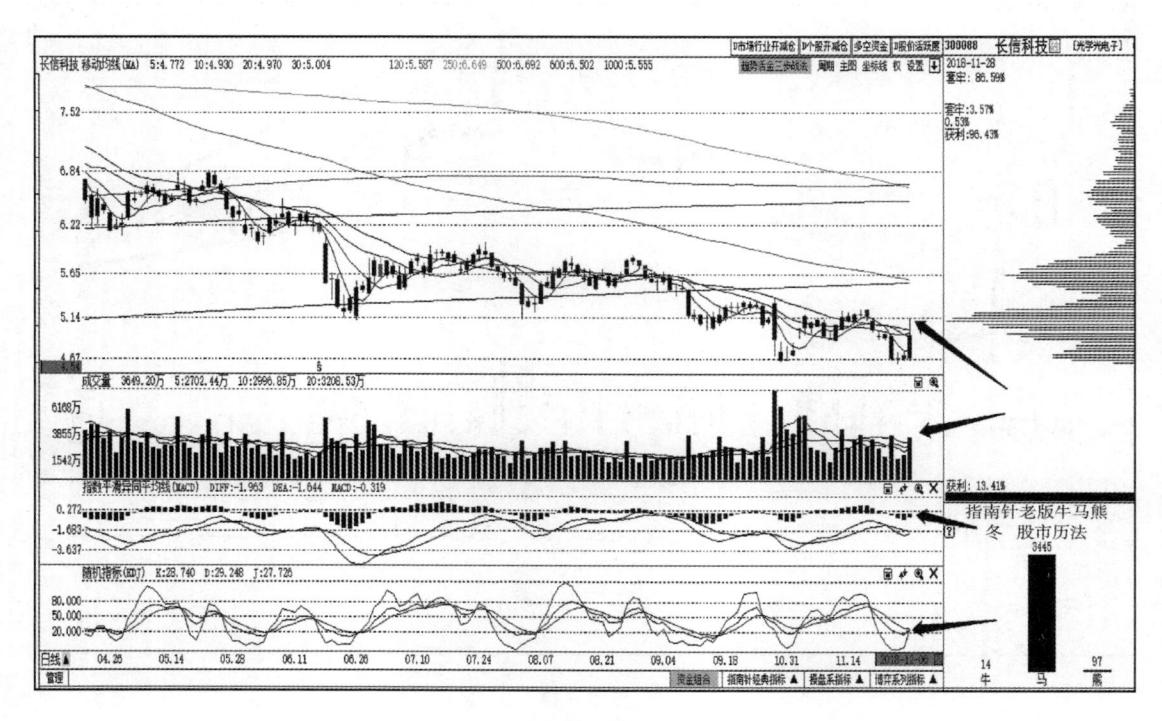

图 8-50

日线级别第一个阻力位:5.00~5.02 元区间;
日线级别第二个阻力位:5.26~5.28 元区间。
日线级别第一个支撑位:4.80~4.82 元区间;
日线级别第二个支撑位:4.60~4.62 元区间。

以上为日线级别的支撑和阻力位,做超短线或者波段可以参考以上价位区间,盘中分时可以盯着这些价位区间,理论上都会在分时中能够体现出来。误差理论上在 1~3 个价位区间（如：阻力位是 3.42 元，向下区间分别是 3.41 元、3.40 元、3.39 元；向上区间分别是 3.43 元、3.44 元、3.45 元）。

备注：在没有系统利好和利空情况下可以参考以上支撑位和阻力位。

以上所有分析的价位区间会有重叠情况，原因主要是技术分析不管是用哪种技术分析手段或者哪个周期级别都会有相同的情况出现，所以无须过分纠结。反而重叠越多说明该价位区间所反映的支撑位或者阻力位有效性便更高一些。请您知悉！

具体分时操作的精确点位区间只能在盘中再进行分析确定，在此不做详细解释。股市有风险，预测需谨慎！

（六）长春燃气

1. 长春燃气月线技术分析

这只个股我较为了解，跟着这只个股主力做了多次，这是一帮老庄家在操作。如图 8-51 所示，从月线就看得很清楚，月线级别一直围绕 7 元作为中轴线进行炒作，这些年一直如此，所以从月线角度看没出现过连续的下降趋势，但由于这两年行情不理想，月线级别的每次高点还是在下降的，也就是说重心在逐步下移当中，这点需要注意。由于是一帮大散户在坐庄，所以不会有趋势性行情，只能做波段，要求我们参与者有盈利就要舍得卖出，不能死拿。月线级别相应支撑位和阻力位如下：

月线级别相应支撑位第一个位置：4.91~4.93 元区间；

月线级别相应支撑位第二个位置：3.58~3.60 元区间。

假如股价调整到月线级别第二个支撑位，届时可以加大仓位操作，理论上第二个位置支撑位较强，一般情况下很难跌破，即使跌破也会是空头陷阱情况的概率大一些。

月线级别相应阻力位第一个位置：9.81~9.83 元区间；

月线级别相应阻力位第二个位置：10.41~10.45 元区间。

备注：在没有系统利好和利空情况下可以参考以上支撑位和阻力位。

2. 长春燃气周线技术分析

如图 8-52 所示，从周线级别来看，这只个股的主力拉升的周期一般以三周为一个拉升段，然后就开始出货，从周线图能看得很清楚，但本轮这个特点有些不一样，说明主力开始改变策略，在不断操作小波段了，因为周线级别没有大幅出货，而是逐步吸筹，也许是看到行情好了想多做一段时间，

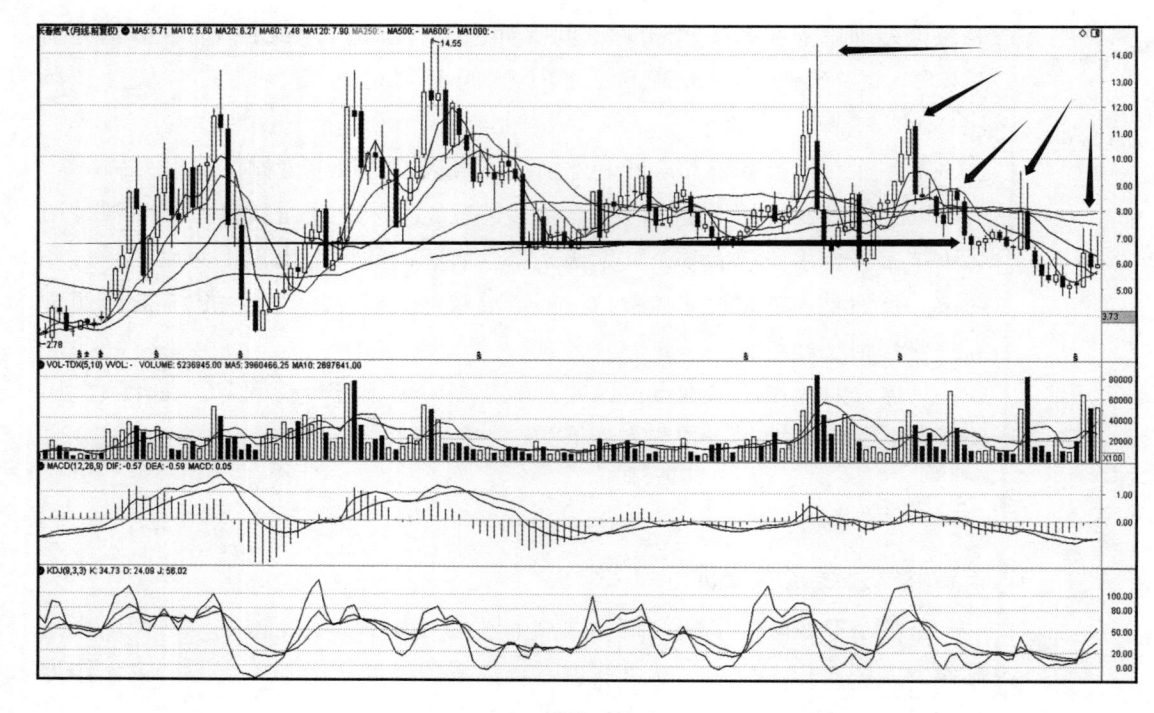

图 8-51

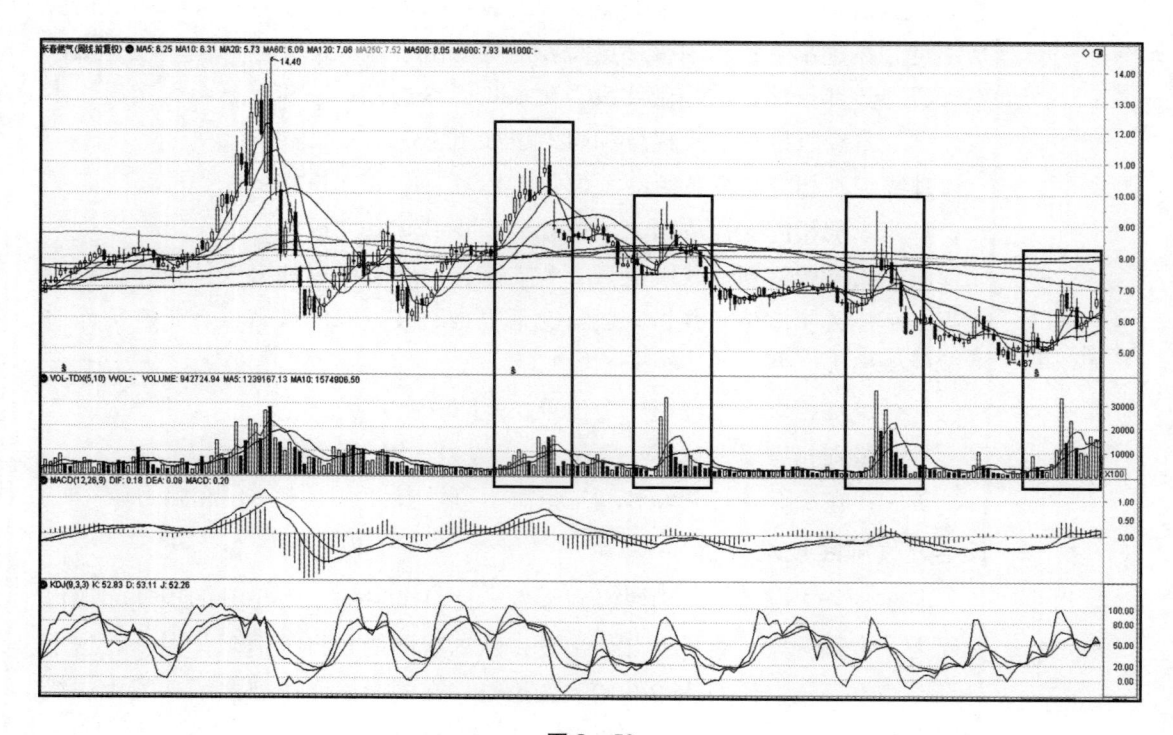

图 8-52

但是从上周走势来看 MACD 接近背离，KDJ 也开始死叉向下，K 线形态也不是很好看，所以还是谨慎一点为好。周线级别具体支撑位和阻力位如下。

周线级别第一个阻力位：6.30~6.33 元区间；

周线级别第二个阻力位：6.98~7.00 元区间。

周线级别第一个支撑位：5.64~5.66 元区间；

周线级别第二个支撑位：5.09~5.11 元区间。

以上阻力位和支撑位也可以作为短中线波段的买卖操作参考，但支撑位和阻力位有效性小于月线级别。

备注：在没有系统利好和利空情况下可以参考以上支撑位和阻力位。

3. 长春燃气线技术分析

如图 8-53 所示，从日线级别来看今天有止跌信号，短线看可以进场做一下小反弹了，如果今天能收出十字星，明天大概率会上涨收盘，但不能做的空间太大，毕竟这只个股主力的习惯是要做双底才能多拉升一点，MACD 日线级别表现不是很好，双线接近零轴位置，预计下次日线双底才能背离，KDJ 处于超卖状态了，这点来看是好事，说明多头可以用这个指标作为买入指标进行做多。所以短线建议先操作这只个股做波段或者 T+0 即可。日线

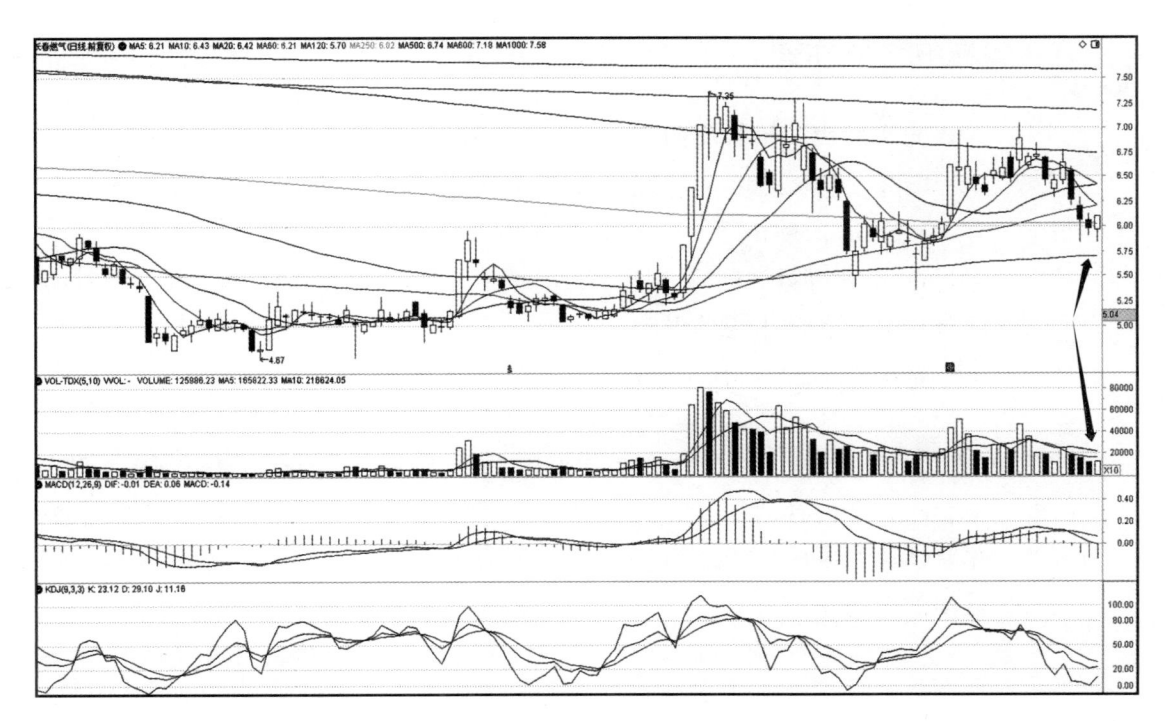

图 8-53

级别相应支撑位和阻力位如下。

日线级别第一个阻力位：6.01~6.03元区间；

日线级别第二个阻力位：6.24~6.26元区间。

日线级别第一个支撑位：5.69~5.71元区间；

日线级别第二个支撑位：5.40~5.42元区间。

以上为日线级别的支撑和阻力位，做超短线或者波段可以参考以上价位区间，盘中分时可以盯着这些价位区间，理论上都会在分时中能够体现出来。误差理论上在1~3个价位区间（如：阻力位是3.42元，向下区间分别是3.41元、3.40元、3.39元；向上区间分别是3.43元、3.44元、3.45元）。

备注：在没有系统利好和利空情况下可以参考以上支撑位和阻力位。

以上所有分析的价位区间会有重叠情况，原因主要是技术分析不管是用哪种技术分析手段或者哪个周期级别都会有相同的情况出现，所以无须过分纠结。反而重叠越多说明该价位区间所反映的支撑位或者阻力位有效性便更高一些。请您知悉！

具体分时操作的精确点位区间只能在盘中再进行分析确定，在此不做详细解释。股市有风险，预测需谨慎！

五、解套策略与方案

1. 建议先买后卖，不做反向 T+0

综合以上对该账户持股的基本面和技术面分析，给出以下解套方案：

从目前月、周、日三个线级别来看，不建议进行倒波段或者反向 T+0 操作，原因是股价已经跌到相对安全区域，再去操作倒波段会有踏空风险。

2. 从长春燃气和航天通信做起

先从长春燃气和航天通信开始做起，理由如下：

（1）目前经过深度调整后这两只股票开始活跃；

（2）这两只个股距离成本相对比较近，容易进行操作，且可操作性强；

（3）此前有过几次多头试盘情况，向上回到第一个主力建仓区间是大概率事件，但是时间会较长，毕竟反弹阻力重重。

3. 短中波段为主

具体操作以正向 T+0 或者短中期波段为主，尽量避免操作倒波段或者做反向 T+0（备注：反向 T+0 或者倒波段是先卖后买，正向 T+0 或者正向波段是先买后卖。但是没有资金情况下只能操作倒波段或者反向 T+0，投资者要知悉此时间段操作反向T+0和倒波段的风险性会相对较高）。

4. 前两个解套后再解决其他的

经过操作后假如航天通信和长春燃气解套后，看届时的情况，如果客户希望解套后了结出掉，可以腾出资金操作其余，具体参考以上技术分析并结合实际情况进行操作。由于时间相距较长，所以具体细节只能等以上两只解套成功后再做详细解套计划及安排。

5. 具体操作步骤

（1）以上技术分析建议中给出的价位可以作为参考进行区间操作，如果在第一支撑位置买了以后，股价反弹到第一阻力位的时候可以卖出加仓部分。

（2）如果在第二支撑位位置买了以后，可以待股价反弹到第一支撑位区间进行卖出做差价。

（3）如果在第三支撑位区间买入以后，可以参考第二支撑位价格区间进行卖出操作做差价。

（4）如果在第一阻力位区间卖出以后，可以参考第一支撑位区间做买回操作做差价。

（5）如果在第二阻力位区间卖出以后，可以在第一阻力位区间买回做差价。

（6）如果在第三阻力位区间卖出以后，可以在第二阻力位区间进行买回做差价。

（7）如果是做短线差价可以参考日线，中线波段可以参考周线级别，长线可以参考月线级别较为合理。

备注：以上技术原理源自8561炒股法的支撑和阻力口诀——阻力变支撑，加仓往上攻。支撑变阻力，反弹要放弃。支撑位和阻力位之间有相互转换作用的。

6. 原则上不割肉

原则上签约账户不进行割肉换股操作，必须坚持操作账户中原有个股。

7. 严格执行操作建议

在没有投顾老师指导情况下，客户可以参考以上建议进行操作，如有投顾老师指导，可以根据个股波动实际情况指导进行T+0及波段操作。由于文章篇幅有限，难以体现T+0技术价值。T+0对技术及经验要求较高，建议无投顾老师指导情况下谨慎操作，毕竟股市瞬息万变，不确定性因素甚多！

七、交易过程纪实

以上是整个解套计划执行的部分过程，之后指导这位投资者的思路也是大多按照以上计划进行的，下面把其中部分指导记录分享给大家，以便各位投资者学习参考。

1. 账户初始状态

如图 8-54 所示，从仓位上来看也是重仓状态；个股的状态来看也属于深套；持股 6 只，数量上也偏多，并且创业板占了 4 只，这样的比例也不合适。理论上讲大资金做创业板是需要合理分配的，创业板个股振幅较大，盘口相对较轻，所以在制订交易计划的时候一般需要分析的方面较多。

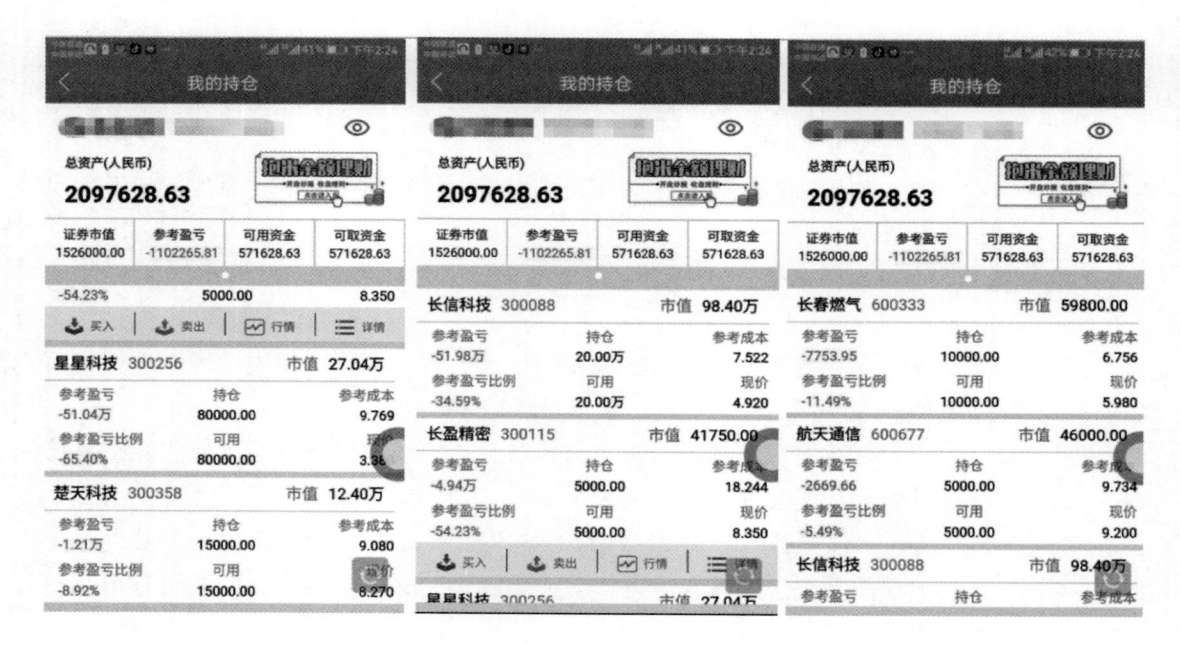

图 8-54

经过研究分析以后，我当时的判断是，虽然是解套有难度，但是理论上这位投资者的账户情况也有希望可以解套，但是解套的时间会相对较长，毕竟重仓而且个股都是深套状态。本节已经将整个解套计划建议详细讲解，在此不多做解释了，大家可以按照前面的建议来对照我在按照计划执行解套策略的思路学习参考即可。

2018 年 11 月 28 日 14 点 30 分，这是开始执行解套计划策略的第一笔指导建议，先是建议加仓的长春燃气，加仓的价格是 6.01 元，成本价格降到了 6.388 元。

加仓完长春燃气以后，建议第二个交易日挂单成本价卖出长春燃气和航天通信。

第三笔建议在 8.30~8.32 元加仓 15000 股楚天科技，但是这位投资者最后只在 8.31 元价格加了 4500 股，成本降到了 8.90 元（注意：这笔建议的单子理论上这位投资者没有完全执行到位，我建议加仓 15000 股，但是最后这位投资者只加了 4500 股，其实这笔单子要是加够了 15000 股，楚天科技也会很快解套，因为在 2018 年 12 月 5 日的时候股价最高涨到了 8.88 元。假如这笔单子要是加仓了 15000 股的话，成本价肯定低于 8.88 元，理论上在 12 月 5 日楚天科技就会解套出来了。但是由于没有加够 15000 股，成本价只降到 8.9 元，12 月 5 日最高价打到 8.88 元，差了 2 分钱没有成交解套卖出，这确实有点可惜了。这也是平时做解套指导当中不能成功解套的一个因素）。

盘中还提示了这位投资者要坚持我的四个原则：①不随便增加资金；②不使用杠杆资金；③不退出市场；④不再增加新的股票，就是不要再听任何人忽悠再买别的股票。

当前目的就是解套做波段或者 T+0 逐步挽回损失，其实挽回损失解套了也是挣钱，而且任何人推荐股票给你也不会保证一定可以挣钱，与其这样还不如做好手里个股的解套操作。

因为当时这位投资者说要是有好股票可以把手中个股割肉换掉，买新的股票来挣钱弥补亏损，所以我才会给出以上四个需要坚持的原则。

在 2018 年 11 月 29 日 9 点 17 分给出当天的解套策略建议，前三笔交易的建议是挂单成本价卖出长春燃气、航天通信和楚天科技。

买单建议给的是挂单 6.02~6.03 元买 10000~15000 股长春燃气，在 8.86~8.87 元区间买 5000~10000 股航天通信。

各位投资者请注意仔细分析上述两个指导操作的建议：一个是卖单挂单，一个是买单挂单，这也是使用的海陆空立体交易战法的思路来操作的。简单地说就是涨有涨的策略、跌有跌的策略，这就是我常说的两头堵策略。假如股价涨了到了成本价，我就会卖出所有持股，然后撤掉下方买单即可；假如买单先成交了，那成本价肯定就会降低了，我就会开始挂降低之后的新的成本价再卖出当天能卖出的持股部分即可。

2018 年 11 月 29 日 10 点 41 分，这位投资者给我截图告知长春燃气买单挂单 6.03 元价格已经成交了，成本价降到了 6.28 元。

2018 年 11 月 29 日长春燃气买单挂单成交以后，告知这位投资者先把挂昨天成本价的单子撤单，然后挂单新的成本价6.28元卖出当天可以卖的20000股长春燃气的交易执行完毕。

到了2018年11月29日14点19分的时候，航天通信在8.87元的挂单5000股也成交，成本价降到了9.31元。

2018年11月29日长春燃气买入成交。2018年12月4日9点32分建议这位投资者挂单成本价卖出航天通信和长春燃气。

在12月4日10点02分的时候，长春燃气冲高到6.27元，当时还差1分钱就解套，可惜没给。到了下午由于担心股价不再冲高，然后和这位投资者商议以后，直接在6.26元卖出成交，长春燃气也算是成功解套。

12月4日14点11分的时候，航天通信分时异动，直接冲到成本价，航天通信卖出单子也成交，至此航天通信也成功解套卖出。

然后我告知这位投资者不要再看航天通信和长春燃气了，继续盯着楚天科技成本价卖出即可。

如图8-55所示，第一张截图是长春燃气在12月4日卖出的成交交割单。第二张截图是12月6日上午9点42分的指导建议，挂单8.35~8.36元继续加仓楚天科技10000~15000股。由于楚天科技当时这位投资者没加够指导建议的15000股，造成成本价差两分钱，错过了在12月5日解套机会，所以只能重新开始新的计划继续加仓。

图8-55

第八章 真实账户解套案例分析

我在2019年1月16日9点34分通知这位投资者楚天科技从技术上看应该会在短期内有动作了，尽量挂单成本价卖出。到了1月16日21点10分出来一个消息，说是控股股东转让10.56%股份给湖南省资产管理有限公司。

2019年1月17日早盘一开盘，楚天科技就开始异动，高开近3%以后，开盘瞬间就拉升，股价直接封上涨停板，当时电话通知这位投资者，但是她没有时间看盘，卖出单子也没挂卖出。后来看到楚天科技封涨停不坚决，就通知这位投资者在8.52元区间卖出部分楚天科技，这样就能降低一部分成本，并且能腾出资金来操作其他个股。

但是1月17日上午股价在涨停以下来回震荡，有几次都没到8.52元的价格，在临近午盘收盘的时候，股价拉高到达挂单价格8.52元，算是成交了，楚天科技也解套成功。

1月17日11点18分的时候确实价格到了8.52元，但是没有成交，因为这笔单子挂的时间肯定比别的人要晚一点，所以先成交了别人的挂单。11点29分的时候卖单成交，楚天科技解套成功。

如图8-56所示，因为觉得后期应该还有机会冲高，楚天科技最后留了20000股没有卖出。1月17日下午卖出楚天科技腾出资金以后开始加仓星星科技，当时加仓的价格是3.31元，之后告知这位投资者剩余资金留着等机会继续加仓其他个股。

这个账户一直在按照解套计划执行，预计后期也会有机会能解套成功，但是确实需要时间，因为星星科技和长信科技套牢太深，而且还是重仓股，所以需要来回做几次差价，降低成本才能实现解套的目的。

大家可以看一下，12月4日当天下午长春燃气分时冲高以后最高涨了近8%，到达6.65元的位置，但是当天卖出的价位是6.26元，也就是说卖出以后，股价还在冲高上涨。这个时候相信要是换成各位投资者在盘中也会有想法的：卖完了还在涨，多可惜呀。但是，当时我的想法依然是，解套就是解

图8-56

套,不忘初心方得始终。

各位投资者继续看航天通信。12月4日航天通信解套卖出以后,经过18个交易日的横盘震荡也开始走出一波连续涨停的拉升走势,这个时候相信各位投资者也会心里非常别扭,你看卖了又涨了这么多,要是不卖出多好呀!

我非常了解多数投资者的这个心态。不过请仔细想想,我当时真要是能判断出航天通信能涨这么多,会建议全部卖出吗?肯定不会,当时在解套初期我判断航天通信和长春燃气大概率会有一个上涨的动作,但是没想到航天通信会用连续涨停的方式上涨。这就是我经常说的,其实多数情况下我判断的是大概率而不是100%的准确率。这两个是完全不同的概念,这点大家一定要客观看待。

只有这样才会真正能体会到,"不忘初心,方得始终"这句话的真正含义是什么。如果患得患失,肯定会落入套牢、解套、再套牢的恶性循环。

> 投资亏损属常见,解套策略似晴天。短中结合波段嗨,降低成本盈利来。

第三节
思考部分

再次强调关于股票投资心态方面的问题。在生活中心态决定一切,在股市中更是这样,没有好的心态,绝对不会有好的投资结果。

多学习,心里有底有谱,才会有好的心态。

问题1. 看完以上实战案例,谈谈您的感想。

问题2. 根据以上案例总结出3个关于解套中常用的技术分析或者思路。

问题3. 通过本章学习后,试着对于自己当前被套的账户做一个解套计划。

> 投资风险随时在,行情变化分辨开;解套操作好心态,风雨过后彩虹来。